Karl Hildebrand

Die Lieder der Älteren Edda

Karl Hildebrand

Die Lieder der Älteren Edda

ISBN/EAN: 9783956972089

Auflage: 1

Erscheinungsjahr: 2014

Erscheinungsort: Treuchtlingen, Deutschland

Literaricon Verlag Inhaber Roswitha Werdin

www.literaricon.de

DIE LIEDER DER ÄLTEREN EDDA

(SÆMUNDAR EDDA)

HERAUSGEGEBEN

VON

KARL HILDEBRAND

PADERBORN
DRUCK UND VERLAG VON FERDINAND SCHÖNINGH
1876

VORWORT.

Dr. KARL HILDEBRAND, dessen Ausgabe der älteren Edda dem Publicum hiermit übergeben wird, sollte nicht die Freude erleben diess Ergebniss sorgsamster und gewissenhaftester Arbeit selber zu veröffentlichen; von schwerer Krankheit heimgesucht starb der ebenso liebenswürdige Mensch als tüchtige Gelehrte am 17. April 1875 und hinterliess sein Werk unvollendet.

Geb. 1846, 2. Dec., zu Arnstadt in Thüringen und auf dem dortigen Gymnasium vorbereitet, bezog er Ostern 1867 die Universität Leipzig, wo er sich zunächst dem Studium der Geschichte, später dem der deutschen Philologie widmete. Nachdem er daselbst promovirt und zu diesem Zwecke die Abhandlung 'über die conditionalsätze und ihre conjunctionen in der ältern Edda' (Leipzig 1871, 62 ss.) veröffentlicht, begab er sich nach Halle und habilitirte sich an dortiger Universität im J. 1873 für deutsche Philologie. Neben einer gedeihlichen Wirksamkeit als academischer Lehrer wandte er seine wissenschaftliche Thätigkeit auch hier vorzugsweise den Liedern der älteren Edda zu. Als Zeugniss derselben erschien im J. 1874 im Ergänzungsband von Zachers Zeitschrift für deutsche Philologie seine Abhandlung über 'die versteilung in den Eddaliedern', deren erste Hälfte er bereits als Habilitationsschrift im J. 1873 veröffentlicht hatte. Ein weiteres und umfassenderes Zeugniss jedoch sollte eine kritische Ausgabe der älteren Edda nebst Grammatik und Wörterbuche sein, die ihm freilich nur etwa bis zur Hälfte auszuführen vergönnt ward.

Da von einer Fortsetzung und Vollendung des Werkes in dem von Hildebrand beabsichtigten Umfange vor der Hand nicht die Rede sein konnte, die Ausgabe des Textes aber nahezu vollendet war, unternahm es der Unterzeichnete, aufgefordert vom Verleger des Buches, Herrn Ferdinand Schöningh in Paderborn, mindestens diese zu Ende zu führen.

Fertig gedruckt waren: Vǫluspá bis Oddrúnargrátr 23[4], zwar gedruckt doch noch nicht corrigirt: Oddr. 23[5] bis Guðrúnarhvǫt, ungedruckt und auch — bis auf die ersten Strophen — noch unbearbeitet: das letzte der Eddalieder, die Hamðismál; das Mscr. jener ersten Strophen, Text und Commentar, war zugleich das einzige auf die ältere Edda bezügliche, das sich in Hildebrands handschriftlichem Nachlasse vorfand.

So hatte ich denn ausser jener Correctur, die z. Th. ohne Mscr. auszuführen war, und den zur leichteren Benutzung des Buches erforderlichen Zuthaten die Bearbeitung der Hamðismál zu übernehmen; ich habe mich dabei selbstverständlich dem von Hildebrand in den übrigen Liedern beobachteten Verfahren so viel als möglich angeschlossen.

Wenn ich am Ende der Ausgabe für einen möglichst correcten Abdruck der 'Fragmente eddischer Lieder in SE und Vǫls.' gesorgt, so glaubte ich nur im Sinne Hildebrands zu handeln, der s. 211 auf 'die Bruchstücke' verweist. Anders verhält es sich mit den Verweisen theils auf den 'Excurs über die Strophenordnung in Vǫluspá' (s. 1. 2. 4. 7), theils auf die Besprechung der Schlussstrophen von Sigrdrífumál in der 'Einleitung' (s. 202). Da nämlich Hildebrands Strophenordnung der Vǫluspá genau dieselbe ist, die von Sophus Bugge vorgeschlagen worden, da andrerseits jene Strophen der Sigrdrífumál wie von S. Bugge, so auch von Hildebrand den Strophen im cod. reg. angereiht und gleich diesen behandelt werden, konnte der 'Excurs' wie die betreff. Stelle der 'Einleitung' kaum anderes enthalten als eine Rechtfertigung von Bugges Verfahren, dem Hildebrand sowohl rücksichtlich der Strophenordnung in Vǫluspá, als auch der Aechtheit der Schlussstrophen in Sigrdrífumál sich angeschlossen hatte. Unter solchen Umständen schien es mir aber richtiger den Leser auf Bugges eigne Begründung zu verweisen, die er theils in seiner Ausgabe (s. 33—42; 234—236 und L—LXII., s.: Zz I, 408 ff. u. 394 ff.), theils in den Aarbøger f. nord. Oldk. (1869, s. 243—247) gegeben hat. Eine vergleichende Strophentabelle für Vǫluspá findet sich s. 307—308.

Rücksichtlich jener von Hildebrand in Aussicht gestellten 'Einleitung', ihres Inhalts und Umfangs, können wir nur vermuthen, dass sie alles das mehr oder minder eingehend behandelt haben würde, worüber sich der Leser aus einer 'Einleitung zu den Eddaliedern' zu belehren wünscht. Einige der wichtigsten hierhin gehörigen Punkte hat Edvin Jessen in seiner Abhandlung: 'über die Eddalieder: heimat, alter, character' in Zz III (1871), 1—84 besprochen.

Eine Vorrede von Hildebrands eigner Hand würde uns jedenfalls über das Ziel seiner Ausgabe und über die Wege, auf denen er es zu erreichen gesucht, ausführlicher berichtet haben; jetzt sind wir darauf angewiesen, dies aus dem, was er fertig hinterlassen, uns selber zu abstrahiren.

Die Ausgabe ist eine ausschliesslich 'kritische'; Erläuterungen, sprachliche wie sachliche, waren der Grammatik und dem Wörterbuche vorbehalten. Wenn sonach jenes Ziel selbstverständlich kein andres sein konnte, als einen möglichst ursprünglichen Text der Eddalieder herzustellen, bez. die Zahl der verderbten und noch ungeheilten Stellen zu vermindern, so bezeugt Seite für Seite des kritischen Commentars, dass er diess vor Allem im Anschluss an Sophus Bugges Ausgabe der älteren Edda (1867) erstrebt hat. Einmal die hier zum erstenmal in so vollständiger und in so genauer Weise dargelegte handschriftliche Ueberlieferung in Verbindung mit dem stäten Hinweise auf die secundären Quellen in Snorra-Edda, Vǫlsunga saga, Norna-gests þáttr u. a., andrerseits die an zahlreichen Stellen von S. Bugge selbst wie neben und nach ihm von Svend Grundtvig (1868 und 1874) gewonnene Emendation des Textes — sie bildeten die Grundlage, auf welcher Hildebrand unter umfassender Benutzung der übrigen Arbeiten auf diesem Gebiete seine Aufgabe zu lösen gesucht; sachkundige Kritik wird ihm das Zeugniss nicht versagen, dass er hierbei mit ebenso viel selbständigem Urtheil als nach sorgfältigster Vorbereitung zu Werke gegangen. Zweierlei aber erscheint der Ausgabe Hildebrands eigenthümlich und verleiht ihr einen besondern und selbständigen Werth: die nach festem Princip geregelte Verstheilung und die Reichhaltigkeit des kritischen Apparats. Hildebrand hat, wie keiner seiner Vorgänger, der metrischen Form der Eddalieder eine sehr eingehende, Vers für Vers prüfende Untersuchung zugewendet und, nachdem er dieselbe schon früher in der bereits erwähnten Abhandlung über 'die versteilung in den Eddaliedern' veröffentlicht, nunmehr die Ergebnisse derselben, bez. die von ihm aufgefundenen Cäsurgesetze in seiner Ausgabe für die Gestaltung des Textes verwerthet; galten sie zunächst auch nur dem richtigen Umfange jeder Verszeile, haben sie zugleich hier und da Veränderungen des Textes zur Folge gehabt, die man gar wohl als Emendationen bezeichnen darf. In dem kritischen Apparate ferner, den Hildebrand seinem Texte beigefügt, fand er zwar das, was er aus den ihm sonst unzugänglichen Handschriften und über dieselben mittheilt, bereits vollständig in Bugges Ausgabe vor und hat es lediglich dieser zu eignem Gebrauche entlehnt; um so grössere Mühe hat er es sich kosten lassen, was nur seit dem Bekanntwerden dieser Lieder von kritischen Bemühungen um die Reinigung ihres Textes veröffentlicht worden, hier übersichtlich zusammen zu stellen; er hat auf diese Weise nicht nur einen vollständigen Ueberblick der kritischen Arbeit, die man seit länger als einem Jahrhundert diesen Liedern zugewandt, gegeben, sondern auch dem Nachfolger ein wesentliches Mittel methodischer Belehrung dargeboten.

Ausserdem wird nicht unbemerkt bleiben, dass die normalisirte Form, in die Hildebrand seinen Text gekleidet, — wenn auch in den Prosastücken nur zum Theil — von der üblichen, z. B. PAMunchs oder Svend Grundtvigs, in mancherlei Punkten abweicht, sei es zu Gunsten einer alterthümlicheren oder strenger etymologischen Schreibweise. So schreibt er Brechung und Diphthong rein vocalisch (ia und iú), behält ð (statt d und t) bei ausgefallnem Vocal auch nach l, m, n, p, k, ferner kurzen Vocal in den reduplicirten gekk, helt usw, langen in mínn, ílt, lítlu usw; namentlich aber — und hierin ohne Vorgang irgend eines normalisirten Textes — hat er das phonetisch wie graphisch in gleicher Weise verwerfliche ö aufgegeben und statt dessen das richtige ǫ, bez. ø angewendet.

Kiel, Dec. 1875 **Th. Möbius**

INHALT

Erklärung der im kritischen Commentar gebrauchten Abkürzungen s. IX—XIV

Vǫluspá s. 1—17
Baldrs draumar (od. Vegtamskviða) s. 18—21
Þrymskviða (od. Hamarsheimt) s. 21—27
Hýmiskviða s. 27—34

Lokasenna (od. Œgisdrekka) s. 34—44
Hárbarðslióð s. 45—52
Skírnismál (od. Skírnis fǫr) s. 53—59

Vafþrúðnismál s. 60—69
Grímnismál s. 69—80
Alvíssmál s. 81—86
Hávamál s. 86—111
Rígsþula (od. Rígsmál) s. 112—121
Hyndlulióð s. 121—130

NB. *Die Ordnung obiger (1—4: epischer, 5—7: dramatischer, 8—13: didaktischer) Lieder nach Gg*

Vǫlundarkviða s. 131—139
Helga kviða Hiǫrvarðs sonar (od. H. kv. Haddingja-[od. Hatinga-]skaða od. -skata) s. 140—150
Helga kviða Hundingsbana I. s. 150—161
Helga kviða Hundingsbana II. s. 162—175
Frá dauða Sinfiǫtla (od. Sinfiǫtlalok) s. 175—176
Grípisspá (od. Sigurðarkviða I.) s. 177—185
Reginsmál (od. Sigurðarkviða II.) s. 186—192
Fáfnismál s. 193—202
Sigrdrífumál (od. Brynhildarkviða I.) s. 202—210
Brot af Sigurðarkviðu (od. Brynhildarkviða II. od. Sigurðarkviða III.) s. 211—215
Guðrúnarkviða I. s. 215—220
Sigurðarkviða in skamma (od. Sig. kv. III. od. Brynhildarkviða II.) s. 220—235

Helreið-Brynhildar (od. Gýgjarkviða) s. 236—238
Dráp Niflunga (od. Niflungalok) s. 239
Guðrúnarkviða II. (od. Guðr. kv. hin forna od. Guðrúnarharmr) s. 240—249
Guðrúnarkviða III. s. 250—252
Oddrúnargrátr s. 252—258
Atlakviða in grœnlenzka (od. Guðrúnarhefna) s. 258—269
Atlamál in grœnlenzku s. 270—290
Guðrúnarhvǫt s. 290—295
Hamðismál s. 296—302
Fragmente eddischer Lieder in Snorra-Edda und Vǫlsungasaga s. 303—306

Strophenfolge der Vǫluspá in vorlieg. Ausg., verglichen mit der im cod. reg. und in der Hauksbók s. 307—308
Namen-Verzeichniss s. 309—321
Nachträge und Berichtigungen s. 322—323.

ERKLÄRUNG DER IM KRITISCHEN COMMENTAR GEBRAUCHTEN ABKÜRZUNGEN

I. HANDSCHRIFTEN

(s. S. Bugges Ausgabe der Sæm.-Edda, Vorrede p. 1 ff.)

1. Hdss. für alle Lieder (ausser Rígsþ. *u.* Hyndl.*)*

R: codex regius *d. i: Pergamenthandschrift auf der 'grossen königlichen Bibliothek' in Kopenhagen, nr. 2365 (gross octav), auf Island zu Ende des XIII. Jhd. geschrieben. Sie besteht aus 45 beschriebenen und 8 leeren Blättern; letztere dienen zur Ausfüllung einer Lücke, die sich zwischen fol. 32 und fol. 33 findet. Die Hds. enthält eine Sammlung von einigen 30 Liedern zur nordischen Mythologie und zur deutschen, z. Th. nordischen Heldensage; sie mag etwa zu Anfang des XIII. Jhd. zu Stande gekommen sein und liegt uns im cod. reg. nur in einer Abschrift vor. Die Lieder folgen im* R *in nachstehender Ordnung auf einander:* Vǫluspá, Hávamál, Vafþrúðn., Grímn., Skírn., Hárbarðslj., Hýmiskv., Lokasenna, Þrymskv., Vǫlund., Alvíssm., Helgakv. Hund. I., Helgakv. Hiǫrv., Helgakv. Hund. II., *frá dauða* Sinfiǫtla, Grípisspá, Reginsmál, Fáfnismál, Sigrdrífumál *bis 29, 2 (—* með seggjum fari, *fol. 32b) —* Lücke *— (fol. 33a:* saka unnit *—) brot af* Sigurðarkv., Guðrúnarkv. I., Sigurðarkv. skamma *usw., wie in allen Ausgaben, bis* Hamðismál; *die* Hamðismál *enden auf fol. 45b etwa nach der Mitte der Seite, deren übriger Theil leer ist (doch vgl. Zz III, 61). Die Strophen und Verse der Lieder sind nicht abgesetzt, sondern wie alle Gedichte in den älteren isländ. Hdss. mit fortlaufender Zeile geschrieben. Näheres über Folge und Umfang der Lieder und Prosastücke in der Hds., ihre graphische Anordnung und die (farbigen) Überschriften, soweit sie noch erkennbar sind, s: beim Beginn jedes Liedes in der Ausgabe.*

Der frühere Besitzer der Hds, der isländ. Bischof Brynjúlfr Sveinsson auf Skálholt (1639—1674), liess eine — nicht mehr vorhandene — Abschrift von ihr fertigen und setzte darauf die

Worte: Edda Sæmundi multiscii; *er that dies, wie es scheint, in
der auch von andern seiner gelehrten Landsleute getheilten Meinung, dass während Snorre Sturlusons Schrift:* Edda *nur eine*
ʻepitomeʼ *sei und auf ein älteres Werk ähnlicher Art zurückweise,
eben dies nun in jener erst kurz vorher aufgefundenen und bis
dahin ganz unbekannten Lieder-Sammlung zum Vorschein gekommen; er gab ihr daher den Namen des Snorreschen Werkes und
verband ihn zugleich mit dem jenes alten, ob seiner Gelehrsamkeit
hochberühmten* Sæmundr Sigfússon *(† 1133), sei es als Sammlers
oder gar als Verfassers jener Lieder. (s:* ʻGraagaasʼ *in der Hall.
Encycl. s. 98—99.)*

A: cod. Arna - Magnæanus, *Pergamenthandschrift auf der Universitätsbibliothek in Kopenhagen, nr.* ʻ748, 4⁰ʼ, *auf Island vor oder nach
1300, jedenfalls später als* **R** *geschrieben. Sie zählt 28 Blätter,
von denen die ersten 6 aus zwei Fragmenten einer dem* **R** *ähnlichen Liedersammlung, die übrigen aus Fragmenten der* Snorra-
Edda *bestehen (s:* Íslendingadrápa, Kiel 1874, s. 9). *Jene sechs
Bll. enthalten, Bl. 1 und 2:* Harbarðslióð *(von 19,7 an),* Baldrs
draumar, Skírnismál *(bis 27,8) und Bl. 3—6:* Vafþrúðn. *(von
20,2 an),* Grímn., Hýmiskv., Vǫlundarkv. *(die ersten Zeilen der
Prosa). Das Gedicht* Baldrs draumar *findet sich nur in* **A**, *nicht
auch in* **R**, *während Gemeinsamkeit der Prosastücke und gewisser
Schreibfehler auf gemeinsamen Ursprung beider Hdss hinweisen.*

2. für Vǫluspá:

H: Hauksbók *(Pergam.) unter den Arna-Magn. Hdss. der Univ.-Biblioth.
zu Kopenh., eine Sammlung grösserer und kleinerer Werke verschiedensten Inhalts, veranstaltet und z. Th. mit eigner Hand
geschrieben von Herra* Haukr Erlendsson *(† 1334). Ursprünglich
éin Codex ist sie schon seit geraumer Zeit in drei getheilt; von
ihnen enthält der mittlere, cod.* AM 544, 4⁰, *u. a. zwischen einer
Beschreib.* Jerusalems *und der* Trójumannasaga *eine obwohl schwer,
oft kaum noch lesbare Abschrift der* Vǫluspá, *auf 2½ Seiten.
Beide Aufzeichnungen des Gedichts,* **R** *und* **H**, *weichen mehrfach
von einander ab: abgesehen von den verschiedenen Lesarten in
den gemeinsamen Strophen, ist nicht allein deren Aufeinanderfolge
in* **R** *eine andre als in* **H**, *sondern* **R** *wie* **H** *enthält auch eigenthümliche Strophen (s:* Zz I, 409); *jede der beiden Aufzeichnungen ist in meiner und in Bugges Ausgabe besonders gedruckt.*

3. für Sigrdrífumál, *str.* $29^3 - 37$:

C: cod. reg. Havn. *1109, fol. (collect. nov.); Pphds des XVIII. Jahrh.*
O: ʻoblongusʼ, *cod.* AM. 738, 4⁰; *Pphds des XVII. Jahrh. (1680).*

Erklärung der Abkürzungen.

Q: cod. AM. 161, 8⁰; Pphds des XVII. Jahrh.
c: cod. Holm. 64, fol.; Pphds des XVII. Jahrh. (1680).
COQc — *Abschriften theils der Lieder in* **R**, *theils andrer Gedichte* — *enthalten die* Sigrdrífumál *mit den in* **R** *mangelnden Strophen, die jedoch allem Anschein nach auf* **R**, *da er sich noch in unversehrtem Zustande befand, als ihre unmittelbare oder mittelbare Quelle zurückgehen. (s. Bugge L—LII und 417—418.)*

4. für Rígsþula:

W: cod. Wormianus *oder* Ormsbók *(nach dem frühern Besitzer* Ole Worm*) d. i:* cod. AM. 242, fol., *Pergamenthds. aus der Mitte des XIV. Jahrh., enthält die Snorra-Edda; auf dem letzten Blatte der Hds steht die nur hier überlieferte Rígsþula, deren Schluss mit einem darauf folgenden Blatte verloren gegangen.*

5. für Hyndlulióð:

F: Flateyjarbók *(nach der kleinen isländ. Insel* Flatey, *dem Wohnorte der ehemaligen Besitzer), Pergamenthandschr. auf der gr. königl. Bibliothek in Kopenhagen, nr. 1005, im grössten Folio, 224 Bll. à 4 Coll., vom Ende des XIV. Jahrhund. (1370—1380), in wortgetreuem Abdruck herausgeg. von* G. Vigfússon *und* C. Unger, *3 Bde, Christiania 1860—1868. Vor den Königsaga's, die den Hauptinhalt der Hds. bilden, finden sich auf* $2^1/_2$ *Bll (od. 10 Coll.) einige Gedichte und kleinere Prosastücke und unter jenen auch die* — *nur hier überlieferten* — Hyndlulióð, *in der Hds: col. 4—6, in der Ausg.: I, 11—16.*

SE: Snorra-Edda *(Tom. I. II. Hafniæ, sumptib. legati Arna-Magnæani 1848—52)*
Gylf.: Gylfaginning, *in SE. I, 30—204*
Skáldsk.: Skáldskaparmál, *in SE. I, 230—593*

Hdss. der Snorra-Edda

r: cod. regius, *d. i: Pergamenthds. auf der gr. königl. Biblioth. zu Kopenhagen, nr. 2367 (gross octav), 55 Bll.; vom Anf. des XIV. Jahrh. (s: Zze s. 14).* — NB. r' *(s. 14 zu 53,2) d. i:* rβ *bei Bugge s.* 32ᵇ
W: cod. Wormianus, *s*: *oben*
U: cod. Upsaliensis, *d. i: Pergamenthds. auf der Universitätsbibliothek zu Upsala,* 'cod. Delagardianus nr. 11', *(klein quart) 56 Bll., geschr. um 1300.* — U *vollständ. abgedruckt in SE. II, 250—396*

Erklärung der Abkürzungen.

V *(od.* VS *od. Vǫls.)*: Vǫlsungasaga, *in: Fas. I (1829), 113—234 und in: S. Bugges Ausg. (1865), 83—199; beiden Ausgg. liegt zu Grunde: cod. reg. 1824 B; s: Zz I, 417—418*
N *(od.* Nþ*)*: Norna-gests þáttr, *in: Fas. I (1829), 311—342 (nach cod. reg. 2845) und in: S. Bugges Ausg. (1864), 47- 80 (nach* S *und* F*)*; *s: Zz I, 417—418*
S *(auch* d): cod. AM. *62, fol.; enth.*: Ólafs saga Tryggvasonar
F: Flateyjarbók, *s: oben;* Norna-gests þáttr *in der Ausg. I, 346—359*

II. LITTERATUR

AMagn: Árni Magnússon († 1730), *in* K.
B *(B'BtBe)*: S. Bugge, *in:* Sæmundar Edda hins fróða || Norrœn fornkvæði ... udgiven af S. B. Christiania, 1867 (*s:* Zz. I, 389 ff.)
    B': S. Bugge *in den anmerkungen unter dem text der ausg.*
    Bt: ders. *in* 'Tillæg og Rettelser', *ebd. s.* 388—450
    Be: ders. *in:* 'Efterslæt til min udgave af Sæm. E.', *in:* Aarbøg. for. nord. Oldk. og Hist. 1869, s. 243—276
Bm: F. G. Bergmann, *in:* Poëmes de l'Edda (Voluspa, Vafthrudnismal, Lokasenna) Paris, 1838
D: FECph. Dietrich, *in:* Altnord. Lesebuch. 2. Aufl. Leipzig, 1864 (Vǫluspá, Hýmiskviða, Þrymskviða, Sigurðarkv. III., helreið Brynh., Hávamál, sp. 1—47)
E: L. Ettmüller, 1. *in:* Altnord. Lesebuch. Zürich, 1861 (Vǫluspá, Helgakv. Hjǫrv., Helvakv. Hund. I. II., Guðrúnarkv. I., Atlakv., Guðrúnarhv., *s.* 1—23; Grímn. — *bearbeitet von* H. Lüning — s. 41—46); 2. *in:* Germ. XIV. XVII. XVIII. XIX.
Eg: Svbj. Egilsson († 1852), *in:* Lexicon poeticum .. Hafniæ, 1860
FM: Finn Magnússon († 1847), *in:* Den ældre Edda ... oversat og forklar. ved F. M. 4 Bdd. Kjøbh. 1821—1823
G: Konr. Gíslason, *in:* (44) Prøver af oldnord. Sprog og Literatur. Kjøbh. 1860 (*aus* Vǫluspá *u.* Hávamál)
Germ: Germania .. herausgegeb. von Fz. Pfeiffer *und (seit* 1869) von K. Bartsch. Stuttgart *und (seit* 1859) Wien, 1856—75. Bd. I—XX.
Gg(Gg'Gg''): Sv. Grundtvig, *in:* Sæmundar Edda . kritisk håndudgave ved Sv. Gr. København. 1868 (Gg'); — Anden på ny gennemarbejdede udg. København. 1874 (Gg'').
    NB. *die 2. ausg. angezeigt von* K. Hildebrand *im* Literar. Centralbl. 1874, nr. 21.
GM: Guðmundr Magnússon († 1798), *in:* K.
GP: Gunnar Pálsson († 1791), *in:* K.
Gr: Grimm (Gebr.), *in:* Lieder der alten Edda. Bd. I. Berlin, 1815 (Vǫlunðarkv. *bis* helr. Brynh.)

Erklärung der Abkürzungen. XIII

Hagen: F. H. von der Hagen, *in:* Lieder der ält. od. Säm. Edda. Berlin, 1812 (Vǫlundarkv. *bis* Hamöism.)

Hz: Zeitschr. f. deutsch. Alterth., herausg. von M. Haupt Leipz. *und* (*seit* 1855) Berlin, 1841—1875 Bd. I—XIX.

JOlafs.: Jón Ólafsson frá Svefney (Hypn.) † 1811, *in:* K.

K: 'Kopenhagner ausgabe' *d. i:* Edda Sæmundar h. fr. . . . sumptib. legati Arna - Magnæani. III Partes. Hafniæ, 1787—1828 (Catal. p. 67—68).

Kgloss: glossaria *in* K., I. II. III.

Keyser: Rud. Keyser († 1864), *in* Bugges *ausg.*

L: Herm. Lüning, *in:* Die (*Lieder-*) Edda . . mit erkl. anmerkk., gloss. u. einleit., altnord. mythol. u. grammat. herausgegeb. von von H. L. Zürich, 1859.

M (*od. Mch*): P. A. Munch († 1863), *in:* Den ældre Edda . . . udgiv. af P.A.M. Christiania, 1847.

Mb: Th. Möbius, *in:* Edda Sæmundar h. fr.   herausgegeb. von Th. M. Leipzig, 1860.

NB. L *und* Mb *nur angeführt, wo sie von* M *abweichen.*

Nyg: M. Nygaard, *in:* Eddasprogets Syntax fremstill. af M. N. 2 Hefter Bergen, 1865—67. (*s:* Zz I, 424).

P: Friedr. Pfeiffer, *in:* Altnord. Lesebuch. Leipzig, 1860 (Sinfiǫtlalok, Sigurðarkv. I. II., Vǫlundarkv., Helg. Hiǫrv., Vǫluspá, Vafþrúðn., Grímn., Hávam., *s.* 60—113)

Peters.: N. M. Petersen († 1862), 1. *in:* Bemærkninger om Völuspa 1841 (Catal. p. 161); 2. *in:* Nordisk Mythologi. Kbh. 1849 *u.* 1862

R: R. Chr. Rask († 1832), *in:* Edda Sæmundar h. fr. . . ex recens. Fr. Chr. R. curav. A. A. Afzelius. Holmiæ, 1818.

Rassm.: Aug. Raszmann, *in:* Die deutsche Heldensage und ihre Heimat, von A.R. 2 Bände. Hannov., 1857—1858.

Simr.: K. Simrock, *in:* Die Edda, die ält. und die jüng. . übersetzt von K.S. 1—5. ausg. Stuttg. u. Tüb. 1851. 1855. 1864. 1871. 1874.

V: Guðbr. Vigfusson, *in:* An Icelandic-English Dictionary   by R. Cleasby, enlarg. and complet. by G.V. Oxford, 1874.

Wisén: Th. Wisén, *in:* Hjeltesångerne i Sæm. Edda, forklar. af Th. W. I. Häft. Lund, 1865 (*s:* Zz. I, 422)

Zz: Zeitschrift für deutsche Philologie, herausgegeb. von   Jul. Zacher Halle, 1869—1874. Bd I—VI.

Zze: Ergänzungsband zu Zz. Halle, 1874, s. 74—139 *und* 617—622: 'Die versteilung in den Eddaliedern, von Karl Hildebrand.'

NB. *Unter demselb. tit. erschien die kleinere hälfte der abhandl. bereits Halle* 1873; *auf diese bezieht sich* Sv. Grundtvig *in:* 'Til Sæmundar Edda', *in:* Nord. tidskr. for filol. og pædag. NR. I (1874), 182—188.

III. NAMEN DER EDDALIEDER

Akv.	Atlakviða	*Helr.*	Helreið Brynhildar
Alv.	Alvíssmál	*Hmðm.*	Hamðismál
Am.	Atlamál	*Hrbl.*	Hárbarðslióð
Bdr.	Baldrs draumar	*Hým.*	Hýmiskviða
Br.	Brot af Sigurðarkviðu	*Hyndl.*	Hyndlulióð
Dráp	Drap Niflunga	*Ls.*	Lokasenna
Fm.	Fáfnismál	*Oddr.*	Oddrúnargrátr
Ghv.	Guðrúnarhvǫt	*Rm.*	Reginsmál
Grm.	Grímnismál	*Rþ.*	Rígsþula
Grp.	: Grípisspá	*S[gr]drm* :	Sigrdrífumál
Guðr. I. II. III. :	Guðrúnarkviða I. II. III.	*Sig.*	Sigurðarkviða hin skamma
H. H. I. II.	Helga kviða Hundingsbana I. II.	*Skm.*	Skírnismál
		þ[r]kv.	þrymskviða
H. Hv.	Helgakviða Hiǫrvarðssonar	*Vkv.*	Vǫlundarkviða
		Vsp.	Vǫluspá
Háv.	Hávamál	*V[fþr]m.* :	Vafþrúðnismál

IV.

abgek.	abgekürzt	*init.*	initiale
abger.	abgerissen	*interp.*	interpungirt, interpunction
anm.	anmerkung	*perg.*	pergament
ausgg.	ausgaben	*pphss.*	papierhandschriften
bez.	bezeichnet	*s.*	siehe
codd.	codices	*unterp.* :	unterpungirt (als 'delendum')
emend. :	emendirt		
entspr. :	entsprechend	*verm.*	vermutet —, vermutung
f.	fehlt (bei —, in —)	*viell.*	vielleicht
hss.	handschriften	*vorh.*	vorher

NB. *Die übrigen abbreviaturen dieser art bedürfen wol kaum einer besondern erklärung.*

VǪLUSPÁ.

1. Heiði hana hétu,
hvars til húsa kom,
vǫlu velspá,
vitti hón ganda;
seið hón hvars hón kunni,
seið hón hugleikin:
æ var hón angan
illrar brúðar.

2. Ein sat hón úti,
þá er inn aldni kom
Yggjungr ása
ok í augu leit.
'Hvers fregnið mik
hví freistið mín?
allt veit ek, Óðinn,
hvar þú auga falt.'

Vǫluspá: R *1a 1—3a 4;* H *6a 3—7a 18;* SE *str.* 2, 7—8. 6. 8, 5—10. 12. 13, 5—8. 16. 18. 19. 22. 24, 3—8. 29. 30. 39. 41. 42. 46. 47, 5—8. 48. 49. 51. 52. 53 *doppelt.* 54. 56. 58. 59. 66. *Überschrift: in* R *kaum noch ein roter schein am obern rande links, fehlt in* H, Vǫluspá *in den citaten von* SE, *ausgen. str.* 22. 39. 40. *Über die strophenordnung s. am schlusse des textes.*

1, 1 hana *f. BtGg".* 2 kvam *(so immer) EG.* — kom; *Bm, keine interp.* R. 3 ok v. v. H*R.* — vêlspá *BmV.* — velspá; *EP,* -spá: *G.* 4 uiti H, vítti *KEM.* — ganda, *RMEDBGg',* ganda. *K,* ganda: *Bm,* ganda; *G.* 5 *f. E,* seid hon hvars hun kunni H*BGg',* seið | hō kvⁿi R, seið hon kunni *RKBmDGGg".* 6 seiþ hon leikiⁿn *RML,* seiþi *(falsch* seiþ' *in* R *gelesen)* hon leikin *RBm,* seið hon leikin [var] *KD,* seið hon leikin *MbPV,* seið hon (hug) Leikni *Eg,* seid hon huglei | kin H, *danach* B'*Gg',* seið hugleikinn *BtGg".* 7 angan H. 8 þioðar *und* brv *über nicht getilgtem* þio R, þióðar *KBmMLMbDE.* **2** *f.* H, 7. 8 *auch Gylf.* 15 (SE I, 70 svá segir í Vǫluspá:). 2 er *f. R.* 3 yggj. *MEGDB.* 4 leit:*MK,* leit;*D,* leit.... *(2. halbstr. als fehlend) G.* 5. 6. *als rest einer zu anfang und ende verstümmelten halbstr. G.* 7 Óðinn: *P.* 8 þv **RWU,** a r. — falt þitt *RRKMED; s. den excurs und str.* 24, 1.

Hildebrand, Eddalieder.

Vǫluspá.

3. Valði henni Herfǫðr
hringa ok men
fá spiǫll spaklig
ok spáganda;

sá hón vítt ok um vítt
of verǫld hverja.

4. Hlióðs bið ek allar
helgar kindir,
meiri ok minni
mǫgu Heimdallar;
viltu at ek, Valfǫðr,
vel fyr telja
forn spiǫll fíra
þau er fremst um man.

5. Ek man iǫtna
ár um borna,
þá er forðum
mik fœdda hǫfðu;
níu man ek heima,
níu íviðjur,
miǫtvið mæran
fyr mold neðan.

6. Ár var alda
þar er Ýmir bygði,
vara sandr né sær
né svalar unnir;
iǫrð fannsk æva
né upphiminn,
gap var ginnunga,
en gras hvergi.

---

3 f. H. 1 hón Herföðr *(dativ)* V148a. — herf.*MP*, Herfaðir *E.* 2. 3 m. | f. sp.] men fe spioll **R**, men; | *lücke von 2 vv.* | fésp. *R*, men, | fésp. *KBmMDBV*, men, | *lücke von 2 versen* | feck sp. *E*, men | fékk sp. *P*, men | fé [ok fiölð meiðma, | at hon frœði segði,] | sp. *Bt*, men | fyr sp. *Gg*; *ob* menfé | *lücke von 2 v.* | sp.?. 4 spá | ganda **R**, spá ganda *BtGg.* — *keine lücke in RRKBmMBGg'.* 7 um *f. E.* **4.** *beginnt mit rotem u. sehr grossem H am obersten rande von* **R** *1a.* 1. 2 ek | allar *K.* 2 helgar *f. RKE.* — kyndir *E* —. *keine interp. PGg''.* 3 minni, *MEGg''.* 4 Heimd.] *in* **R**. *die 4 letzten buchst. verwischt, unsicher ob* -llar *oder* -lar, Heimþallar *Bm.* 5 vildo at ec ualfǫþ' **R**, villtu at ek vafǫdrs **H**, vilþa-ek Valföður *Bm*, vildo' at ek Valfǫþur *R*, vildo it ek Valfaudur (-föðurs) *KE*, vildu at ek Valföðrs (-fǫður *Mb*) *M*, *wie oben nach Munchs anm. BGg.* 6 vél *RKBmMD.* — fram *HRBmMB'Gg'.* — teljak *R.* — komma *RKBm MD.* 7 fornsp. *BKBmMD.* 8 er ek *HMLPE*, ek *RBm.* — of nam *RBmE.*
5, 2 of *RBm.* 3 *þar mit unterpunkt.* v **R.** 4 frœdda *RBm.* 6 mit **H** (iuidiur) *MLE*, iviþi **R** *(nur das zeichen für* ur *vergessen?) RKBm PMbEgGDBGg.* 7 miot uið **R**, miǫtvið **H**, miǫtuð *V.* 8 fyrir *RBm*, fyri *KED.* **6** *auch Gylf.* 4 (*SE* I, 38 svá sem segir í Vǫluspá:) 1 halda **r.** 2 þat er r**W**, þá *RBm.* — ekki var **SE.** 3 varat **W.** — sior **HU**, siár **W.** 4 vndir **U.** 5 eigi r **U.** 7 Ginn. *R.* 8 gras (grass r?) ekki Hr**W.**

Vǫluspá.

7. Áðr Burs synir
bióðum um ypðu,
þeir er miðgarð
mæran skópu:
sól skein sunnan
á salar steina,
þá var grund gróin
grœnum lauki.

8. Sól varp sunnan,
sinni mána,
hendi inni hœgri
um himiniǫður;
sól þat né vissi
hvar hon sali átti,
máni þat né vissi
hvat hann megins átti,
stiǫrnur þat né vissu
hvar þær staði áttu.

9. Þá gengu regin ǫll
á rǫkstóla,
ginnheilug goð,
ok um þat gættusk;
nótt ok niðjum
nǫfn um gáfu,
morgin hétu
ok miðjan dag,
undorn ok aptan,
árum at telja.

10. Hittusk æsir
á Iðavelli,
þeir er hǫrg ok hof
hátimbruðu;
afla lǫgðu,
auð smíðuðu,
tangir skópu
ok tól gørðu.

11. Teflðu í túni,
teitir váru,
var þeim vettergis
vant or gulli;

7, 1 Unz *E.* — bors H*E*, Börs *RPV66a.726b.* 2 biǫðum H*REg*GB*Gg.* — um *f. R,* of H*Bm*E*Gg.* — ypta *Bm.* 3. 4 mæran miðgarð H. 4 meiran *E.* 6 Salar *RBm.* **8,** 5—8 *auch Gylf.* 8 *(SE I,* 50 *svá sem segir í* Vǫluspá:*)* 1. 2 *keine interp. Bm.* 2 Mána *RBm.* 4 ᚡ hiḿ ıodyr *R,* of iodur H, á himin jódyr *R,* um himiniódýr *KDMEEg,* -iódyr *BmB'.* — *nach G hierauf lücke,* sól *etc. als 3. vers der folg. str.* 7. 8 *unecht nach D.* 9.10 *vor 7.8* RH *RKBmGD, f. E, unurspr. Peters.BGg.* **9,** 1 gen | gengo R, gengengo *R.* 3 ginheilög *KBmP.* 3.4 *f. E, unecht D.* 4 ok gætt. um þat *E (str. 12 ff.)* — ok *u. interp. vorh. f. Bm.* — *nach* gætt. *col. RKBmME Gg'', bei G lücke und* nátt ok n. *als 3. vers einer folg. str.* 7. 8 *hält Gg wol richtig für unurspr.* — myrgin *R,* morgun *Bm.* 9 vndvrn H*G.* 10 ár um at *Bm,* ár-óf at *R.* **10** *vgl. Gylf. 14 (SE,* 1, 62). 4 há timbr. *E.* — *für 3.* 4 *in* H afls kostuðu | alls freistuðu, *bei R (K in klammern) noch nach 6, bei MGg (Gg'' als unecht) nach 4.*

11, 3 vettugis H*RBm*M*EGB,* vettegis *K.* 4 *komma oder keine interp. KMED, punkt Bm.*

unz þriár kvámu
þursa meyjar,
ámátkar miǫk,
or iǫtunheimum.

þeir mannlíkun
mǫrg um gørðu
dvergar í iǫrðu,
sem Durinn sagði.

12. Þá gengu regin ǫll
á rǫkstóla,
ginnheilug goð,
ok um þat gættusk:
hverr skyldi dverga
drótt um skepja
or Brímis blóði
ok or Bláins leggjum.

13. Þar var Móðsognir
mæztr um orðinn
dverga allra,
en Durinn annarr;

14. Nýi ok Niði,
Norðri ok Suðri,
Austri ok Vestri,
Alþjófr, Dvalinn,
Nár ok Náinn,
Nípingr, Dáinn,
Bífurr, Báfurr,
Bǫmburr, Nori,
Ánn ok Ánarr,
Ái, Miǫðvitnir.

15. Veggr ok Gandálfr,
Vindálfr, Þorinn,

---

6 þussa H. 8 Jǫtunh. *KREBmGD*. **12** auch *Gylf. 14*
(SE I, 64 svá segir í Vǫluspa:) 1—4 *abgek*. þa g. r. a. ar. R, *vgl.*
str. 9. 4 of þat r**W**. 5 hverer H, at r. — skylldu dvergar H.
6 drotin sc. R, drott*i*r sk. H*MED*, dróttin sk. *KBm*, drótt of sk. r**W**
GGg", drott um spekia U. 7 or brimi bloðgu H*SEMLMbGB'*, or
Brímis holdi *R*. 8 ok *f*. *Bm*. — or *f*. U. — blam Rr, blám *RKML*
MbD, blains *oder* blams H, blám^s U, bláins *Bm*. — sleoium r. —
fragezeichen E. **13,** 1 þá *Bm*. — var *f*. R, er *Bm*. — motsogni*r* R,
modsogni*r* H, Móts. *RKMDBt*. 2 of H. 4 annarr: *RG*. 5—8 *auch*
Gylf. nach str. 12. 5 þar r**WM**. — manlikan H, man | licon R, mau-
licvn r**W***KBmDEBt*. 6 of Hr**W***RBm*. — gørðusk r**WM**. — *komma*
nach g. RMLMb. 7 dverga H*RKBmD*. — or R*RKBmMED*; *vgl.*
Gylf. 14 (SE I, 66) en þessir *(die in str. 15—16 genannten)* eru ok
dvergar ok búa í steinum, en enir *(str. 11—13)* í moldu. 8 sem þeim
dyrinn kendi U. **14—19** *das verhältnis zur ordnung der hss.*
RHSE (I, 64 f. *Gylf. 14*) *siehe im excurse, hier die recens. v. B (u. Gg).*
14, 1—3 ok *f*. *BGg*. 5. 6 *f*. *ED*. 6 nippingr *R*. 7 Bivǫrr Ba-
vǫrr *RKMD*, Bifǫrr Bafǫrr *E*, Bifurr Bafurr *BmB'*, Bif. Báf. *B'Gg*.
8 Bumburr *Bm*. 9 Anar(r) Onar(r) *RBm*. **15,** 1 Veigr *KBmE*
MD. 2 þráinn *KMED*.

Þrár ok Þráinn,
Þekkr, Litr ok Vitr,
Nýr ok Nýráðr,
nú hefi ek dverga
— Reginn ok Ráðsviðr —
rétt um talða.

16. Fili, Kili,
Fundinn, Nali,
Hepti, Vili,
Hanarr, Svíurr,
Billingr, Bruni,
Bildr ok Búri,
Frár, Hornbori,
Frægr ok Lóni,
Aurvangr, Iari,
Eikinskialdi.

17. Mál er dverga
í Dvalins liði
lióna kindum
til Lofars telja;

þeir er sóttu
frá salar steini
aurvanga siǫt
til iǫruvalla.

18. Þar var Draupnir
ok Dólgþrasir,
Hár, Haugspori,
Hlevangr, Glóinn,
Dori, Ori,
Dúfr, Andvari,
Skirfir, Virfir,
Skafiðr, Ái.

19. Álfr ok Yngvi,
Eikinskialdi,
Fialarr ok Frosti,
Finnr ok Ginnarr;
þat man æ uppi,
meðan ǫld lifir,
langniðja tal
Lofars hafat.

---

3 þekkr ok þorinn *KMED*.   4 þrór *RKBmMED*. — Vitr (ok *KMD*) Litr *RKBmMED*.   5 Nár ok *KMED*.   6 rekka H*R*.   7 Regin ok Ráðsvið *KBmE*.   **16,** 1 Fili ok K. *Bm*.   4 Svíorr *RKBmMED*. 5. 6 f. *BmED*.   5 Bruni *RKM*.   6 ok f. *RKM*. — Búri *RKM*. 7 Fornbogi *RBm*.   9. 10 f. *Bm*.   9 Vari *R*.   **17** *fehlt* S*E*, H *beginnt die str. mit 16, 9*.   3 'liona *nicht deutlich in* R, *doch so viel ich sehen kann nicht* lioma' *B*. — lióma kyndum *E*.   4 Lófars *G*. — telia. R, telja, *RMLMbEBGg'*.   5 þeim H*Gg'*, *vgl. Zze I* 88 *f*.   6 fsra R. — Salarst. *R*, Salar st. *Bm*, salarst. *Eg*, Svarins haugi *E (nach Gylf.* 14 þessir kómu frá Sv. h. til aurvanga á iǫruvǫllu).   7 ǫrv. R, ǫrv. H, Aurv. *RBmEEgMbBGg'*. — siǫtt R.   8 ioro v. R, iǫrv v. H, Jórov. *RKBmD*, iórov. *E*, Jǫruv. *MEgGBGg'*.   **18,** 4 Hlæv. *RKBmMED Eg*. — Glói *RKMED*.   5.6 f. *RHRKBmMED*.   7 Skirvir Virvir *RKBmEMD*.   **19** *K ganz*, *RKBmEMD 1. 2 zu str. 18*.   2 Eitr ok Oinn *R*, Eitir Oinn *E*. — *nach* 4 *noch* Heri Hǫggstari | Hlióðolfr Móinn *RKBmMED*.   5 mvn *RKBmMEDGg*. — æ f. *RRKMDG*.   8 Lófars *G*.

Vǫluspá.

20. Unz þrír kvámu
or því liði
ǫflgir ok ástkir
æsir at húsi;
fundu á landi
lítt megandi
Ask ok Emblu
orlǫglausa.

21. Ǫnd þau né áttu,
óð þau né hǫfðu,
lá né læti
né litu góða;
ǫnd gaf Óðinn,
óð gaf Hœnir,
lá gaf Lóðurr
ok litu góða.

22. Ask veit ek standa,
heitir Yggdrasill
hár baðmr, ausinn
hvíta auri;
þaðan koma dǫggvar,
þærs í dala falla,
stendr æ yfir grœnn
Urðar brunni.

23. Þaðan koma meyjar
margs vitandi
þriár or þeim sal
er und þolli stendr:
Urð hétu eina,
aðra Verðandi,
—skáru á skíði —
Skuld ena þriðju;
þær lǫg lǫgðu,
þær líf kuru
alda bǫrnum,
orlǫg seggja.

---

20 *zu dieser u. folg. str. vgl. Gylf. 9.*   1 Undz H. — þriár R, þriar H *(wie es scheint radiert B).*   2 þussa brudir *(wie es scheint radiert B)* H.   3 ástkir ok ǫflgir H. — ástgir R*R*K*Bm*M*ED*. — at súsi *RBm*, at ósi? *Gg*".   8 orlugl. H.   **21,** 1 ǫnd, ǫnd *klein* R H, *punkt vorher nur* R.   2 *in* hǫfðo R *ist* hǫ *undeutlich*.   5 *durch punkt vorher und init. neue str. bez.* RH.   7 Loðurr *RBmLMb*. **22** *auch Gylf. 16* (SE I, 76 svá sem hér segir:)   1 st.] ausinn r*W*. 2 Yggdrasils r, ygdrasill U. — *komma nach* Yggdr. *RBmEMD*. 3 hárb. *RBmE*. — baðmr] borinn U. — aus.] heilagr SE. — *keine interp. nach* b. *RBmMED*.   6 þærs] þær U, er r. — dali SE.   7 æ] hann æ r*W*, f. U, ey R. — yf. gr.] iöjagr. *E*. — grvn r, grein U.   **23** *vgl. Gylf. 15.*   1 komu *Bm*, kvámu *E*.   3 sę R, sæ *KBmMLMbEGD*; *vgl. auch SE l. c.* þar stendr salr undir askinum .   or þeim sal koma III meyjar.   4 a þolli H.   5 *ff. als besondere str. und für das vorhergeh. der verlust der 2. halbstr. angenommen G.*   5—8 *von Peters. Mannh. Gg. richtig als unurspr. bezeichnet.*   7 *in klammern EPD, keine interp. nach* skíði *RMG*.   9—12 *f. E, unurspr. nach D, in RH durch initiale und punkt zu selbständ. str. abgetrennt, so R.*   10 kuru, R *BmPG*.   11 *komma f. RBmP*.   12 seɢia R, segja *K*, at segia H*RBm*.

Vǫluspá.

24. Veit hón Oðins
auga um folgit
í inum mæra
Mímis brunni;
drekkr miǫð Mímir
morgin hverjan
af veði Valfǫðrs.
Vituð ér enn, eða hvat?

25. Veit hón Heimdallar
hlióðs um folgit
undir heiðvǫnum
helgum baðmi;
á sér hón ausask
aurgum forsi
af veði Valfǫðrs.
Vituð ér enn, eða hvat?

26. þat man hón folkvíg
fyrst í heimi,
er Gullveigu
geirum studdu,
ok í hǫllu Hárs
hana brendu;
þrysvar brendu
þrysvar borna,
opt ósialdan —:
þó hón enn lifir.

27. Þá gengu regin ǫll
á rǫkstóla,
ginnheilug goð,
ok um þat gættusk:
hvárt skyldi æsir
afráð gialda,
eða skyldi goð ǫll
gildi eiga.

---

24 f. H, dagegen Gylf. 15 (3—8 an 2, 8 angeschlossen), über die str. vgl. den excurs. 1. 2 mit Gg nach B, f. in andern ausgg. und den hss. 2 um f. BGg, doch vgl. 25, 2. 3 í] vr r. — þeim en. rU. — nach 4 lücke angenommen von D. 5 moð r, mióð R, miǫk D. 6 myrginn R, imorgun r, morgun WBm. 7 veiþi r. — Valf.] abgek.: y. R, valsfavþr U, valfǫðrs M. 8 abgek.: v. e. e. h., vgl. 25, 8. — vituð þer rW, viti þer U, die lesung der ausgg. s. zu 25, 8. **25,** 1 heidalar R, Heimþallar RBm. 2 horn R. — 6 ǫrgū H, örgum Bm (auch Bt so = örögum, doch aurg. Be; ǫ in H = au s. auch zu 17, 7). — fossi KD, forsi, RBm. — 8 uit | oþ e' ē e. hvat R, uitu þª eñ e. hvat H, vitoþ enn, eþa hv. R.—en eðr Bm. **26**, 3 mit RE, -veig KBmMGDBGg mit RH. 4 studdi HG. — studdo; R, G nimmt den urspr. schluss als fehlend und 5—10 als des anf. beraubte folg. str. 5 hǫll sämmtl. ausgg. mit RH. 7 initiale und punkt vorher R. — þrysvar bren | dv þrysvar brendv H. 7. 8 þrisvar RBmEP. 8 þrisvarb. P. 9. 10 unecht nach D, eher ists wol 7.8. **27,** 1—4 in R abgek.: þa g. r. a. a., die ausgg. wie str. 9. 5. 7 skyldu ausgg. ausser E mit RH. 7 sk. f. E. — goðin RRKBmMEDB'Gg', guðin HG, goð BeGg". 7. 8 goð | ǫll vermutet Gg" 188ª. 8 eiga? RE.

28. Fleygði Óðinn
  ok í fólk um skaut,
  þat var enn fólkvíg
  fyrst í heimi;
  brotinn var borðvegr
  borgar ása,
  knáttu vanir vígská
  vǫllu sporna.

29. Þá gengu regin ǫll
  á rǫkstóla
  ginnheilug goð
  ok um þat gættusk:
  hverr hefði lopt allt
  lævi blandit, ǫl
  eða ætt iǫtuns
  Óðs mey gefna.

30. Þórr einn þar vá
  þrunginn móði,
  hann sialdan sitr
  er hann slíkt um fregn;
  á gengusk eiðar
  orð ok sœri

  mál ǫll meginlig
  er á meðal fóru.

31. Sá hón valkyrjur
  vítt um komnar
  gǫrvar at ríða
  til Goðþióðar;
  Skuld héld skildi
  en Skǫgul ǫnnur,
  Gunnr Hildr Gǫndul
  ok Geirskǫgul:
  nú eru talðar
  nǫnnur Herjans,
  gǫrvar at ríða
  grund valkyrjur.

32. Ek sá Baldri
  blóðgum tívur,
  Óðins barni,
  orlǫg fólgin;
  stóð um vaxinn
  vǫllum hæri
  mióR ok miǫk fagr
  mistilteinn.

28, 1—4 nach 5—8 *RBmM.* 4 fyʀ H. 5 so mit R*BtGg"*, borðveggr *BmMEGDB'Gg'* mit H, borgveggr *R.* 7 so emend. von *Eg.* *BGg,* vígspá *RKBmMEGD* nach *RH.* **29** auch *Gylf.* 42 (SE I, 138 svá segir í Vǫluspá:) 1—4 in R abgek.: þa g. r. a., ausgg. wie str. *9.* 3 giñheilugh H, gin heilog U. — guð U. 4 of þat rW. 5 hverir *RKBmMLMbD.* — allt f. U. 8 osk mey U. — gefna? *RE.*
30 auch *Gylf.* unmittelb. nach vor. str., aber geordnet 5—8. 1—4. 1 þat rW. — vá WUH, var *RRKBmMD,* vann r*E.* 2 þrvngin Rʀ. 4 of H S*ERBmGg.* — fregñ H. 5—8 f. W. 5 ágéng. *BmE.* 6 ok ok H. 7 meginlik U. 8 voru H. **31** f. H. 2 of *KBmE.* 4 goðþ. EE*g*G. — die 2. halbstr. hält G für verloren, 5—12 für bes. str. 7 gvnʀ. R. 7—10 f. E. 9—12 f. *ML,* unecht nach Peters.*DBGg.*
32 f. H. 2 blodgō R, bláðg. *BtGg".* — tivor *RMLE,* tívor *RKBm MbPGEgV,* tívur *BGg.* 4 folgiɴ R, um folgin? 6 vollo *RKBmD.*

Vǫluspá.

33. Varð af þeim meiði,
er mær sýndisk,
harmflaug hættlig,
Hǫðr nam skióta;
Baldrs bróðir
var of borinn snemma,
sá nam Óðins sonr
einnættr vega.

34. þó hann æva hendr
né hǫfuð kembði,
áðr á bál um bar
Baldrs andskota;
en Frigg um grét
í Fensǫlum
vá Valhallar.
Vituð ér enn, eða hvat?

35. þá kná Vala
vígbǫnd snúa
(heldr váru harðgǫr
hǫpt) or þǫrmum.

36. Hapt sá hón liggja
undir hvera lundi
lægiarns líki
Loka áþekkjan;
þar sitr Sigyn
þeygi um sínum
ver vel glýjuð.
Vituð ér enn, eða hvat?

37. Á fellr austan
um eitrdala
sǫxum ok sverðum,
Slíðr heitir sú.

---

33 f. H.   2 m^s R, mér KMGDB, miór (męr) RBmGgV, mǫnnum E. — d in syndiz übergeschr. R.   3 harms-laug R, harmflǫg Bm.   5—8 (u. 34, 1—4) f. ML als fälschlich aus Bdr (vgl. str. 11) hierher gekommen; zur folg. str. KBm.   5. 6 var | of K.   7 son RBm.   8 vega; D.   **34** f. H.   1—4 f. ML.   7 uorþr^a R, vaurþr R (mit komma vorher).   8 abgek. v. e. e. e. h. R.   **35** f. R (nur H und zwar mit 36, 5—8 éine str.) KGD, als eine 2. halbstr. mit verlorner ersten B, als erste mit verlorner zweiten E, zwischen 36, 4. 5 Bm, nach 36 R (daran geknüpft 45, 5—8.1—4), M.   2 so in R (nicht vigdeild wie G zweifelnd las), hapt bönd R. — snúin E. — nach snúa keine interp. P.   3 v° H, um RBmME.   4 nach hǫpt keine interp. BmMGg'.   **36,** 1—4 f. H, vgl. zu str. 35.   2 und RBtGg". — Hvera l. R, Hveral. Bm ('vielleicht' Gg"), hræval. E, hveral. EgV.   3 lę | giarn R, lægiarn (für -giörn, -giörnum) R, (= -giarnt) KBmED, (= -giarnan, mit komma danach) EgGg. — lægiarnlíki Mb, oben nach Bugges verm.   3. 5 durch komma getrennt BmEPD.   4 óþekkjan P.   7 vel glýoþ RBm, velglýjuð PEBtGg".   8 abgek.: v. þ. e. h. R.   **37** f. H.   3 sɷxō R (so schon Mb XVI), unrichtig gelesen saurum RKBmMEgD. — die 2. halbstr. nimmt G als verloren an.

Vǫluspá.

38. Stóð fyr norðan
á Niðavǫllum
salr or gulli
Sindra ættar;
en annarr stóð
á Ókolni
biórsalr iǫtuns,
en sá Brímir heitir.

39. Sal sá hón standa
sólu fiarri
Nástrǫndu á,
norðr horfa dyrr;
fellu eitrdropar
inn um lióra,
sá er undinn salr
orma hryggjum.

40. Sá hón þar vaða
þunga strauma
menn meinsvara
ok morðvarga
ok þanns annars glepr
eyrarúnu;
þar saug Níðhǫggr
nái framgengna,
sleit vargr vera.
Vituð ér enn, eða hvat?

41. Austr býr in aldna
í Iárnviði
ok fœðir þar
Fenris kindir;
verðr af þeim ǫllum
einna nǫkkurr
tungls tiúgari
í trolls hami.

38 f. H. stoð *aber Punkt vorher* R, *zur vor. str.* KD; *vgl. zur str. noch* Gylf. *52 (*SE I, 198). 2 aniþa fiollō *aber* fi *unterpunktiert u. v darüber* R, á Níþafiöllum R, á Niða f. KD, á Niðaf. B*m*ME, *auch* SE á Niðafiǫllum. 5–8 *unecht nach* D. 8 Brimir B*m*E. **39** *auch* Gylf. *52* (SE I, 200 svá sem hér segir:). 1 sier hon H, sér hon G*g*, veit ek SE. 2 fiarri, RB*m*. 3 nástravnd^v U *und so in der vorhergeh. prosa* rWU, *danach* RB*m*. 5 falla HSERB*m*E. 6 of rWRB*m*. **40** *in* Gylf. *mit init. und punkt vorher nach vor. str., aber* 5. 6. 9. 10 *fehlen*. — Sér hon HG*g*, Skolv SE. 2 þraunga RB*m*. 3. 4 m̄ morð vargar | meins vara *oc* R *(danach* KD*), aber durch striche und punkte berichtigt*. 3 meinsvara rW *(trotz skulu!)*, -svarar U. 4 -vargar rW, morðingar U. 5. 6 *unecht* G*g*. 5 þanz *aber* z *fast abgerieben* R, þañz H, þá R, þann KBmMED. — glepja R. 6 eyra rúno RKEG, eyrna runa H. 6. 7 *dazwischen nach* G *rest der str. und der anfang der folg. verloren*. 7 þa r.́ — súg RK, kvelr SE. 8 fram g. RHG, fram gēga r. 9. 10 *unecht nach* D. 10 *abgek. v. e. e. h.* R. **41** *auch* Gylf. *12* (SE I, 58 svá segir í Vǫluspá:) 1 byr HSE (*auch prosa* gýgr ein býr), sat RRKB*m*MGDB. — arma U. 2 iarnviðiu W. 3 feð^a H, fœðir SE, fœddi RKBmMGDB *mit* R. 4 fenr. R. — kyndir E. 5 or þeim r. 6 e. nokkur H, ima nockvr U. 7 iu *in* tiugari *unles*. H. 8 trollz RU, trǫllz H, trallz rW, trǫlls RKBmMEGEgD.

Vǫluspá.

42. Fyllisk fiǫrvi
feigra manna,
rýðr ragna siǫt
rauðum dreyra;
svǫrt verða sólskin
um sumur eptir,
veðr ǫll válynd.
Vituð ér enn, eða hvat?

43. Sat þar á haugi
ok sló hǫrpu
gýgjar hirðir,
glaðr Eggþér;
gól um hánum
í gaglviði

fagrrauðr hani,
sá er Fialarr heitir.

44. Gól um ásum
Gullinkambi,
sá vekr hǫlða
at Herjafǫðrs;
en annarr gelr
fyr iǫrð neðan
sótrauðr hani
at sǫlum Heljar.

45. Geyr Garmr miǫk
fyr Gnípahelli,
festr man slitna

---

42 auch *Gylf.* nach vor. str. 1 fyll., aber punkt vorher H. 3 ryðr, *nicht* ryöz H. — Ragna *Bm.* 5 svart var þa s. R*MG.* — -skín *E Mb.* 6 of s. **RrW** *und ausgg. ausser B.* — sumar *RBmE.* 7 vªþr r**U.** — ualvnd **W**, valv̄d r, va. ly. **U**, val-ynd *Bm.* 8 *abgek.:* v. e. h. **R**, uitu þer eiñ eñ eðr hvat **H**, v. einn *ok* h. **U.** **43,** 2 *nur* hǫrpu sló *E.* 4 eaþer *mit accent über* e **R**, egð° **H**, Egðir *RKBm MEEgDB'.* 5 yfª **H**, v̄ **R**, yfir *E.* — hánum *f.* **H.** 6 galguiði H*BtGg".* 8 eñ sa fial. **H.** **44,** 1 gelr? *B.* — yfir **H.** 3 ha/lþa at hiarar **R***K.* herjafǫðrs *KDMLP,* herja *f. G.* 5 gelr **H**, (e *sicher,* lr *undeutlich*) **R**, gól *RBm.* **45** *diese stefstrophe begegnet hier vor 46 zuerst* **R**, *in wiederholung und abkürzung* (Geyr nu garmr miok *fyrir* gn. h. f. man sl. eñ f.) **H**, *während sie vollständig bereits nach 36 stand. Gg setzt sie ebenfalls schon dort und zwischen 40. 41, im übrigen wie ich, nur (mit ausnahme von str. 45. 61) in der fassung von* **H**; *RMbP fügen 5—8 an str. 35 zur vervollständigung und lassen ihr 1—4 als stef folgen, das dann nur einmal zwischen str. 49 u. 52* (61 *bei R an anderer stelle) wiederkehrt; in KBmD allein an dieser stelle, G deutet sie (ob die ganze?) noch zwischen 50. 52 und 60. 62 an; E lässt nach str. 44* Geyr — renna *als stef folgen und wiederholt es nach je 2 strophen acht mal, 5—8 verbindet er mit 46, 1—4 zu einer str.; hier nach B, der aber dann immer nur 1—4 wiederholt.* 2 gnupa h. **H** (*doch bei den wiederholungen* gnipa h.) Gnúpah. *M,* Gnýpah. *Bm,* Gnýpa h. *R,* Gnípa h. *KD.* 3 mvn **R,**

Vǫluspá.

en freki renna.
Fiǫlð veit ek frœða,
fram sé ek lengra
um ragna rǫk
rǫmm sigtíva.

46. Brœðr munu berjask
ok at bǫnum verðask,
munu systrungar
sifjum spilla;
hart er í heimi,
hórdómr mikill,
skeggǫld, skálmǫld,
skildir 'ru klofnir,
vindǫld, vargǫld,
áðr verǫld steypisk;

man engi maðr
ǫðrum þyrma.

47. Leika Míms synir,
en miǫtuðr kyndisk,
at inu galla
Giallarhorni;
hátt blæss Heimdallr,
horn er á lopti,
mælir Óðinn
við Míms hǫfuð.

48. Skelfr Yggdrasils
askr standandi,
ymr it aldna tré,
en iǫtunn losnar;

---

4 Freki *RBmEg*. — *nach* renna *weder punkt noch init.* RH.
5. v. hon RKEGDB, v. hin *RBm*. — fróða *RBm*. — *für diese verszeile:*
fram se ek lengr H, — lengra *M*. 6 fiǫlð kann ek segja H*M* (*Gg* 5. 6
nach H *nur die beiden ersten male*). 8 ra/m R, rǫm H, raum
(= rǫm) *K*, (= *acc. von* raumr) *ED*, röm *M*, ok raun *R*, ok röm *Bm*.
— sigtyva R, sigtiva *BmE*. **46** *auch Gylf*. 51 (SE I, 186 svá
segir í Vǫluspá:) 2 verþa RU*RKBmD*. — *nach* 4 *fügt* M*L* grundir
gialla, gífr fliúgandi *u*. 11. 12; *G nimmt lücke an, und sie alle drei beginnen mit* Hart er *etc. neue str.* 5 með hǫlðum rW. — *komma f.* M
L*P*. sceǫ͡ald RU, skeggǫll H, skeggiǫlld W*BmBGg*. 8 ru *f.* H SE.
— klofna U. 9 *init. und punkt vorher* H, *neue str. Gg.* — 10 vndz
v. U. 10. 11 *dazwischen* grundir gialla gífr ['ru *Gg*] fliúgandi H*GgM*,
wol ebensowenig wie 7—10 urspr. 11. 12 *f.* rW. 11 mvn RUKMD
Gg. — eingi H, en U. **47,** 1 *L sehr gross* R. — Mímis s. *RBm*
E*P*. 2 kynd., *KMB'*. — *zwischen* ga *in* galla R *ein augenscheinlich
bedeutungsloses häkchen*, gialla *KBmEDEg*, gamla *RMGB'*. 4 Giallar
h. *KD*. — *G nimmt hierauf den verlust einer halbstr. an, ebenso nach*
5—8. 5—8 *auch Gylf*. 51 (SE I, 192 svá er sagt í Vǫluspá:).
5 bles U. 6 alopt r. 7 mey Oð. r. 8 mimis U, *nicht auch* H,
Mímjs R*KBmEDP*. **48** *auch Gylf. nach vor. str. 1—4 bei KED
geordn. 3. 4. 1. 2 nach* R, *in dem auch* ymr — losnar scelfr *doppelt geschrieben und das erste mal radiert ist.* 1 ygdr. rU. 3 alna rU.
4 dafür æsir erv a þingi U. — *nach* G *dann lücke = 2. u. 1. halbstr.*

Vǫluspá.

hræðask halir
á helvegum,
áðr Surtar þann
sefi of gleypir.

49. Hvat er með ásum?
hvat er með álfum?
gnýr allr iǫtunheimr,
æsir 'ru á þingi;
stynja dvergar
fyr steindurum
veggbergs vísir.
Vituð ér enn, eða hvat?

50. Geyr Garmr miǫk
fyr Gnípahelli,
festr man slitna
en freki renna.
Fiǫlð veit ek frœda,
framm sé ek lengra

um ragna rǫk
rǫmm sigtíva.

51. Hrymr ekr austan,
hefisk lind fyrir;
snýsk iǫrmungandr
í iǫtunmóði;
ormr knýr unnir,
en ari hlakkar,
slítr nái neffǫlr,
Naglfar losnar.

52. Kióll ferr austan,
koma munu Muspells
um lǫg lýðir,
en Loki stýrir:
fara fíflmegir
með freka allir,
þeim er bróðir
Býleists í fǫr.

5—8 f. **RSE**(*ML, dafür das stef).* 5 hal. *mit BmGg'',* allir H*R* KPM*b*EDBG*g'.* 7 S. þ. *in* H *undeutl., doch nicht* surta þaa. **49** *auch Gylf. nach 1—4 der vor. str.* 2 hvat með asynivm U. — *nach G rest der str. fehlend, 3—8 besondere str. mit lücke nach 4.* 3.4 *f.* U. 3. ymr r. 4 ero W, erv H. 6 steindyrvm H*W*B*m,* steins dyrv U, steins durum *R.* 7 *f.* U. — vegb. H*WRB*m. viSir r*W.* 8. *abgek.: v. e. e. h.* R. — viti þer U, uitu þer W. **50** *abgek.:* Geyr nv g. R, Geyr nu garmr miok *fyrir* gnipa helli f. m. H, *s. zu str.* 45. **51** *auch Gylf. an str.* 49 *angeschlossen, f.* U, *in* W *neue zeile mit jetzt unlesbarer überschr.* 1 Hrymir *E.* — *austan, aber punkt über erster krümmung von a (zur tilgung? u. e vor s nachzutragen vergessen? V)* R. — Jörm. *RKBmED.* 5 ky*R* r. 6 *a*rn mvn hlacka r. 7 niðf. Hr*WB'Gg',* Neff. *Bm.* 8 naglfal r. **52** *auch Gylf. nach vor. str., f.* U. 1 Kiöll *RKBmEPEgD.* — norðan? *BGg''.* 2 Musp.] Heljar? *B,* Nifl heljar? *Gg''.* 3 of r*WRBmEP.* — lǫgh H. 5 farar H. þarro r. — fifls m. *RKD.* 6 Fr. *RBm.* 8 by leipz R, byleistz H*W,* byleiz r, Bil. *RBm,* Býleips *KD.* — i ferd *undeutl.* H.

14 Vǫluspá.

53. Surtr ferr sunnan
meðr sviga lævi,
skínn af sverði
sól valtíva:
griótbiǫrg gnata,
en gífr rata,
troða halir helveg,
en himinn klofnar.

54. Þá kømr Hlínar
harmr annarr framm,
er Óðinn ferr
við úlf vega,
en bani Belja
biartr at Surti,
þar man Friggjar
falla angan.

55. Geyr nú Garmr miǫk
fyr Gnípahelli,

festr man slitna
en freki renna.
Fiǫlð veit ek frœða,
framm sé ek lengra
um ragna rǫk
rǫmm sigtíva.

56. Þá kømr inn mikli
mǫgr Sigfǫður,
Viðarr, vega
at valdýri:
lætr hann megi hveðrungs
mund um standa
hiǫr til hiarta,
þá er hefnt fǫður.

57. Gínn lopt yfir
giǫrð iarðar
eða . . . . g . . ar

---

53 auch *Gylf. nach vor. str.* (f. U) *u. cap. 4 in* r′W′U′ (SE I, 40 svá segir í Vǫluspá:) 1 Svartr U′. 2 svigal. *EgD.* — levi U, leivi r, leifi r′. 6 gvþar U. — hrata U′WGBGg. 8 traþa h. helvega U. **54** auch *Gylf. 51 nach vor. str.*, f. U. 1 Hlinar *KED*. 2 hamr rW. 4 vega; *MLMbDGg″*. 7 þá *RRKBmEMD*. — mvn Rr*W RKBmMEDGg*. 8 angan | tyr R, angantýr *RKBmMEGEgD*; angañ HW, angā r; *vgl. zu* 55. **55** *vgl. zu str 45.* — *abgek.*: Geyr nu garmr miǫk *fyrir* gnipa helli f. m. H, *f.* R, *doch vielleicht ist das auf* angan *(54, 8) folgende* tyr *aus urspr.* Geyr *entstanden* (G *u.* t *in den codd. sehr ähnlich!*) **56** auch *Gylf. 51 nach str. 54, f.* U H. 1. 2 Gengr Oðins son við ulf vega rW. 2 Sigfǫðurs *RBm*. — Viðarr *aus* Viðr *verbessert* W. -- of veg rW. 5 hann *f. RBm.* — hveðrugs r, Hv. *RBmE*. 6 m. of rW, mundum? V. 7. hior r. **57** *f.* RSE *RKMEGDB, in* H *mit 58 auf den 3 letzten schon im 17. jh. verdorbenen zeilen einer seite; ausser von B auch von V gelesen, s. Mb p. 271.* 1 yfer *schliesst die zeile B, kleine lücke danach* V. 2 bani viðar *las* V; giǫrð *oder* giorð *undeutlich,* iarðar *sicher* B.

Vǫluspá.

...s...eðum
...Óðins sonr
ormi mœta
vargs at....
Viðars...,..

58. Þá kømr in mœri
mǫgr Hlóðynjar,
gengr Óðins sonr
við orm vega;
drepr hann af móði
miðgarðs véurr;
munu halir allir
heimstǫð ryðja,

gengr fet níu
Fiǫrgynjar burr,
neppr frá naðri
níðs ókvíðnum.

59. Sól tér sortna,
sígr fold í mar,
hverfa af himni
heiðar stjǫrnur;
geisar eimi
ok aldrnari,
leikr hár hiti
við himin siálfan.

---

3. 4 .. g . s. eðv *las V, nach* iarðar *las B* . eða. (a *unsicher), je éin buchst. im an- u. auslaut unlesbar,* neðan? *B,* meðan? *Gg". -- es folgen etwa 6 unlesb. buchst.,* eitri? *Gg". — zwischen g u. a ein oder 2 buchst.,* gusar? *Gg". — vor* s *las B erst noch* orm, *doch bezweifelt Bt; dann 2 bis 3 buchst. unlesbar bis zu* eðv *B. — Gg ergänzt:* ok um spyr glóðum, *doch ist seine herstellung von 3. 4 gegen die reimgesetze.* 5 *vor* oðins *3—4 buchst. unlesbar, en V was B verneint,* man? *Bt, doch unsicher ob in die züge passend,* mun *Gg".* — svn *B,* son *VGg.* 7 *nach* at *('t undeutl.) 3—4 buchst. unlesbar,* áttungi? *Gg"Bt.* 8. *nach* uiðars *nichts mehr lesbar (bis 58, 7) BV,* bróðir *ergänzen Gg"Bt.* **58** *auch Gylf. 51 nach str. 56, f. U, in H nur noch 5. 6 zum teil erkennbar, das ganze aber wahrscheinlich urspr. mit SE stimmend, die nur 1. 2. 11. 12. 7. 8. 5. 6 (so geordnet!) enthält, nach Bt viell. urspr.; 1--4 vor str. 57 Gg".* 1 Gengr hinn r**W**. 3. 4 *f.* r**W** *MLGg'.* 3 son *R*. 4 ulf *RKPMbD*. 5 hann] orm *MLGg'*. 6 ueor *R,* Véor *RKBmDGg",* Véorr *M,* véurr *GBGg'.* 5. 6 er af móði dr. m. véorr r**W**. 7 munu halir al... **H.**— hallir a. r. 8. *nur noch* ydia *übrig* **H.** — heim steið r. — ryða *Bm.* 9—12 *besond. str. REP(G mit verlorner ersten hälfte), vor* 7 *Gg' (ML mit lücke danach).* 9. 10 *f.* r**W**. 11 frá] af **W,** at r. **59** *auch Gylf. nach vor. str., auch* **U**. 1 Sól *mit d. perg. abger.* **H**. — ter *RH,* tekr *RKBmMED,* mun *SE.* 2 sigrfolldinnar **U,** sǫkkr *f. í. m.* r**W**. 4 heiðum **W**. 5 ge *in* geisar *abgerissen* **H,** geysar *Bm* —. eimr *KMPL.* 6 við aldr nara *R,* við aldrnara *RBmD,* v. -nára *KM.*

Vǫluspá.

60. Geyr nú Garmr miǫk
fyr Gnípahelli,
festr man slitna
en freki renna.
Fiǫlð veit ek frœða
fram sé ek lengra
um ragna rǫk
rǫmm sigtíva.

61. Sér hon upp koma
ǫðru sinni
iǫrð or œgi
iðjagrœna:
falla forsar,
flýgr ǫrn yfir,
sá er á fialli
fiska veiðir.

62. Hittask æsir
á Iðavelli
ok um moldþinur
mátkan dœma;
ok minnask þar
á megindóma
ok á Fimbultýs
fornar rúnar.

63. Þar munu eptir
undrsamligar
gullnar tǫflur
í grasi finnask,
þærs í árdaga
áttar hǫfðu.

64. Munu ósánir
akrar vaxa,
bǫls man alls batna,
Baldr man koma:
búa þeir Hǫðr ok Baldr
Hropts sigtoptir
vel valtívar.
Vituð ér enn, eða hvat?

---

60 *abgck.:* Geyr n. *(am zeilenschlusse)* R, Geyr *etc.* bis r. *(d. i.* renna) H, *s. zu str.* 45. **61,** 1 Se *in* Sér *f.* H *durch die lücke im perg.* 4 iðja grœna *RKBmGD getrennt wie in* RH. **62,** 1 Finnask *KMEDGB'Gg' mit* R, *doch vgl. str.* 10. 3. 4 ok und moldþinur | mátkum dœma *(d. i. Yggdrasill)? Gg".* 4 mátkar *R.* 5. 6 *f.* R. 6 megin d. *R.* 7 fimbult. *RKMLMbD.* **63** *vgl. Gylf. 53* (SE I, 202): þá finna þeir (finnaz þar W) í grasinu gulltǫflur, þær er æsirnir hǫfðu átt; *ausserdem Zze. I, 619.* 1 þa H*RBm.* — eptir] æser H*RBm.* 4 finna H*RBmEP.* — *nach 6 noch* folkvaldr goða | ok Fiǫlnis kind (kynd *E*) *in pphss. u. RKBmMEDGg", von G lücke angenommen.* **64,** 3. 4 mvn *RKBmMEDGg.* 4 mun Baldr *stellt Gg nach* H. 5 ok B. *f. RBm,* 'vielleicht als überflüssig zu tilgen' *Gg".* 7 vé valtíva *RBmE.* — velltifar *(doch wie es scheint berichtigung schon vom alten schreiber versucht)* H. 8 *abgek.:* v. e. e. h. R. — uitu | þer H.

Vǫluspá.

65. Þá kná Hœnir
hlautviÖ kiósa,

ok burir byggja
brœðra tveggja
vindheim víðan.
Vituð ér enn, eða hvat?

66. Sal sér hón standa
sólu fegra,
gulli þaktan,
á Gimlé.
þar skulu dyggvar
dróttir byggja

ok um aldrdaga
yndis nióta.

67. Þá kømr inn ríki
at regindómi,
ǫflugr ofan,
sá er ǫllu rœðr.

68. Þar kømr inn dimmi
dreki fliúgandi,
naðr fránn, neðan
frá Niðafiǫllum:
berr sér í fiǫðrum
— flýgr vǫll yfir —
Niðhǫggr nái.
Nú man hón søkkvask!

65, 2 hlɑ͛t viþ RKDE, hlutvið HR, hlautvið MbVEg, hlut við BmMLPBGg. — die lücke nicht in RH, nur GDGg"; von E aus Gylf. en Móði ok Magni | skulu Miǫlni hafa eingesetzt. 5 er b. b. H. — byrir R. 8 abgek.: v. e. e. h. R. — vitv þer H. **66** auch Gylf. 17 (SE I, 78 svá segir í Vǫluspá:) 1 S. veit ek st. SE. 2 komma f. RBmMED. 3 g. betra r. 4 agimlé R, a gimle H SE (auch in der prosa überall), á Gimli RBmMEGEgD (V = himli!) — nach Giml. lücke für ein wort G, hám zugesetzt RBmE. 4. 5 á Gimli þar | sk. K (p. 205). 5 þann sk. W. 7 of r. **67** f. R. — als 2. halbstr. aus pphss.: semr hann dóma | ok sakar leggr, | véskǫp (verkaup R) setr | þau er vera skulu RKBmMEDGg. **68,** 1 þar f. HR, þá BmE. 3 fram Bm. — nach neþan in R rasur. 4 frá undeutl. in R, f. KBm. — niþa (a nicht ganz deutl.) fiǫllum R, niða (fiǫllum fehlt) H. 6. 7 als éin satz Bm. 7 Niðh. RBm. 8 mvn RRKBmMEDGg. — h'on H, hann E. — seyqvaz R.

BALDRS DRAUMAR.

1. Senn váru æsir
allir á þingi,
ok ásynjur
allar á máli;
ok um þat réðu
ríkir tívar,
hví væri Baldri
ballir draumar.

2. Upp reis Óðinn
aldinn gautr,
ok hann á Sleipni
sǫðul um lagði;
reið hann niðr þaðan
Niflheljar til,
mœtti hann hvelpi
þeim er or helju kom.

3. Sá var blóðugr
um brióst framan,
ok galdrs fǫður
gó um lengi;
fram reið Óðinn,
foldvegr dundi,
hann kom at hávu
Heljar ranni.

4. Þá reið Óðinn
fyr austan dyrr,
þar er hann vissi
vǫlu leiði;
nam hann vittugri
valgaldr kveða,
unz nauðig reis,
nás orð um kvað.

Baldrs draumar: *nur in* A *1b,18—2a, 11.* — *Überschr.*
balldrs dravmar *rot* A, Vegtamskviða *pphss.* KR, Vegtamskv. eða Baldrs draumar *LBGg.*

1 *vgl. þrkv. 14.* 5 *of* KR. 8. bǫlvísir R. — *zwischen str. 1 u. 2 schieben* KR (*u.* Mb *in klammern*) 4 *strr. nach* pphss. *ein.*
2, 2 allda AKRMGg', *emend. v.* B *nach 13,4 u. Skaldsk. cap. 1* U (SE II, 296) kalla hann aldin gaut.; aldagautr *Eg*, alda-Gautr R. 8 helli Gg" *nach* B's *verm.*, heliv *aus* helli V *entstanden?* — Helju R.
3, 1 sa *ohne punkt vorher* A, Seá KR. 2. 3 *dazwischen 4 verse aus pphss.* KR (*u.* Mb. *in klammern*). 3 ok *f. pphss.* KR. 4 golv A, gól um KRM. 5 Fram *und punkt vorher* AMBGg', *neue str.* KR. 7 unz at háfu kom R (*vgl. þrkv. 5. 9, aber auch* Vþm 5). **4,** 1 þa *klein und ohne punkt vorher* A, *keine neue str.* KR. — Yggr KR *nach pphss.* 2 dyr R. 5 Nä *mit punkt vorher* AMBGg', *neue str.* KR. — vitugri KR. 6.7 *dazwischen mit pphss.* 4 *verse eingeschoben* KR (Mb *in klammern*).

Baldrs draumar.

5. Hvat er þat manna
mér ókunnra,
er mér hefir aukit
erfit sinni?
var ek snivin snióvi
ok slegin regni
ok drifin dǫggu,
dauð var ek lengi.

Óðinn:

6. Vegtamr ek heiti,
sonr em ek Valtams,
segðu mér or helju
(ek man or heimi):
hveim eru bekkir
baugum sánir,
flet fagrlig
flóið gulli?

vǫlva:

7. Hér stendr Baldri
of brugginn miǫðr,
skírar veigar,
liggr skiǫldr yfir,

en ásmegir
í ofvæni;
nauðug sagðak,
nú mun ek þegja.

Óðinn:

8. Þegiattu, vǫlva!
þik vil ek fregna,
unz alkunna,
vil ek enn vita:
hverr man Baldri
at bana verða,
ok Óðins son
aldri ræna?

vǫlva:

9. Hǫðr berr hávan
hróðrbaðm þinnig;
hann man Baldri
at bana verða,
ok Óðins son
aldri ræna;
nauðug sagðak,
nú mun ek þegja.

5, 1 hvat *mit punkt vorher* A. — manna þat A *u.* ausgg. (þat *f. R*), *doch vgl.* Alv. *2.* Sig. II, *1.* Vþr. *7.* 4 erfitt *RGg.* 5 Var *und punkt vorher* A. **6** *(u. ff.) in* A *keine überschr.* 2 Valtams em ek son *R mit den pphss., mögl., doch vgl.* Zze *I, 130 f. 115 f.* 4 mun *Gg.* 6 stráþir *KR.* 7 fagrl' A, fagrla *oder* fagrliga? *B.* 8 floþ' A, flóð í *KREg,* flóðin *Mb,* flóð *MBGg.* **7,** 1 h^s *und punkt vorher* A. 5.6 *ob asm. oder as m. nicht deutlich* A. — áss *(oder* ásar*) megir? oder* ásmagar er ofv.? *B.* — ofvæni = óvæni *KEg.* — eru vor í *ausgef.?* — *Gg" meint, dass vor 5 etwas fehlt.* 7 nauþic *R.* 8 man *KR.* **8,** 1 vala *(so immer)* R. 3 alkunna *AKMBGgV*, allt kunnak *R,* alkunnak? 5 mun *RMGg.* **9,** 2 hroðr barm *AK,* hróðrbarm *RMGg.* — þinig A. 2. 3 *dazwischen glaubt* Gg" *eine lücke von 2 versen.* 3 mun *RMGg.* 7.8 *abgek.:* nøðvg. s. n. m. þegia A. 7 nauþic *(immer)* R. 8 man *R (immer).*

Óðinn:
10. Þegiattu, vǫlva!
  þik vil ek fregna,
  unz alkunna,
  vil ek enn vita:
  hverr man heiptar Heði
  hefnt of vinna,
  eða Baldrs bana
  á bál vega?

vǫlva:
11. Rindr berr Vala
  í vestrsǫlum,
  sá man Óðins sonr
  einnættr vega;
  hǫnd um þvær
  né hǫfuð kembir,
  áðr á bál um berr
  Baldrs andskota;
  nauðug sagðak,
  nú mun ek þegja.

Óðinn:
12. Þegiattu, vǫlva!
  þik vil ek fregna,
  unz alkunna,
  vil ek enn vita:
  hverjar 'ru þær meyjar,
  er at muni gráta,
  ok á himin verpa
  hálsa skautum?

vǫlva:
13. Ertattu Vegtamr,
  sem ek hugða,
  heldr ertu Óðinn,
  aldinn gautr.

Óðinn:
Ertattu vǫlva
né vís kona,
heldr ertu þriggja
þursa móðir.

10, 1—4 *abgek.:* þæggiattv v. þ. v. e. fr. vnz a. v. e. e. **A,** *vgl. str.* 8. 5 mun *RMGg.* — hæipt A*KRMEgB'Gg',* heiptar *Be Gg".* 5.6 hv. m. hefnt Havþi | heipt of v. *R.* 7 bana] *über* n *noch ein zweites* **A.** **11** *vgl. Vsp.* 33. 34. 1 Vala *BGg, f.* **AM,** son *KR.* 3 sonr] s. **A,** son *KR.* 5 þværa *KR, doch vgl. Háv.* 127. 138. *Sig.* I, 21. 49. *Guðr.* III, 3. *Akv.* 9 *u. Haupts ztschr.* XI, 441. 7.8 nauðvg s. n. mṽ e. þ. **A.** **12,** 1—4 þegiattv v. þ. *abgek.* **A.** 5 Hveriarro **A.** — þær *f. KR.* 7. 8 ok á hálsa verpa | himins skautum? *Gg";* vergl. übrigens Zz III, 76. — *Nach* 8 *fügen KR (Mb in klammern) noch aus pphss.:* seg þú þat eina, | sefrattu fyrri.
13, 2 ek áðr *mit pphss. KR.* — hugðak *KR,* vætta *Gg'.* 4 allda, *aber über unterp.* a *ist in geschrieben* **A,** allda *KR.* 5 Ærtattv **A.** — *neue str. R.*

vǫlva:

14. Heim ríð þú, Óðinn,
ok ver hróðigr!
svá komir manna
meirr aptr á vit,

er lauss Loki
líðr or bǫndum,
ok ragna rǫk
riúfendr koma.

ÞRYMSKVIÐA.

1. Vreiðr var þá Vingþórr,
er hann vaknaði,
ok síns hamars
um saknaði;
skegg nam at hrista,
skǫr nam at dýja,
réð iarðar burr
um at þreifask.

2. Ok hann þat orða
alls fyrst um kvað:
„Heyrðu nú, Loki!
hvat ek nú mæli,

er engi veit
iarðar hvergi
né upphimins:
áss er stolinn hamri!"

3. Gengu þeir fagra
Freyju túna,
ok hann þat orða
alls fyrst um kvað:
„Muntu mér, Freyja!
fiaðrhams liá,
ef ek mínn hamar
mættak hitta?"

---

14. 1 oðin A. 3 komit AKRMGg', komir BGg". 4 mér R. 5 æ' A, unz KRGg'; nema, u. komit beibehalten? 7 ok í r. r. Gg" nach Bugges verm. — rǫk f. Gg'.

Þrymskviða: nur in R 17a, 13—18a, 4. Überschr.: þrӯs-qvida mit roter tinte R, Hamarsheimt nach pphss. RM, þrymskv. eða Ham. KDBGg.

1, 1 Reiðr RKRMDGg'. — Vreiðr Gg", doch 12, 1 Reið. **2,** 4 ek um-mæli R. 5 eg mit strich über g R, eigi KMDBGg'. (doch ist dessen gewönliche abkürzg eg mit strich über beiden buchst.), engi RGg". 7 vph. R, upp h. K. **3,** 2 tvna R, finna Gg", möglich, doch eher hitta das richtige, vgl. 11, 2; doch s. auch 8, 8. Rþ. 2, 2. 4, 6. 3, 4. 5, 6.

Freyja:

4. Þó munda ek gefa þér,
þótt or gulli væri,
ok þó selja,
at væri or silfri!"
Fló þá Loki,
fiaðrhamr dunði,
unz fyr útan kom
ása garða,
ok fyr innan kom
iǫtna heima.

5. Þrymr sat á haugi,
þursa dróttinn,
greyjum sínum
gullbǫnd snøri,
ok mǫrum sínum
mǫn iafnaði.

Þrymr:
6. Hvat er með ásum?
hvat er með álfum?
hví ertu einn kominn
í iǫtunheima?

Loki:
Ílt er með ásum!
ílt er með álfum!
hefir þú Hlórriða
hamar um folginn?

Þrymr:
7. „Ek hefi Hlórriða
hamar um folginn
átta rǫstum
fyr iǫrð neðan;
hann engi maðr
aptr um heimtir,
nema fœri mér
Freyju at kvæn!"

8. Fló þá Loki,
fiaðrhamr dunði,
unz fyr útan kom
iǫtna heima,
ok fyr innan kom
ása garða;
mœtti hann Þór

---

4. Bt *vermutet den verlust einer ersten halbstr., etwa* Mun ek þér fagrs | fiaðrhams liá, | ef þú þinn hamar | hitta mættir: *(aber dann wenigst. mit der änderung* hamar þinn *vgl. Zze I, 116).* 1 *vorher* Freyia q. *in der zeile.* 5 *neue str.* RMBGg. — *flo* R. 9 *zur folg. strophe D. Von strr.* **4. 5** *vermutet Gg", dass* 4, 1—4 *urspr. die* 2. *hälfte der* 4. *str.,* 4, 5—8. 9 (unz fyr innan) — 10 *u.* 5, 1—4 *die* 5. *str. ausmachten u. das übrige später zutat ist.* **6** *vorher* þvmr q. *in der linie.* 3 komī R. — Iǫtunh. *(überall so!)* KRDMb. 5 *eine überschr. fehlt* R. — ilt R. 6 *f.* R. 7 hloripa RK. **7** *. überschrift fehlt* R. 3 átta] VIII. R. **8** *nach Gg" entweder zwischen* 2 u 3 *zwei verszeilen verloren u.* 7—10 *rest einer besondern str., oder* 3—6 *erweitert aus* unz fyr innan kom | ása g. *(letzt. auch D.)* 3 unz] ok ⱴz R. 7—10 *besondere str.* R. 7 þór RKRD.

þrymskviða.

miðra garða,
ok hann þat orða
alls fyrst um kvað:

9. „Hefir þú erendi
sem erfiði?
segðu á lopti
lǫng tíðindi!
opt sitjanda
sǫgur um fallask,
ok liggjandi
lygi um bellir."

Loki:

10. Hefi ek erfiði
ok ørindi:
Þrymr hefir þínn hamar,
þursa dróttinn;
hann engi maðr
aptr um heimtir,
nema hánum fœri
Freyju at kván.

11. Ganga þeir fagra
Freyju at hitta,
ok hann þat orða
alls fyrst um kvað:
„Bittu þik, Freyja,
brúðar líni!

vit skulum aka tvau
í iǫtunheima."

12. Vreið varð þá Freyja
ok fnasaði,
allr ása salr
undir bifðisk,
stǫkk þat it mikla
men brísinga:
„Mik veiztu verða
vergjarnasta,
ef ëk ek með þér
í iǫtunheima."

13. Senn váru æsir
allir á þingi,
ok ásynjur
allar á máli,
ok um þat réðu
ríkir tívar,
hve þeir Hlórriða
hamar um sœtti.

14. Þá kvað þat Heimdallr,
hvítastr Ása
— vissi hann vel fram
sem vanir aðrir —:
„Bindu vér Þór þá

---

9 þ' h' R, doch vgl. 3, 1. 3, 3. 12, 3.   **9,** 1 hef^s u. kein punkt vorher R.   3 Segðv und punkt vorher R.   5 opt - sitianda K. 8 lýgi KRD.   **10** überschr. f. R.   1.2 Hefi ec orĩndi . erfidi . oc (also die nomina umzustellen) R.   2 erendi Mb.   **12,** Reið R und ausgg.   2 fnasasi R.   2.3 nach D unecht, auch nach Gg" entweder dies oder 5. 6.   3 ásasalr R.   6 Brís. DBGg.   7 varða? Gg V 722b.   8 v^s in vergiarn. übergeschr. R.   9 ec ek R.   **13,** 1—6 vgl. Bdr. 1, 1—6. 1 eS^s R.   5 of þat KRD.   7 hloriþa RK.

brúðar líni,
hafi hann it mikla
men brísinga!

15. Látum und hánum
hrynja lukla,
ok kvennváðir
um kné falla,
en á briósti
breiða steina,
ok hagliga
um hǫfuð typpum."

16. Þá kvað þat Þórr,
þrúðugr áss:
„Mik munu æsir
argan kalla,
ef ek bindask læt
brúðar líni."

17. Þá kvað þat Loki,
Laufeyjar sonr:
„Þegi þú, Þórr,
þeira orða!
þegar munu iǫtnar

ásgarð búa,
nema þú þínn hamar
þér um heimtir."

18. Bundu þeir Þór þá
brúðar líni
ok enu mikla
meni brísinga.

19. Létu und hánum
hrynja lukla,
ok kvennváðir
um kné falla,
en á briósti
breiða steina,
ok hagliga
um hǫfuð typðu.

20. Þá kvað þat Loki,
Laufeyjar sonr:
„Mun ek ok með þér
ambótt vera,
vit skulum aka tvær
í iǫtunheima."

15, 3 kven vaþs R, kvenv. *KRMD*. 6 breiðum? (19, 6 breiddu?)
16, 2 as R. — *danach 2 verszeilen verloren Gg", D nimmt nach 6 lücke an.* **18** u. **19** *éine str. KRMB'Gg', in* R *abgek.:* Bvdo þeir þór. þ. bv. l. ok e. m. m̃. bi. l. v. h. h. l. ok k. v. v̄. kne f. *(u. a darüber)* ex a. bi. b. s. ok h. v. h. t., *also ohne anzeichen der strophentrennung; BtGg" wie oben, mit der annahme, dass von str. 18 die erste hälfte fehlt; D teilt 18—20 in 2 str.:* 18. 19, 1—4 u. 19, 5—8. 20, 3—6 *(1. 2 unecht); vgl. 14, 5—8. 15.* **20,** 1 þat *f.* R (qvaþ *voraus!) ML; vgl. 14. 16. 17. 22 etc., doch auch Guðr. I, 4.* 2.3 *dazwischen nach Gg" 2 verszeilen verloren.* 4 ambót RK, ambátt Mb. 5 tva RKRMD, tvær BGg.

Þrymskviða.

21. Senn váru hafrar
heim um reknir,
skyndir at skǫklum,
skyldu vel renna;
biǫrg brotnuðu,
brann iǫrð loga,
ók Óðins sonr
í iǫtunheima.

22. Þá kvað þat Þrymr,
þursa dróttinn:.
„Standið upp, iǫtnar!
ok stráið bekki,
nú fœrið mér
Freyju at kván,
Niarðar dóttur
or Nóatúnum!

23. Ganga hér at garði
gullhyrnðar kýr,
øxn alsvartir,
iǫtni at gamni;
fiǫlð á ek meiðma,
fiǫlð á ek menja,
einnar mér Freyju
ávant þykkir."

24. Var þar at kveldi
um komit snimma,
ok fyr iǫtna
ǫl fram borit;
einn át oxa,
átta laxa,
krásir allar,
þær er konur skyldu,
drakk Sifjar verr
sáld þriú miaðar.

25. Þá kvað þat Þrymr,
þursa dróttinn:
„Hvar sáttu brúðir
bíta hvassara?
sáka ek brúðir
bíta breiðara,
né inn meira miǫð
mey um drekka."

26. Sat in alsnotra
ambótt fyrir,
er orð um fann
við iǫtuns máli:
„Át vætr Freyja
átta nóttum,
svá var hón óðfús
í iǫtunheima."

21, 7 sonr] s. *abgek.* R, son *KRMD.* **22,** 2 *nach* drottinn *ist* hvar. sattv *(s.* 25, 3) *unterpunkt.* R. 3 vp R. 5 foriþ R, fœra *Gg nach vermut. von B.* 7 dóttr *KD.* **23,** 3 oxn R, yxn *D.* 7 Freio *KD.* **24** *nach Gg" rest von urspr.* 2 *str. über Thors mahlzeit.* 2 smīma R, *aber der letzte strich vom ersten m unterp.* 5 uxa *R.* 6 VIII. R. 7. 8 *nach D unecht.* **25,** 2 þur. d. R. 5 sakat *Gg".* 6 en *(halb ausrad.!)* breið. R, *danach KMD.* **26,** 2 ambót R, ambátt *RMb.* 6 .VIII. R. 7 oþ fúS R.

27. Laut und línu,
lysti at kyssa,
en hann útan stǫkk
endlangan sal:
„Hví eru ǫndótt
augu Freyju?
þykki mér or augum
eldr um brenna!"

28. Sat in alsnotra
ambótt fyrir,
er orð um fann
við iǫtuns máli:
„Svaf vætr Freyja
átta nóttum,
svá var hón óðfús
í iǫtunheima."

29. Inn kom in aldna
iǫtna systir,
hin er brúðfiár
biðja þorði:
„Láttu þér af hǫndum
hringa rauða,
ef þú øðlask vill

ástir mínar,
ástir mínar,
alla hylli."

30. Þá kvað þat Þrymr,
þursa dróttinn:
„ Berið inn hamar
brúði at vígja,
leggið Miǫllni
í meyjar kné,
vígið okkr saman
Várar hendi!"

31. Hló Hlórriða
hugr í briósti,
er harðhugaðr
hamar um þekði;
Þrym drap hann fyrstan,
þursa dróttin,
ok ætt iǫtuns
alla lamði.

32. Drap hann ina ǫldnu
iǫtna systur,

27, 3 nach vtan noch co unterpunkt. R. 7. 8 or | aug. K. 8 eldr of nach pphss. RMBGg, vgl. Guðr. I, 27; f. RKD (ein schreiber meinte wol bei (aug)vm schon die partikel geschrieben zu haben). **28,** 1—4 abgek.: Sat in. al. s. a. f. s. (druckf. b. B statt i?) m. R, vgl. 26, 1—4. 6—8 abgek.: VIII. n. s. v. i. i. h., vgl. 26, 6—8. **29,** 1 so nach Bs vermutung, entspr. 32, 1; arma R u. ausgg., wol durch Oddr. 32, 1 veranlasst, ebenso für aldna Vsp. 41, 1 U. 4 of biðja (nach 32, 4) Gg". 9. 10 bezeichnet Gg" richtig als zusatz. **30,** 2. wie 25, 2. 8 várar R D, Varar KRLEg. **31,** 6 wie 25, 2. — dróttinn KD. **32,** 1 ǫrmu ändert Gg" hier, s. zu 29, 1.

hina er brúðfiár
of beðit hafði;
hón skell um hlaut
fyr skillinga,

en hǫgg hamars
fyr hringa fiǫld.

Svá kom Óðins sonr
endr at hamri.

HYMISKVIÐA.

1. Ár valtívar
veiðar námu
ok sumbl samir,
áðr saðir yrði;
hristu teina
ok á hlaut sá,
fundu þeir at Œgis
ørkost hverjan.

2. Sat bergbúi
barnteitr fyrir
miǫk glíkr megi
miskorblinda;
leit í augu
Yggs barn í þrá:

„þú skalt ásum
opt sumbl gøra."

3. Ǫnn fekk iǫtni
orðbæginn halr,
hugði at hefndum
hann næst við goð;
bað hann Sifjar ver
sér fœra hver,
„þanns ek ǫllum yðr
ǫl of heita."

4. Né þat máttu
mærir tívar,
ok ginnregin

---

3 hin er **R** *u. ausgg. s. Zze I, 91 u. vorher.* 9 S^a *u. punkt vorher* **R**, sva *u. kolon vorher R.* — son *R.* 9. 10 *unecht nach D.*

Hýmiskviða: *in* **R** *bl. 13b, 7*—15a, 3; A bl. 5b, 6*—6b, 4*.*
Überschr.: hymis kviða **A**, þor dro miðgarz orm **R**, *beides rot.*

1, 2 verðar *R.* 3 svmbl sam^s **R**, sūblsam^s **A**, *éin wort KMEg DBGg.* 4 yrði, *KLDBGg.* 6 fundut *vermutet GPálsen.* — hv^sa **R**, hv^sia **A**, hvera *KRMDEgVGg'*, vera *Gg"* *(nach B's verm., ebenso* hverjan). **2**, 3 líkr *AKRD.* 4 miskor bl. **A**, mistorbl.? *F. Magn. RGg".* 8 gæfa **A**, gefa **K**. **3**, 3 hefðö **R**, hæfnd **A**, hefnd *KD.* 7 þaɴ ec *RM*, þanz æ' **A** *(vgl. Zze I, 90 anm. 1).* 7.8 ǫl | yðr *MBGg mit* **R**. 8 heita **R**, hæiti *AKD*, heitak *Gg".* **4**, 3 ok **RA**, né *KR MD.* — ginr. **R**.

of geta hvergi;
unz af trygðum
Týr Hlórriða
ástráð mikit
einum sagði:

5. „Býr fyr austan
Elivága
hundvíss Hýmir
at himins enda:
á mínn faðir
móðugr ketil,
rúmbrugðinn hver,
rastar diúpan."

6. „Veiztu ef þiggjum
þann lǫgvelli?"
„Ef, vinr, vélar
vit gørvum til."

7. Fóru driúgum
dag þann fram
Ásgarði frá,

unz til Egils kvámu;
hirði hann hafra
horngǫfgasta,
hurfu at hǫllu
er Hýmir átti.

8. Mǫgr fann ǫmmu
miǫk leiða sér,
hafði hǫfða
hundruð níu;
en ǫnnur gekk
algullin fram
brúnhvít bera
biórveig syni:

9. „Áttniðr iǫtna!
ek viljak ykkr
hugfulla tvá
und hvera setja;
er mínn frí
mǫrgu sinni
glǫggr við gesti,
gørr ílls hugar."

---

4 *unterpunkt.* metti *in* R *nach* hvergi. 8 einn um? *GPálsen.*
5, 7 rv brygðan A, rumbrygðan K, rúmbygðan R. **6,** *vor*
1 *setzt* B þorr quaþ, *vor* 3 Týr qu., *nicht in* RA. 3.4 *nach* R *noch*
Thors rede. 3 ef (æf) *klein u. kein punkt vorher* RA. — vins A. 4 vit
(= vitt) A. **7,** 1—4 *bei KRMD noch zu str. 6.* 1 fóro RA,
punkt vorher nur in A. — drivgö R, drivgra *mit abkürzungszeichen für*
ra A (driugan *las* M). 2 þann *f.* A. — fraliga A. 4 ægis AK, œgis
RD. 5 Hirði *mit punkt vorher* RA, *bei KRMD neue str.*
8, 1—4 *noch zu str.* 7 *bei* KRMD. 1 m *klein* RA. — ámo R,
ωmo R. 5—8 *bei* M *selbständige str.* 5 *punkt vorher u. grosser*
buchstabe. **9,** 1—4 *bei KRD noch zu* 8. 1 át niþr, atniðr RA,
punkt vorher nur R. 3 hvgf. *doppelt in* R. 5 Er *und punkt*
vorher RA, *neue str.* KRD. — frí R, faðs A, friðill? *Bt.* 8 geyr R,
gsr A. — ilz R, illz *aus* allz (i *über* a) A.

Hýmiskviða.

10. En váskapaðr
varð síðbúinn
harðráðr Hýmir
heim af veiðum.
Gekk inn í sal,
glumðu iǫklar,
var karls er kom
kinnskógr frørinn.

11. „Ver þú heill, Hýmir,
í hugum góðum!
nú er sonr kominn
til sala þínna,
sá er vit vættum
af vegi lǫngum;
fylgir hánum
Hróðrs andskoti,
vinr verliða,
Véorr heitir sá.

12. Sé þú hvar sitja
und salar gafli!
svá forða sér,

stendr súl fyrir."
Sundr stǫkk súla
fyr sión iǫtuns,
en afr í tvau
áss brotnaði.

13. Stukku átta,
en einn af þeim
hverr harðsleginn
heill, af þolli;
fram gengu þeir,
en forn iǫtunn
siónum leiddi
sínn andskota.

14. Sagðit hugr vel
hánum, þá er sá
gýgjar græti
á gólf kominn;
þar váru þiórar
þrír of teknir,
bað senn iǫtunn
sióða ganga.

10, 1—4 *noch zur vor. str.* KRD. 1 *kein punkt vorher und mit kleinem buchst. beginnend* RA. 2 *sið* bvin R, *f.* A. 5 G *u. punkt voran* RA, *neue str.* KRD. 8 frǫrin R, freriñ A. — *hierauf nach* D *lücke von 2 versen.* **11** B *leitet ein mit* Frilla quaþ, *nicht* RA. 1 *kein punkt vorher und kleines* v RA, *noch zur vor. str.* RD. 3 *neue str.* D. — sǫr R, son A — komī R. 5 *neue str.* R. 5.6 *nach* Gg" *unecht.* 8 hroðrs andskota A, Hróþis a. R, hróðrsandsk. MBGg. 9 vín A. — verlýþa R. **12,** 2 salargafli Eg. 3 forþa sˢ R, forðaz AK. 4 svl R, sol A, súla? 5 svndr RA. 7 afr *mit* Gg" *für* aþ' R, aðr A *u. frühere ausgg.* **13,** 5 þeir *f.* A. 8 aɴscota R. **14,** 1—3 sagðit hanom | hugr vel þá | er hann sá gygjar græti RMBGg. s. han. | h. vel þá er hann sá | g. g. KD: *so nach* R, *in* A *f.* hann vor sá; *das logisch unbetonte* hánum *kann nicht nach* sagðit *reimen (Zze I, 83. 618).* 3 gyiar RA. — gæti A. 4 komī R. 7 svn A.

15. Hvern létu þeir
    hǫfði skemra,
    ok á seyði
    síðan báru;
    át Sifjar verr,
    áðr sofa gengi,
    einn með ǫllu
    yxn tvá Hýmis.

16. Þótti hárum
    Hrungnis spialla
    verðr Hlórriða
    vel fullmikill:
    „Munum at aptni
    ǫðrum verða
    við veiðimat
    vér þrír lifa."

17. Véorr kvazk vilja
    á vág róa,
    ef ballr iǫtunn
    beitur gæfi.
    „Hverf þú til hiarðar,
    ef þú hug trúir,
    briótr bergdana,
    beitur sœkja!

18. Þess væntir mik
    at þér myni
    ǫgn af uxa
    auðfeng vera."
    Sveinn sýsliga
    sveif til skógar,
    þar er uxi stóð
    alsvartr fyrir.

19. Braut af þióri
    þurs ráðbani
    hátún ofan
    horna tveggja.
    „Verk þykkja þín
    verri miklu,
    kióla valdi,
    en þú kyrr sitir!"

20. Bað hlunngota
    hafra dróttinn
    áttrunn apa
    útar fœra;
    en sá iǫtunn
    sína talði
    lítla fýsi
    lengra at róa.

15, 8 eyxn R*K*R. — tva R, .II. A. **16,** 5 apni R*A*KR MD. 7 veiði mát R. 8 .III. RA. **17,** 1 kvazk] .q. A. 5 vor*her* Hýmir quaþ B gegen RA. — hverf þú] hverfo R. — hiarðar aus hallar A. **18—24** vgl. Gylf. 48 (I, 166 ff.). **18,** 1 venti ek R, væntir mik A*K*, væntir ek R*MDBG*g', væntik G*g"*, væntumk? G*g"·* 2 mvnit A, mynit B, muni R. 3 ogn at A. — oxa R*KRMDB*. **19,** 2 þursraðbani R. 5 davor B Hýmir quaþ *gegen* RA. 6 myklo R*KRMD*. **20** vor dieser str. scheint nach ausweis der SE etwas zu fehlen. 2 hafradr. R. — drottin A. 3 át rv*N* R, att ræñ A. 4 vta*R* A*R*, utarr K*G*g. — fora R. 6 über unterpunkt. milldi steht taldi A. 8 mit KD gegen at róa lengra R*A*R*MBG*g.

Hýmiskviða.

21. Dró mærr Hýmir
    móðugr hvali
    einn á ǫngli
    upp senn tvá;
    en aptr í skut
    Óðni sifjaðr
    Véorr við vélar
    vað gørði sér.

22. Egndi á ǫngul
    sá er ǫldum bergr
    orms einbani
    uxa hǫfði;
    gein við agni
    sú er goð fiá
    umgiǫrð neðan
    allra landa.

23. Dró diarfliga
    dáðrakkr Þórr
    orm eitrfán
    upp at borði;
    hamri kníði
    háfiall skarar

    ofliótt ofan
    úlfs hnitbróður.

24. Hreingálkn hlumðu,
    en hǫlkn þutu,
    fór in forna
    fold ǫll saman,
    søktisk síðan
    sá fiskr í mar.

25. Qteitr iǫtunn,
    er þeir aptr røru,
    svá at ár Hýmir
    ekki mælti,
    veifði hann rœði
    veðrs annars til.

26. „Mundu um vinna
    verk hálft við mik,
    at þú flotbrúsa
    festir okkarn
    eða heim hvali
    haf til bœjar
    ok holtriða
    hver í gegnum.

21, 1 mǫr R, mæiʀ A, meirr B'Gg. 4 sæñ .e. tva A, í senn tvá KD. **22,** 3 eiɴ bani R. 5 ɑ/ngli R. 7 v̄ gsð (d. i. umgerð) A. **23,** 1 diafliga mit undeutl., übergeschr. r R. 5 knúþi R, knýði D. **24,** 1 Hreing.] nach V verderbt aus hraung. — hᵛtv (= hrutu) AKDGgBt. 4.5 dazwischen nach Gg" lücke. 5 sɑ/cþiz R, sǫktizt A. 5.6 unurspr. nach D. **25,** 1--4 noch zu vor. str. R. 1 oteitr ohne punkt vorher RA; wahrscheinlich fehlen die beiden ersten dieser u. die beiden letzten vor. str. 3 svát at ár BtGg". 5.6 zur folg. str. RD. **26** bei B mit Hýmir qvaþ eingeleitet, aber im till. als 1. 2 vermutet: þá kvað þat Hýmir | hundvíss iǫtunn. 1 Mvndv u. punkt vorher RA. — of A u. ausgg. 3—6 at þú heim hv. | haf til b. | eða fl. | f. o. RAKRMDBGg'. — nach okkarn alle ausgg. fragez. 6 bæar A. 7.8 in RAKRMDBGg' nach 27, 8. — holtriba R.

Hýmiskviða.

27. Gekk Hlórriði,
greip á stafni,
vatt með austri
upp lǫgfáki;
einn með árum
ok með austskotu
bar hann til bœjar
brimsvín" jötuns.

28. Ok enn iǫtunn
um afrendi
þrágirni vanr
við Þór senti;
kvaðat mann ramman,
þótt róa kynni
krǫpturligan,
nema kalk bryti.

29. En Hlórriði,
er at hǫndum kom,
brátt lét bresta
brattstein gleri;
sló hann sitjandi
súlur í gøgnum,

báru þó heilan
fyr Hými síðan.

30. Unz þat in fríða
frilla kendi
ástráð mikit
eitt er vissi:
„Drep við haus Hýmis!
hann er harðari,
kostmóðs iǫtuns,
kalki hverjum."

31. Harðr reis á kné
hafra dróttinn,
fœrðisk allra
í ásmegin;
heill var karli
hiálmstofn ofan,
en vínferill
valr rifnaði.

32. „Mǫrg veit ek mæti
mér gengin frá,
er ek kalki sé
or kniám hrundit;

27, 4 ѵp R. — keine interp. nach lǫgf. R, komma KMD.
5.6 unecht nach D. 6 með f. AKD. — ɑ/stkotv A. — kolon R, semicol.
KMD. 7 bæar A. 8 s. 26, 7. 8. **28,** 1 Eñ æñ AK, Oc eɴ R.
2 ѵ (über einem ausrad. worte) afrendi R, afafrædi A, inn afrendi? um
aflendi? R. 5 rañ A. 7 kravptugligan R. **29,** 1 hloriþi R.
4 gleri] i tvɑ/ unterpunkt. u. danach gleri ausradiert R, í tvau KRMD.
6 ıgognō R ıgægnō A. **30,** 1 iþ RR, — hi A. 5 haus f. A. —
hymiS R. 7 kostmoðr A. 8 hverio RR. **31,** 1 reis f. A.
3 forþiz R, færðiz A. — allr R. 7 vinferils A. 8 rifnaþæ R, rifna-
þor R. **32,** 3 er f. R. 4 yr (KMDEg) oder vr (R) hat R,
firir A. — rvndit A.

karl orð um kvað,
knákat ek segja
aptr ævagi
því er ek áðr of hét.

33. Þat er til kostar,
ef koma mættið
út or óru
ǫlkiól hofi."
Týr leitaði
tysvar hrœra,
stóð at hváru
hverr kyrr fyrir.

34. Faðir Móða
fekk á þremi,
ok í gegnum steig
gólf niðr í sal;
hóf sér á hǫfuð upp
hver Sifjar verr,
en á hælum
hringar skullu.

35. Fórut lengi,
áðr líta nam
aptr Óðins sonr
einu sinni;
sá hann or hreysum
með Hými austan
fólkdrótt fara
fiǫlhǫfðaða.

36. Hóf hann sér af herðum
hver standanda,
veifði hann Miǫllni
morðgiǫrnum fram,
ok hraunhvala
hann alla drap.

37. Fórut lengi,
áðr liggja nam
hafr Hlórriða
halfdauðr fyrir:
var skær skǫkuls
skakkr á beini,
en því inn lævísi
Loki um olli.

38. En ér heyrt hafið,
— hverr kann um þat
goðmálugra
gørr at skilja? —

5 · als worte des dichters RMDB'. — kvat A. 8 so mit Gg, von B zaghaft vermutet; þv ert ǫ/lþr of hęt R, þv ær ǫldr of hæitt A, þú ert, ǫldr, of hætt (heitt KREgB) MD, alle mit interp. vorher. **33,** 2 mætts A. 3 varv A. 6 týsv. D. **34,** 3 stóð AK, 4 a sal AK. 7 Holtzmann (altd. gramm. 63) will a hǫddu lesen nach Thorodds citat, Skalda 168 (SE II, 42): heyrði til hǫddu þá er þórr barr hverinn. **35,** 1 so nach GPálsen RBGg wegen 37, 1, foro RAKMD. 3 sǫr R, .s. A, son KMD. 7 folc drot R. 8 fiolþ hǫfdaþa R, fiǫlðh. RM. **36,** 4 moðgiornvm AKD. 5 hravnhvali AKMDBGg, hrɑnvala R. 6 danach bei KRD aus pphss.: er með Hými | eptir fóru. **37,** 3 hloriða R. 5 skin A, sciʀ R, skirr (= skiarr) KMD, skær RBGg. 6 scacr RK. — baɴi RA, banni KRMD, = nebenform für beini Eg. 8 of HKR. **38,** 1 þer A. 2 of AKD. 3 góðm. MD. 4 fragez. f. MLGg.

Hildebrand, Eddalieder. 3

hver af hraunbúa
hann laun um fekk,
er hann bæði galt
bǫrn sín fyrir.

39. Þróttǫflugr kom
á þing goða,

ok hafði hver
þanns Hýmir átti;
en véar hverjan
vel skulu drekka
ǫlðr at Œgis
eitt hǫrmeitið.

LOKASENNA.

Œgir, er ǫðru nafni hét Gýmir, hann hafði búit ásum
ǫl, þá er hann hafði fengit ketil inn mikla, sem nú er sagt.
Til þeirar veizlu kom Óðinn ok Frigg kona hans. Þórr kom
eigi, þvíat hann var í Austrvegi. Sif var þar kona Þórs,
5 Bragi ok Iðunn kona hans. Týr var þar, hann var einhendr:
Fenrisúlfr sleit hǫnd af hánum, þá er hann var bundinn.
Þar var Niǫrðr ok kona hans Skaði, Freyr ok Freyja, Viðarr
sonr Óðins. Loki var þar, ok þiónustumenn Freys Byggvir
ok Beyla. Mart var þar ása ok álfa.
10 Œgir átti tvá þiónustumenn, Fimafengr ok Eldir. Þar
var lýsigull haft fyr eldslióss; siálft barsk þar ǫl; þar var griða-

---

6 of A. 7 er f. AK. — hann gallt bæði AK. **39,** 1 þrótt
ǫfl. *getrennt* RA, þrór ǫfl. R. 1.2 þr. | kom KR. 4 þanz A. 5 veaʀ
A. 5—8 *für* véar.... eitt *verm.* Bt: Véors hv. v. skal dr...... ætt,
doch aufgegeben im eftersl.; V *(s. v.* véar): Véorr hv. v. skyli dr.....
eitt. 8 eitt hǫrmeitiþ R, eitt hǫrmeit A, eitt hǫrmeitið KRMDGg',
eitrorm meiði BeGg", *vgl.* V *(775a)*.

Lokasenna: *nur in* R *15a, 17—17a, 12; 21, 1. 2. 47, 3. 29,
4—6 als éine str. auch Gylf. 20* (I, 84) *eingeleitet durch:* svá sem hér
er sagt at Óðinn mælti siálfr við þann ás er Loki heitir. *Überschr.:*
loka seNa *rot vor str. 1, und ebenf. rot aber verblichen fra egi oc godom
vor der prosa* R. Oegisdrekka (*so allein in* K*, als haupttitel neben*
Lokas. M). *u.* Lokaglepsa (*fürs gedicht, für die prosa* Aegisdr. R) *nur
in pphss.*

Zur prosa *vgl. auch Skalda 33* (I, 336 f.). 1 nafi R. 2 mykla R.
3 oþī R. 8 son R *u. ausgg.* Beyɢvᵃ R, Beyggver KRBm. 10.13 Fimaf.,
nicht Funaf., *auch* SE *l. c.* 11 elds liós BGg. — Siálft *u. punkt vorher* RK.

Lokasenna.

staðr mikill. Menn lofuðu mjǫk hversu góðir þiónustumenn Œgis váru; Loki mátti eigi heyra þat, ok drap hann Fimafeng. Þá skóku æsir skiǫldu sína ok œptu at Loka ok eltu hann braut til skógar, en þeir fóru at drekka. Loki hvarf aptr ok hitti úti Eldi, Loki kvaddi hann: 15

1. Segðu þat, Eldir!
svá at þú einugi
feti gangir framar:
hvat hér inni
hafa at ǫlmálum
sigtíva synir?

Eldir:
2. Of vápn sín dœma,
ok um vígrisni sína
sigtíva synir;
ása ok álfa,
er hér inni eru,
mangi er þér í orði vinr.

Loki:
3. Inn skal ganga
Œgis hallir í
á þat sumbl at siá;
iól ok áfu
fœri ek ása sonum,
ok blend ek þeim svá meini
miǫð.

Eldir:
4. Veiztu, ef þú inn gengr
Œgis hallir í
á þat sumbl at siá,
hrópi ok rógi
ef þú eyss á holl regin,
á þér munu þau þerra þat.

Loki:
5. Veiztu þat, Eldir!
ef vit einir skulum
sáryrðum sakask,
auðigr verða
mun ek í andsvǫrum,
ef þú mælir til mart.

Síðan gekk Loki inn í hǫllina, en er þeir sá, er fyrir váru, hverr inn var kominn, þǫgnuðu þeir allir.

Loki:
6. Þyrstr ek køm
þessar hallar til,

---

16 qvadi R. **1,** 1 S *sehr gross, rot und grün gemalt.*
4.5 hafa | at *ausgg.* **2** *am rande noch* e, q *beim beschneiden verloren (erster buchst. des namens und* q. *urspr. überall, beides noch str. 3. 4. 5. 6, ersterer allein str. 8. 32. 36. 38. 40. 42, letzteres allein 9—31, sonst fehlt beides)* R, *überall* Eldir *(*Loki Oðinn *etc.)* kvað *KRBmB.* 6 manngi *Gg.* **3,** 3 svmbl *mit über geschr.* l R *(ebenso 8, 6).* 4 ioll *(vorher etwas ausradiert)* RKRBmMB, jǫll *Eg V(40a)Gg,* jól *V(326b).* — áfo R, áfr *V(40a),* áfu *V(326b),* afo *KREg.* 5 fœrik *Gg".* **4,** 5 aholl, *aber* h *halb ausradiert* R. **5,** 4.5 ek | í *ausgg.* 6 margt *RBm.* **6,** 1 þyrst' R. — cō R, kom *ausgg.*

3*

Loptr, um langan veg,
ásu at biðja,
at mér einn gefi
mæran drykk miaðar.

7. Hví þegið ér svá,
þrungin goð,
at ér mæla né meguð?
sessa ok staði
velið mér sumbli at,
eða heitið mik héðan.

Bragi:
8. Sessa ok staði
velja þér sumbli at
æsir aldrigi;
þvíat æsir vitu,
hveim þeir alda skulu
gambansumbl um geta.

Loki:
9. Mantu þat, Óðinn,
er vit í árdaga
blendum blóði saman?
ǫlvi bergja
léztu eigi mundu,
nema okkr væri báðum
borit.

Óðinn:
10. Rístu þá, Viðarr,
ok lát úlfs fǫður
sitja sumbli at!
síðr oss Loki
kveði lastastǫfum
Œgis hǫllu í.

Þá stóð Viðarr upp ok skenkti
Loka; en áðr hann drykki,
kvaddi hann ásuna:

11. Heilir æsir,
heilar ásynjur,
ok ǫll ginnheilug goð!
nema sá einn áss
er innar sitr,
Bragi, bekkjum á.

Bragi:
12. Mar ok mæki
gef ek þér míns fiár,
ok bœtir þér svá baugi
Bragi,
síðr þú ásum
ǫfund um gialdir;
gremðu eigi goð at þér.

Loki:
13. Iós ok armbauga
mundu æ vera
beggja vanr, Bragi!
ása ok álfa
er hér inni eru,
þú ert við víg varastr
ok skiarrastr við skot.

7, 1 ér, *Bm.* — *komma f.* KRMBm. 1.2 ér | svá KRM. 3 þér RKRMBmGg'. — *megut Mb.* 5 velit KRMb. **8** *am rande nur bra* R. 6 gamban sumbl *(s. 3, 3)* RK. **9,** 2 við iardaga R. 5 eigi] æva *Gg".* **10,** 2 favþr *K.* 4.5 kveði | last. *KRM, s. Zze I, 113.* 5 lasta st. *KR.* **11** *prosa:* vp R. 3 giɴheilog R, -heilög KRBmM. 5 innarr *Gg.* **12,** 6 gr. eigi] gremattu *Gg".*

Lokasenna.

Bragi:
14. Veit ek, ef fyr útan værak,
svá sem fyr innan emk
Œgis hǫll um orðinn,
hǫfuð þítt
bæra ek í hendi mér;
lítt er þér þat fyr lygi.

Loki:
15. Sniallr ertu í sessi,
skalattu svá gøra,
Bragi bekkskrautuðr!
vega þú gakk,
ef þú vreiðr sér!
hyggsk vætr hvatr fyrir.

Iðunn:
16. Bið ek, Bragi,
barna sifjar duga
ok allra óskmaga,
at þú Loka
kveðira lastastǫfum
Œgis hǫllu í.

Loki:
17. Þegi þú, Iðunn!
þik kveð ek allra kvenna
vergiarnasta vera;
síztu arma þína
lagðir ítrþvegna
um þínn bróðurbana.

Iðunn:
18. Loka
ek kveðka lastastǫfum
Œgis hǫllu í;
Braga ek kyrri
biórreifan;
vilkat ek at it vreiðir vegizk.

Gefjon:
19. Hví it æsir tveir
skuluð inni hér
sáryrðum sakask?
Loka þat veit
at hann leikinn er,
ok hann fiǫrg ǫll friá.

Loki:
20. Þegi þú, Gefjon!
þess mun ek nú geta,
er þik glapði at geði
sveinn inn hvíti,
er þér sigli gaf,
ok þú lagðir lær yfir.

14, 1 þyr R. 3 orðinn *BeGg"*, komin RKRBmM, doch vgl. Zz 3, 27 anm. 2. 4.5 ek | i ausgg. bªa ec R. 6 lítt er] litt ec R, lítt ek K, lít ek M, lyki ek RBmGg', lítt kveð ek B', lítt sperða ek Bt, létak Gg". — lýgi KRBm. **15,** 2 scalatv R. 5 reiþr RKRBmMGg'. **16,** 4.5 kv. | last. *ausgg.* **17,** 4 sitztv R, sítz þú KRBm. **18,** 1.2 kv. | last. *ohne lücke ausgg., s. Zze 1, 621.* 6 reiðir RKRBmMGg'. **19,** 4—6 *nach Gg", die möglichste auffassg.* 4 lopzci RK (=Loptr es eigi, *was Bt für möglich hält*), Loptki RBmMBGg'EgV. 6 fiorg va*ll oder* fiorgvall R; fiorg-vall? fiörg-vall? fiör-gvall = -giall = -gialld?, = -kvall = -kvell = -kveld?, = kvall = -kald?, fiörgvall = fiörull? K; fiör-gavll R, fiörgöll BmM, fiörg öll EgBGg; *vgl. Zze I, 617 f.* — friá *oder* fría R, fiá EgB. **20,** 3.4 hverr þik—geði; | var þat sv. i. hv.? Gg".

Lokasenna.

Óðinn:
21. Œrr ertu, Loki,
ok ørviti!
er þú fær þér Gefjon at gremi;
því at aldar ørlǫg
hygg ek at hón ǫll um viti
iafngǫrla sem ek.

Loki:
22. Þegi þú, Óðinn!
þú kunnir aldrigi
deila víg með verum;
opt þú gaft
þeim er þú gefa skyldira,
enum slævurum, sigr.

Óðinn:
23. Veiztu, ef ek gaf
þeim er ek gefa né skylda,
enum slævurum, sigr,
átta vetr
vartu fyr iǫrð neðan
kýr mólkandi ok kona,
ok hefir þú þar bǫrn um borit,
ok hugða ek þat args aðal.

Loki:
24. En þik síða
kóðu Sámseyju í
ok draptu á vætt sem vǫlur:
vitka líki
fórtu verþióð yfir,
ok hugða ek þat args aðal.

Frigg:
25. Ørlǫgum ykkrum
skyliþ aldrigi
segja seggjum frá;
hvat it æsir tveir
drýgðuð í árdaga,
firrisk æ forn rǫk fírar!

Loki:
26. Þegi þú, Frigg!
þú ert Fiǫrgyns mær,
ok hefir æ vergiǫrn verit;
er þá Véa ok Vilja
léztu þér, Viðris kvæn!
báða í baðm um tekit.

Frigg:
27. Veiztu, ef inni ættak
Œgis hǫllum í
Baldri glíkan bur,
út þú né kvæmir
frá ása sonum,
ok væri þá at þér vreiðum vegit.

21, 1—2 auch *Gylf.* 20 (I, 84).   1 ertv nv L. **W**, ertv nv orþinn U.   5 at *f. RBm.*   **22,** 4.5 þeim | er *KMBGg"* (das Zze I, 87 unter 2 gesagte ist falsch).   **23,** 1.2 þeim | er *KMBGg".*
4.5 vartu | fyr *ausgg.*   6 meólkandi *KR*, miölkandi *Bm.*   7.8 *wol kaum urspr.*   7 bǫrn of *RBGg*, bǫrn af *Bm*, *f. RKM, vgl. 33, 6.*
8 hugðak *Gg".*   **24,** 1 síga *RKM.*   1.2 kóðu | Sams. *alle ausgg., vgl. Zze I, 106.*   3 vétt *RBm*, vett *KRGgEg*, vætt *Kgloss. M.*   7 fór tv R.   8 hugðak *Gg".*   **25,** 3 fra, *KRBmBGg'.*   5 ardaga; *KRBm BGg'.*   **26,** 1 þegiþv R.   2 Fiörgins *R.*   **27,** 1 ek *f. R BmM.*   3 líkan *R und ausgg., doch s. V204b,Bt.*   4 qvomir *R.*
6 reiðum *KRMBmBGg' nach* **R.**

Lokasenna.

Loki:
28. Enn vill þú, Frigg,
    at ek fleiri telja
    mína meinstafi:
    ek því ræð,
    er þú ríða sérat
    síðan Baldr at sǫlum.

Freyja:
29. Œrr ertu, Loki!
    er þú yðra telr
    lióta leiðstafi;
    ørlǫg Frigg
    hygg ek at ǫll um viti.
    þótt hón siálfgi segi.

Loki:
30. Þegi þú, Freyja!
    þik kann ek fullgerva,
    era þér vamma vant:
    ása ok álfa
    er hér inni eru,
    hverr hefir þínn hórr verit.

Freyja:
31. Flá er þér tunga,
    hygg ek at þér fremr myni

ógótt um gala;
vreiðir 'ru þér æsir,
vreiðar'ru þér ásynjur,
hryggr muntu heim fara.

Loki:
32. Þegi þú, Freyja!
    þú ert fordæða
    ok meini blandin miǫk:
    síz þik at brœðr þínum
    stóðu blíð regin,
    ok mundir þú þá, Freyja,
    frata.

Niǫrðr:
33. Þat er vá lítil,
    þótt sér vers fái
    varðir, hóss eða hvárs;
    hitt er undr er áss ragr
    er hér inn of kominn,
    ok hefir sá bǫrn of borit.

Loki:
34. Þegi þú, Niǫrðr!
    þú vart austr héðan
    gísl um sendr at goðum;
    Hýmis meyjar

28, 4 reð R, réð Bm.   **29,** 4—6 auch Gylf. 20 (I, 84) 4 ørlog r; danach noch manna U, vita W.   5 hvg R. — ǫll] þav U. um f. R SE u. ausgg. doch vgl. 25, 5.   6 þvi at henni sialfgi segir U.   **30,** 6 hór RM.   **31,** 2 mý R, muni KBmR.   2.3 fremr | m. KMB'Gg'.   4.5 reið. R u. ausgg.   5 vreiðar 'ru þér, so Bt (mit verweisg auf Skm. 33) Gg"(aber reiðar); ok RKRBmMGg'.
32, 4 síz þik nach R's verm. BGg, síztu KRBmM nach R, réðstu? R.   5 stóðu mit BGg, siðu KRMEgV, síðr Bm, síða? R, urðu? vgl. Oddr. 23. Am. 22.   **33,** 1 válitit RKRBmMEgVB, vá lítil Gg. 2.3 ser varþer vers fái hóS R, sér varþir | vers fái hóss KBGg', sér varðkur vers | fái hóss RBm, sér varðir vers ! fái h. M, sér varðir v. f. | hóss Gg".   3 hós MLV.   4 2 verszeilen undr | er RBtGg.   6 komi R, orðinn BtGg".   **34,** 3 gils RK. — af g. Be.

höfðu þik at hlandtrogi,
ok þér í munn migu.

Niqrðr:

35. Sú erumk líkn,
er ek vark langt héðan
gísl um sendr at goðum:
þá ek mqg um gat,
þann er mangi fiár,
ok þykkir sá ása iaðarr.

Loki:

36. Hættu nú, Niqrðr!
haf þú á hófi þik!
munka ek því leyna lengr:
við systur þínni
gaztu slíkan mqg,
ok era þó ónu verr.

Týr:

37. Freyr er beztr
allra ballriða
ása gqrðum í;
mey hann né grætir
né manns konu,
ok leysir or hqptum hvern.

Loki:

38. Þegi þú, Týr!
þú kunnir aldrigi

bera tilt með tveim;
handar innar hægri
mun ek hinnar geta,
er þér sleit Fenrir frá.

Týr:

39. Handar em ek vanr,
en þú hróðrsvitnis,
bql er beggja þrá;
úlfgi hefir ok vel,
er í bqndum skal
bíða ragna røkkrs.

Loki:

40. Þegi þú, Týr!
þat varð þínni konu
at hón átti mqg við mér;
qln né penning
hafðir þú þess aldrigi
vanréttis, vesall!

Freyr:

41. Úlf sé ek liggja
árósi fyrir,
unz riúfask regin;
því mundu næst,
nema þú nú þegir,
bundinn, bqlvasmiðr!

4.5 höfða | þik *KRMB'Gg'*, þik | at *Gg"* nach *B anm*.
35, 3 af g. *Be*.   4 um f. *R u. ausgg*.   5 manngi *RMbGg*.
36, 3 munkat *Gg"*   6 þera *mit kleinem punkte unter* þ **R**, þera *KR*,
þér-a *BmM*, = þer'ra *Eg*; þ' (= þat) era? — era þó óno betri? *R*. — vónu
BGg.   **37**, 5 mans *KRBm*.   **39**, 2 Hróðrsv. *Bm*, Hróðv. *V*.
4.5 ok | vel *Bm*.   4 ok betr? *B'*.   5 qngum? *Bt*.   6 ragnarǿcrs **R**,
r. rökrs *RM*.   4—6 *zur herstell. des reims schlägt Gg" vor:* sá er í
bqndum sk. | bíða r. r. | úlfgi *etc*.   **40**, 6 *komma nach* vanr. *fehlt,
punkt nach* ves. *KRM Nygaard I, 36*.   **41**, 2 ar ósi **R**, ár ósi *K*.
3 unz um riúf.? *vgl. Grm*. 4—6.   6 *komma nach* bund. *fehlt, punkt nach*
— bavlva sm. *K*, bqlasm. *RBm*.

Lokasenna. 41

Loki:

2. Gulli keypta
léztu Gýmis dóttur,
ok seldir þitt svá sverð;
en er Muspells synir
ríða Myrkvið yfir,
veizta þú þá, vesall! hve
þú vegr.

Byggvir:

3. Veiztu, ef ek øðli ættak
sem Ingunar Freyr,
ok svá sællikt setr,
mergi smæra
mølða ek þá meinkráku,
ok lemða alla í liðu.

Loki:

4. Hvat er þat it lítla,
er ek þat lǫggra sék,
ok snapvíst snapir?
at eyrum Freys
mundu æ vera,
ok und kvernum klaka.

Byggvir:

5. Byggvir ek heiti,
en mik bráðan kveða
goð ǫll ok gumar;

því em ek hér hróðugr,
at drekka Hropts megir
allir ǫl saman.

Loki:

46. Þegi þú, Byggvir!
þú kunnir aldrigi
deila með mǫnnum mat;
ok þik í flets strá
finna né máttu,
þá er vágu verar.

Heimdallr:

47. Ǫlr ertu, Loki!
svá at þú ert ørviti,
hví né lezkattu, Loki?
þvíat ofdrykkja
veldr alda hveim,
er sína mælgi né manat.

Loki:

48. Þegi þú, Heimdallr!
þér var í árdaga
it lióta líf um lagit:
aurgu baki
þú munt æ vera,
ok vaka vǫrðr goða.

---

42 vgl. *Skm. u. Gylf. 37* (I, 124). 4 megir *Gg"*.
43, 2 ingvnar freyr **R**, Ingunnar Fr. *R*, Ingunnar-Fr. *BmV*, Ing-
lar-Fr. *BGg*. 3 sęlict **R**, sælikt *KM*. 4.5 ek | þá *ausgg*.
mɑ/lþa **R**, mulda *K*, mylda *Gg'*. — mǫldak *Gg"*. 6 lemdak *Gg"*.
44. *K springt von 43 auf 45*. 2 þar *RBm*. 6 lɑʋɢ *u. eine abkürzg*
= va *oder* ra **R**, löggva? *L*, lögra *RBm*. 3 snapvist *L*. 5 mandv *K*.
45, 1 Beyɢv. **RKRBm**. 4 hróðigr *Bm*. **46,** 1 Beyggv.
Bm. **47,** 2 er **RK**. 3 *auch Gylf. 20* (I, 84), *in* **U** *aber*
rderbt: hvi floptir þv loptr. — leztaþv **RKRBm**, lezkattu **W**, legsk-
þv r, lézta þú *Mb*, lezka þú *MLB*. **48,** 4 ɑʋrgo **R**, ǫrgu =

Lokasenna.

Skaði:
49. Létt er þér, Loki,
munattu lengi svá
leika lausum hala;
þvíat þik á hiǫrvi
skulu ins hrímkalda magar
gǫrnum binda goð.

Loki:
50. Veiztu, ef mik á hiǫrvi
skulu ins hrímkalda magar
gǫrnum binda goð,
fyrstr ok øfstr
var ek at fiǫrlagi,
þars vér á Þiaza þrifum.

Skaði:
51. Veiztu, ef fyrstr ok øfstr
vartu at fiǫrlagi,
þars ér á Þiaza þrifuð,
frá mínum véum
ok vǫngum skulu
þér æ kǫld ráð koma.

Loki:
52. Léttari í málum
vartu við Laufeyjar son,
þá er þú lézt mér á beð
þínn boðit;
getit verðr oss slíks,
ef vér gørva skulum
telja vǫmm in vár.

Þá gekk Sif fram, ok byrlaði Loka í hrímkalki miǫð, ok mælti:

53. Heill ver þú nú, Loki!
ok tak við hrímkalki
fullum forns miaðar!
heldr þú hana eina
látir með ása sonum
vammalausum vera.

Hann tók við horni ok drakk af.

54. Ein þú værir,
ef þú svá værir
vǫr ok grǫm at veri;
einn ek veit,
svá at ek vita þykkjumk,
hór ok af Hlórriða,
ok var þat sá inn lævísi Loki.

Beyla:
55. Fiǫll ǫll skiálfa,
hygg ek á fǫr vera
heiman Hlórriða;

49, 1 Lætt K (= hlætt R anm.) 2 mvnattv R. 4.5 (u. 50, 1. 2) sk. | ens ausgg.; s. Zze I, 99. 620. **50,** 6 (u. 51, 3) Þiaza R, Þiassa R BmM. **51,** 3 þa e' er R, þá ér R, þá-ër Bm, þá er ér MKGg'; vgl. 50, 6. **52,** 1. 2 vartu | við K. 3 letz RK, létz RBm. 6 vom̄in R, vǫmmin KRBmMB'Gg', vǫmm Nyg. I, 48, Be zu Vsp. 27, Gg"; doch s. V263b. **53,** pros.: Sif] f. R, doch bezeichnen 2 haken dass etwas nachgetragen werden sollte; Beyla KRBmM, Sif zuerst NFSGrundtv. FM. 1—3 vgl. Skm. 37, 1--3. 4 þú f. RBm. 6 vämalǫsö R, -lausa? GP, so Gg; -lǫsa um? GP. **54,** 2 værir, BGg. 6 hórr Bm, der 5—6 als zwischensatz fasst!

Lokasenna.

hann ræðr ró
þeim er rœgir hér
goð ǫll ok guma.

Loki:

56. Þegi þú, Beyla!
þú ert Byggvis kvæn,
ok meini blandin miǫk;
ókynja in meira
koma með ása sonum,
ǫll ertu, deigja, dritin.

Þá kom Þórr at ok kvað:

57. Þegi þú, rǫg vættr!
þér skal mínn þrúðhamarr
Miǫllnir mál fyrnema;
herðaklett
drep ek þér hálsi af,
ok verðr þá þínu fiǫrvi um
farit.

Loki:

58. Iarðar burr
er hér nú inn kominn,
hví þrasir þú svá, Þórr?
en þá þorir þú ekki,
er þú skalt við úlf um vega,
ok svelgr hann allan Sig-
fǫður.

Þórr:

59. Þegi þú, rǫg vættr!
þér skal mínn þrúðhamarr
Miǫllnir mál fyrnema;
upp ek þér verp
ok á austrvega,
síðan þik mangi sér.

Loki:

60. Austrfǫrum þínum
skaltu aldrigi
segja seggjum frá,
síz í hanska þumlungi
hnúktir þú, einheri!
ok þóttiska þú þá Þórr vera.

Þórr:

61. Þegi þú, rǫg vættr!
þér skal mínn þrúðhamarr
Miǫllnir mál fyr nema;
hendi inni hœgri
drep ek þik Hrungnis bana,
svá at þér brotnar beina
hvat.

Loki:

62. Lifa ætla ek mér
langan aldr,
þóttu hœtir hamri mér;

56, 4 okynian R *u. ausgg. wbb.* 6 deigia *nicht von interpunkt. eingeschl.* K. **57,** 3 Miölnir *Bm.* 4.5 ek | þér *KRMBGg'*, þér | h. *BeGg".* **58,** 1 burr *f.* R, *vgl.* þrkv. *1, 7.* 5 úlf um] úlfinn *KRBmMB'Gg'*, úlf *Nyg. I, 48, Be (zu Vsp. 27) Gg" (nach Vsp. 54),* vlfinn R *war leicht aus* vlfum *zu verlesen.* 6 Sigfǫðr *KRBm.*
59, 1–3 *in* R *abgek.:* þegi þ. r. v. þ. *und haken (= etc.)* 5 austr vega *KR.* 6 manngi *RMbGg.* — ok sér þik m. síþan *RBm.* **60,** 4 sizt R, sízt *KRBm.* 6 *auch* Hrbl. *26, 6.* — ca *in* þótt. *halb verwischt oder radiert* R. **61,** 1–3 *abgek.:* þegi þ. r. v. *und haken* R. 5 *(ebenso 63, 4)* Hrungnisb. *RBm.* **62,** 1 ætlak *Gg".* 3 heitir *RBm.*

Lokasenna.

skarpar álar
þóttu þér Skrýmis vera,
ok máttira þú þá nesti ná,
ok svalzt þú þá hungri
   heill.

Þórr:
63. Þegi þú, rǫg vættr!
þér skal minn þrúðhamarr
Miǫllnir mál fyrnema;
Hrungnis bani
mun þér í hel koma
fyr nágrindr neðan.

Loki:
64. Kvað ek fyr ásum,

kvað ek fyr ása sonum
þaz mik hvatti hugr;
en fyr þér einum
mun ek út ganga,
þvíat ek veit at þú vegr.

65. Ǫl gørðir þú, Œgir!
en þú aldri munt
síðan sumbl um gøra:
eiga þín ǫll,
er hér inni er,
leiki yfir logi,
ok brenni þér á baki!

 En eptir þetta falsk Loki í Fránangrs forsi í lax líki, þar tóku æsir hann. Hann var bundinn með þǫrmum sonar síns Vala, en Narfi sonr hans varð at vargi. Skaði tók eitrorm, ok festi upp yfir annlit Loka; draup þar or eitr.
5 Sigyn kona Loka sat þar, ok helt munnlaug undir eitrit, en er munnlaugin var full, bar hón út eitrit; en meðan draup eitrit á Loka. Þá kiptisk hann svá hart við, at þaðan af skalf iǫrð ǫll: þat eru nú kallaðir landskiálftar.

   4.5 þér | Skr. *K.*   7 svaltz *KRBm.*   **63**, 1—3 þegi þv. r. v. þs. *u. haken* R.   **64**, 2 for Asyniom *Bm.*   6 þuí at *K.*
65, 7 *nach* baki *in* R *ein kleiner leerer raum für c. 8 buchst. Mit der schlussprosa vgl. Gylf. 50* (I, *182 f.*).   4 síns *f.* R.   5 Vala] Nara *KM mit* R, Nára *RBm* (Nari *u.* Narfi *nach wiederholtem zeugnis der* SE *verschiedne formen desselben namens, vgl. auch Vsp. 35).*
7 vp R. — andlit *BmGg.* — ok draup *RBm.*   8 landsciaptar R, -skiálptar *MBGg.*

HÁRBARÐSLIÓÐ.

Þórr fór or Austrvegi ok kom
t sundi einu; ǫðrum megum
undsins var ferjukarlinn með
kipit. Þórr kallaði:

1. Hverr er sá sveinn sveina,
er stendr fyr sundit handan?

Ferjukarlinn svaraði:

2. Hverr er sá karl karla
er kallar um váginn?

Þórr:

3. Fer þú mik um sundit,
fœði ek þik á morgun;
meis hefi ek á baki,
verðra matr inn betri.
Át ek í hvíld,
áðr ek heiman fór,
síldr ok hafra:
saðr em ek enn þess.

Ferjuk.:

4. Árligum verkum
hrósar þú verðinum,
veiztattu fyrir gørla,
dǫpr eru þín heimkynni,
dauð hygg ek at þín móðir sé.

Þórr:

5. Þat segir þú nú
er hverjum þykkir
mest at vita,
at mín móðir dauð sé.

Ferjuk.:

6. Þeygi er sem þú
þriú bú góð eigir,

Hárbarðslióð: R 12a, 3*—13b, 7*; von miña verka str. 19 auch 1a, 1—1b, 17. Überschr.: harbarz hoð rot R, Harbarðslioð KR IEg, f. A.
Prosa: 3 svNdzīs R. 4 call' R. 2 eingeleitet mit h' s. R, i. hann (R) svaraði oder svarar (KRM), Harbarðr sv. KM. — Sonst t in R nur noch bei str. 11 und von str. 19 bis zu ende in der regel er sprechende am rande durch þ. q., h. q. angedeutet; bei str. 23. 36. 7. 40. 47 gar nichts, 57. 58. 59 nur noch q. am rande, 32 h. q. in er zeile; — in H von str. 20 bis ende þ. q. und h. q. (nur str. 20 arbarðr q., 37 .Þór q.) in der zeile. 3, 2 feþi ec R, fœðik Gg". hefik Gg". 4 matrinn RRKMB. 5 Át und punkt vorher R. siłldr R. — afra V40a. 4, 1.2 eine versseile BGg, wie scheint uch V44b mit auswerfg von verkum. 2 verði þínum Bm, hat viel ir sich. 3 veitzatv R. 5 vielleicht nicht als verse gemeint. 5 vorher wol etwas verloren, worauf der ferge in dieser str. erwidert. - auch hier 1.2 wol reine prosa. 2 eigs góð R, aber durch zeichen

berbeinn þú stendr
ok hefir brautingja gǫrvi,
þatki at þú hafir brœkr
þínar.

Þórr:

7. Stýr þú hingat eikjunni,
ek mun þér stǫðna kenna;
eða hverr á skipit,
er þú heldr við landit?

Ferjuk.:

8. Hildólfr sá heitir
er mik halda bað,
rekkr inn ráðsvinni,
er býr í Ráðseyjar sundi;
baðat hann hlennimenn
flytja
eða hrossa þiófa,
góða eina
ok þá er ek gerva kunna;
segðu til nafns þíns,
ef þú vill um sundit fara!

Þórr:

9. Segja mun ek til nafns
míns,
þótt ek sekr siák,
ok til alls øðlis:

ek em Óðins sonr,
Meila bróðir,
en Magna faðir,
þrúðvaldr goða,
við Þór knáttu hér dœma;
hins vil ek nú spyrja,
hvat þú heitir?

Ferjuk.:

10. Hárbarðr ek heiti,
hylk um nafn sialdan.

Þórr:

11. Hvat skaltu of nafn hylja,
nema þú sakar eigir?

Hárbarðr:

12. En þótt ek sakar eiga,
fyr slíkum sem þú ert
þó mun ek forða
fiǫrvi mínu,
nema ek feigr sé.

Þórr:

13. Harmliótan mér þykkir í
því
at vaða um váginn til þín,
ok væta kǫgur mínn;
skylda ek launa kanginyrði
kǫgursveini þínum
ef ek kœmumk yfir sundit.

3.4 *éin vers Gg nach B's verm.* 4 brautinga *KRMB.* 5 þatki, *Gg.*
7, 3 hvs **R.** **8,** 4 raþs eyiar svndi **R,** *als ein wort RMBGg.*
6 hrossaþ. *Gg.* 9.10 *wol keine verse, so auch Gg''s meinung.*
9, 9—10 *wie 8, 9. 10, éine verszeile K.* **11** *prosa?* **12,** 1 þot **R.**
2 *mit BtGg'' hierher, in* **RKRM** *nach 4.* 2—4 þá mun ek fyr sl. sem
þ. e. | f. f. mínu *Gg' nach Bugges fussnote;* þá mun ek forða | fiǫrvi m. f. sl.
. . ert *B'.* 3 þó] þá **R** *u. ausgg.* 3.4 *als éin vers KBtGg''.* **13,** 1 *wenn
fehlerlos, prosa.* — Harm liótan **RRKEgBGg.** 1.2 þikk. | í því *KRM,* vaþa
| um *B, éine zeile Gg.* 3 *oygur* **RKR,** kǫgur *GPMV (776a),* dǫgurð *BGg.*
4.5 kanginyrði *nach* kǫgursv. þ. **R** *u. ausgg., zugleich als éine verszeile Gg,* þínum | kang. *RMB,* launa ¦ kavgursv. *K.* 6 komumc **RKRM.**

Hárbarðr:
Hér mun ek standa
ok þín héðan bíða;
fannta þú mann inn harðara
at Hrungni dauðan.

Þórr:
Hins viltu nú geta,
er vit Hrungnir deildum,
sá inn stórúðgi iǫtunn,
er or steini var hǫfuðit á;
þó lét ek hann falla
ok fyrir hníga.

Hvat vantu þá meðan, Hár-
barðr?

Hárbarðr:
Var ek með Fiǫlvari
fimm vetr alla
í þeiri eyju
er Algrœn heitir;
vega vér þar knáttum
ok val fella,
margs at freista,
mans at kosta.

Þórr:
Hversu snúnuðu yðr konur
yðrar?

Hárbarðr:
18. Sparkar áttu vér konur,
ef oss at spǫkum yrði;
horskar áttu vér konur,
ef oss hollar væri;
þær or sandi
síma undu,
ok grund or dali
diúpum grófu.
Varð ek þeim einn ǫllum
øfri at ráðum;
hvílda ek hiá þeim systrum
siau,
ok hafða ek geð þeira alt
ok gaman.

Hvat vantu þá meðan, Þórr?

Þórr:
19. Ek drap Þiaza
inn þrúðmóðga iǫtun,
upp ek varp augum
Allvalda sonar
á þann inn heiða himin;
þau eru merki mest
mínna verka,
þau er allir menn síðan um sé.

Hvat vantu þá meðan, Hár-
barðr?

14, 3 fanntattu *Gg*. **15,** 1 vil ek *Gg* (*druckf.?*). 6 fvr *K*, *l.* 7 (*auch 18, 13 etc*). *gehört nicht mit zur str., so auch Gg".*
3 ey þeiri **R** *u. ausgg., vgl. 37, 2 u. Zze I, 80 ff.* **17** *kein Gg", snún.* | yðr *K.* **18,** 1 Spárk. *M.* 6 sima *M.* 7.8 *mit Bm* ı **R** *u. ausgg:* ok or dali d. | gr. um grófu. 11.12 hvíldak, hafðak 12 *vgl. Háv. 98, 4—6.* **19** þiassa *RM.* 2 þr. *undeutlich, von späterer hand wieder aufgefrischt,* þrungm. *KR.* 4 Qlvalda *'g" nach* **SE** (I, 214). 7 *hier beginnt* **A**. 8 *2 verse:* menn | síðan - síðan *f.* **A**. — of **A**. — um-siá *R*. 9 *in* **RA** *abgek.:* H. v. m. lso þá *fehlt, auch KMGg*.

Hárbarðr:

20. Miklar manvélar
 ek hafða við myrkriður,
 þá er ek vélta þær frá
   verum;
 harðan iǫtun
 ek hugða Hlébarð vera,
 gaf hann mér gambantein,
 en ek vélta hann or viti.

Þórr:

21. Íllum huga launaðir þú þá
 góðar giafar.

Hárbarðr:

22. Þat hefir eik
 er af annarri skefr;
 um sik er hverr í slíku.

 Hvat vantu þá meðan, Þórr?

Þórr:

23. Ek var austr
 ok iǫtna barðak
 brúðir bǫlvísar,
 er til biargs gengu;
 mikil mundi ætt iǫtna,
 ef allir lifði,
 vætr mundi manna
 undir miðgarði.

 Hvat vantu þá meðan, Hárbarðr?

Hárbarðr:

24. Var ek á Vallandi
 ok vígum fylgðak,
 atta ek iǫfrum
 en aldri sættak.
 Óðinn á iarla
 þá er í val falla,
 en Þórr á þræla kyn.

Þórr:

25. Óiafnt skipta
 er þú mundir með ásum liði,
 ef þú ættir vilgi mikils vald.

Hárbarðr:

26. Þórr á afl œrit
 en- ekki hiarta,
 af hræzlu ok hugbleyði
 þér var í hanzka troðit;
 hvárki þú þá þorðir
 fyr hræzlu þínni
 físa né hniósa,
 svá at Fialarr heyrði.

20, 1.2 hafða | við *R.* 4.5 hugða | Hl. *KRMGg".* 5 hugða æk A, hugðak *Gg".* — Hlébarða *R.* **21** *mit unrecht von K* (þá | góð.) *und RM* (laun. | þú) *als verse betrachtet.* — þá *f.* A. — giaf⁽ˢ⁾ A. **22,** 3 hv⁽ˢ⁾ *R.* 4 *abgek.*: h. v. m. þ. R, h. v. þ. H. — þá *f. Gg".* **23,** 2 bardag *RKML,* varðak A. — *komma nach* barð. *RM (doch vgl. 37).* 8 und *BtGg".* — Miðg. *KRM.* 9 h. v. m. h. *RA.* — þá *f. KBGg.* **24,** 2 fylgdag *RAK.* 3 attak *Gg".* 6.7 ᴇɴ þᴏʀ *in R vor* þa e' *geschrieben aber durch zeichen berichtigt.* **25,** 1.2 mundir | með *ausgg.* 2 asa A. **26,** 1 yrit A. 4 var þer A. 4.5 *dazwischen* ok þóttiska þú (-zkattu *AGg*) þá þórr vera *RAKMBGg, ohne zweifel ('vielleicht' Gg") aus Ls. 60 falsch in diese reine kviðuhattrstr. gekommen.* 7 hniosa (i *übergeschr.*) ne físa *RR.* 8 at *f. R.*

Hárbarðslióð.

Þórr:
27. Hárbarðr inn ragi!
ek munda þik í hel drepa,
ef ek mætta seilask um
sund.

Hárbarðr:
28. Hvat skaltu um sund seil-
ask,
er sakar 'ru alls øngar?

Hvat vantu þá meðan, Þórr?

Þórr:
29. Ek var austr
ok ána varðak,
þá er mik sóttu
þeir Svarangs synir;
grióti þeir mik bǫrðu,
gagni þó lítt fegnir
urðu þeir mik fyrri
friðar at biðja.

Hvat vantu þá meðan, Hár-
barðr?

Hárbarðr:
30. Ek var austr
ok við einhverja dœmðak,
lék ek við ena línhvítu
ok launþing háðak,
gladdak ina gullbiǫrtu,
gamni mær undi.

Þórr:
31. Góð áttuð ér mankynni
þar þá.

Hárbarðr:
32. Þíns liðs
væra ek þá þurfi, Þórr!
at ek helda þeiri inni
hvítu mey.

Þórr:
33. Ek munda þér þá þat veita,
ef ek viðr of kœmumk.

Hárbarðr:
34. Ek munda þer þá trúa,
nema þú mik í trygð véltir.

27, 3 of svndit (28, 1 v̄ svnd) A, um sundit R.   **28,** 1 skyl-
dir þú alle ausgg. mit R.   2 sakjr R *(doch str. 11. 12* sakar!*)*, sakir
ausgg. — ro R, ærv A.   3 abgek.: h. v. þ. þ. R, h. v. þa. þorr A. —
*wahrscheinlich fehlt zwischen 2. 3 ein stück worin Hárb. ein abenteuer
erzählt.* — meðan *f.* RA *u. ausgg.*   **29,** 3.4 þá er þeir sóttv mik
sv. s. A.   4 svárangrs A, Svarángrs R. — 6 gagni urðu þeir þó l.
KRMGg' *mit* RA (þó *f.* A), gagni urðut þeir. l. Gg" *nach Bugges ver-
mutung.*   7 þó urðu RA *u. ausgg.*   9 *abgek.:* h. v. þ. m. h. R, h. v.
m. h. A.   **30,** 2 einhᵃiv A, einherju Gg. *("vielleicht" B.)* — dæmdag
AK.   3 lindhvito *(doch 32,3* línhv.*)* RK.   4 lang þing R, lǫng þ. KRM.
5 gladda æc A. — gvllhvítv A.   **31** atto þeir RB'Gg', áttu þér KR
MBt. — mañk. A.   **32** *nur 2 verse:* þórr! | at BGg.   1 Liþs
þins RA *u. ausgg. (für meine umstellg vgl. Zze I, 117).*   1.2 þurfi |
þórr KRM.   2 var æk B'Gg', værak Gg".   2.3 hélda | þeirri KRM.
3 þéiri *vielleicht unecht.* — línhvítu *ausgg. mit* RA.   **33,** 1 þˢ þa
þ' R, þˢ þ' þa A, þat þá þer R, þér þat þá Gg".   2 ec viðr of kǫmiz
RR, við of kæmvz A, ec vidr of kæmimz K.   **34,** 2 mér RM.

Þórr:
35. Emkat ek svá hælbítr
sem húðskór forn á vár.

Hárbarðr:
36. Hvat vantu þá meðan, Þórr?

Þórr:
37. Brúðir berserkja
barðak í Hléseyju;
þær hǫfðu verst unnit,
vélta þióð alla.

Hárbarðr:
38. Klæki vantu þá, Þórr!
er þú á konum barðir.

Þórr:
39. Vargynjur váru þær,
en varla konur;
skeldu skip mítt,
er ek skorðat hafðak;
œgðu mér iárnlurki,
en eltu Þiálfa.

Hvat vantu þá meðan, Hárbarðr?

Hárbarðr:
40. Ek vark í hernum,
er hingat gørðisk
gnæfa gunnfana,
geir at rióða.

Þórr:
41. Þess viltu nú geta, er þú
fórt oss óliúfan at bióða.

Hárbarðr:
42. Bœta skal þér þat þá
munda baugi,
sem iafnendr unnu
þeir er okkr vilja sætta.

Þórr:
43. Hvar namtu
þessi in hnœfiligu orð,
er ek heyrða aldrigi
in hnœfiligri?

Hárbarðr:
44. Nam ek at mǫnnum
þeim enum aldrœnum,
er búa í heimis haugum.

35, 2 sá *ausgg. mit* RA, svá *Bm.* **36** *abgek. h. v. m.*
þ. R, hvat vantv. m. þ. A, þa *f. auch* KRMG*g".* **37,** 2 barða
æc í hlæs æy A. 3 vunnit K. 4 villta A. **38,** 1 vantv A
mit punkt über t, = vanttu. **39,** 1 þat váru AB'G*g,* varu þer R,
váru þat R. 4 ek *f.* R. — hafða A. — 5 æc þeim *in mer corrig.* A.
7 h. v. m. h. RA, þá *f. auch* BG*g.* **40,** 1 var AKR. 3 gvnf.
A, gunnfána (!) KRME*g*V. **41** *mit unrecht als verse in den*
ausgg., geta | er *alle, und* oss | ól. *noch* K. — óluban *wie es scheint* R,
oliyfā A, ólyfjan? G*g"*V. **42,** 1.2 *der sinn ist nicht klar;* baugi
aber kann nicht *nach* munda (= *manuum*) *reimen, s. Zze I, 128 ff.*
1 þat þá *f.* A. 4 sætt hafa A. **43,** 1.2 þessi | in *ausgg.* 3 er
heyrðak G*g".* — aldri BG*g nach* A. 4 hin A, *f.* RKRM, enn?
44, 1 m̄m̄ R, *f.* A, ýtum G*g nach* B's *verm.* 2 norðrœnum?
austr? 3 haug.] skógum KRM *nach* RA.

Hárbarðslióð.

þórr:
45. Þó gefr þú
gótt nafn dysjum,
er þú kallar þær heimis
hauga.

Hárbarðr:
46. Svá dœmi ek um slíkt far.

þórr:
47. Orðkringi þín
mun þér ílla koma,
ef ek ræð á vág at vaða;
úlfi hæra
hygg ek þik œpa munu,
ef þú hlýtr af hamri hǫgg.

Hárbarðr:
48. Sif á hór heima,
hans muntu fund vilja;
þann muntu þrek drýgja,
þat er þér skyldara.

þórr:
49. Mælir þú at munns ráði,
svá at mér skyldi verst
þykkja,
halr enn hugblauði!
hygg ek at þú liúgir.

Hárbarðr:
50. Satt hygg ek mik segja,
seinn ertu at fǫr þinni;
langt mundir þú nú kominn,
Þórr!
ef þú litum fœrir.

þórr:
51. Hárbarðr inn ragi!
heldr hefir þú nú mik dvalð-
an.

Hárbarðr:
52. Ásaþór
hugða ek aldrigi mundu
glepja farhirði farar.

þórr:
53. Ráð mun ek þér nú ráða:
ró þú hingat bátinum!
hættum hœtingi!
hittu fǫður Magna!

Hárbarðr:
54. Far þú firr sundi,
þér skal fars synja.

þórr:
55. Vísa þú mér nú leiðina,
alls þú vill mik eigi um
váginn ferja.

45, 3 zwei verse þær | h. K. — þær] ob þ^s oder þ' nicht deutlich in R, þat R. — hauga] skóga KRM nach RA. **46** als 2 verse ek | um RMBGg. **47,** 4.5 ek | þik KRM. 5 at þv ǫpa mynir AR. **48,** 1 hó RKRMEgV, ho A. 2 m̄do R. 4 skylldra A. **49,** 1 mvnz A. — þiccia RA. **50,** 1 þic A. 3 nach langt noch la unterpunkt. R. — Þórr fehlt A.
51, 2 dvalit. **52,** 1 Asaþórs RRKMBGg'. 1.2 hugða ek (hugðak Gg") | aldr. ausgg. 2 sæk hugða A. 3 féhirði KRM nach RA, farh. von Eg vermutet, von BV gebilligt, von Gg aufgenommen.
53, 3 hęttigi R, hættigi R, hættingi K, hœtingu Gg".
54, 1 far þv fra s. A. **55,** 1 nu f. A. 2 zwei verse: eigi | um K. — mic R, mik nv A. — of A.

4*

Hárbarðr:

56. Lítit er at synja,
    langt er at fara:
    stund er til stokksins.
    ǫnnur til steinsins,
    haltu svá til vinstra vegsins
    unz þú hittir Verland.
    Þar mun Fiǫrgyn
    hitta Þór son sínn,
    ok mun hón kenna hánum
        áttunga brautir
    til Óðins landa.

Þórr;

57. Mun ek taka þangat í dag?

Hárbarðr:

58. Taka við víl ok erfiði
    at uppverandi sólu, er ek
        get þána.

Þórr:

59. Skamt mun nú mál okkat,
    alls þú mér skœtingu einni
        svarar;
    launa mun ek þér farsynjun,
    ef vit finnumk í sinn annat.

Hárbarðr:

60. Far þú nú
    þars þik hafi allan gramir!

56, 1 at *f*. R*R*. 2 er-at *R*.—svara? 3 stoks A. 4 ǫ. æ' til stæīs A. 5 vægs A. 6 val land A. 7 mā A. 8 finna? *vgl. die varr von Vsp. 62, 1.* 9 mun hón *zu tilgen?* — honom | átt. *K*. **57** *prosa.* — Mā A.— *vor* þangat *ist* he *unterp.* R; *R liest es* heim.— a dægi A. **58,** 1 *2 verse* víl | ok *K*. — við ærfiði A*K*, erfiði: *B'Gg'* 2 *2 verse* sólu, | er *KRMB'Gg', wie oben* Bt*Gg''*. — vprænandi A, vpvsandi R, upprennandi *B'Gg'*. — *keine interp. nach* sólu *B'Gg'*. — gekk *R*. — þána R, þa na A, þana *R*, þá ná *KM*, þá-na *V*. **59,** 1 occat vera R*KRM*. 2 æ' þv vill scœtingv æiñi svara A. 7 fiñvz A. **60** *als verse in den ausgg.* þars | þik, *ein zweifel daran bei Gg''; oder* farðu nú héðan | þars *etc.?* — *In* A *vor* far þv *noch* H. q., *in* R *vor* farþv *nichts.* — allir A.

SKÍRNISMÁL.

Freyr sonr Niarðar hafði einn dag sezk í Hliðskiálf ok sá um heima alla; hann sá í iǫtunheima ok sá þar mey fagra, þá er hón gekk frá skála fǫður síns til skemmu. Þar af fekk hann hugsóttir miklar. Skírnir hét skósveinn Freys; Niǫrðr bað hann kveðja Frey máls, þá mælti Skaði: 5

1. Rístu nú, Skírnir!
ok ráð at beiða
okkarn mála mǫg,
ok þess at fregna,
hveim inn fróði sé
ofreiði afi.

Skírnir:
2. Íllra orða
er mér ón at ykkrum syni,
ef ek geng at mæla við
 mǫg,
ok þess at fregna,
hveim inn fróði sé
ofreiði afi.

Skírnir:
3. Segðu mér þat, Freyr,
fólkvaldi goða!
ok ek vilja vita:
hví þú einn sitr
endlanga sali,
mínn dróttinn, um daga?

Skírnismal: *in* R *11a, 10—12a, 3*; in* A *2a, 11—2b schluss (s. zu 27, 6) nur str. 1—27; in* SE *str. 42.* — *Überschr.:* for scirnis R *(rot),* K*;* Skirnis mal A *(rot),* M*;* Skirnisför R*,* Skírnismál eða för Skírnis B*,* Skírnisför eða -mál Gg.
Prósa: vgl. Gylf. 37 (I,120). 1 æiñ dag A*, f.* RKR*, vgl.* SE þat var einn dag er Fr. hafði gengit í Hlíðsk. 1 setzc R*,* sæz A. 2 Jǫtunh. KRM. 4 hugsótt R. 5 *nach* SE Niǫrðr ... bað hann ganga til Freys ok beiða hann orða ok spyrja, hverjum hann væri svá reiðr at hann mælti ekki við menn *verdächtigt* B þá mælti Skaði, *doch vgl. Zz I, 415 (Mb).*

1, 1 Skirnir KRM *(immer).* 2 ok gakk KRM *mit* RA, ok gakk skiótt B*,* skyntu Gg*; vgl. Hrbl. 47. Hým. 1. Rþ. 5. 19 u. Zz 4,116.* 5 ē R. 6 ofręiþi (i *übergeschr.*) R, of ræiði A, ofreiðr Eg. ☙ *vgl. Gylf. 37 (I, 122).* 1.2 *mit* B, mér | ón KRML, ón | at MbGg. 2 vón A, ván R. — af yǫrv A. 5 hiñ A. 5.6 *abgek.* h. ē. f. s. o. a. R.
3 *hier erst* Scirns q. *in der linie* A, *s.* (q. *wol mit weggeschnitten) am rande* R. 1 mér *f.* RRM. 2 fólcvaldr R. 5 eɴlanga RKR. 6 drotiɴ R.

Skírnismál.

Freyr:

4. Hví um segjak þér,
seggr inn ungi,
mikinn móðtrega?
þvíat álfrǫðull
lýsir um alla daga,
ok þeygi at mínum munum.

Skírnir:

5. Muni þína
hykka ek svá mikla vera,
at þú mér, seggr, né segir;
þvíat ungir saman
várum í árdaga,
vel mættim tveir trúask.

Freyr:

6. Í Gýmis gǫrðum
ek sá ganga
mér tíða mey;
armar lýstu,
en af þaðan
alt lopt ok lǫgr.

7. Mær er mér tíðari
en manni hveim
ungum í árdaga;
ása ok álfa
þat vill engi maðr
at vit samt sém.

Skírnir:

8. Mar gefðu mér þá,
þann er mik um myrkvan
beri
vísan vafrloga,
ok þat sverð,
er siálft vegisk
við iǫtna ætt.

Freyr:

9. Mar ek þér þann gef,
er þik um myrkvan berr
vísan vafrloga,
ok þat sverð
er siálft mun vegask,
ef sá er horskr, er hefir.

Skírnir mælti við hestinn:

10. Myrkt er úti,
mál kveð ek okkr fara
úrig fiǫll yfir
þursa þióðar til;
báðir vit komumk,
eða okkr báða tekr
sá inn ámátki iǫtunn.

---

4. A *hier u. 6. 9* F. q. *in der zeile*, R *hier u. 6. nur noch f. am rande*. 2 hiñ A. 4.5 lýsir | um *R*. **5** A *hier u. 8* S. q. *in der zeile*, 13. 19. 21. 23. 25 *am rande*, R *hier u. 8 s., 13 q. am rande (bei den übrigen str. wol alles weggeschnitten)*. 1.2 ek | svá *alle ausgg.* 2 hykkak *Gg"*. — mikla svá A*K*, 'möglicherweise urspr.' Bt. 6 tveir f. A. **6,** 2 sá æk g. A, ek g. sá *KR*. 5 af þeim A. 6 lægs A. **7,** 2 en f. BG*g*. — ma*n* (a*n verschlungen*) R. 3 ɷngō R. 6 sāt R, sát A. **8** *vorher wol der auftrag Freys verloren (so auch F*M*BGg), in Gylf. 37 enthalten!* 1.2 þá þann er] þaþ' A. 2 of myrkä A. 3 vafr loga RA. **9,** 2 of myrka*n* A*K*. — beri *R*. **10,** 4 mit BG*g"*, þvrsa þióð yfir AG*g'*, þyria þioþ yfir R*KRM*. 6 sá f. A.

Skírnismál.

Skírnir reið í iǫtunheima til Gýmis garða; þar váru hundar ólmir ok bundnir fyr skíðgarðs hliði þess er um sal Gerðar var. Hann reið at þar er féhirðir sat á haugi, ok kvaddi hann:

11. Segðu þat, hirðir!
 er þú á haugi sitr
 ok varðar alla vega:
 hve ek at andspilli
 komumk ins unga mans
 fyr greyjum Gýmis?

hirðir:
12. Hvárt ertu feigr,
 eða ertu framgenginn?

 andspillis vanr
 þú skalt æ vera
 góðrar meyjar Gýmis.

Skírnir:
13. Kostir 'ru betri
 heldr en at kløkkva sé
 hveim er fúss er fara;
 einu dœgri
 mér var aldr um skapaðr
 ok alt líf um lagit.

Gerðr:
14. Hvat er þat hlymja,
 er ek heyri nú til
 ossum rǫnnum í:
 iǫrð bifask,
 en allir fyrir
 skiálfa garðar Gýmis.

ambótt:
15. Maðr er hér úti
 stiginn af mars baki,
 ió lætr til iarðar taka.

Gerðr:
16. Inn bið þú hann ganga
 í okkarn sal
 ok drekka inn mæra miǫð;
 þó ek hitt óumk,
 at hér úti sé
 minn bróðurbani.

Prosa: 1 Jǫtunh. *KRM.* 2 Gýmisgarða *KRM.* 3.4 scidgardi | hlidi R. — Skíþgarþs *R.* **11,** 4 anspilli **RKR.** 4.5 kom. | ens alle ausgg.; vgl. Zze I, 117. 5 komic *R.* **12** am rande H. q. A, nur noch q. **R.** 3 keine lücke **RAKM**, *Gg füllt sie aus:* maðr á mars baki! *nach str.* 15 *u. einer stelle der Hervararsage, GP:* inn menski mǫgr! *oder* mǫgr inn mangiarni! *oder* eða ertu frá viti véltr? 4 anspillis **RKR.** **13,** 2 heldr *u.* at *f. AK.* 5 um *f.* A. **14** *in der zeile* Gærðr. q. A, *nur noch* q. **R.** 1 *mit* Bm (*vgl. Zz 3, 117*), hlym hlymia **RA** *u. ausgg.* 2 ek hlymia heyri **RKRGg.** 3 hǫllv A. **15,** 3 ok lætr jó *R. —* h' til A (hann til). — *eine lücke in* **RA** *u. ausgg. nicht nach 3, Bt vermutet:* andspillis þurfi | læzk inn ungi mǫgr | góðrar meyjar Gýmis; *vielleicht* 14, 4—6 (*oder* 16, 4.6) *unurspr., so dass die frage d. Gerd u. antw. der dien.* (*oder letztere u. Gerds befehl*) *éine str. bilden?* **16** *hier u.* 17. 20. 24 G. q. *am rande* A, *in* **R** *meist nur noch* q. *schwach in resten erkennbar.* 1 biþþv **R.** 6 broðvr báni **R.** — Gg" *vermutet den verlust einer folg. str., in der Skirn. spricht.*

17. Hvat er þat álfa,
    né ása sona,
    né víssa vana?
    Hví þú einn um komt
    eikinn fúr yfir
    ór salkynni at siá?

    Skírnir:
18. Emkat ek álfa,
    né ása sona,
    né víssa vana;
    þó ek einn um komk
    eikinn fúr yfir
    yður salkynni at siá.

19. Epli ellifu
    hér hefi ek algullin,
    þau mun ek þér, Gerðr,
                      gefa,
    frið at kaupa,
    at þú þér Frey kveðir
    óleiðastan lifa.

    Gerðr:
20. Epli ellifu
    ek þigg aldrigi
    at mannskis munum,
    né vit Freyr,

    meðan okkart fior lifir,
    byggjum bæði saman.

    Skírnir:
21. Baug ek þér þá gef,
    þann er brendr var
    með ungum Óðins syni;
    átta eru iafnhǫfgir,
    er af driúpa
    ena níundu hverja nótt.

    Gerðr:
22. Baug ek þikkak,
    þótt brendr sé
    með ungum Óðins syni;
    era mer gulls vant
    í gǫrðum Gýmis,
    at deila fé fǫður.

    Skírnir:
23. Sér þú þenna mæki, mær,
    mióvan, málfán,
    er ek hefi í hendi hér?
    hǫfuð hǫggva
    ek mun þér hálsi af,
    nema þú mér sætt segir.

    Gerðr:
24. Ánauð þola
    ek vil aldrigi

17, 1.2 asa oc alfa A. 3 visa R. 4 um *f.* A. 5 eikin fv́r yf^s R, eikin fur y. *K*, eikin-fur y. *R*, eikinn fur y. *L*, æik iñ fyr^s A*Eg*. 6 ór] var A. **18** *f.* A. 3 vá*n*a R. 5 eikin R. **19,** 1 (20, 1) '*vielleicht eigentl.* epli elli-lyf' *Gg^{it}*. 3 man A*K*. 6 ól. at lifa R*KR*.
   20, 3 ma*n*zcis R, m ænkis A. 4 frey R. 5 okkat A*K*.
6. bygg^v A. **21,** 4—6 *f.* A. 6 hverio R*K*. **22,** 1—3 *f.* A.
1 þikkat *KR*. 2 þot R, þó *R*. **23,** 1 miofán R, miofá A.
4.5 mun | þér *KRM*. 5 mv́ ræk A. 6 sat*t* A.

Skírnismál.

at mannskis munum;
þó ek hins get,
ef it Gýmir finnisk
vígs ótrauðir, at ykkr vega
    tíði.
    Skírnir:
25. Sér þú þenna mæki, mær,
    mióvan, málfán,
    er ek hefi í hendi hér?
    fyr þessum eggjum
    hnígr sá inn aldni iǫtunn,
    verðr þínn feigr faðir.

26. Tamsvendi ek þik drep,
    en ek þik temja mun,
    mær, at mínum munum;
    þar skaltu ganga,
    er þik gumna synir
    síðan æva sé.

27. Ara þúfu á
    skaltu ár sitja,
    horfa ok snugga heljar til;
    matr sé þér meirr leiðr,

en manna hveim
inn fráni ormr með firum.

28. At undrsiónum þú verðir,
    er þú út kømr,
    á þik Hrímnir hari,
    á þik hotvetna stari;
    víðkunnari þú verðir
    en vǫrðr með goðum!
    gapi þú grindum frá!

29. Tópi ok ópi,
    tiǫsull ok óþoli,
    vaxi þér tár með trega!
    seztu niðr,
    en ek mun segja þér
    sváran súsbreka
    ok tvennan trega.

30. Tramar gneypa
    þik skulu gerstan dag
    iǫtna gǫrðum í;
    til hrímþursa hallar
    þú skalt hverjan dag

24, 3 manz ænskis A. 5 þit A. 6 'vielleicht in 2 linien' Bt, nach Gg" in unechter gestalt vorliegend, vígs ótr. zu tilgen? — ótrauðr R, viell. richt. **25,** 1–3 Ser. þ. þ. m. mˢ. e' e. h. h. hˢ. R, Ser þv þēna meki. m. m. e. e. i. h. hˢ A. **26,** 1 TāS vendi R, Tās vændi A, Tams vendi KRMLGg". 6 sia A. **27–36** wol unursprünglich. **27,** 1.2 Ár scl'tv sitia ara þufv a A. 3 hórva heimi ór (letzteres am rande nachgetragen) snvǫa heliar t' R und (in 2 linien ór, | snugga) KRBGg. — horva KRMB. 4 meirr f. RKR. — leiþri K, leiþari R. 6 meþr K. — mit firv endet das blatt ganz unten in A u. es folgt eine lücke. **28,** 3 Hrimnir KM. 4 hótvetna KR. 7 gndō R, girndom R. **29,** 1 Topi KREg. — opi REg, Opi K. — 2 Tiavsvll K. — Óþ. K., komma f. R. 5 en ek þér segja mun? Bt. 6 svs breca RK, B dachte erst an sútbr.

Skírnismál.

kranga kostalaus,
kranga kostavǫn;
grát at gamni
skaltu í gǫgn hafa,
ok leiða með tárum trega.

31. Með þursi þríhǫfðuðum
þú skalt æ nara
eða verlaus vera!
þítt geð grípi!
þik morn morni!
verðu sem þistill,
sá er þrunginn var
í ǫnn ofanverða!

32. Til holts ek gekk
ok til hrás viðar,
gambantein at geta:
gambantein ek gat.

33. Vreiðr er þér Óðinn,
Vreiðr er þér ása bragr,
þik skal Freyr fiásk,
en firinílla mær!

en þú fengit hefir
gambanreiði goða.

34. Heyri iǫtnar,
heyri hrímþursar,
synir Suttunga,
siálfir ásliðar:
hve ek fyrir býð,
hve ek fyrir banna
manna glaum mani,
manna nyt mani!

35. Hrímgrímnir heitir þurs,
er þik hafa skal
fyr nágrindr neðan;
þar þér vílmegir
á viðar rótum
geita hland gefi!
œðri drykkja
fá þú aldrigi
mær, af þínum munum,
mær, at mínum munum!

30, 6.7 kosta laus, vǫn *R.* 8 *neue str. bis 31, 3 R.*
31, 1 *keine neue str. R.* 3 eþ R*K.* 4 *neue str. R.* — þik *Bt.* — þitt
geð gnípi? þik gríð grípi? *B.* — *komma f.* KRMGg. 5 þik, *Gg.* —
mörn mörna! *Gg.* 4.5 *urspr. vielleicht nur* þitt geð grípi morn?
6 þistil R. 7 *so* KR, '*vielleicht urspr.*' *Bt,* var þr. RMB'Gg.
33, 1.2 reiþr R *u. ausgg.* 2 Ásabr. *KR,* asabr. R. 4. *so mit Eg
BGg, en* fyrin i*l*la mer R, en fyrr, in illa m.! *KRM.* **34,** 4 *ist
sicher mit Gg" als störender zusatz, auch in bezug auf den sinn, zu
betrachten.* — sialfir] álfar *Bm.* 5 furbýd *KR,* fyrir-býð *Gg".* 6 for-
banna *R,* fyrir-banna K*Gg".* **35,** 1 Hrímgrimnir *KM,* Hrím-
grímr R. 4—6 *nach Gg" unecht.* 5 vilm. *KR.* 7 Qþri *mit punkt
vorher* R, *neue str.* KR. — dryccia *letzter buchst. etwas misraten* R,
gumna? *Gg".* 9 at *R.* 10 af *R.*

36. Þurs ríst ek þér
ok þriá stafi:
ergi ok œði ok óþola;
svá ek þat af ríst,
sem ek þat á reist,
ef gørask þarfar þess.
   Gerðr:
37. Heill ver þú nú heldr,
      sveinn,
ok tak við hrímkalki
fullum forns miaðar!
þó hafða ek þat ætlat,
at myndak aldrigi
unna Vaningja vel.
   Skírnir:
38. Ørindi mín
vil ek ǫll vita,
áðr ek ríða heim héðan;
nær þú á þingi
munt enum þroska
nenna Niarðar syni?
   Gerðr:
39. Barri heitir,
er vit bæði vitum,
lundr lognfara;
en ept nætr níu

þar mun Niarðar syni
Gerðr unna gamans.
Þá reið Skírnir heim, Freyr
stóð úti ok kvaddi hann, ok
spurði tíðinda:
40. Segðu mér þat, Skírnir!
áðr þú verpir sǫðli af mar,
ok þú stígir feti framarr:
hvat þú árnaðir
í iǫtunheima
þíns eða míns munar?
   Skírnir:
41. Barri heitir,
er it bæði vituð,
lundr lognfara;
en ept nætr níu
þar mun Niarðar syni
Gerðr unna gamans,
   Freyr:
42. Lǫng er nótt,
langar 'ru tvær,
hve um þreyjak þriár?
opt mér mánaðr
minni þótti
en siá hálf hýnótt.

36, 1 þvrs *aber punkt vorher* R, *keine neue str.* K. 3 *in
2 versen* œði | ok *RMBGg'.* 5.6 þat] *eher* þ' *als* þs R. 6 e *in* reist
übergeschr. R. **37,** 1—3 *vgl. Ls. 53.* 4 hafðak *Gg''.*
38, 4 nęr R, męr? *u. dann natürlich kein fragesatz.* — á þingi] an-
þingi *R.* **39,** 1 Baʀi R, Barrey (Barey) SE. 4 eɴ | eɴ ept R.
5 niarþa R. **40,** 3 framar *RM.* **41** *in* R *abgek.:* Baʀi h.
l. (= lundr) e'. vi. l. l. e. e. n. n. þ. m. n. s. g. v. gamās. 2 er vit
báðir vitum *alle ausgg.* **42** *auch Gylf. 37* (SE I, 122 en er
Skírnir sagði Frey sítt erendi, þá kvað hann þetta:). 2 lǫng er ǫnnur
SE. 3 hve mega ek þreyja þriár SE. 6 hy nótt R*K*.

VAFÞRÚÐNISMÁL.

Óðinn:

1. Ráð þú mér nú, Frigg!
alls mik fara tíðir
at vitja Vafþrúðnis;
forvitni mikla
kveð ek mér á fornum
stǫfum
við þann inn alsvinna iǫtun.

Frigg:

2. Heima letja
ek munda Herjafǫðr
í gǫrðum goða;
þvíat engi iǫtun
ek hugða iafnramman
sem Vafþrúðni vera.

Óðinn:

3. Fiǫlð ek fór,
fiǫlð ek freistaðak,
fiǫlð ek um reynda regin;
hitt vil ek vita,
hve Vafþrúðnis
salakynni sé.

Frigg:

4. Heill þú farir!
heill þú aptr komir!
heill þú á sinnum sér!
œði þér dugi,
hvars þú skalt, Aldafǫðr,
orðum mæla iǫtun!

5. Fór þá Óðinn,
at freista orðspeki
þess ins alsvinna iǫtuns;
at hǫllu hann kom,
ok átti Íms faðir,
inn gekk Yggr þegar.

Vafþrúðnismal: *vollst. in* R *bl.* 7b, 9—8b, 3*; *von* 20, 2 œði *in*
A 3a, 1—3b, 10*; 18. 30, 4—6. 31. 35. 37. 41. 45. 47. 51 SE. — *Überschr.*
vafþruðnis mal *rot* R, *der sprechende urspr. in* RA *bei den einzelnen
strr. durch* O. q., V. q., F. q. *angedeutet, durch beschneiden des perg. bei*
1—17 *ganz verloren, sonst hier u. da einer der buchst.* (s. *die anmm.*);
RKMBm *setzen nur die namen*, B Oðinn (Vafþrúðnir, Frigg) quað, Gg
lässt alles weg.

1, 3 Vafǫrvdnis R (*sonst auch* Vafǫrvǫn., Vafǫrvþn., Vafþrvǫn.).
2, 2 heriaf. K. 4 iafn ramman *getrennt* RK *nach* R. **3,** 2 freist-
aða RKMBm *mit* R, *doch vgl. str.* 44, 2. 3 um *f.* RRKMBm, *doch
vgl.* 44, 3. 3 Regin K. **4,** 3 Asyniom RBm, Asynnom K.
5 vor alda fǫþ' *noch or* RRBmK, órr M; *sicher hatte der schreiber
damit bereits* orðō *begonnen u. es nur zu tilgen vergessen.* — aldaf. RK
BmM. **5** *nach* Gg" *bedenklich, einzige epische lióðaháttrstr. in den
Eddaliedern.* 5 er RKBm, ok R. — Imsf. RKBm; *zum reime vgl.*
Alv. 11. Hmdm. 28. Br. 12 u. Heyne zu Beóv. 2930. 2298.

Vafþrúðnismál.

Óðinn:
6. Heill þú nú, Vafþrúðnir!
nú em ek í hǫll kominn
á þik siálfan siá;
hitt vil ek fyrst vita,
ef þú fróðr sér
eða alsviðr, iǫtunn!

Vafþrúðnir:
7. Hvat er þat manna,
er í mínum sal
verpumk orði á?
út þú né kømr
órum hǫllum frá,
nema þú inn snotrari sér.

Óðinn:
8. Gagnráðr ek heiti,
nú emk af gǫngu kominn
þyrstr til þínna sala,
laðar þurfi
(hefi ek lengi farit)
ok þínna andfanga, iǫtunn!

Vafþrúðnir:
9. Hví þú þá, Gagnráðr,
mælisk af gólfi fyrir?
farðu í sess í sal!
þá skal freista,
hvárr fleira viti,
gestr eða inn gamli þulr.

Óðinn:
10. Óauðigr maðr,
er til auðigs kømr,
mæli þarft eða þegi!
ofrmælgi mikil
hygg ek at ílla geti
hveim er við kaldrifjaðan
kømr.

Vafþrúðnir:
11. Segðu mér, Gagnráðr,
alls þú á gólfi vill
þíns um freista frama:
hve sá hestr heitir,
er hverjan dregr
dag um dróttmǫgu?

Óðinn:
12. Skinfaxi heitir,
er inn skíra dregr
dag um dróttmǫgu;
hesta beztr
þykkir hann með Hreið-
gotum,
ey lýsir mǫn af mari.

Vafþrúðnir:
13. Segðu þat, Gagnráðr,
alls þú á gólfi vill
þíns um freista frama:
hve sá iór heitir,

6, 2 komi *R*. 3 at siá *Be*. 6 komma f. *RKMBGg'*, vgl. 8, 6.
7, 4 com^s *R*, komir *RKBmMB'Gg'*. 5 orum *RBmP*. — ofra
R, ofrá *KMV*, = áfra *Eg*. **8,** 1 Gángráðr, so immer *RBm*. 5 nicht
in satzzeichen eingeschl. *KM*, *V*(s. v. þurfi). **10** von hier ab die
bezeichnung Odins in der überschr. immer durch Gagnráðr (Gángr.) *RK
BmM*, doch s. anm. zu 18. 21. **11,** 6 ok *RK*, of gebessert *R
BmMBGg*, vergl. 12, 3 vm *R*. **12** vgl. Gylf. 10 (I, 56): sá hestr
er Dagr á heitir Skinfaxi, ok lysir alt lopt ok iǫrðina af faxi hans.
4.5 þykkir | hann *RKM*. 5 reiðgotom *RKBmM*, Reiðg. *R*.
13, 2.3 nach gagnraþr ein haken (= etc. vgl. 11, 2. 3) *R*.

er austan dregr
nótt of nýt regin?

Óðinn:

14. Hrímfaxi heitir,
er hverja dregr
nótt of nýt regin;
méldropa
fellir hann morgin hvern,
þaðan kømr dǫgg um dala.

Vafþrúðnir:

15. Segðu þat, Gagnráðr,
alls þú á gólfi vill
þíns um freista frama:
hve sú á heitir,
er deilir með iǫtna sonum
grund ok með goðum?

Óðinn:

16. Ifing heitir á
er deilir með iǫtna sonum
grund ok með goðum;
opin renna
hón skal um aldrdaga,
verðrat íss á á.

Vafþrúðnir:

17. Segðu þat, Gagnráðr,
alls þú á gólfi vill
þíns um freista frama:
hve sá vǫllr heitir,
er finnask vígi at
Surtr ok in svásu goð?

Óðinn:

18. Vígríðr heitir vǫllr,
er finnask vígi at
Surtr ok in svásu goð:
hundrað rasta
hann er á hverjan veg,
sá er þeim vǫllr vitaðr.

Vafþrúðnir:

19. Fróðr ertu nú, gestr,
far þú á bekk iǫtuns,
ok mælumk í sessi saman!
hǫfði veðja
vit skulum hǫllu í,
gestr, um geðspeki.

Óðinn:

20. Segðu þat it eina,
ef þitt œði dugir

---

6 *ok* **R**, *s. zu 11, 6*. **14** *vgl. Gylf. ibid.*: ríðr Nótt fyrri þeim hesti er kallaðr er Hrímfaxi ok at morni hverjum dǫggvir hann iǫrðina af méldropum sínum. 3 *ok* **R**, *s. zu 11, 6*. 4 mel drópa **R**, meldr. *KRBmMEg*. 4.5 hann | morg. *alle ausgg*. **15,** 1—3 *abgek.:* Segðv þ' g. *und haken danach* **R**. **16,** 1 Ilfing *RBm*. 2 alda (*K*) *in* **R** *unterpunktiert*, io *darüber u.* iotna *am rande*. 4.5 skal, um *KRM*. 5 aldr daga **RRK**. **17**, 1—3 *abgek.:* Segðv þ' g. a. u. *haken danach* **R**. **18** *auch in* r**W** *d*. SE (I, 198) *ohne nennung des gedichts; in prosa Gylf. 51* (I, 188 *f*). — *am äussersten rande noch o. zu erkennen* **R**. 1 Vigriðr *KRBm*, Vígriðr *PEg*. 3 hin **W**. — guð **W**. 4 hvndrat **W**. **19** *am rande noch etwas vom* v **R**. **20** *darüber mit rötlicher tinte, jetzt fast verwischt,* capitvlvm. 1 S *in* Segðv *grösser als gewöhnlich*. 2 *mit* æði *beginnt* **A**.

Vafþrúðnismál.

ok þú, Vafþrúðnir, vitir:
hvaðan iǫrð um kom
eða upphiminn
fyrst? inn fróði iǫtunn!

Vafþrúðnir:
21. Or Ýmis holdi
var iǫrð um skǫpuð,
en or beinum biǫrg,
himinn or hausi
ins hrímkalda iǫtuns,
en or sveita siór.

Óðinn:
22. Segðu þat annat,
ef þítt œði dugir
ok þú, Vafþrúðnir, vitir:
hvaðan máni um kom,
sá er ferr menn yfir,
eða sól it sama?

Vafþrúðnir:
23. Mundilfœri heitir,
hann er mána faðir

ok svá sólar it sama:
himin hverfa
þau skulu hverjan dag,
ǫldum at ártali.

Óðinn:
24. Segðu þat it þriðja,
alls þik svinnan kveða
ef þú, Vafþrúðnir, vitir:
hvaðan dagr um kom,
sá er ferr drótt yfir,
eða nótt, með niðum?

Vafþrúðnir:
25. Dellingr heitir,
hann er Dags faðir,
en Nótt var Nǫrvi borin;
ný ok nið
skópu nýt regin
ǫldum at ártali.

Óðinn:
26. Segðu þat it fiórða,
alls þik fróðan kveða

---

3 æ. (= eða) A. 5 vp himī R. 6 *keine interp. nach* fyrs *und punkt nach* iǫtunn *P,* fyrst, — iǫtunn? *Mb.* — hiñ A.
21 *von hier bis zum schlusse in* RA *der redende immer durch* O. q V. q. *bezeichnet, nur hier u. da ein buchst. oder beide durch den schnit des buchbinders gefallen.* — *zu dieser str. vgl. Grm. 40.* 3 kolon F
22, 1 annat *durch* .II. *in* RA, *ebenso die folgenden ordinalzahlen durc röm. ziffern.* 2 3 *abgekürzt:* e. þ. ę. d. ok þ. v. *und haken danac (= etc.)* R, e. þ. e. d. A. 4 of A. 5 sa æ' A, Sᵃ (= sva) at l *(d. i. verschrieben für* sá at*, ebenso 36, 5),* svá at *K.* 6 hit A *(s fast immer mit* h*).* **23** *in prosa Gylf. 11 (I, 56).* 1 Mvndil fǫri R, -færi A, -færi r, -feri U, -fari W, -föri KR. 2.3 mán sólar *M.* 6 ár tali R, alldtali *(und* ar *über* alld*)* A. **24,** 3 ab gek.: ok þ. v. v. R, æ. þv *etc.* A; *auch in* R *bietet 36, 3 die abkürz noch ein* e. *für die conj.,* ef *(mit* BGg*) wol das urspr.,* ok K BmM. 4 sa e' R, sa æ' A. 6 komma f. ausgg. **25** *in pros Gylf. 10 (I, 54).* 1 Doglingr U. 2.3 dags, nótt *M.* 3 not A. - nǫrvi R, nǫrvi A, norvi eða narfi rW, nori U. **26,** 2.3 a. þ. f. l *(und haken danach),* A.

ef þú, Vafþrúðnir, vitir:
hvaðan vetr um kom
eða varmt sumar
fyrst um fróð regin?

Vafþrúðnir:
27. Vindsvalr heitir,
hann er Vetrar faðir,
en Svásuðr Sumars;

Óðinn:
28. Segðu þat it fimta,
alls þik fróðan kveða
ef þú, Vafþrúðnir, vitir:
hverr iǫtna elztr
eða Ýmis niðja
yrði í árdaga?

Vafþrúðnir:
29. Ørófi vetra
áðr væri iǫrð um skǫpuð,
þá var Bergelmir borinn;
Þrúðgelmir
var þess faðir,
en Aurgelmir afi.

Óðinn:
30. Segðu þat it sétta,
alls þik svinnan kveða
ef þú, Vafþrúðnir, vitir:
hvaðan Aurgelmir kom
með iǫtna sonum
fyrst, inn fróði iǫtunn?

Vafþrúðnir:
31. Or Elivágum
stukku eitrdropar,
svá óx unz or varð iǫtunn;

---

3 *zu* ef *vgl*. 24, 3.   5 varmr sumarr? *V*.   6 með **R** *u. ausgg*. — frióf r.? *R (p. 288)*.   **27** *in prosa Gylf. 19* (I, 82): Svásuðr heitir sá er faðir sumars er, ok er hann sællífr, svá at af hans heiti er þat kallat svásligt er blítt er, en faðir vetrar er ýmist kallaðr .. Vindsvalr, hann er Vasaðarson, ok váru þeir áttungar grimmir ok svalbrióstaðir ok hefir Vetr þeira skaplyndi.   2.3 vetrar, sumars *M*.   3 Svasuðr *RKBm PEg*. — *In* **AR** *keine lücke*, *RKBmM setzen nach pphs*: ár of (áróf *RBm*) bæði þau | skolu ey fara | unz riufask regin *(ob aber* sumar *auch dem dichter schon stn. war?)*, B *vermutet*: Vinðsvals faðir | var Vásuðr of heitinn, | ǫll er sú ætt til ǫtul, *Bt*: en Vindsvalr | Vásaði borinn | ǫll er sú kaldrifjuð kind, *Gg*: er sá sællífr, | en svǫlu briósti ræðr | Vásuðr Vindsvals faðir.   **28,** 2.3 *abgek*.: a. þ. f. *und haken* **R**, a. þ. f. k. **A**.   3 s. 24, 3.   4 iǫtna *mit* B, ása **RA** *ausgg*.   6 arðaga **A**.   **29,** 1–3 = 35, 1–3.   1 Orófi *AKBmMB*, Órófi *Gg'*.   2 um *f*. **R** *RKBmM*.   3 var *f*. **A**.   6 Org. *Bm*, Örg. *MbP*.   **30,** 2.3 *abgek*.: a. þ. s. q. **R**, a. þ. f. k. **A**.   3 s. *zu* 24, 3.   4–6 *auch* **SE** (I, 44 en hér segir svá Vafþr. iǫtunn:)   4 s. *zu* 29, 6.   6 *satzzeichen wie* 20, 6. — in R, hiñ A, enn r.   **31** *auch* **SE** *an* 30, 4—6 *sich anschliessend*.   2 eitr dr. *KR*.   3 ok *für* svá **SE**. — varð or **RWKRBmM**. — *in* U *der vers verderbt*: ok voxtr vindz. ok varð iotvnn or.

Vafþrúðnismál.

þar órar ættir
kómu allar saman,
því er þat æ alt til atalt.

Óðinn:

32. Segðu þat it siaunda,
alls þik svinnan kveða,
ef þú, Vafþrúðnir, vitir:
hve sá bǫrn um gat
inn baldni iǫtunn,
er hann hafðit gýgjar gaman?

Vafþrúðnir:

33. Undir hendi vaxa
kváðu hrímþursi
mey ok mǫg saman;
fótr við fœti
gat ins fróða iǫtuns
sexhǫfðaðan son.

Óðinn:

34. Segðu þat it átta,
alls þik svinnan kveða,
ef þú, Vafþrúðnir, vitir:
hvat þú fyrst um mant,
eða fremst um veizt?
þú ert alsviðr, iǫtunn!

Vafþrúðnir:

35. Órófi vetra,
áðr væri iǫrð um skǫpuð,
þá var Bergelmir borinn;
þat ek fyrst um man,
er sá inn fróði iǫtunn,
var á lúðr um lagiðr.

Óðinn:

36. Segðu þat it níunda,
alls þik svinnan kveða,
ef þú, Vafþrúðnir, vitir:
hvaðan vindr um kømr,
sá er ferr vág yfir?
æ menn hann siálfan um
siá.

4—6 *nur* r**W**, *f.* **RA** *ohne zeichen einer lücke, nach pphss. en síum fleygði | or suðheimi, | hyrr gaf hrími fiǫr KRMMb, in* U: *þær einar ættir koma saman.* 4 *þar ero* r*LPB'Gg'*. — *komnar* r*LPB'Gg', koma Bm.* 6 æ *u. til f.* **W**. **32**, 2.3 a. þ. s. q. (k.) *abgek*. **RA**. 3 *s. zu 24,3.* 4 um *f.* **RAKRB**m**MB'***Gg'*. 5 aldni **RK**. 6 gyiar **A**. **33** *in pr. Gylf. 5* (I, 46). 2 Hrímþ. **KRB**m. 4 fot **A** *für* fótr **R**. 4,5 gat | ins *ausgg*. 5 gat *f.* **A**. 6 sæxh. **A**, ser h. **R**, sérh. **KRB**m**MLM**b. **34** *am rande* Od **R**. 2.3 *abgek.:* a. þ. f. u. haken **R**, a. þ. f. k. **A**; fróðan *danach* **KRB**m**MG***g', doch vgl. 24. 36, und den schreibfehler f. in* **A** *30, 2*. 3 ef, *s. zu* 24, 3. 4 of A**KRB**m**G***g''*, f. **R**. 5 frems of **A**. — veitzst **R**. 6 komma *f.* **KRB**m**MB**. **35** *auch Gylf. 7* (I, 48) *ohne nennung der quelle.* 1—3 *vgl*. 29, 1—3. 1 Orófi **RKB**m**M**, Órófi *Gg'*, Orofi **AU**, Qrofi r, Orovi **W**. 2 iorð veri **U**. — *of* **W**, *f. r.* 4 statt ec *in* **W** er. — *of* Ar**W**. 5 at froþa iotvnn **U** *statt er etc.* 6 á var **A** SE *B*Gg. — *of* r**W**. **36**, 2.3 a. þ. s. q. e. **R**, *von* **A** *bei B nichts bemerkt.* 3 ef, *s. zu* 24, 3. 5 Sᵃ at **R**, svá at **KB**m, siá at **R**. 6 ę. **R**, .ę. **A**, ei **RB**m. — maðr v sialfã h' sær **A**.

Hildebrand, Eddalieder. 5

Vafþrúðnismál.

Vafþrúðnir:
37. Hræsvelgr heitir,
er sitr á himins enda,
iǫtunn í arnar ham;
af hans væengjum
kveða vind koma
alla menn yfir.

Óðinn:
38. Segðu þat it tíunda,
alls þú tíva rǫk
ǫll, Vafþrúðnir, vitir:
hvaðan Niǫrðr um kom
með ása sonum?
hofum ok hǫrgum
hann ræðr hunnmǫrgum,
ok varðat hann ásum alinn.

Vafþrúðnir:
39. Í Vanaheimi
skópu hann vís regin,
ok seldu at gíslingu goðum;
í aldar rǫk
hann mun aptr koma
heim með vísum vǫnum.

Óðinn:
40. Segðu þat it ellifta,
alls þú tíva rǫk
ǫll, Vafþrúðnir, vitir:
hvar ýta synir
hǫggvask hverjan dag?

Vafþrúðnir:
41. Allir einherjar
Óðins túnum í
hǫggvask hverjan dag:
val þeir kiósa
ok ríða vígi frá,
sitja meirr um sáttir saman.

Óðinn:
42. Segðu þat it tólfta,
hví þú tíva rǫk
ǫll, Vafþrúðnir, vitir?
frá iǫtna rúnum

---

37 auch Gylf. 18 (I, 82), ohne angabe der quelle. 2 hann für er U. 4 af h' R. — vengið RK, vængum r. 5 koma] standa U. **38,** 4 of A. 5 á Nóatunum R, til Nóatúna? B; doch zum reime vgl. 5, 5. 6.7 in klammern als unecht vermutet BGg, dann aber wol auch 8 nicht intact geblieben, ok vara þó með? 7 hundm. RBmP, hvnmǫrgᵛ A. 8 varþ | aþ R, varat A. **39** in prosa Gylf. 23 (I, 92). 3 gisl. KRBmEgP. 5 mᵛ h' A. **40.41** in R: Segðv þ' et .XI. hvar ytar tvnð i hǫɢvaz hvˢian dag Val þ'r kıosa ok riða vigi fra sitia meiʀ ᵛ sáttˢ samā. — A: S. þ. e. XI. allˢ eins heriar oðins tvnᵛ — dag. Val *(etc. wie R).* **40,** 2 BGg' hvar ýtar túnum í, u. 3—6 = 41, 3—6; Gg" 4—6: hvar ýtar hverjan dag | hǫggvask túnum i, | sitia meirr um sáttir saman?; KRBmM 4—6: hvat einherjar vinna | Herjafǫðrs at | unz riúfask regin? *(pphss.)* 5 þeirs eru eggdauðir? — ein gleiches überspringen bei gleichem wortlaute Skm. 18, 21, 22 A.
41 auch Gylf. 41 (I, 132) ohne angabe d. quelle, RA s. vor. str. 3 hvern U. 5.6 dazwischen KR: ǫl með Ásum drekka ok seðjask Sæhrímni *(pphss.).* **42,** 1 þat f. A. 2 því P. 3 vitir! B, vitir, P.

Vafþrúðnismál.

ok allra goða
segir þú it sannasta,
inn alsvinni iǫtunn!

Vafþrúðnir:

3. Frá iǫtna rúnum
ok allra goða
ek kann segja satt;
þvíat hvern hefi ek
heim um komit:
níu kom ek heima
fyr Niflhel neðan,
hinnig deyja or helju halir.

Óðinn:

4. Fiǫlð ek fór,
fiǫlð ek freistaðak,
fiǫlð ek um reynda regin!
Hvat lifir manna,
þá er inn mæra líðr
fimbulvetr með firum?

Vafþrúðnir:

5. Líf ok Lífþrasir,
en þau leynask munu
í holti Hoddmímis;
morgindǫggvar
þau sér at mat hafa,
þaðan af aldir alask.

Óðinn:

46. Fiǫlð ek fór,
fiǫlð ek freistaðak,
fiǫlð ek um reynda regin!
hvaðan kømr sól
á inn slétta himin,
þá er þessa hefir Fenrir farit?

Vafþrúðnir:

47. Eina dóttur
berr Álfrǫðull,
áðr hana Fenrir fari;
sú skal ríða,
þá er regin deyja,
móður brautir mær.

Óðinn:

48. Fiǫlð ek fór,
fiǫlð ek freistaðak,
fiǫlð ek um reynda regin!

---

6 seg^s þv RA, segðu KRM, sagðir Bm. 43, 4.5 wol falsch er aus einer str. im kviðuh. 6.8 nach Gg" unurspr. 7 Niflheim Bm. hinig RK. 44, 1—3 vgl. str. 3. 2 fræistaða A. 3 of A, f. RR BmM. 5 hin A. 45 auch Gylf. 53 (I, 202) ohne angabe d. quelle. leifþrasir ArWB, lifðrasir R, lifþræsir U. 2 er þar leynaz meyiar U. nur i mimis holldi U. — holldi A. 4—6 morgin davggva þær. ok ir um alldr alask U. 5 ðav R. — ser RA, er r, f. W. 6 en f. RK BmM. — þaðanaf K. 46 hier und ff. ist 1.2 abbrev. und 3 gar 'cht geschrieben, vergl. 44, 1—3. 6 þa | þa er R. — þessi? Gg". fenr. R. 47 auch Gylf. 53 (I, 204) und 4—6 in Skaldsk. c I, 592). 1 dóttr K. 2 alfrǫðul r, alfraǫvll (alfrǫðvll) RAWU, alfr. RM. 3 henni U, Gg" hält das für richtig. 4—6 su mun renna eða ða regin brautir mær U. 4 renna c. 5 þá f. rW. 6 móðar (ar abkürz.) A. 48, 1—3 s. zu 46.

Vafþrúðnismál.

hverjar 'ru þær meyjar
er líða mar yfir,
fróðgeðjaðar fara?

Vafþrúðnir:

49. Þriár þióðár
falla þorp yfir
meyja Mǫgþrasis;
hamingjur einar
þær er í heimi eru,
þó þær með iǫtnum alask.

Óðinn:

50. Fiǫlð ek fór,
fiǫlð ek freistaðak,
fiǫlð ek um reynda regin!
hverir ráða æsir
eignum goða,
þá er sloknar Surta logi?

Vafþrúðnir:

51. Víðarr ok Vali
byggja vé goða,
þá er sloknar Surta logi;
Móði ok Magni
skulu Miǫllni hafa
Vingnis at vígþroti.

Óðinn:

52. Fiǫlð ek fór,
fiǫlð ek freistaðak,
fiǫlð ek um reynda regin!
hvat verðr Óðni
at aldrlagi,
þá er um riúfask regin?

Vafþrúðnir:

53. Úlfr gleypa
mun Aldafǫðr,
þess mun Viðarr vreka:
kalda kiapta
hann klyfja mun
vitnis vígi at.

Óðinn:

54. Fiǫlð ek fór,
fiǫlð ek freistaðak,
fiǫlð ek um reynda regin!
hvat mælti Óðinn,
áðr á bál stigi,
siálfr í eyra syni?

Vafþrúðnir:

55. Ey manni þat veit,
hvat þú í árdaga

---

5 komma fehlt *KRBmMGg'* **49,** 1 þioðár **RA**, þióðar *KRBm LGg"*. 1.2 falla | þorp *KM*. 2 fara, *statt þorp ein wort für meer? Gg"*. 5 þær æ' **A**, þ'ra **R**, þeirra *KRM; vgl. Zze. 90*. **50,** 1—3 *s. zu 46*. **51** *auch Gylf. 53* (I, 202) *ohne angabe der quelle*. 1 Víðarr *RBm*. 2 gvþa **U**, guða **W**. 3 sortnar r**W**. — Svarta **U**. 4 Megi oc M. r. 5 miolni r. 6 ok vinna *RKRBmM*, vingnis Ar**W**, vignigs synir **U**. — vigroþi **U**. **52,** 1—3 *s. zu 46*. 5 aldrelagi **R**, aldrzl. *K*. 6 of **A**, um *f. RKRBmM; vgl. Grm. 4*. **53** *in prosa Gylf. 51* (I, 192). 1.2 mun | Ald. *ausgg*. — aldaf. *KRM*, allda faðfur (ur *mit abkürzg*) **A**. 3 uiðar **A**. — reca **RAKRBmMGg'**. 6 vingnis **R**. **54,** 1—3 *s. zu 46*. 4—6 *auch Heiðreks saga (Petersens ausg. 43)*: h. m. O. | í eyra Baldri, | áðr hann var á bal borinn? 6 ok sialfr **A**. **55,** 1 maNe **R**, mañi **A**, maNNz *KRBmPEg*.

sagðir í eyra syni.
Feigum munni
mælta ek mína forna stafi
ok um ragna rǫk.

Nú ek við Óðin
deildak mína orðspeki;
þú ert æ vísastr vera!

GRÍMNISMÁL.

Hrauðungr konungr átti tvá sonu, hét annarr Agnarr, en annarr Geirrǫðr. Agnarr var tíu vetra, en Geirrǫðr átta vetra. Þeir røru tveir á báti með dorgar sínar at smáfiski; vindr rak þá í haf út. Í náttmyrkri brutu þeir við land ok gengu upp, fundu kotbónda einn; þar váru þeir um vetrinn. Kerling fóstr- 5 aði Agnar, en karl fóstraði Geirrǫð ok kendi hánum ráð. At vári fekk karl þeim skip; en er þau kerling leiddu þá til strandar, þá mælti karl einmæli við Geirrǫð. Þeir fengu byr ok kvámu til stǫðva fǫður síns. Geirrǫðr var fram í skipi, hann hlióp upp á land, en hratt út skipinu ok mælti: Far þú nú 10 þar er smyl hafi þik. Skipit rak í haf út. En Geirrǫðr gekk upp til bœjar, hánum var þar vel fagnat; en faðir hans var þá andaðr. Var þá Geirrǫðr til konungs tekinn, ok varð maðr ágætr.

4.5 ek | mína *RM.* 5 æk um mina **A.** 6 of **A.** 7 Nv *und punkt vorher* **RA**; *vor* Nv *am rande* **V.** q. — uit **A.** 8 dæilldag **A.** 7.8 deildak | mína *ausgg.*

Grímnismál: *in* R *8b, 3*—11a, 9 und* A *4a, 17—5b, 6* vollständig, in* SE *strr. 11—15. 18—20. 23. 24. 29. 34—36. 40. 41. 43. 44. 46—48 (49. 50. 54 s. anmm. dazu). — Überschr.:* grimnis mal *in* RA, í Grímnismálum SE *vor strr. 23 (nicht* U*). 24. 36 und 47. — Vor der einleitenden prosa in* R *jetzt fast unleserlich:* synir hraudungs konungs, *in* A: fra hrauðungi konungi.

Prosa 2 gæirǫðr **A.** 3 dorgᵉ **A.** 4 þeir brutu í náttmyrkri *AKRME.* 6 *nach* karl *f.* fóstr. *(KRME) und* ok-ráð **A.** 7.8 til skips **A.** 9 faðvrs **R.** 10 nú *f.* **R.** 11.12 gek ut **R.** — bæja **A.** — þar *f.* **R.** 12.13 þá var f. h. a. **R.** — en *f. KR.* 13 G. var þá *AME.* — 15 vor Oðinn *wie es scheint* cap. *(i. e.* capitulum*) aber verblichen* **R.**

15 Óðinn ok Frigg sátu í Hliðskiálfu ok sá um heima alla. Óðinn mælti: „Sér þú Agnar fóstra þinn, hvar hann elr bǫrn við gýgi í hellinum? en Geirrǫðr fóstri mínn er konungr ok sitr nú at landi." Frigg segir: „Hann er matníðingr sá, at hann kvelr gesti sína, ef hánum þykkja ofmargir koma." Óðinn seg-
20 ir, at þat er in mesta lygi; þau veðja um þetta mál. Frigg sendi eskimey sína Fullu til Geirrǫðar, hón bað konung varask, at eigi fyrgerði hánum fiǫlkunnigr maðr, sá er þar var kominn í land; ok sagði þat mark á, at engi hundr var svá ólmr, at á hann mundi hlaupa. En þat var inn mesti hégómi,
25 at Geirrǫðr konungr væri eigi matgóðr; ok þó lætr hann handtaka þann mann, er eigi vildu hundar á ráða. Sá var í feldi blám ok nefndisk Grímnir ok sagði ekki fleira frá sér, þótt hann væri at spurðr. Konungr lét hann pína til sagna ok setja milli elda tveggja, ok sat hann þar átta nætr. Geir-
30 rǫðr konungr átti þá son tíu vetra gamlan, ok hét Agnarr eptir bróður hans. Agnarr gekk at Grímni ok gaf hánum horn fult at drekka ok sagði, at konungr gørði ílla, er hann lét pína hann saklausan. Grímnir drakk af, þá var eldrinn svá kominn, at feldrinn brann af Grímni. Hann kvað:

1. Heitr ertu, hripuðr,
   ok heldr til mikill,
   gǫngumk firr, funi!
   loði sviðnar,
   þótt ek á lopt berak,
   brennumk feldr fyrir.

2. Átta nætr
   sat ek milli elda hér,
   svá at mér manngi mat né
      bauð,
   nema einn Agnarr,

---

15 hlıðskıalf A, Hliðsk. E. — alla h. A.   17 *für en*—kon. hat A en er kon. fostri m.   18 nú *f.* A.   — lǫndvm A.   18. 19. sagði? *in* RA *nur* s.   18 matníðingr svá, at *EP*.   21 escis mey R. — *bei* Geirrǫðar *in* R *der mittlere vocal unlesbar, in* A *der name abgekürzt*. 52 konungr *f.* R. — enn þo lætr konungr handt. A.   26 a hlaupa A. 27 Grimn. *KMEEg*.   28 lætr pína hann A.   29 tveggja *f.* R. — hann *f.* A.   30 þá *f.* R.   32 ok *f. RKREM*. — at faðir hans A*BGg*. — ílla *f.* A. — er hann þíndi þenna mann s. A*BGg*.

1, 1 Hrip. *R*.   3 gǫngumz A.   4 sviðn, A.   5 l. vera A. 6 brænnúz A.   **2,** 1. 2 ek | m. *ausgg*.   2 millv *AKR*.   3 als *2 verse* (m. | mat) *KRM, B schwankt*. — mangi *RKRME*.

Grímnismál.

  er einn skal ráða
  Geirrøðar sonr Gotna landi.

3. Heill skaltu, Agnarr!
  alls þik heilan biðr
  Veratýr vera;
  eins drykkjar
  þú skalt aldrigi
  giǫld betri geta.

4. Land er heilakt,
  er ek liggja sé
  ásum ok álfum nær:
  en í Þrúðheimi
  skal Þórr vera,
  unz um riúfask regin.

5. Ýdalir heita,
  þar er Ullr hefir
  sér um gørva sali;
  Álfheim Frey
  gáfu í árdaga
  tívar at tannfé.

6. Bœr er sá inn þriði,
  er blíð regin
  silfri þǫkðu sali:
  Valaskiálf heitir,
  er vælti sér
  áss í árdaga.

7. Sǫkkvabekkr heitir inn
      fiórði,
  en þar svalar knegu
  unnir yfir glymja:
  þar þau Óðinn ok Sága
  drekka um alla daga
  glǫð or gullnum kerum.

8. Glaðsheimr heitir inn fimti,
  þars in gullbiarta
  Valhǫll víð of þrumir;
  en þar Hroptr
  kýss hverjan dag
  vápndauða vera.

9. Miǫk er auðkent
  þeim er til Óðins koma,
  salkynni at siá:
  skǫptum er rann rept,
  skiǫldum er salr þakiðr,
  brynjum um bekki strát.

---

5 er | er einn R. 6 als 2 verse (sonr | Got.) *KRM*. — Geirrǫð at G. 1. *E*, Geirrǫðar sonr Gotnum *vermutet* B. — son A. — gotna *RP*.
3, 3 vera týr *RAK*, verat. *RM*. 6 betri g. g. **RA** *u. ausgg., doch s. Zze I, 115.* — giælld A. — um geta Be*Gg*''. **4,** 1 hæilagt *AKRP*. 6 of A. **5,** 3 gorva R, g^sva A. 4 freýr R. 4.5 gáfu | í *KRME*. 5 arð. A. **6** *in prosa Gylf. 17* (I, 78). 3 þǫkþo R, þǫktv A. 5 valdi E. **7** *vgl. Gylf. 35* (I, 114). 1 hiñ fiorð A. 3 Saga *RMLMb*. **8** *vgl. Gylf. 14* (I, 62). 1 æ' hiñ A. 2 valh. *aus* va/lhla/ll *durch unterpunktieren der überfl. buchst. im texte, und nochmals am rande* R. — við R, v A, — of f.. A. 4.5 kýss | hv. *ausgg.*
9 *nach 10 in* R, *aber durch zeichen die richtige folge angegeben.* 2 til f. A, *doch vgl. die abkürz. in* A 10, 2.

Grímnismál.

10. Miǫk er auðkent
þeim er til Óðins koma,
salkynni at siá:
vargr hangir
fyr vestan dyrr,
ok drúpir ǫrn yfir.

11. Þrymheimr heitir inn setti
er Þiassi bió,
sá inn ámátki iǫtunn;
en nú Skaði byggvir,
skír brúðr goða,
fornar tóptir fǫður.

12. Breiðablik eru in siaundu,
en þar Baldr hefir
sér um gørva sali:
á því landi,
er ek liggja veit
fæsta feiknstafi.

13. Himinbiǫrg eru in áttu,
en þar Heimdall kveða
um valda véum:
þar vǫrðr goða
drekkr í væru ranni
glaðr inn góða miǫð.

14. Folkvangr er inn níundi,
en þar Freyja ræðr
sessa kostum í sal:
hálfan val
hón kýss hverjan dag,
en hálfan Óðinn á.

15. Glitnir er inn tíundi,
hann er gulli studdr,
ok silfri þakðr it sama:
en þar Forseti
byggvir flestan dag,
ok svæfir allar sakar.

10, 2.3 *abgek.:* þ. er. o. k. s. k. *(also fehlt hier* til!) R, þm æ' t. k A. 5 dyr R. **11** *auch Gylf. 23* (I, 94). 1 þrvþheimr U. — inn s. *f.* SE. 2 þar nv þ. býr U. — bió *f.* W. 3 matki U. 4 byɢˢ AW. 5 guða Wr, gvma U. 6 forna A. — toftir rW. — foþr U. **12** *auch Gylf. 22* (I, 92). 1 blik *von neuerer hand übergeschr.* R. — heita rW, heitir U. — ín sivndo RKR, *f.* SE. 2 þar er B. SE. 3 of rW. — giorfa W. 4 i þvi r, a þi W. 6 fæing stavi U. **13** *auch Gylf. 27* (I, 100) 1 *statt* eru i. á. *nur* heita rW, heitir U. 2 en þar Heimddallr byr kv. U. 2.3 Heimd. | kv. *ausgg.* 3 um *f. hdss. u. ausgg., vgl. Zze. I, 106. 620.* 4 vorþvm *für* þ. v. U. — gvþa WU. 4.5 drekkr | í *KRME.* 5 vero ArW. 6 inn *f.* R. **14** *auch Gylf. 24* (I, 96). 1 *für* er i. n. *nur* heitir SE. 3 *dafür* kosta beztum sal U. 4.5 kýss hv. *KRMEGg.* 5 hvern U, á hverian r. **15** *auch Gylf. 32* (I, 102). 1 e' in x. R, h. e. x. A *(oder druckf. bei B* = e. h. x.?), heitir salr SE. 2 hans U. — er *f.* W. 3 þ. it *f.* U. 4 þat r, þa W. 4.5 bygg. | fl. *ausgg.* 5 byggir RAW *KRME.* — flestum dag r, *f. d. abgek.* U. 6 svefr U. — sacir RAW *u. ausgg.,* sacar rU.

Grímnismál.

6. Nóatún eru in elliftu,
en þar Niǫrðr hefir
sér um gørva sali:
manna þengill
inn meinsvani
hátimbruðum hǫrgi ræðr.

7. Hrísi vex
ok há grasi
Viðars land Viði:
en þar mǫgr
of læzk af mars baki
frœkn at hefna fǫður.

8. Andhrímnir
lætr í Eldhrímni
Sæhrímni soðinn,
fleska bezt:
en þat fáir vitu,
við hvat einherjar alask.

19. Gera ok Freka
seðr gunntamiðr
hróðigr Herjafǫðr:
en við vín eitt
vápngǫfugr
Óðinn æ lifir.

20. Huginn ok Muninn
fliúga hverjan dag
iǫrmungrund yfir:
óumk ek um Hugin,
at hann aptr né komit,
þó siámk meirr um Munin.

21. Þýtr Þund,
unir Þióðvitnis
fiskr flóði í:
árstraumr
þykkir ofmikill
valglaumi at vaða.

16, 1 æ' h. XI. A.   4 mana þ. A, Mannaþ. R. — 5 meins vani
RA*K*.   6 hǫrg R. — ræðr *f*. R.   **17,** 3 viþars R. — land viði
RA*V* (*s. v.* ok IV), l. (ok) víði *KR*, l. ok viði *M*, Landvíði G*Pálsen*,
F*Magn*.   4.5 l. | af *ausgg*.   5 af l. *K*. — lęzc R, læz A, hlezk *B'Gg'* (*ebenso
die auffass. in K*). — á m. bak *B'Gg'*, *aber die hdschr. überlief. gerechtf.
von Be nach Hyndl. 29 u. Hákonarmál 11:* hvat valkyrjur mæltu af m.
baki.   6 at] *ok* RA*K*.   **18** *auch Gylf. 38* (I, 126) 1.2 l. | í *ausgg*.
4 felfka (*oder* fellka) r. — bazt W.   5 en] at r.   6 við *f*. RA*K*. — æin-
heria A.   **19** *auch Gylf. 38* (I, 126).   2 gunntamigr r, -tanigr U.
3 hroðiðr r. — heria feþr U, heuafǫðr r, Hænafǫðr W.   5 vapn-
gavigr r, -gaffiþr U.   **20** *auch Gylf. 38* (I, 126).   1 mvɴiɴ R.
2 flivgia r. — hvern U.   3 Jórm. R.   4 vnz ek U. — of (*übergeschr.*)
R, *f*. SE. — huginn U*KR*.   5 né *f*. U. — komi ArW, kemr U.
6 siámk ek r, siamz cc AU, siamz W. — mvni*nn* RAU.   **21,** 1 þytr
þv̄d R, þyts þvnds A.   4.5 þ. | ofm. *ausgg*.   5 þikir A, *f*. R.   6 val
glāi R, valglāni A, Valglaumni B, Valglaumi P.

74 Grímnismál.

22. Valgrind heitir,
er stendr velli á
heilǫg fyr helgum durum:
forn er sú grind,
en þat fáir vitu,
hve hón er í lás um lokin.

23. Fimm hundruð dura
ok um fiórum togum,
svá hygg ek á Valhǫllu
  vera:
átta hundruð einherja
ganga senn or einum durum,
þá er þeir fara við vitni
  at vega.

24. Fimm hundruð gólfa
ok um fiórum togum,
svá hygg ek Bilskírni með
  bugum:

ranna þeira
er ek rept vita
míns veit ek mest magar.

25. Heiðrún heitir geit,
er stendr hǫllu á Herjafǫðrs,
ok bítr af Læráðs limum:
skapker fylla
hón skal ins skíra miaðar,
knáat sú veig vanask.

26. Eikþyrnir heitir hiǫrtr,
er stendr á hǫllu Herja-
  fǫðrs,
ok bítr af Læráðs limum:
en af hans hornum
drýpr í Hvergelmi;
þaðan eiga vǫtn ǫll vega:

27. Síð ok Víð,
Sækin ok Ækin,

22, 3 dyrom A*K*. 6 láS lokin R. **23.24** *in* R *in umgekehrter folge.* **23** *auch Gylf. 40* (I, 130). 1 hundrat r, hund' W. — dyra AUW. 2 of rW, *f.* U. — XL. A, fiora tvgo U. 3 kvet ek A. — at R*KME*. — val hǫll AW. 5 senn *f.* RU. — dyrum AUW. 6 ganga U. — við AWU, at R*R*, með r. **24** *auch Gylf.* 21 (I, 88), *bei E zw. str. 4 u. 5.* 1 D. golfa W. — hundruð] h. A, hundrat r. 2 um *f.* U. — fioratvgo U. — tigv̄ A. 3 *nach* ek *noch in* A: a valhǫll vera. — Bilskirn. K*RMEE*g. — bogvm U. 5 ræfr rU. **25** *vgl. prosa Gylf. 39* (I, 128). 2 heria fǫðvr A, *bei R besondere verszeile, nach BGg'' späterer zusatz durch einschieb von str. 24 veranlasst.* 4 skaptker WUK*RP*. 4.5 skal | ins *ausgg.* 6 knáat] kañ A. **26—35** *nach L fremder einschub.* **26** *vgl. pros. Gylf. 39* (I, 128). 1 eirþyrnir r, takþyrnir U. 2 ahᵃ⁄llo R, a hællv A, hǫllu á *Gg nach B.* — Herjaf. *als 3. zeile R, zusatz nach BGg.* — læráðs] l. A. 5 dᵛpˢ A. 6. æiga A*RM*. **27** *ff. die flussnamen auch aufgezählt Gylf. 4. 39 u. Skaldsk. 75* (I, 40. 128 *f.* 575 *ff.*). — *27. 28 urspr. éine str., bestehend aus 27, 1. 2. 8 und 28, 10—12? Gg''*. **27,** 2 Sækin] SE *varr:* sekin, sekiɴ; Sœkin *ME.* — Eikin R*KRME*; ekin, ekiɴ, eckin SE *varr.*

Grímnismál.

Svǫl ok Gunnþró,
Fiǫrm ok Fimbulþul,
Rín ok Rennandi,
Gipul ok Gǫpul,
Gǫmul ok Geirvimul:
þær hverfa um hodd goða;
Þyn ok Vin
Þǫll ok Hǫll
Gráð ok Gunnþorin.

28. Víná heitir enn,
ǫnnur Vegsvinn,
þriðja Þióðnuma:
Nyt ok Nǫt,
Nǫnn ok Hrǫnn,
Slíð ok Hríð,
Sylgr ok Ylgr,
Víð ok Ván,
Vǫnd ok Strǫnd,
Giǫll ok Leiptr:

þær falla gumnum nær,
en falla til Heljar héðan.

29. Kǫrmt ok Ǫrmt
ok Kerlaugar tvær,
þær skal Þórr vaða,
dag hverjan
er hann dœma ferr
at aski Yggdrasils;
þvíat ásbrú
brenn ǫll loga,
heilǫg vǫtn hlóa.

30. Glaðr ok Gyllir,
Gler ok Skeiðbrímir,
Silfrintoppr ok Sínir,
Gísl ok Falhófnir,
Gulltoppr ok Léttfeti:
þeim ríða æsir ióm,
dag hverjan

3—7 *nach Gg" unecht.* 3 gunnþor, gunnþra SE *varr.* 4 fiorni, forn, form SE *varr.* 6 gıopvl U. 7 geirvmvl U, geirrvmvl W. 8 hoddgoða A, ása bygðir SE. — goða: *RMLMbE.* 9 þyn] fyri U; *vorausgeht* SE: þessar eru enn nefndar. 10 *dafür nur* bǫll r. 11 gunþraın r, gvndro U. **28,** 1 Vina ASE, Vín á R, Vína *ausgg.* — ein *LP (von R verm.).* 1.2 h., | e. *K.* 2 vog svinn, veglvn SE *varr.* 3 þioð muna SE *var.* 4—9 *nach Gg unecht.* 4.5 *in der prosa der* SE *vor* 1—3. 4 Nyt] reytt U. 8 Ván] vað A, Váð *Mb.* 9 vind, vinn SE *varr.* — strind SE *varr.* 10 leifstr r. 12 en] e^s R. **29** *auch* Gylf. 50 (I, 70). 2 kerl. *MMb.* 4—6 *wol fälschlich aus folg. str. hier.* 4 hve*r*ian dag R*R*ME, dag hvern ArWKBGg, hvern d. U. 4.5 *éine zeile K.* 5 d. skal r. 6 ygdr. U, ydr. r. 7.8 *éine zeile K.* 8 brennr WU. — logo R. 9 en h. v. floa U. **30** *in prosa Gylf. 15* (I, 70) *und die namen auch anderwärts.* 2 glenr W, *f.* U. 3 silfrtoppr, slintoppr SE *varr.* — simr, simir SE *varr.*, Sinir *ausgg.* 4 gils, gill SE *varr.* — falofn. SE *var.*, falæpn. A. 5 letfet r. 6 iovm A. 7 dag hvern RA *u. ausgg., vgl.* 29, 4. 7.8 *éine zeile K.*

er þeir dœma fara
at aski Yggdrasils.

31. Þriár rœtr
standa á þriá vega
undan aski Yggdrasils:
Hel býr und einni,
annarri Hrímþursar,
þriðju mennskir menn.

32. Ratatoskr heitir íkorni,
er renna skal
at aski Yggdrasils:
arnar orð
hann skal ofan bera,
ok segja Níðhǫggvi niðr.

33. Hirtir 'ru ok fiórir,
þeirs af hefingar á
gagbálsir gnaga:

Dáinn ok Dvalinn,
Duneyrr ok Duraþrór.

34. Ormar fleiri liggja
und aski Yggdrasils,
en þat um hyggi hverr
ósviðra apa:
Góinn ok Móinn
þeir 'ru Grafvitnis synir,
Grábakr ok Grafvǫlluðr,
Ofnir ok Sváfnir
hygg ek at æ skyli
meiðs kvistu má.

35. Askr Yggdrasils
drýgir erfiði
meira en menn um viti:
hiǫrtr bítr ofan,
en á hliðu fúnar,
skerðir Níðhǫggr neðan.

---

8 þeir *fehlt* A. — fara *f.* A. **31** *vgl. die pr. Gylf. 15* (I, 68).
st. | á *ausgg.* 3 vnd A. 4 vndir R*KRME*. **32** *vgl. d. pr. Gylf. 16*
(I, 74). 1 Rarat. A, Ratakostr U. — Íkorni *R.* 3 yɢdrasis R.
6 Niðhavggi *R.* **33** *vgl. die prosa Gylf. 16* (I, 74: fiórir hirtir
renna í limum asksins ok bíta barr *etc.*). 1 Hirtir ero RA*KRME*.
2.3 hęfingar á. agaghalsˢ gnaga R, hæfingiar á gaghalsir ganga. — *nach*
R *u.* Eg's *vermutg* hefinga-rá P. 4 *nach* Rasks *vermutg in 2 versen:*
Dáinn heitir einn | ok Dv. annarr *Gg.* — Daninn U. 5 dⅴneyr R, dynæyʀ
A; dunnevrr, dyneyr SE *varr.* — dyraþrór A. **34** *auch Gylf. 16*
(I, 74 *f.*) *nach str.* 35. 2 vndˢ RU. 3 þat *f.* A. — of ArW *u. ausgg.*
vf R, vm U. — osviunra AU. — afa rW. — *2 zeilen* hverr | ósv. KP
(*auch in* Eg's *u.* Kopenh. *ausg.*). 4 G *u. punkt vorher* R. 5 þeirro Ar,
þeir ero RU. — syn.] liþar U. 6 grapvolluþr W, grafvolldvþr U,
Grafiöllnþr *R.* 7 opnir A. — Svafn. *KRME.* 7.8 *éine zeile K.*
8 myni r, muni WU. 9 mæiðʳ (= meiðar *K*) A, meðs r. **35** *auch*
Gylf. 16 (I, 74) *vor str.* 34. 3 of A*KGg, f.* Rr*WRME.* 4 neðan U.
5 fvnˢ A.

Grímnismál.

6. Hrist ok Mist
vil ek at mér horn beri,
Skeggǫld ok Skǫgul,
Hildr ok Þrúðr,
Hlǫkk ok Herfiǫtur,
Gǫll ok Geirǫlul,
Randgríð ok Ráðgríð
ok Reginleif:
þær bera einherjum ǫl.

7. Árvakr ok Alsviðr,
þeir skulu upp héðan
svangir sól draga:
en und þeira bógum
fálu blíð regin,
æsir, ísarn kól.

8. Svalinn heitir,
hann stendr sólu fyrir,
skiǫldr, skínanda goði:
biǫrg ok brim

ek veit at brenna skulu,
ef hann fellr ífrá.

39. Skǫll heitir úlfr,
er fylgir inu skírleita goði
til varna viðar:
en annarr Hati,
hann er Hróðvitnis sonr,
sá skal fyr heiða brúði
himins.

40. Or Ýmis holdi
var iǫrð um skǫpuð,
en or sveita sær:
biǫrg or beinum,
baðmr or hári,
en or hausi himinn.

41. En or hans brám
gerðu blíð regin

---

36 *auch Gylf. 36* (I, 118).   2 beri. *K*, beri: *R*.   3 sceggialld olld) **RrWB**G*g*.   4.5 *umgestellt RME*.   4 Hildi *ok* Þrúði R*RM*.   herfiotra U.   6 gioll U. — geiralvl **R** *(danach KRME)*, gavirrǫmvl , geirahǫð r**WU**, Geirönul *BGg*.   7—9 *nach E rest einer besonderen rophe mit verlorn. ersten hälfte*.   7 ok randgriþr U, ranngrið W. — iðgriþr U.   8 ok *f*. **R**.   **37—41** *nach E eingeschoben*. **E7** *vgl. die prosa Gylf. 11* (I, 56).   3 svangir *aus* svalgir *geändert* **R**, rasligir *KRP*.   6 isarnkol r*RMEEg*, ísarn kól *B*.   **38,** 1 Svalin *KR*, Sval **R**, *unter den skialdar heiti* SE I, 572 Svalinn.   1.2 stendr sólo *K*.   3 gvöi **A**.   4.5 veit | at *KRME*.   6 í frá *KR*. **E9** *vgl. d. prosa Gylf. 12* (I, 58).   1 Skavll R, Skǫll A, Skoll **WU**, köll *ausgg*.   3 vavna *mit* r *über zweit*. v, *das nur zu unterp. vergessen* t **A**. — varnaviðar *EgP (gloss.)*.   4 Hatti U.   5 hann er *f*. **A**. — *rn* **A**.   **40. 41** *auch* SE (I, 52. II, 431 Á'. II, 514 a).   2 of W**A**'a.   3 or sv.] or hans sára sveita **A**'a. — siórr **A'**, siarr a. — —6 *verkürzt:* b'. or. b. b. or. h. en or. h. h. U.   5 *f*. a. — baðrmr **A**. himin or hausi hans **A'**a.   **41,** 1 e**n** *und kein punkt vorher* R, *benso in den übrigen hss., nur* r *u*. **A'** *haben* En, Ænn.

miðgarð manna sonum;
en or hans heila
váru þau in harðmóðgu
ský ǫll um skǫpuð.

42. Ullar hylli
hefir ok allra goða
hverr er tekr fyrstr á funa;
þvíat opnir heimar
verða um ása sonum,
þá er hefja af hvera.

43. Ívalda synir
gengu í árdaga
Skíðblaðni at skapa,
skipa bezt,
skírum Frey,
nýtum Niarðar bur.

44. Askr Yggdrasils
hann er œztr viða,
en Skíðblaðnir skipa,

Óðinn ása,
en ióa Sleipnir,
Bilrǫst brúa,
en Bragi skalda,
Hábrók hauka,
en hunda Garmr.

45. Svipum hefi ek nú ypt
fyr sigtíva sonum,
við þat skal vilbiǫrg vaka:
ǫllum ásum
þat skal inn koma
Œgis bekki á
Œgis drekku at.

46. Hétumk Grímr,
hétumk Gangleri,
Herjan ok Hiálmberi,
Þekkr ok Þriði,
Þuðr ok Uðr,
Helblindi ok Hár,

---

3 svnom A'. 4 en] ok U. 5 in] eñ W. — hrıðfelldu A'a. 6 of A'Ara. 42, 1 hefr R. 1.2 hefir | ok *ausgg*. 3 hv² R. 4.5 verða | um *RME*. 5 of A. 6 er þeir R. 43.44 *scheidet E als unurspr. aus.* 43 *auch Skaldsk.* 7 (I, 264). 3 at scipa rW. 4—6 *f.* W. 4 bazt r. 44 *auch Gylf. 41* (I, 132 svá er hér sagt í orðum siálfra ásanna:) 1 Ygdr. rU. 2 hann *f.* U. 6 Bifrǫst KRPrWU. 7 *nach BmGg"* unecht. 9 Gramr (ra *abbrev.!*) Ar. — *nach 9 in* A *noch:* enn Brimir sverða, *was Gg" in* en Brimis branda *verändert.* 45, 1 nú *f.* A. 7 *f.* E. — drykiv A. 46—48 *zusammenhängend auch Gylf.* 20 (I, 84 *f.*); *vgl. auch die namen im Skaldsk.* (II, 472 A'; II, 555 a). 46, 1. Heitumzc r. 2 hét.] oc ASEK. — Ganglæri AA', Ganglari W, Gangari r, Gángráðr R. 3 heriann UWa. — ok *f. hier u. s. w. in* SE. 5 þvðr R, þundr *EM.* — oc *hier u. s. w. übergeschr.* R. 6 Herblindi AA'*Eg.*

Grímnismál.

47. Saðr ok Svipall
ok Sanngetall,
Herteitr ok Hnikarr,
Bileygr, Baleygr,
Bǫlverkr, Fiǫlnir,
Grímr ok Grímnir,
Glapsviðr ok Fiǫlsviðr,

48. Síðhǫttr, Síðskeggr,
Sigfǫðr, Hnikuðr,
Alfǫðr, Valfǫðr,
Atriðr ok Farmatýr;
einu nafni
hétumk aldrigi
síz ek með folkum fór.

49. Grímnir hétumk
at Geirraðar,
en Iálkr at Ásmundar,
en þá Kialarr
er ek kiálka dró,
Þrór þingum at:
Viðurr at vígum,
Óski ok Ómi,
Iafnhár ok Biflindi,
Gǫndlir ok Hárbarðr með
goðum.

50. Sviðurr ok Sviðrir
er ek hét at Sǫkkmímis,
ok dulða ek þann inn aldna
iǫtun;
þá er ek Miðvitnis
vark ins mæra burar
orðinn einbani.

47, 1—2 ausserdem noch SE (II, 154) in Málskrúdsfrœði (sem kveðit er í Grímnismálum:) 1 saðr *ohne punkt vorher* A. 4—7 *nach* Gg" *späterer zusatz.* 4 Tileygr r. — Bál. KRLEP, Bǫl. Gg *(nach* B). 5—7 *bei* R: Bǫlvercr Fiǫlnir | Grimnir ok Glapsv., *bei* E: Bǫlv. Glapsv. | Fiǫln. ok Fiǫlsv. 6 Grímr] Grímarr K. — Grimn. KM. 6—7 *nur* Grímn. Gl. ok Fiǫlsv. *in éiner zeile?* B. **48,** 1—4 *nach* Gg" *späterer zus., sodass* 47, 1—3 *u.* 48, 5—7 *die urspr. str. wäre.* 1 Ssiþhǫttr R. 3.4 *dafür nur* Alfǫðr ok Atriðr RE. 3 Valf. *f.* ASE. 5—7 *f.* SE. 5.6 *éine zeile* K. 6 aldrigi *f.* A. 7 með *f.* A.

49—50 *die namen mit ausnahme von* Grímnir *u. zufügung anderer auch* SE (I, 86), *in der folge* 49, 8—10. 50. 49, 1—7; *möglicherweise auch str.* 49 *fremder einschub (Gg).* **49,** 1 Grímni mik hétu (3.4 Ialk, Kialar) *alle ausgg. nach* RA, *doch z.* 6 Þrór *u.* 9—11 *alle namen im nom. u.* 46, 1.2 hétumk. 2 geirrǫðar AME. 3 ǫsm. R. 4 *nochmals* iálk A. 7 ff. *neue str.* K, *u. mit verlornen 2 ersten versen* E. 7 *f.* RR. — viðvr AKRM, Valfǫðr E. 8 O *gross und punkt vorher* R, *klein und kein p.* A. 9 biblindi, biklinndi, blindi SE *varr.* 10 gelldnir, ganglær SE *varr.* — ok Hárb. *f. E.* — Harb. KRM. **50,** 2 er *f.* RME. 4 Miþviþnis R, Miðþvitnis R. 4.5 vark | ins *ausgg.* 6 ein bani R.

51. Ǫlr ertu, Geirrǫðr,
hefir þú ofdrukkit,
miklu ertu hnugginn,
er þú ert mínu gengi,
ǫllum einherjum
ok Óðins hylli.

52. Fiǫlð ek þér sagða,
en þú fátt um mant,
ef þik véla vinir:
mæki liggja
ek sé míns vinar
allan í dreyra drifinn.

53. Eggmóðan val
nú man Yggr hafa,
þitt veit ek líf um liðit:
úvar 'ru dísir,
nú knáttu Óðin siá,
nálgastu mik, ef þú megir!

54. Óðinn ek nú heiti,
Yggr ek áðan hét,
hétumk Þundr fyrir þat:
Vakr ok Skilfingr,
Váfuðr ok Hroptatýr,
Gautr ok Iálkr méð goðum:
Ofnir ok Sváfnir,
er ek hygg at orðnir sé
allir af einum mér.

Geirrǫðr konungr sat ok hafði sverð um kné sér ok brugðit til miðs. En er hann heyrði at Óðinn var þar kominn, þá stóð hann upp ok vildi taka Óðin frá eldinum. Sverðit slapp or hendi hánum, ok vissu hiǫltin niðr. Konungr drap fœti, ok steyptisk áfram, en sverðit stóð í gǫgnum hann, ok fekk hann bana. Óðinn hvarf þá, en Agnarr var þar konungr lengi síðan.

---

51 *kviðuháttrstr. mit lücke nach 2?* 2 hefr **R**.— *zwischen 2.3 mit pphss.* miklum ertu miði tældr *KRME.* *3.4 als eine versz.* G*g"* *(wie oben aber in der anm.).* 4 gæði **A**. 5.6 *als éin vers* KR (ǫllum *gestrichen*), *MEGg"*, *urspr. nur* ok allra einherja? *Gg" (anm.).* **52**, 1 sagða *RME.* 2 fat **R**. 3 vela **R**, væla **A**. 4.5 sé | míns **K**. **53**, 2 mvn *RRMBGg*. 3 of A*K*. 4 vvako *(und punkt über* ʀ*)* **A**, var ro *(u. 2* r *senkrecht über* v*)* **R**, úfar *Gg"P*. **54** *die namen (ausgen.* Oðinn, Ofn. Sváfn.*) in Gylf. 20 (I, 86) auf* þrór *folgend, s. anm. zu 49.* 50. 5 Vaf. *KR*, ok Gautr *E*. 6 Hroptr ok Hroptatýr *E*, *darauf 7—9 selbständige str. mit verlorner ersten hälfte. — für* Iálkr *etwa* Veratýr (**WU**) *einzusetzen?* **B**. 7 Ofn. *u. punkt vorher* **RA** 8 er *f.* **A**. *— at* ein. *AMMbLE*.

Prosa: 5 þá *f.* **R**. 6 vill A*KR*. 8 ok *f.* **R**. 9 stæytiz *(punkt über* t*)* **A**. 10 sverð A*K*. 11 ok *f. R.* — hann] þar af **A**. — Oð. hv. þá *f.* **A**. 12 en Agn. *etc.] in* A *nur:* eñ agnarr varð k'.

ALVÍSSMÁL.

Alvíss:
1. Bekki breiða
nú skal brúðr með mér,
heim í sinni snúask;
hratat um megin
mun hverjum þykkja,
heima skalat hvíld nema.

Þórr:
2. Hvat er þat fíra?
hví ertu svá fǫlr um nasar?
vartu í nótt með ná?
þursa líki
þykki mér á þér vera,
ertattu til brúðar borinn.

Alvíss:
3. Alvíss ek heiti,
bý ek fyr iǫrð neðan,
á ek undir steini stað;
vagna vers
ek em á vit kominn;
bregði engi fǫstu heiti fíra!

Þórr:
4. Ek mun bregða,
þvíat ek brúðar á
flest um ráð sem faðir;
varkat ek heima,
þá er þér heitit var,
sá einn er giǫf fær með goðum.

Alvíss:
5. Hvat er þat rekka,
er í ráðum telsk
flióðs ins fagrglóa?
fiarrafleina
þik munu fáir kunna,
hverr hefir þik baugum borit?

Þórr:
6. Vingþórr ek heiti,
ek hefi víða ratat,
sonr em ek Síðgrana;
at ósátt mínni

Alvíssmál: *vollst. in* R *bl. 19b, 7—20a, 19; 21. 31 auch in* SE. *Überschrift:* aluiS mal *rot* R, *in den hss. der* SE: alvíssmál, alvis mal, olvis mal, alsviNz mal. — *die angabe der redenden fehlt in* R.
1, 1 breiða, *MBGg'*, breiða; *K*, breiði! *V (s. v.* bekkr). 2 með mér] á *R.* — *keine interp. nach diesem verse alle ausgg.* 3 snúask, *M.* 4 mégi *(statt* megī *?)* R, megi *KRM*, mægi *EgBGg,* um vegi*?, s. Zze. 620.*
3, 4 vęrz R. 5 komī R. **4,** 2 áak *RK.* 3 faðir, *M.* 4 varca *aus* vaca *durch überschreiben des* r, ca *aber fast ausradiert* R, varat *KR,* varka *MBGg'.* 6 at sa eiN er giarfer m' godō *RK,* at *(f. R)* sá einn er giǫfir m. g. *RMGg',* sá einn er giǫf er at m. g.*?* Bt, at fá einn þér giaforð m. g. *Gg".*
5, 1 a *in* recca *fast ganz ausrad.* R. 4 fiaRa fleina R, fiarra fl. *KRMEg, fehler für* farrafleina *V (144a).* 6 baug um bor.*? Gg".*

Hildebrand, Eddalieder. 6

skaltu þat it unga man hafa
ok þat giaforð geta.
Alvíss:
7. Sáttir þínar
er ek vil snemma hafa,
ok þat giaforð geta;
eiga vilja
heldr en án vera
þat it miallhvíta man.
Þórr:
8. Meyjar ástum
muna þér verða,
vísi gestr, of varit,
ef þú or heimi
kant hverjum at segja
alt þat er ek vil vita.
Alvíss:
[9. Freista máttu, Vingþórr!
alls þú frekr ert,
dvergs at reyna dug;
heima alla níu
hefik of farit,
ok vitat vætna hvat.]
Þórr:
10. Segðu mér þat, Alvíss!
ǫll of rǫk fíra
vǫrumk, dvergr, at vitir:

hve sú iǫrð heitir,
er liggr fyr alda sonum
heimi hverjum í?
Alvíss:
11. Iǫrð heitir með mǫnnum,
en með ásum fold,
kalla vega vanir,
ígrœn iǫtnar,
álfar gróandi,
kalla aur uppregin.
Þórr:
12. Segðu mér þat, Alvíss!
ǫll of rǫk fíra
vǫrumk, dvergr! at vitir:
hve sá himinn heitir,
erakendi *
heimi hverjum í?
Alvíss:
13. Himinn heitir með mǫnnum,
en hlýrnir með goðum,
kalla vindofni vanir,
uppheim iǫtnar,
álfar fagra ræfr,
dvergar driúpan sal.
Þórr:
14. Segðu mér þat, Alvíss!
ǫll of rǫk fíra

6, 4.5 sk. | þat *ausgg.* 5 sl'tv (= scaltu) R, skaluttu *KRBGg*.
7, 2 er *f. R.* 4 viljak *Gg".* 4.5 heldr | en *ausgg.*
8, 4.5 kant | hv. *BGg.* 5 at *f. R.* **9** *f.* R, *nach pphss.* 3 durgs
KR. 6 vetna *RM.* **11** *in K diese str. als 10. nochmals und sofort in falscher zählung.* 2 alfö R. 6 vpregin R*R.* **12,** 1—3 *abgek.*: Segðv m^a. þ. a. v. u. *haken (= etc.)* R. 5 erakendi R, er á
kendi *KRM,* inn hvarkendi *Gg',* inn Hlóru kendi *Gg",* enn Há kendi?
L, enn hrótkendi? *B.* 6 *abgek.*: h. hi. R. **13,** 1 Himī R.
5 fagraræfr *M.* **14,** 1—3 Segðv m^a. þ. R.

Alvíssmál.

vǫrumk, dvergr, at vitir:
hve sá máni heitir,
er menn siá,
heimi hverjum í?

Alvíss:

15. Máni heitir með mǫnnum,
en mylinn með goðum,
kalla hverfanda hvel helju í,
skyndi iǫtnar,
en skin dvergar,
kalla álfar ártala.

Þórr:

16. Segðu mér þat, Alvíss!
ǫll of rǫk fíra
vǫrumk, dvergr, at vitir:
hve sú sól heitir,
er siá alda synir,
heimi hverjum í?

Alvíss:

17. Sól heitir með mǫnnum,
en sunna með goðum,
kalla dvergar Dvalins leika,
eygló iǫtnar,
álfar fagra hvel,
alskír ása synir.

Þórr:

18. Segðu mér þat, Alvíss!
ǫll of rǫk fíra
vǫrumk, dvergr, at vitir:
hve þau ský heita,
er skúrum blandask,
heimi hverjum í?

Alvíss:

19. Ský heita með mǫnnum,
en skúrván með goðum,
kalla vindflot vanir,
úrván iǫtnar,
álfar veðrmegin,
kalla í helju hiálm hulíðs.

Þórr:

20. Segðu mér þat, Alvíss!
ǫll of rǫk fíra
vǫrumk, dvergr, at vitir:
hve sá vindr heitir,
er víðast ferr,
heimi hverjum í?

Alvíss:

21. Vindr heitir með mǫnnum,
en váfuðr með goðum,

---

4 hverso m. R*KM*, hvat sá m. *R.*   5 sá er R*KM.* — um siá?
6 hverjum] h. *abgek.* R.   **15,** 6 kalla] k. *abgek.* R *(u. immer).*
16, 1—3 S. m. þ *u. haken* R.   4 hve sunna h. *R.*   6 *für die ganze zeile nur* h. R.   **17',** 1 sol h. m. m. *abgek. (u. so immer)* R.
3 k. d. (kalla dvergar) R. — dvalins *M.* — Dvalinsleika *KR.* — leika R, leiku *Gg"*; *vgl. Rþ. 41, 8.*   5 fagrahv. *KRM.*   6 ása vinir *(vermuten FMagn. L).*   **18,** 1—3 S. m. þ. R.   6 hēī h. i R.
19, 1 h. R (= heitir *KRM, oder* heita *BGg*).   5 *von hier ab* álfar *immer durch* al. R.   6 huliz R*KR.*   **20,** 1—3 *von hier ab immer nur durch* Ss. m. *in* R.   6 h. h. i R.   **21** *auch* SE (I, 486 svá segir í Alvíssmálum [Alsvinnsm. r]:).   2 enn med v. r. — vavoþr R, vǫfuðr c, vǫnsvǫr A, Vavoþr *K,* vavuþr *R,* vávuðr *M.*

6*

kalla gneggjuð ginnregin,
œpi iǫtnar,
álfar dynfara,
kalla í helju hviðuð.

þórr:
22. Segðu mér þat, Alvíss!
ǫll of rǫk fíra
vǫrumk, dvergr, at vitir:
hve þat logn heitir,
er liggja skal,
heimi hverjum í?

Alvíss:
23. Logn heitir með mǫnnum,
en lægi með goðum,
kalla vindslot vanir,
ofhlý iǫtnar,
álfar dagseva,
kalla dvergar dags veru.

þórr:
24. Segðu mér þat, Alvíss!
ǫll of rǫk fíra
vǫrumk, dvergr, at vitir:
hve sá marr heitir,
er menn róa,
heimi hverjum í?

Alvíss:
25. Sær heitir með mǫnnum,
en sílægja með goðum,
kalla vág vanir,
álheim iǫtnar,
álfar lagastaf,
kalla dvergar diúpan mar.

þórr:
26. Segðu mér þat, Alvíss!
ǫll of rǫk fíra
vǫrumk, dvergr, at vitir:
hve sá eldr heitir,
er brenn fyr alda sonum,
heimi hverjum í?

Alvíss:
27. Eldr heitir með mǫnnum,
en með ásum funi,
kalla vág vanir,
freka iǫtnar,
en forbrenni dvergar,
kalla í helju hrǫðuð.

þórr:
28. Segðu mér þat, Alvíss!
ǫll of rǫk fíra
vǫrumk, dvergr, at vitir:
hve sá viðr heitir,
er vex fyr alda sonum,
heimi hverjum í?

---

3 gnegioþ R*K*. — ginr. Rr*KR*. 4 opi kalla i. r. — iaʋ. (= iǫtnar) R. 5 en alfar r. — dynfagra c, gnyfara r. 6 *in* A: hæitir í hæliv hlǫmmvǫr, r heitir í heiliv hlavmmvǫr. **22,** 6 *nur* h. i. *in* R *für die ganze zeile.* **23,** 3 vizflot R, vinzflott *K*. 4 iǫ R 5 dag sęva R. 6 dagsv. *R*. **24,** 6 *in* R *bloss durch* h. *angedeutet.* **25,** 2 Silæigia *K*. 3 vag *K*. **26,** 5 fvr R, fur *KR*. 6 *hier u. in den entspr. ff. str. immer nur* h. i. *in* R. **27,** 3 vag *KRMLGg*. 4 frekan *RKRM (vgl.* SE II, 486. 570 *den nomin.* freki *in* Ac) 5 dvᵉgar *aus* iaʋ *geändert.* **28,** 4 sá *f.* R. 5 al. s. (= alda sonum) R.

Alvíssmál.

Alvíss:

29. Viðr heitir með mǫnnum,
 en vallar fax með goðum,
 kalla hlíðþang halir,
 eldi iǫtnar,
 álfar fagrlima,
 kalla vǫnd vanir.

Þórr:

30. Segðu mér þat, Alvíss!
 ǫll of rǫk fíra
 vǫrumk, dvergr, at vitir:
 hve sú nótt heitir
 en Nǫrvi kenda
 heimi hverjum í?

Alvíss:

31. Nótt heitir með mǫnnum,
 en niól með goðum,
 kalla grímu ginnregin,
 óliós iǫtnar,
 álfar svefngaman,
 kalla dvergar draumniǫrun.

Þórr:

32. Segðu mér þat, Alvíss!
 ǫll of rǫk fíra
 vǫrumk, dvergr, at vitir:
 hve þat sáð heitir,
 er sá alda synir,
 heimi hverjum í?

Alvíss:

33. Bygg heitir með mǫnnum,
 en barr með goðum,
 kalla vǫxt vanir,
 æti iǫtnar,
 álfar lagastaf,
 kalla í helju hnipinn.

Þórr:

34. Segðu mér þat, Alvíss!
 ǫll of rǫk fíra
 vǫrumk, dvergr, at vitir:
 hve þat ǫl heitir,
 er drekka alda synir,
 heimi hverjum í?

Alvíss:

35. Ǫl heitir með mǫnnum,
 en með ásum biórr,
 kalla veig vanir,
 hreina lǫg iǫtnar,
 en í helju miǫð,
 kalla sumbl Suttungs synir.

Þórr:

36. Í einu briósti
 ek sák aldrigi

29, 2 vallarfax *KRM.* — far R. 3 hlíþág R. 5 *ob* fagr líma? *Gg".* **31** *auch* SE (I, 510 *in* r [*von* 3 *ab*], UAc). 2 en f. AU. — niola Uc, niqla A *(sonst aber in* SE niol: II, 485 A, 569 a). — í helio U. 3 kollvǫ er grima með gvðum U, með goðum *der anfang weggeschnitten* r. — ginregin RKR. 4 óliós] osorg c, kalla osorg r, oldrg kalla U. 6 kalla] hæita A, *f.* rU. — draumniórun KR. **32,** 5 synir] *nur* s. R, *ebenso* 34, 5. **33,** 3 vaxt RKRMGg'. **35,** 4 iw. R (= iǫtnar), *schreibf. für* álfar? *LGg".*

fleiri forna stafi;
tálum miklum
ek kveð tældan þik:

uppi ertu, dvergr, um dag-
aðr,
nú skínn sól í sali.

HÁVAMÁL.

1. Gáttir allar,
áðr gangi fram,
um skoðask skyli,
um skygnask skyli;
þvíat óvist er at vita,
hvar óvinir sitja
á fleti fyrir.

2. Gefendr heilir!
gestr er inn kominn,
hvar skal sitja siá?
Miǫk er bráðr
sá er á brǫndum skal
síns um freista frama.

3. Elds er þǫrf
þeims inn er kominn
ok á kné kalinn;

matar ok váða
er manni þǫrf,
þeim er hefir um fiall farit.

4. Vatns er þǫrf
þeim er til verðar kømr,
þerru ok þióðlaðar,
góðs um œðis,
ef sér geta mætti,
orðs ok endrþǫgu.

5. Vits er þǫrf
þeim er víða ratar,
dælt er heima hvat;
at augabragði verðr
sá er ekki kann
ok með snotrum sitr.

36, 4 miklum tálum R *u. ausgg., s. Zze I, 115.* — teldan R*K.*
7 *ohne zweifel späterer zusatz.* — sunna *R.*

Hávamal: *nur* R *bl. 3a,4—7b,9; str. 1 auch* SE; *83, 4—6
Fóstbrœðra saga. Überschrift:* hava mal R, *vgl. auch str. 163.*

1 *auch Gylf. 2* (I, 36 *ohne angabe einer quelle).* 1 Skatnar allir U.
2 aþr ne gangim framm U. — främ W. 3 *f.* SE. 4 *f.* RMD. —
skoli U. 5 óvist *nur LGg'.* — at *f.* WU. — vita *f.* W. 7 fletivm U.
— fv R, fyrˢ W, firˢ r, fur *KD.* **2,** 2 komi R. 4 k *in* miok
etwas verzerrt R. 5 brɑndö R, *nach pphss.* brautum *KM.*
3, 2 komi R. 6 fiöll *R.* **4,** 1 Vatz R*RKD.* 5 *komma f.* R*KMD.*
6 orð *(ohne komma vorher) ?Bt.* — endr þ. *R.* **5,** 4 auga br. *G.*

6. At hyggjandi sínni
skylit maðr hrœsinn vera,
heldr gætinn at geði:
þá er horskr ok þǫgull
kømr heimisgarða til,
sialdan verðr víti vǫrum;
þvíat óbrigðra vin
fær maðr aldrigi
en mannvit mikit.

7. Inn vari gestr,
er til verðar kømr,
þunnu hlióði þegir,
eyrum hlýðir,
en augum skoðar;
svá nýsisk fróðra hverr
fyrir.

8. Hinn er sæll,
er sér um getr
lof ok líknstafi;
ódælla er við þat,
er maðr eiga skal
annars bríóstum í.

9. Sá er sæll,
er siálfr um á
lof ok vit meðan lifir;
þvíat íll ráð
hefir maðr opt þegit
annars bríóstum or.

10. Byrði betri
berrat maðr brautu at,
en sé mannvit mikit;
auði betra
þykkir þat í ókunnum stað;
slíkt er válaðs vera.

11. Byrði betra
berrat maðr brautu at
en sé mannvit mikit;
vegnest verra
vegra hann velli at,
en sé ofdrykkja ǫls.

12. Era svá gótt,
sem gótt kveða,
ǫl alda sonum:
því at færa veit,
er fleira drekkr,
síns til geðs gumi.

6, 1 hyggianda sinni *R.*   5 heimis g. *R.*   7—9 *unurspr. nach DBGg"*, *bei R bildet es mit vorausgehendem:* Vits er þǫrf | þeim er víða ratar, | sialdan verðr víti vǫrum *(aus pphss.) die folgende str.*   9 manvit *RMLP*.   **7,** 6 hnýsisk *G*, *vgl. aber Zze. 116. 621.* — fróðr fyrir urspr.?   **8,** 4.5 *vgl. Zze. 86 f. 618 f.*   **9,** 4.5 hefir | maðr *M*.
10, 3 man uít *R*, manv. *KMPLG*.   4.5 þykkir | þat *RKM*, þat | í *G*.
5 þiccir *R*, *RKMMbL*.   **11,** 1—3 *in* R Byrdi b. b. *abgekürzt, f. KD (str. 11. 12 = oben 11, 4—6 +12, 1—3.   11, 4—6 +12, 4—6)*,
M (11, 4—6 u. 12 éine strophe), *G (11. 12 durch auslassg von 11, 1—3.
12, 1—3 éine str.).*   4 vˢa *R*, vera *R.*   5 *in der wiederholung* berat maðr borþi frá *K.*   **12,** 1—3 *f. G.*   1 e *in* era *klein aber punkt vorher* R.   2 s. gumnar kv. *R.*   3 sona *RM.* — þvíat *RMDB'Gg'*. — fora *R.*

13. Óminnis hegri heitir
sá er yfir ǫlðrum þrumir,
hann stelr geði guma;
þess fugls fiǫðrum
ek fiǫtraðr vark
í garði Gunnlaðar.

14. Ǫlr ek varð,
varð ofrǫlvi
at ins fróða Fialars;
því er ǫlðr bazt,
at aptr of heimtir
hverr sítt geð gumi.

15. Þagalt ok hugalt
skyli þióðans barn
ok vígdiarft vera;
glaðr ok reifr
skyli gumna hverr
unz sínn bíðr bana.

16. Ósniallr maðr
hyggsk munu ey lifa,
ef hann við víg varask;
en elli
gefr hánum engi frið,
þótt hánum geirar gefi.

17. Kópir afglapi,
er til kynnis kømr,
þylsk hann um eða þrumir;
alt er senn,
ef hann sylg um getr,
uppi er þá geð guma.

18. Sá einn veit,
er víða ratar
ok hefir fiǫld um farit,
hverju geði
stýrir gumna hverr
sá er vitandi er vits.

19. Haldit maðr á keri,
drekki þó at hófi miǫð,
mæli þarft eða þegi!
ókynnis þess
vár þik engi maðr,
at þú gangir snemma at
sofa.

20. Gráðugr halr,
nema geðs viti,
etr sér aldrtrega;
opt fær hlœgis,
er með horskum kømr,
manni heimskum magi.

21. Hiarðir þat vitu,
nær þær heim skulu,
ok ganga þá af grasi;

14, 2 ofr olvi R.   4 l *in ǫ/lðr übergeschr.* R. — baztr R*RKM*
DGEgB'.   5 vf R*K*, umb *G*.   **16,** 4 *s.* Zze. *114,* en *reimt mit!*
4.5 gefr | hánum *KMGB'Gg*, hánum | engi *RBt*.   **17,** 1 Köpir *R*,
Kopir *KEg*.   **18,** 4.5 st. | gumna *MBGg*.   5 hv'ʀ *R*.
19, 1 Haldit *so* R, Haldi *RKPMbD*.   5 ver *R*.   **21,** 2 scolo R.
3 grasi, *MMb*.

Hávamál.

en ósviðr maðr
kann ævagi
síns um mál maga.

22. Vesall maðr
ok ílla skapi
hlær at hvívetna;
hitki hann veit,
er hann vita þyrfti,
at hann era vamma vanr.

23. Ósviðr maðr
vakir um allar nætr
ok hyggr at hvívetna;
þá er móðr
er at morni kømr,
alt er víl sem var.

24. Ósnotr maðr
hyggr sér alla vera
viðhlæjendr vini;
hitki hann fiðr,
þótt þeir um hann fár lesi,
ef hann með snotrum sitr.

25. Ósnotr maðr
hyggr sér alla vera
viðhlæjendr vini;

þá þat finnr,
er at þingi kømr,
at hann á formælendr fá.

26. Ósnotr maðr
þykkisk alt vita,
ef hann á sér í vrá veru;
hitki hann veit,
hvat hann skal við kveða,
ef hans freista firar.

27. Ósnotr maðr
er með aldir kømr,
þat er bazt at hann þegi:
engi þat veit,
at hann ekki kann,
nema hann mæli til mart;
veita maðr
hinn er vætki veit,
þótt hann mæli til mart.

28. Fróðr sá þykkisk,
er fregna kann
ok segja it sama;
eyvitu leyna
megu ýta synir
því er gengr um guma.

---

6 máls R*MLMbB*. **22,** 1 Ósæll *Gg'*, Vês. *LD*. 5 þyrpti
R*MLMbBGg*. 6 er R*KMLD*, erat *RL (anm.) P*. **23,** 1 vakir
| um *MLMbG*. 5 morgni *G*. **24,** 5 þot R. **25** vor *24* RR.
1—3 O snotr Y. h. s. a. v. v. vini *abgek*. R. 3 vilmælendr *KMD*.
4 þá hann þat *R*. **26,** 3 va R, vá R*KMDB'Gg'*. **27,** 1 maðr
(d. i. Y) f. R. 2 kömz R. 4—6 *hält Gg'' für unurspr*. 7—9 f. *RP,
unurspr. nach LDB*. 7.8 hinn, | er *KM*. 8 vetki R*KMD*
28, 1 þykkiz *wie scheint aus* þykk⁸ *geändert* R. 4 ey vito *trennt R
gegen* R. 5 megot *KD*. — seynir R*RK*. 6 gengz *K*.

29. Œrna mælir
sá er æva þegir
staðlausu stafi;
hraðmælt tunga,
nema haldendr eigi,
opt sér ógótt um gelr.

30. At augabragði
skala maðr annan hafa,
þótt til kynnis komi;
margr þá fróðr þykkisk,
ef hann freginn erat,
ok nái hann þurrfiallr
    þruma.

31. Fróðr þykkisk
sá er flótta tekr
gestr at gest hæðinn:
veita gørla
sá er um verði glissir,
þótt hann með grǫmum
    glami.

32. Gumnar margir
erusk gagnhollir,
en at viði vrekask;
    aldar róg
þat mun æ vera,
órir gestr við gest.

33. Árliga verðar
skyli maðr opt fá,
nema til kynnis komi!
sitr ok snópir,
lætr sem sólginn sé,
ok kann fregna at fá.

34. Afhvarf mikit
er til ílls vinar,
þótt á brautu búi;
en til góðs vinar
liggja gagnvegir,
þótt hann sé firr farinn.

35. Ganga skal,
skala gestr vera
ey í einum stað;
liúfr verðr leiðr,
ef lengi sitr
annars fletjum á.

36. Bú er betra,
þótt lítit sé,

29, 3 staðlausa *vermutet* R *unnötig.* 4—6 *vgl.* Ls. *31.*
30, 5 er at *getrennt* R.   **31,** 1.2 sá | er RKM. 2 recr R.
4.5 sá | er R.   **32,** 3 viþi R (= viriþi *oder* viþiþi), *der schreiber beabsichtigte* viþi *zu schreiben, abgek.:* vi, *er verband die volle schreibung mit der abkürzg (vgl.* þat *46, 1), so* BeMLMb, virði KEgDB'BtGg',V (*s. v.* verðr), víþi K. — recaz RRKMDGg' *vgl.* Zz. *3, 26 ff.* 4.5 þat | mun KM.   6 orir R, œrir RBGg", orir K (*im glossar* óra *vel* öra), PEg.   **33,** 3 nēa R, ne án Gg *nach vermutg von B, unrichtig.*
34, 6 þot R.   **35,** 1 skal *f.* RR (ganga skala | gestr v.).
36, 1.2 (*vgl. auch* 37, *1.2) so* R, *den fehlenden stabreim suchte* Bt *(danach* Gg") *durch einsetzg von* búkot *(Heimskr. III, 131 im gegens. zu* bú mikit *gebraucht) zu schaffen, doch kann der fehler auch in* bú *stecken.*

Hávamál.

halr er heima hverr;
þótt tvær geitr eigi
ok taugreptan sal,
þat er þó betra en bœn.

37. Bú er betra,
þótt lítit sé,
halr er heima hverr;
blóðugt er hiarta
þeim er biðja skal
sér í mál hvert matar.

38 Vápnum sínum
skala maðr velli á
feti ganga framarr;
þvíat óvist er at vita,
nær verðr á vegum úti
geirs um þǫrf guma.

39. Fanka ek mildan mann
eða svá matar góðan,
at ei væri þiggja þegit,
eða síns fiár
svági ......,
at leið sé laun ef þægi.

40. Fiár síns,
er fengit hefir,
skylit maðr þǫrf þola;
opt sparir leiðum
þats hefir liúfum hugat,
mart gengr verr en varir.

41. Vápnum ok váðum
skulu vinir gleðjask,
þat er á siálfum sýnst;
viðrgefendr ok endrgefendr
erusk lengst vinir,
ef þat bíðr at verða vel.

42. Vin sínum
skal maðr vinr vera
ok gialda giǫf við giǫf;
hlátr við hlátri
skyli hǫlðar taka,
en lausung við lygi.

43. Vin sínum
skal maðr vinr vera,
þeim ok þess vin;
en óvinar síns

---

5 tǫgreptan (= tágr.) *Eg*, tögr. *D*.   6 bǫn *R*, bón *R*.
37, 1—3 Bv́ er b. þ. l. s. h. h. hvª. *abgek. in R, vgl.* 36, 1. 2.
38, 3 framaʀ *R*, framar *RM*.   4 því at *G*. — óvíst *RMGGg"*.
6 um-þörf *R*.   **39,** 1 Fannkat *Gg"*.   2 matargóþan *R*.   3 *für*
ei væri *hat Gg"* væria. — veri *KD*.   4—6 *zwischen* fiár *und* at *in* R
nur svagi *ohne andeutg einer lücke*.   5 svági . . . *R*, svági örvan *K*,
svá gjöflan *MD*, svági gjöflan *BGg*, *warscheinlich fehlt ein reimwort*
zu fiár.   6 laun, *KDBGg*. — þegi *RGg'*.   **40,** 1 Féar *G*.   2 hefr *R*.
5 þaz *RKMDGg*.   6 margt *RG*.   **41,** 5 erost *RK*, eroz *D*.
42, 1.2 sk. | m. *KMG*, maðr | v. *R*.   6 lygi *R vom schreiber*
selbst aus lys *berichtigt*, lýgi *ḲD*.   **43,** 1.2 *vgl. zu* 42, 1. 2.
3 viɴ *R*.

skyli engi maðr
vinar vinr vera.

44. Veiztu ef þú vin átt,
þanns þú vel trúir,
ok vill þú af hánum gótt
geta:
geði skaltu við þann blanda
ok giǫfum skipta,
fara at finna opt.

45. Ef þú átt annan,
þanns þú ílla trúir,
vildu af hánum þó gótt geta:
fagrt skaltu við þann mæla,
en flátt hyggja,
ok gialda lausung við lygi.

46. Þat er enn of þann
er þú ílla trúir,
ok þér er grunr at hans geði:
hlæja skaltu við þeim
ok um hug mæla;
glík skulu giǫld giǫfum.

47. Ungr var ek forðum,
fór ek einn saman,
þá varð ek villr vega;
auðigr þóttumk,
er ek annan fann:
maðr er manns gaman.

48. Mildir frœknir
menn bazt lifa,
sialdan sút ala;
en ósniallr maðr
uggir hotvetna,
sýtir æ gløggr við giǫfum.

49. Váðir mínar
gaf ek velli at
tveim trémǫnnum;
rekkar þat þóttusk,
er þeir ript hǫfðu:
neiss er nøkkviðr halr.

50. Hrǫrnar þǫll
sú er stendr þorpi á,
hlýrat henni bǫrkr né barr;
svá er maðr
sá er manngi ann,
hvat skal hann lengi lifa?

44, Veiztv R. — víɴátt R. — þanns *mit PGGg" (vgl. 45, 2. 118, 6),* þaɴ er R. 3 viltu R. **45,** 6 lýgi KD. **46,** 1 þ'at R. 1.2 enn | of þanns Gg *(doch 8, 5* við þat | er!) **47,** 6 gamaɴ (aɴ *verbunden)* R. **48,** 5 hótv. K, hvatvitna G. — *kolon Gg".* 6 glæyɑr R, gleyggr RK. **49,** 2 ec *doppelt* (ec | ec) R. — á R. — 3 tveimr G. 4 þ' (= þat), *fehler für* þ'r (= þeir)? B, þá? *(vgl. auch Nygaard I, 94).* 5 ríft R. 6 neycqvidr RK, necquiþr R; *ein in* R *folgendes* Y *vom schreiber selbst unterpunktiert.* **50,** 1.2 sú | er R. 3 hlyrar R. 4.5 sá | er KM. 5 mangi PD.

51. Eldi heitari
brennr með íllum vinum
friðr fimm daga;
en þá sloknar,
er inn sétti kømr,
ok versnar allr vinskapr.

52. Mikit eitt
skala manni gefa,
opt kaupir sér í lítlu lof;
með hálfum hleifi
ok með hǫllu keri
fekk ek mér félaga.

53. Lítilla sanda,
lítilla sæva:
lítil eru geð guma;
þvíat allir menn
urðut iafnspakir,
hálf er ǫld hvar.

54. Meðalsnotr
skyli manna hverr,

æva til snotr sé;
þeim er fyrða
fegrst at lifa,
er vǫl mart vitu.

55. Meðalsnotr
skyli manna hverr,
æva til snotr sé;
þvíat snotrs manns hiarta
verðr sialdan glatt,
ef sá er alsnotr, er á.

56. Meðalsnotr
skyli manna hverr,
æva til snotr sé;
ørlǫg sín
viti engi fyrir,
þeim er sorgalausastr sefi.

57. Brandr af brandi
brenn unz brunninn er,
funi kvøkisk af funa;

51, 3 fimm] v R. 4 sloknar *G*. 5 sétti] vi R. **52,** 4 hleif R *u. ausgg. (vgl. 141).* **53,** 2 sęva R, sæva = sefa *KD. — keine interp. RDB, komma MGg". 3 gumna P. 4 því allir alle ausgg. nach R, der schreiber irrte von at wol gleich auf all (vgl. 58, 1.2; 35, 1.2. 130, 10. H. Hi. 38, 1 u. a.).* 6 halb R *(es folgt voc.!) KR (hal ber wol nur druckf. = halb er). — hvár Be (weil dem ǫld nachstehend unmöglich!), hvárs Gg",* hvar *in* R *vielleicht verderbt für ein prädic. adj.* (hálf er ǫld = hálf ǫld er *töricht?*) **54,** 1.2 skyli | m. *KM (ebenso 55. 56).* 2 hvs R, hver *R.* 6 margt *G*.
55, 1.2 *vgl. zu 54, 1.2.* 2.3 s. m. h. *abgekürzt (vgl. zu 56, 2. 3)* R. 4 manz *KD*. **56,** 2.3 *abgekürzt wie in vor. str., hier aber ein haken zugefügt = u. s. w.* 4.5 viti | engi *KMLPGB'.* 5 *nach* engi *in* R Y, *das aber zugleich fürs* F *in* fyrir *verwant u. dadurch wol als getilgt gemeint ist; in den Hugsvinnsmál kehren 4.5 wieder, ohne* maðr. — engi maðr *GB'Gg'.* 6 sęvi R, sævi *K,* sevi *MLMbD*.
57, 1.2 brenn | unz *ausgg.* 3 qveykiz R *u. ausgg.*

maðr af manni
verðr at máli kuðr,
en til dœlskr af dul.

58. Ár skal rísa
sá er annars vill
fé eða fiǫr hafa;
sialdan liggjandi úlfr
lær um getr,
né sofandi maðr sigr.

59. Ár skal rísa
sá er á yrkendr fá,
ok ganga síns verka á vit;
mart um dvelr
þann er um morgin sefr,
hálfr er auðr und hvǫtum.

60. Þurra skíða
ok þakinna næfra,
þess kann maðr miǫt,
þess viðar
er vinnask megi
mál ok misseri.

61. Þveginn ok mettr
ríði maðr þingi at,
þótt hann sét væddr til vel!
skúa ok bróka
skammisk engi maðr,
né hests in heldr,
þótt hann hafit góðan!

62. Snapir ok gnapir,
er til sævar kømr
ǫrn á aldinn mar;
svá er maðr,
er með mǫrgum kømr
ok á formælendr fá.

63. Fregna ok segja
skal fróðra hverr,
sá er vill heitinn horskr;
einn vita
né annarr skal,
þióð veit, ef þrír'ru.

64. Ríki sítt
skyli ráðsnotra hverr

---

4 at *R*. 5 af *R*. **58,** 1.2 Ar skal ri | sa er *etc*. R, Ár sk. rísa | er *R; doch vgl. 59, 1.2*. 4.5 *urspr*. sialdan lær um getr | liggj. úlfr? **59,** 3 verks *nach pphss*. *R*. 4.5 þann | er *RKM*. 5 morgun *R*. **60**, 2 *Eg vermutet* þakin - næfra *oder* þakinæfra. 3 miotvǒc R, *der punkt unter* v *soll dies und das folgende* ðc *tilgen;* miötuþc *RK*, miötuði *PD*, miötuðs *EgM, wie oben MLBGgV*. 6 miSeri R. **61,** 1 kembǒr *in pphss. für* mettr *scheint passender.* 3 þot R. — veðr R, væðr *RK*. — til *f. R*. 6.7 *in einer zeile*, in heldr *und* hann *f. RP*. 7 *späterer zusatz nach DGg"*. — þot R. **62.63** *in* R *in umgekehrter folge geschrieben (danach RKMD), aber durch* |: *über* Snapir *und* Fregna *die richtige bezeichnet.* **62,** 3 aldin *RD*. 5 kǒr. **63,** 2 hver R. 6 þriro R. **64,** 1 sit R. 1.2 sk. | ráðsn. *KMG*. 2 hv⁸ R.

Hávamál.

í hófi hafa;
þá hann þat finnr,
er með frœknum kømr,
at engi er einna hvatastr.

65. [Gætinn ok geyminn
skyli gumna hverr
ok varr at vintrausti];
orða þeira,
er maðr ǫðrum segir,
opt hann gjǫld um getr.

66. Mikilsti snemma
kom ek í marga staði,
en til síð í suma;
ǫl var drukkit,
sumt var ólagat,
sialdan hittir leiðr í lið.

67. Hér ok hvar
mundi mér heim of boðit,
ef þyrftak at málungi mat;
eða tvau lær
hengi at ins tryggva vinar,
þars ek hafða eitt etit.

68. Eldr er beztr
með ýta sonum
ok sólar sýn,
heilyndi sitt
ef maðr hafa náir,
án við lǫst at lifa.

69. Erat maðr alls vesall,
þótt hann sé ílla heill;
sumr er af sonum sæll,
sumr af frændum,
sumr af fé œrnu,
sumr af verkum vel.

70. Betra er lifðum
en sé ólifðum,
ey getr kvikr kú;
eld sá ek upp brenna
auðgum manni fyrir,
en úti var dauðr fyr durum.

71. Haltr ríðr hrossi,
hjǫrð rekr handarvanr,
daufr vegr ok dugir;

---

3 vor í h. *noch* maðr R *(im texte, p. 288 zurückgenommen).*
4—6 *auch* Fm. *17*. 4 hann f. Fm. 5 fleirom Fm. 6 hvatazstr R.
65, 1—3 *aus pphss., f. bei B, Resen wiederholt dafür* 64, *1—3.*
3 ok var at vina trausti R. 4 orða *mit* O *und punkt vorher* R.
66, 1 Mikils til RP, Mikils ti D. — snimma G. 5 ólaga K. 6 lið
RKMbPEg. **67,** 1. 2 mundi | mér KMG. 2 vf RK. 3 þyrptac
R *u. ausgg.* — þyrftigat málungi m.? V 199b. 418a. 4.5 hengi | at *alle
ausgg.* 6 hafðak Gg". — eit R. **70,** 2 oc sęl lifðö R; en siálfdauðom,
en sé beccdauðom *(so R),* ok vellifþom *sind conjecturen in pphss.*, ok
velifdom KP, ok sællifðum MLMb, en sé ólifðum DBGgV *nach R's
u. Eg's vermutg.* 4 vp br. R. 5 muni *pphss*. P. — fur KD, f' R.
9 dauþinn R. **71,** 2 hvndar vanr R.

blindr er betri
en brendr sé,
nýtr manngi nás.

72. Sonr er betri,
þótt sé síð of alinn
eptir genginn guma;
sialdan bautarsteinar
standa brautu nær,
nema reisi niðr at nið.

73. Tveir 'ru eins herjar;
tunga er hǫfuðs bani;
er mér í heðin hvern
handar væni;
nótt verðr feginn
sá er nesti trúir;
skammar 'ru skips rár;
hverf er haustgríma;
fiǫlð um viðrir

á fimm dǫgum,
en meira á mánaði.

74. Veita maðr
hinn er vætki veit,
margr verðr af auði um
    api;
maðr er auðigr,
annarr óauðigr,
skylit þann vítka vá!

75. Deyr fé,
deyja frændr,
deyr siálfr it sama;
en orðstírr
deyr aldrigi
hveim er sér góðan getr.

76. Deyr fé,
deyja frændr,

---

6 mangi R*KMD*. — náS R. **72,** 4 ba✓tar steinar R, bautast. R. 5 nęr *vom schreiber aus* at *corrigiert* R. **73** *enthält eine anzal sprichwörter ohne zusammenhang (in den ausgaben nach 1. 2. 7 nur komma), sicher an dieser stelle nicht urspr.* 1 Tveir R. 3.4 *bei DGg éine verszeile, auch B neigt sich dazu.* — *nach* 4 *bei R lücke bezeichnet u.* 5.6 *als die 3. zeile der 2. halbstrophe aufgefasst.* 5 ff. *als besondere str. bei KMDBGg (nótt zwar nach punkt aber mit klein n in* R. 7 *damit beginnt R neue str. mit annahme einer fehlenden 2. zeile.* 8 hverb R*RKD*. 9 viþrar R. **74,** 1 maðr *f. in* R *u. allen ausgg.* (*vgl. aber 27, 7*). 1.2 hinn | er *ausgg.* 3 aflaðrō R, af ǫðrum R*KMDB*'. — af aurum G*gB* (*anm.*) V (*s. v.* api); *vgl. Sól.* 34 liósir aurar verða at lǫngum trega, margan hefir auðr apat.   6 vitka R*MLMbV*. — vár R *u. ausgg.*, K *gloss.* vár = verr *pejus*, *Eg* var = ver *virum*; G*g"* *fragt:* skyli þann vætkis vá? *schon früher hatte ich die meinung:* skylit þann vítka (*gen. zu* vítki, vætki?) vá. *Doppelte negation s. Háv.* 144. 138. *Hým.* 32. *Am.* 47. *Oddr.* 11. *Hdm.* 18.   **75,** 4 orðstír R*D* (orðstýr *glossar!*).   **76,** 2.3 *abgekürzt d. f. und ein haken* R.

deyr siálfr it sama;
ek veit einn
at aldri deyr:
dómr um dauðan hvern.

77. Fullar grindr
sá ek fyr Fitjungs sonum,
nú bera þeir vánar vǫl;
svá er auðr
sem augabragð,
hann er valtastr vina.

78. Ósnotr maðr
ef eignazk getr
fé eða flióðs munuð,
metnaðr hánum þróask,
en mannvit aldrigi,
fram gengr hann driúgt i dul.

79. Þat er þá reynt,
er þú at rúnum spyrr
inum reginkunnum,
þeim er gørðu ginnregin
ok fáði fimbulþulr,

þá hefir hann bazt, ef hann þegir.

80. At kveldi skal dag leyfa,
konu er brend er,
mæki er reyndr er,
mey er gefin er,
ís er yfir kømr,
ǫl er drukkit er.

81. Í vindi skal við hǫggva,
veðri á sió róa,
myrkri við man spialla,
mǫrg eru dags augu;
á skip skal skriðar orka,
en á skiǫld til hlífar,
mæki hǫggs,
en mey til kossa.

82. Við eld skal ǫl drekka,
en á ísi skríða,
magran mar kaupa,
en mæki saurgan,
heima hest feita,
en hund á búi.

---

5 er aldrei *R*. **77,** 1 grind* R, grindir *KMDEg*. 1.2 sá ek | fyr *RKMG*. 3 vanarvǫl *LDEg*, vánarvǫl *KMPMbV*. **78,** 2 eignaz R (= eignat-sk, so *BtGg"*), eignask *RKMDGg'V*. 5 mánvit R, manvit *MLG*. — aldregi R, aldreigi *R*. **79,** 1–3 vgl. Zz. 3, 27, Rasks vejledning p. 221. 1.2 éine verszeile *Gg"* ('kaum so zu ordnen' B). 2 spvrr R (vr *in abkürzung*), spurr *R*. 6 bezt *KD*. — bazt er hann *R*. **80–82. 84–87. 89** im kviðuh. sind sicher in den Hávamál nicht urspr., **90** schliesst sich eng an **83,** dies an **78** an, auch **79** hat eigenartigen bau, wohin **88**? **80,** 5 íS R. **81,** 3 í myrkri *R*. — spialla; *R*. 5 skipi *R*. — screiþar *R*. 6 á skilldi hl. *R*.

Hildebrand, Eddalieder.

83. Meyjar orðum
skyli manngi trúa,
né því er kveðr kona;
þvíat á hverfanda hveli
váru þeim hiǫrtu skǫpuð,
ok brigð í bríóst um lagið.

84. Brestanda boga,
brennanda loga,
gínanda úlfi,
galandi kráku,
rýtanda svíni,
rótlausum viði,
vaxanda vági,
vellanda katli,

85. Fliúganda fleini,
fallandi báru,
ísi einnættum,

ormi hringlegnum,
brúðar beðmálum
eða brotnu sverði,
biarnar leiki
eða barni konungs,

86. Siúkum kalfi,
siálfráða þræli,
vǫlu vilmæli,
val nýfeldum.

87. Bróðurbana sínum
þótt á brautu mœti,
húsi halfbrunnu,
hesti alskiótum
— þá er iór ónýtr,
ef einn fótr brotnar —:
verðit maðr svá tryggr
at þessu trúi ǫllu.

83, 4—6 *angeführt in der Fóstbrœðra saga (nach der Hauksbók* [H] *ed. Gísl. p. 83, in der Flateyjarbók* [F] *II, 206) als* 'kviðlingr sá er kveðinn hafði verit um lausungar konur' *aus der erinnerung eines grönländ. mannes c. 1025.* 4 þviat *mit punkt vorher* R, *fehlt* HF. 5 ero F. 6 ok *f.* RHKMDGg. — um *f.* H. — lagit RKMLMbD, lagin F. **84,** 1 Brestandi R. 2 brennandi R. **85** *(ob hier und bei den nächstfolgenden strr. der anfang durch init. u. punkt vorher bezeichnet ist, gibt B nicht ausdrücklich an, durch punkt u. init. scheidet sie* KM, *durch semicolon (D) u. init.* L, *durch komma u. ohne init.* Mb). **85,** 4 hᵃng lǫgnö R, hringlǫgnom R, -lægnum KMDV. 6 eð R. **86,** 4 *auf* nyfeldö *folgt in* R *unmittelbar str.* 88 akri *etc. (dann erst* 87!) *ohne zeichen einer lücke, ohne trennenden punkt u. initiale;* RMDGg *lassen aus späten pphss. folgen:* heiðríkum himni, | hlæjanda herra, | hunda gelti (helti DGgP) | ok harmi skœkju. *Es findet sich dies zuerst in einer Stockh. pphss. von 1684, von 2 verschiednen händen unten am rande nachgetragen; doch* heiðríkum — herra *schon bei Resen*. **87** *steht nach* 88 *in* RR KMD; *umstellung nötig, weil strophen in verschiednem metrum unmöglich in syntact. verbindung stehen können (so* D *in Hz.* 3, 417 *u.* B *anm. z. st.).* 4 ṽ *in* alsciotṽ *unsicher* R. 5.6 *in kommata eingeschl.* M LMb. 7 it *in* vᵉþit *nachträglich übergeschr.*

88. Akri ársánum
trúi engi maðr,
né til snemma syni;
veðr ræðr akri,
en vit syni,
hætt er þeira hvárt.

89. Svá er friðr kvenna
þeira er flátt hyggja,
sem aki ió óbryddum
á ísi hálum,
teitum tvévetrum,
ok sé tamr illa;
eða í byr óðum
beiti stiórnlausu,
eða skyli haltr henda
hrein í þáfialli.

90. Bert ek nú mæli,
þvíat ek bæði veit,
brigðr er karla hugr konum;
þá vér fegrst mælum,
er vér flást hyggjum,
þat tælir horska hugi.

91. Fagrt skal mæla
ok fé bióða
sá er vill flióðs ást fá,
líki leyfa

ins liósa mans:
sá fær er friár.

92. Ástar firna
skyli engi maðr
annan aldrigi;
opt fá á horskan,
er á heimskan né fá,
lostfagrir litir.

93. Eyvitar firna
er maðr annan skal
þess er um margan gengr
guma;
heimska or horskum
gørir hǫlða sonu
sá inn mátki munr.

94. Hugr einn þat veit,
er býr hiarta nær,
einn er hann sér um sefa;
øng er sótt verri
hveim snotrum manni
en sér øngu at una.

95. Þat ek þá reynda,
er ek í reyri sat
ok vættak míns munar;
hold ok hiarta

88, 1 *vgl. zu 86, 4.* **89,** 2 flát *R*. 5 tvæv. *R*. 6 taminn *R*. 8 b. st. skipi *R*. 9.10 *kaum urspr.* 10 hreindýr *R*.
90, 2 því at *R*. **91,** 1 Fagurst *D*. 6 friár *wie es scheint* R, friar *R*, fríar *KMLMbD*. **92,** 3 aldregi R, aldreigi *R*. 5 *komma f. P*. **93,** 1 Ei vítar *R*. 2 er *f. RM*, ei *D*. 4 horskaɴ R.
94, 1 Hugi *R*. 4 sót R, sorg *V* (*s. v.* una). 6 í aungvo una *R*.

7*

var mér in horska mær,
þeygi ek hana at heldr
　　hefik.

96. Billings mey
ek fann beðjum á
sólhvíta sofa;
iarls yndi
þótti mér ekki vera,
nema við þat lík at lifa.

97. „Auk nær aptni
skaltu, Óðinn, koma,
ef þú vilt þér mæla man;
alt eru óskǫp,
nema einir viti
slíkan lǫst saman."

98. Aptr ek hvarf,
ok unna þóttumk,
vísum vilja frá;
hitt ek hugða,
at ek hafa mynda
geð hennar alt ok gaman.

99. Svá kom ek næst,
at in nýta var
vígdrótt ǫll um vakin:
med brennandum liósum
ok bornum viði,
svá var mér vílstigr of
　　vitaðr.

100. Ok nær morni,
er ek var enn um kominn,
þá var saldrótt um sofin;
grey eitt
ek þá fann innar góðu konu
bundit beðjum á.

101. Mǫrg er góð mær,
ef gørva kannar,
hugbrigð við hali:
þá ek þat reynda,
er it ráðspaka
teygða ek á flærðir flióð;
háðungar hverrar
leitaði mér it horska man,
ok hafða ek þess vætki
　　vífs.

102. Heima glaðr gumi
ok við gesti reifr
sviðr skal um sik vera;

96, 1.2 fann | b. á *RK.* 4.5 þótti | mér *KM.* **97,** 1 Aͮc R, A ve (= á vé *in domicilium*) *R.* — apni *RKMD.* 3 *über unterpunktiertes* ey *in* mey *ist* au *geschr.* R. **98,** 2 vna R, una *R (von Gg u. zuerst auch von B für möglicher weise richtig gehalten).* **99,** 3 vigdrot R. — vakin, *RKDM*, vakiu *PGg'.* 5 viði: *R*, viði; *PGg'.* 6 sá var *RGgV* (*s. v.* vílstigr). — vilstigr *RKMD.* **100,** 1 morgni *R.* 2 komi R. 3 saldrot R. 4.5 fann | ennar *alle ausgg.* **101** *R nimmt aus pphss.:* Fár er svá góþr, | at ei gøra megi | hugi brigþa hals: | *und fügt dazu* mörg—hali; *das folgende dann besondere strophe.* 6 teygþac at fári flióþ *R.* 9 vętkis R, vætkis *MLBt*, vetki *KD.*

minnigr ok málugr,
ef hann vill margfróðr vera,
opt skal góðs geta;
fimbulfambi heitir
sá er fátt kann segja,
þat er ósnotrs aðal.

103. Inn aldna iǫtun ek sótta,
nú em ek aptr um kominn,
fátt gat ek þegjandi þar;
mǫrgum orðum
mælta ek í mínn frama
í Suttungs sǫlum.

104. Gunnlǫð mér um gaf
gullnum stóli á
drykk ins dýra miaðar;
íll iðgiǫld
lét ek hana eptir hafa
síns ins heila hugar,
síns ins svára seva.

105. Rata munn
létumk rúms um fá
ok um griót gnaga;
yfir ok undir
stóðumk iǫtna vegir,
svá hætta ek hǫfði til.

106. Vel keypts líðar
hefi ek vel notið,
fás er fróðum vant;
þvíat Óðrœrir
er nú upp kominn
til alda vés iarðar.

107. Ifi er mér á,
at ek væra enn kominn
iǫtna gǫrðum·or,
ef ek Gunnlaðar né nytak
innar góðu konu,
þeirar er lǫgðumk arm
yfir.

108. Ins hindra dags
gengu hrímþursar
Háva ráðs at fregna
Háva hǫllu í;

102, 3 vera, *KMBGg.* 4 máligr *R.* 6 umgeta *R*, *vielleicht das urspr.* 7 Fimbvl fábi *und punkt vorher* R. 7—9 *als rest einer besondern strophe RKM.* **103** *in* R *kein neuer abschnitt, nur durch init. u. punkt vorher neue str. bezeichnet.* 1 ec vor sotta *vom selben schreiber auf den rand geschrieben* R, iǫtun sóttac *R.* 3 fát **R.** 5 í *f. R.* 6 S. sǫlum í *R.* **104,** 1 Gunnl. gáfumk *V ? Bt.* 4.5 ek | hana *KM.* 6 *in klammern D.* 7 svara *RK.* — seva R, sæva *KD*, seva *MLMb.* **105,** 1 Ratamunn *R.* 1.2 létumk | rúms *RKM.* 5 vegar *R.* **106,** 1 Velkeypts *RPEgBeVGg".* — litar *RRKMD,* (= lutar, hlutar) *Eg*, litar (hl.) *BeGg; wie oben schon von Petersen u. L vermutet.* 4 Ódrerir *RBGg,* óðrerir *K*, ódrœrir *MV.* 5 komi *R.* 6 á alda vés iarþar *RRKMDEgGg'*, á alda vés jaðar (= miðgarð)? B, á alda vé iarðar *Gg".* **107,** 2 komi *R.* 6 er ek lögþomc *R.* **108,** 2 Hrímþ. 1.2 *als éin vers ? Gg".* 3 *nach Gg" zu streichen.* 3.4 háva *R.*

at Bǫlverki þeir spurðu,
ef hann væri með bǫndum
   kominn,
eða hefði hánum Suttungr
   of sóit.

109. Baugeið Óðinn
hygg ek at unnit hafi,
hvat skal hans trygðum
   trúa?
Suttung svikinn
hann lét sumbli frá
ok grætta Gunnlǫðu.

110. Mál er at þylja
þular stóli á,
Urðar brunni at;
sá ek ok þagðak,
sá ek ok hugðak,
hlýdda ek á manna mál;
of rúnar heyrða ek dœma,

né um ráðum þǫgðu
Háva hǫllu at,
Háva hǫllu í,
heyrða ek segja svá:

111. Ráðumk þér, Loddfáfnir,
en þú ráð nemir!
nióta mundu, ef þú nemr,
þér munu góð, ef þú getr:
nótt þú rísat,
nema á niósn sér,
eða þú leitir þér innan út
   staðar.

112. Ráðumk þér, Loddfáfnir,
en þú ráð nemir!
nióta mundu, ef þú nemr,
þér munu góð, ef þú getr:
fiǫlkunnigri konu
skalattu í faðmi sofa,
svá at hón lyki þik liðum.

---

6 of f. R. — sóit *aus* sótt *corrig.* R. **109,** 2 hugg D.
6 Gunl. P. **110–136** *nur in pphss.* Loddfáfnismál, *danach bei* R *(mit eigner strophenzählung),* PMb *(in klammern),* D *als überschrift.*
110, 1 M *in* Mál *schwarz u. kaum grösser als gewöhnlich bei beginn der strr. Zwischen 1.2 schiebt* R *ein* þulor langar. 2 þularst. KMD. — a R, *aber undeutl., von neuerer hand at darüber, dies bei* RK MD. 3 Vrþar *etwas undeutlich, am rande* Vrðar R. — Urðarbr. KPD. 4 sat ec R. 7 of *klein aber punkt vorher* R, *neue str. bei* RKMD. — *nach* 7 *schiebt* R *ein:* með dagræþom, M ok regindóma | né um risting þǫgðu, KD *nur* né—þǫgðu —: *alles aus pphss.* 8 um níþom R. 9.10 háva R. — *sind in der str. v.* 3–5. 9–10 unurspr.?
111, 2 at þú RKMD, en þú *mit* RBGg *nach str.* 115, 2 *(vgl. auch* Fm. 20). 4 f. RM *hier u. in den betr. folgg. strr.* 5 þv' risat *aus* þvn sat *corrigiert* R, þú né sit R. — útstaðar KEgLPD.
112, 1–4 *abgek.:* Raðóc þᵃ l. a. þ. r. n. n. *u. haken als zeichen der fortsetzg* R. 2 at KMD, *vgl.* 111, 2. 5.6 f. k. firrþu þic | í f. s. R. 6 scalatv *aus* scaltv *durch übergeschr.* a *gebessert* R, *danach geschriebenes* fina þic *ist vom alten schreiber selber unterpunktiert.*

Hávamál.

113. Hón svá gørir,
at þú gáir cigi
þings né þióðans máls;
mat þú villat
né mannskis gaman,
ferr þú sorgafullr at sofa.

114. Ráðumk þér, Loddfáfnir,
en þú ráð nemir!
nióta mundu, ef þú nemr,
þér munu góð ef þú getr:
annars konu
teygðu þér aldrigi
eyrarúnu at.

115. Ráðumk þér, Loddfáfnir,
en þú ráð nemir!
nióta mundu, ef þú nemr,
þér munu góð, ef þú getr:
á fialli eða firði
ef þik fara tíðir,
fástu at virði vel.

116. Ráðumk þér, Loddfáfnir,
en þú ráð nemir!
nióta mundu, ef þú nemr,
þér munu góð, ef þú getr:

illan mann
láttu aldrigi
óhǫpp at þér vita;
þvíat af illum manni
fær þú aldrigi
giǫld ins góða hugar.

117. Ofarla bíta
ek sá einum hal
orð illrar konu;
fláráð tunga
varð hánum at fiǫrlagi,
ok þeygi um sanna sǫk.

118. Ráðumk þér, Loddfáfnir,
en þú ráð nemir!
nióta mundu, ef þú nemr,
þér munu góð, ef þú getr:
veiztu ef þú vin átt,
þanns þú vel trúir,
farðu at finna opt;
þvíat hrísi vex
ok hávu grasi
vegr er vætki trøðr.

119. Ráðumk þér, Loddfáfnir,
en þú ráð nemir!

113, 1 hō *und punkt voran* R. 2 g. e.] gáirat *Gg"*. 3 máls, *KMGg"*. 6 at *f. M*. **114**, 1—4 *nur durch* Raðōc þ. l. *angedeutet* R *(auch bei RD abgekürzt)*. 6 alldreigi R. 7 eyra rúnu *K*. **115**, 1—4 Radōc þᵃ l. f. ē. R. 2 *von hier ab auch M stets* en. 5 firði, *D*. 7 verþ *R*. **116**, 1—4 *nur* Rað. þ. R, *f. M*. 8—10 *eine besondere, verstümmelte str.? oder unrichtig hier? vgl. 122*. **117**, 1.2 sá | einum *R*. 2 *nach* sa *in* R bita *nochmals aber unterpunktiert*. 5 fiǫrlesti *R*. **118**, 1—4 Raðōc þᵃ R, *f. M*. 5—7 *vgl. str. 44*. 5 ueitztv R. — át R. 8 vegs R*K*. 9 háu *R*. 10 treyþr R*K*, treðr *RMDGg*. **119** 1—4 Radōc þᵃ R.

nióta mundu, ef þú nemr,
þér munu góð, ef þú getr:
góðan mann
teygðu þér at gamanrún-
um,
ok nem líknargaldr, meðan
þú lifir!

120. Ráðumk þér, Loddfáfnir,
en þú ráð nemir!
nióta mundu, ef þú nemr,
þér munu góð, ef þú getr:
vin þínum
ver þú aldrigi
fyrri at flaumslitum;
sorg etr hiarta,
ef þú segja né náir
einhverjum allan hug.

121. Ráðumk þér, Loddfáfnir,
en þú ráð nemir!
nióta mundu, ef þú nemr,
þér munu góð, ef þú getr:
orðum skipta
þú skalt aldrigi
við ósvinna apa.

122. Þvíat af illum manni
mundu aldrigi
góðs laun um geta;
en góðr maðr
mun þik gørva mega
líknfastan at lofi.

123. Sifjum er þá blandat,
hverr er segja ræðr
einum allan hug;
alt er betra
en sé brigðum at vera,
era sá vinr ǫðrum
er vilt eitt segir.

124. Ráðumk þér, Loddfáfnir,
en þú ráð nemir!
nióta mundu, ef þú nemr,
þér munu góð, ef þú getr:
þrimr orðum senna
skalattu þér við verra mann:
opt inn betri bilar,
þá er inn verri vegr.

125. Ráðumk þér, Loddfáfnir,
en þú ráð nemir!

5.6 teygðu | þér *KM*, þér | at *RB* (das richtige nur als vermutg in der anm.). 6 teygðo R. 7 nem at l. *P.* — þú f. *R*. **120,** 1—4 Radōc þ" R, f. *M*. 5 vini *R*. 7 fláv slitō R, fláum slitum *RKEgD*. 9 ef maðr *R*. **121,** 1—4 Radōc þ" R. **122,** 1 þviat *und punkt vorher* R, *R verbindet die str. mit der vorigen*. **123,** 2 hvª R. 6.7 *in einer verszeile R* (ǫðrum *ausgeworfen*), *MB* (*in der anm. die teilung möglich genannt*), *Gg; vgl. Háv.* 61. 130, 9. 10. 140, 6. 7. 7 eit R. **124,** 1—4 Radōc þ" R. 6 scalatv *aus* scaltv *gebessert* R. — við þér *Gg*. — *zwischen* 124 *u*. 125 *schiebt R mit Resen und pphss. Sgrdr. 25 ein*. **125,** 1—4 Radōc þ" R, f. *M*.

nióta mundu, ef þú nemr,
þér munu góð, ef þú getr:
skósmiðr þú verir
né skeptismiðr,
nema þú siálfum þér sér;
skór er skapaðr ílla,
eða skapt sé rangt,
þá er þér bǫls beðit.

126. Ráðumk þér, Loddfáfnir,
en þú ráð nemir!
nióta mundu, ef þú nemr,
þér munu góð, ef þú getr:
hvars þú bǫl kant,
kveð þú þat bǫlvi at,
ok gefat þínum fiándum
frið!

127. Ráðumk þér, Loddfáfnir,
en þú ráð nemir!
nióta mundu, ef þú nemr,
þér munu góð, ef þú getr:
íllu feginn
ver þú aldrigi,
en lát þér at góðu getit!

128. Ráðumk þér, Loddfáfnir,
en þú ráð nemir!
nióta mundu, ef þú nemr,
þér munu góð, ef þú getr:
upp líta
skalattu í orrostu
— gialti glíkir
verða gumna synir —,
síðr þik um heilli halir!

129. Ráðumk þér, Loddfáfnir,
en þú ráð nemir!
nióta mundu, ef þú nemr,
þér munu góð, ef þú getr:
ef þú vilt þér góða konu
kveðja at gamanrúnum
ok fá fǫgnuð af:
fǫgru skaltu heita
ok láta fast vera,
leiðisk manngi gótt, ef getr.

130. Ráðumk þér, Loddfáfnir,
en þú ráð nemir!
nióta mundu, ef þú nemr,
þér munu góð, ef þú getr:
varan bið ek þik vera
ok eigi ofvaran,
ver þú við ǫl varastr,
ok við annars konu,

---

5 verira *R*.   10 of-beþit *R*.   **126,** 1—4 Raðōc þ^s *R*.
6 q̄þv *R* = kveþu *RKD*. — þér b. *KMD, abkürzungszeichen nach þ nicht ganz deutlich in R, doch seinem hohen platze nach eher þat, so B.*
127, 1—4 Raðōc þ^s *R*.   6 vertu *R*.   7 lát þín *R*.   **128,** 1—4 Raðōc þ^s *R*.   5.6 skalattu | í or. *RK, als éine zeile M, fehlende 3. zeile dazu nimmt an R.*   6 í übergeschr. *R*.   7 Gialli *R*.   9 síþ' *R*, síþir *R*. — þit *R*, þitt *RKMD*.   **129,** 1—4 Raðōc þ^s *R, f. M*.
1 Ef *R*.   10 mange *aus* margr *corrig. R*, mangi *KMD*.
130, 1—4 Raðōc þ^s *R, f. M*.   6 of váran *R.* — *nach 6 ein langvers ausgef.? Gg"*.   7 verdu *R*.

ok við þat it þriðja,
at þik þiófar né leiki.

131. Ráðumk þér, Loddfáfnir,
en þú ráð nemir!
nióta mundu, ef þú nemr,
þér munu góð, ef þú getr:
at háði né hlátri
hafðu aldrigi
gest né ganganda!

132. Opt vitu ógørla
þeir er sitja inni fyrir,
hvers þeir 'ru kyns er
koma;
erat maðr svá góðr,
at galli né fylgi,
né svá íllr, at einugi dugi.

133. Ráðumk þér, Loddfáfnir,
en þú ráð nemir!
nióta mundu, ef þú nemr,
þér munu góð, ef þú getr:
at hárum þul

hlæ þú aldrigi,
opt er gótt þat er gamlir
kveða;
opt or skorpum belg
skilin orð koma,
þeim er hangir með hám
ok skollir með skrám
ok váfir með vílmǫgum.

134. Ráðumk þér, Loddfáfnir,
en þú ráð nemir!
nióta mundu, ef þú nemr,
þér munu góð, ef þú getr:
gest þú né geyja
né á grind hrǫkkvir,
get þú váluðum vel.

135. Ramt er þat tré,
er ríða skal
ǫllum at upploki:
baug þú gef,
eða þat biðja mun
þér læs hvers á liðu.

---

10 þik *f.* R*KMD.* 9.10 *als éine verslinie* ('it þriðja *überflüssig u. später*') *Gg"*; *vgl.* 123, 6. 7. **131**, 1—4 Raðōc þ*. R*, *f. M.* 6 alldrei *R.* **132** *ganz mit der vor. str. verbunden R*, 1—3 *zur vor. str. und als erste halbstr. aus pphss.*: Löstu (lesti *K*) ok kosti | bera lióða synir | blandna bríostum í *KMDGg*. 1 Opt *und punkt vorher* R. **133**, 1—4 Rað. þ*. R*, *f. M.* 8—12 *hier urspr.?* 8 skorpnum *(nach K auch in R von neuerer hand oben am rande) R.* 10 ham *KMD*. 11.12 *unecht nach D.* — með *f. R.* — skram *D.* 12 vafir *RKD.* — vilm. *RKD.* **134**, 1—4 Raðōc þ*. R.* 6 hrǫkir *R*, rekir *R*, hrækir (= hrekir) *MEg*, *von* hrækja *spucken Nygaard I*, 5, = hrekir *BGg'*, hrǫkir *Gg"*. 7 válóþō *R.* — *nach* 7 þeir munu líkn þér lesa *KD mit pphss.* **135** *bei R mit vor. str. verbunden, doch*: 1 Rát *und punkt vorher* R. 5 eða þat biðja mun þér, *so* R*KMDBGg*. 5 ok mun þat biþja þér *R.* — þér | l. ausgg. 6 lofs hv. hiá lýþom *R*.

136. Ráðumk þér, Loddfáfnir,
en þú ráð nemir!
nióta mundu, ef þú nemr,
þér mun góð, ef þú getr:
hvars þú ǫl drekkr,
kiós þú þér iarðarmegin
— þvíat iǫrð tekr við ǫldri,
en eldr við sóttum,
eik við abbindi,
ax við fiǫlkyngi,
hýrógi við hauli,
heiptum skal mána kveðja,
beiti við bitsóttum,
en við bǫlvi rúnar —:
fold skal við flóði taka.

137. Veit ek at ek hekk
vindga meiði á
nætr allar níu,
geiri undaðr
ok gefinn Óðni,
siálfr siálfum mér,
á þeim meiði,
er manngi veit,
hvers hann af rótum renn.

138. Við hleifi mik seldu
né við hornigi,
nýsta ek niðr,
nam ek upp rúnar,
œpandi nam,
fell ek aptr þaðan.

139. Fimbullióð níu
nam ek af inum frægja
syni
Bǫlþorns Bestlu fǫður;
ok ek drykk of gat
ins dýra miaðar
ausinn Óðrœri.

140. Þá nam ek frævask
ok fróðr vera
ok vaxa ok vel hafask;
orð mér af orði

136, 1—4 Raþŏc þ^a R.   4 *dafür (statt 3.4 Gg')*: þér skulu nýt, ef nemr, | góð, ef þú getr, | þǫrf, sem þú þiggr, | holl, ef þú hefir vel *nach pphhss. KDGg' (vgl. str. 161), KD beginnen dann mit 5* Hvars *neue str.*   5 dreck^s R, drekkir B'.   6 jarðarmegin *RKMD.* 7—14 *mit Gg" für parenth. einschlub zu halten, nicht urspr.*   9 abbendi R.   10 ags R.   11 hǫvll v́ hýrogı R, = hǫll við hýrógi *alle ausgg.; V s. v.* haull: við haulvi hýrógr, *oder:* hýrógr við haul; *ob* hauli við *(präp. nachgestellt)* hýrógi?   **137** *beginnt auf neuer zeile (die vorhergehende nicht ganz vollgeschrieben) mit ungewöhnlich grosser schwarzer init. Eine überschr. nur in pphss.:* Rúnatals þáttr Óðins *(RKMbP),* Rúnaþáttr Ó., Rúnacapitule *(Resen.)*   6 sialfr *übergeschrieben* R.   8 mangi RKMLP.   **138**, 2 horni | gi R.   3 nísta.   6 þatan R.
139, 2 fróþa R.   3 Bavlþórs R, Bǫlþórs *MLMb*, Bavlþorni R, *geändert nach Gylf. G* (I, 46). — *nach* Bestlo *in* R syn *ausradiert*.   4 dryc R.
6 Óðreri *KBGg.*

orð leitaði,
verk mér af verki
verks leitaði.

141. Rúnar munt þú finna
ok ráðna stafi,
miǫk stóra stafi,
miǫk stinna stafi,
er fáði fimbulþulr
ok gørðu ginnregin
ok reist Roptr røgna:
Óðinn með ásum,
en fyr álfum Dáinn,
Dvalinn ok dvergum fyrir,
Álsviðr iǫtnum fyrir,
ek reist siálfr sumar.

142. Veiztu hve rísta skal?
veiztu hve ráða skal?
veiztu hve fá skal?
veiztu hve freista skal?
veiztu hve biðja skal?

veiztu hve blóta skal?
veiztu hve senda skal?
veiztu hve sóa skal?

143. Betra er óbeðit
en sé ofblótit,
ey sér til gildis giǫf;
betra er ósent
en sé ofsóit.

Svá Þundr um reist
fyr þióða rǫk,
þar hann upp um reis,
er hann aptr of kom.

144. Lióð ek þau kann,
er kannat þióðans konr
ok mannskis mǫgr:
hialp heitir eitt,
en þat þér hialpa mun
við sǫkum ok so:gum
ok sútum gǫrvǫllum.

140, 5 orz R*K*. 7 *will Gg" streichen; vgl. 123, 6. 7.*
141, 7 hroptr R*RKMB'Gg'*, Hroptr *BtBeGg"; s. Zze. I, 133 f., oder ist umzukehren:* ok reist Rǫgnahroptr ? 8—12 *als besondere str.* R*KMB'*.
9.10 dva͡lin da͡in oc *(also umsetzung der beiden namen)* R, *von R die falsche folge beibehalten.* — *für* Dáinn *vermutet Gg" einen vocal. anlautenden Alfnamen.* 10 ok *f.* R. 11 asvidr R, Ásviðr *KMB'Eg.* — Ásv. | jǫtn. f. *als 2 verse* D *(Hz. III, 111)* B'. — iotvnō R. — *nach 12 vermutet Be den urspr. anschluss von 143,* 6—9. **142,** 3 ff. *überall für* veiztu hve *nur v. h. in* R. — *Gg" vermutet in dieser str. urspr.* 4 *langverse:* veiztu hve rísta (fá, biðja, senda) skal ok ráða (freista, blóta, sóa)? *unmittelbar an die vor. str. angeschlossen.* **143,** 3 æ sér R. 4 osent R. — *nach 5 nehme ich mit Gg" den verlust der langzeile der 2. halbstr. an, und* 7—10 *anderswoher entlehnt.* 7 reis *Petersen (myth. 214).* **144,** 2 kona R *u. ausgg.,* konr? *Gg".* 3 c *in* maɴzcis *übergeschr.* R. 5 þér *f.* R. 7 *hält Gg für später.*

145. Þat kann ek annat,
er þurfu ýta synir,
þeir er vilja læknar lifa.
* * *

146. Þat kann ek it þriðja,
ef mér verðr þǫrf mikil
hapts við mína heiptmǫgu:
eggjar ek deyfi
minna andskota,
bítat þeim vápn né velir.

147. Þat kann ek it fiórða,
ef mér fyrðar bera
bǫnd at boglimum:
svá ek gel,
at ek ganga má,
sprettr mér af fótum fiǫturr,
en af hǫndum hapt.

148. Þat kann ek it fimta,
ef ek sé af fári skotinn
flein í folki vaða:
flýgra hann svá stint,
at ek stǫðvigak,
ef ek hann siónum of sék.

149. Þat kann ek it setta,
ef mik særir þegn
á rótum rás viðar:
ok þann hal
er mik heipta kveðr,
þann eta mein heldr en
mik.

150. Þat kann ek it siaunda,
ef ek sé hávan loga
sal um sessmǫgum:
brennrat svá breitt,
at ek hánum biargigak;
þann kann ek galdr at gala.

151. Þat kann ek it átta,
er ǫllum er
nytsamlikt at nema:
hvars hatr vex
með hildings sonum,
þat má ek bœta brátt.

145, 1 annat *u.* alle folgenden ordnungszahlen durch die röm. zeichen in R gegeben. 3 liva *RKML. — in* R *kein zeichen einer lücke, inhalt derselben vicll. ähnlich wie Sgrdrm. 11, 4—6.* **146,** 1 kann hier *u.* in den ff. strr. immer nur k. in R. — it *f.* RKMLMB. 6 für ne vermutet *V (s. v.* vǫlr) enn, aber es geht ja kein comp. voraus! — veler R, vélir *BGg,* velir *MEgV, zweifelnd K,* vélar *R; vgl. Snorri, Yngl. s. cp. 6:* vápn þeirra bitu eigi heldr en vendir, *u. Gylf. 49* (I, 172): eigi munu vápn eða viðir granda Baldri. **147,** 2 firþar *R.* 2 bógl. *RKMV; vgl.* biúglimar. **150,** 2.3 hávan | loga *BtGg", ohne damit den wirklichen fehler zu heben (vgl. Zze. I, 126f. 622), entweder ist für* hávan *ein mit s anl. adj. zu setzen (B vermutete erst* sofandum*), oder:* hátt um loga? *zu reimendem* sé *vgl. Zze. I, 107. 109 anm. 2 und Am. 70, 2. Alv. 16, 5. 32, 5.* 4 breit *R.* **151,** 1 áttunda *R.* 6 brát *R.*

152. Þat kann ek it níunda,
ef mik nauðr um stendr,
at biarga fari mínu á floti:
vind ek kyrri
vági á,
ok svœfik allan sœ.

153. Þat kann ek it tíunda,
ef ek sé túnriður
leika lopti á:
ek svá vinnk,
at þœr villar fara
sínna heim hama,
sínna heim huga.

154. Þat kann ek it ellifta,
ef ek skal til orrostu
leiða langvini:
undir randir ek gel,
en þeir með ríki fara
heilir hildar til,
heilir hildi frá,
koma þeir heilir hvaðan.

155. Þat kann ek it tólfta,
ef ek sé á tré uppi
váfa virgilná:
svá ek ríst
ok í rúnum fák,
at sá gengr gumi
ok mælir við mik.

156. Þat kann ek it þrettánda,
ef ek skal þegn ungan
verpa vatni á:
munat hann falla,
þótt hann í folk komi,
hnígra sá halr fyr hiǫrum.

157. Þat kann ek it fiugrtánda,
ef ek skal fyrða liði
telja tíva fyrir:
ása ok álfa
ek kann allra skil,
fár kann ósnotr svá.

158. Þat kann ek it fimtánda,
er gól Þióðrœrir
dvergr fyr Dellings durum:
afl gól hann ásum,
en álfum frama,
hyggju Hroptatý.

159. Þat kann ek it sextánda,
ef ek vil ins svinna mans
hafa geð alt ok gaman:
hugi ek hverfi

152, 2 nauþ *R*. 4—5 vind . . . | ek ? *doch s. auch Ls.* 18, 4. 6 svævic *R*, svefik *K*. **153**, 4 vink *RRM*. 5 þeir villir *RRKMLMb*. 6.7 heimh. *KMLMbV*. **155**, 3 vafa *RK*. — virgil ná *RR*. **156**, 4 mun at *K*. **157**, 1 fiórtánda *RK*. 2 firþa *R*. **158**, 2 þioð reyr* *R*, þióðreyrir *KMBGg*. — *zum wechsel der stabwörter vgl.* Vm. 20. 22. 26 *etc. mit* 24. 34. 36. **159**, 2 hins *R*.

Hávamál.

hvítarmri konu,
ok sný ek hennar ǫllum
sefa.

160. Þat kann ek it siautiánda,
at mik mun seint firrask
it manunga man.

161. Lióða þessa
mun þú, Loddfáfnir!
lengi vanr vera,
þótt sé þér góð, ef þú getr,
nýt, ef þú nemr,
þǫrf, ef þú þiggr.

162. Þat kann ek it áttiánda,
er ek æva kennik
mey né manns konu,
— alt er betra
er einn um kann,
þat fylgir lióða lokum, —
nema þeirri einni,
er mik armi verr
eða mín systir sé.

163. Nú eru Háva mál kveðin
Háva hǫllu í,
allþǫrf ýta sonum,
óþǫrf iǫtna sonum;
heill sá er kvað!
heill sá er kann!
nióti sá er nam!
heilir þeirs hlýddu!

160, 1 seytiánda *R*. 2 seint mun? 3 mannvinga *R*. — *nach* 3 *denke ich ist die 2. halbstrophe verloren.* **161** *in den ausgg. als* 4—9 *der vor. str. betrachtet:* man: | lióþa *R*, m.; | l. *Gg*, man. | lióða *P*, man. | Lióða *KMB*. 1 lioþa *klein aber punkt vorher R*. — þeirra *R*. 4 þo **R**, þó *ausgg*. 5.6 *s. zu 136, 4*. **162.163** *wol nicht ursprünglich.* **162**, 1 átiánda *RKMLMb BGg*. 2 kennig *RKMLMb*. 4—6 *durch semic. eingeschlossen R*. **163**, 1 Hávam. *RKM*. 2.3 *dazwischen noch* háva havllo at *R*. 4 *in der zeile* yta *unterstrichen und* iotna *am rande* **R**.

RÍGSÞULA.

Svá segja menn í fornum
sǫgum, at einnhverr af ásum,
sá er Heimdallr hét, fór ferðar
sínnar ok framm með sióvar-
5 strǫndu nǫkkurri, kom at einum
húsabœ ok nefndisk Rígr. Eptir
þeirri sǫgu er kvæði þetta:
1. At kváðu ganga
  grœnar brautir
  ǫflgan ok aldinn
  ás kunnigan,
  ramman ok rǫskvan
  Ríg stíganda.

2. Gekk hann meirr at þat
  miðrar brautar,
  kom hann at húsi,
  hurð var á gætti;
  inn nam at ganga,
  eldr var á gólfi;

hión sátu þar
hár af arni,
Ái ok Edda
aldinfalda.

3. Rigr kunni þeim
  ráð at segja,
  .;
  meirr settisk hann
  miðra fletja,
  en á hlið hvára
  hión salkynna.

4. Þá tók Edda
  ǫkkvinn hleif,
  þungan ok þykkan,
  þrunginn sáðum;
  bar hon meirr at þat
  miðra skutla,

Rígsþula: *füllt gerade ein blatt von* W, *das urspr. folgende mit dem schlusse des gedichts verloren.* Überschrift fehlt W, *doch in* b *steht:* þræla heiti standa í Rígs þulu (SE II, 496). *pphss. geben teils* Rigsmál *(so RM) teils* Rigsþula, KB'Gg' Rigsmál eða Rigsþula, BtGg" Rigsþ. eða Rigsm.
  Prosa: 2 einhv. KM. 4 fram KM. — siáfarstr. K.
1, 1 At W, Ár R, K *(im texte* at!), M. 3 alsœmin K, alsœman ML, aldin Mb.   **2**, 1.2 *noch zu str.* 1, *und da unrichtig an stelle eines verlornen verspaars nach* Gg. 2 miðiar K. 7—10 *besondere str.* K. 8 *so* EgBGg, h. af aarni WRKM, hörð af árni? hár at (of) arni? R. 9 ellda W, *doch vgl. str.* 4. 7.   9.10 *wol der rest einer oder 2 verlornen folg. strr., mit der schilderung der hión, vgl. str.* 14—16.   **3** *die lücke nicht* WKRMB'Gg", *aber* Gg", *der str.* 5. 20. 33 *vergleicht.*
4, 2 okviñleif W, ökvin leif K, ökum leif R, öskuhleif? R, ökvinn leif MB, ökkvinn leif EgGg; *doch vgl.* 31, 6 *den reim.*

Rígsþula.

soð var í bolla,
setti á bióð,
var kálfr soðinn
krása beztr.

5. Rígr kunni þeim
ráð at segja,
reis hann upp þaðan,
rézk at sofna;
meirr lagðisk hann
miðrar rekkju,
en á hlið hvára
hión salkynna.

6. Þar var hann at þat
þriár nætr saman;
gekk hann meirr at þat
miðrar brautar;
liðu meirr at þat
mánuðr níu.

7. Ióð ól Edda,
iósu vatni

hǫsvan ok svartan,
hétu Þræl.

8. Var þar á hǫndum
hrokkit skinn,
kroppnir knúar,
fingr digrir,
fúlligt andlit,
lotr hryggr,
langir hælar.

9. Hann nam at vaxa
ok vel dafna;
nam hann meirr at þat
magns um kosta,
bast at binda,
byrðar gørva,
bar hann heim at þat
hrís gerstan dag.

10. Þar kom at garði
gengilbeina,

9—10 *wol späterer zusatz Gg''*. **5,** 1—2 *nach* 3.4 *WRKM, aber* reis *ohne u.* Rigr *mit punkt vorher* W. **6,** 1 þar *mit kleinem* þ W. 2.3 *nach Gg'' ist dazwischen ein verspaar verloren, ebenso str.* 20. 33. 6 mánuðir *RK*. **7,** 2 vatni, *RKMB'Gg'*. 3 *lücke von* 2 *versen vorher B'*. — hǫrfi svartan *WRKMB',* von *Gg' erweitert zu* hǫrvi klúrum | kona vafði | hǫsvan ok sv., *doch Gg'' nach Bt nur* hǫsvan ok sv. *als abhängig von* iósu. 4 *komma vorher nur BGg*. — *BtGg nehmen danach lücke an, K die folg. str. dazu*. **8,** 1 *s. zu* 9,1.2. 3 kropnir *WRKM*. 4 *f. WML ohne lückenbezeichnung*, kartnegl liótir *Gg'*, kartnir negl *Gg'' nach Bt*. 7 'lotr *schreibfehler für* lútr'? *Bt, oder* lotinn? **9,** 1.2 *in WRKM vor* 8, 1. — hann *kl.* W. — vel at d. R. 3 Nam W. 8 giörstan *RK*. **10,** 1 þar *klein* W. 2.3 *Gg'' vermutet dazwischen verlust von* 2 *versen*.

Hildebrand, Eddalieder. 8

ǫrr var á iljum,
armr sólbrunninn,
niðrbiúgt er nef,
ok nefndisk Þír.

11. Miðra fletja
meirr settisk hón,
sat hiá henni
sonr húss;
rœddu ok rýndu,
rekkju gørðu
Þræll ok Þír
þrungin dœgr.

12. Bǫrn ólu þau,
biuggu ok undu,
hygg ek at héti
Hreimr ok Fiósnir,
Klúrr ok Kleggi,
Kefsir, Fúlnir,
Drumbr, Digraldi,
Drǫttr ok Hǫsvir,
Lútr ok Leggialdi;
lǫgðu garða,
akra tǫddu,
unnu at svínum,
geita gættu,
grófu torf.

13. Dœtr váru þær
Drumba ok Kumba,
Ǫkkvinkálfa
ok Arinnefja,
Ysja ok Ambátt,
Eikintiasna,
Tǫtrughypja
ok Trǫnubeina;
þaðan eru komnar
þræla ættir.

14. Gekk Rígr at þat
réttar brautir,
kom hann at hǫllu,
hurð var á skíði;
inn nam at ganga,
eldr var á gólfi:
Afi ok Amma
áttu hús.

---

3 ǫr W, ǫr *RKM*. 4 solbruñin W. 5 er] var *RKMb*. 6 þir
W *(auch 11, 7)*, þýr *RKM*; *vgl. auch* þírr *stm. SE I, 532. 562,* ðir *stf.
SE II, 489*. **11,** 4 huús W. 7 þýr *RKM, vgl. zu 10, 6*.
12, 1 born *und kein punkt vorher* W. 2 bjoggu *KM*. 4 Fjösner
RK. 5 kluʀ *mit punkt über* ʀ W, Klúr *RKMEg*. 8 Hösner *R*.
9 neue str. *Gg"*. 10 vor lǫgðu *keine interp. R*. 14 ok gr. *R*. — *Gg"
lässt hierauf 13, 9. 10 folgen, doch die entsprechende stelle str. 25, 7. 8
steht auch nach aufzählung der söhne und töchter!* **13,** 1 Dættr
W*R*, Dœttr *M*. 8 Trönu-benja *R*. 9.10 *bei Gg" nach 12, 14.*
14, 2 brautar *K*, braúter W. 3 hǫllu *am rande, durch einen
haken hierher verwiesen*, húsi *RKM*. 7.8 *steht in* W*RKMB'* als 16,
9.10, *hierher mit BtGg; Gg' liess noch 15, 1.2 vorausgehn, so dass str. 14
zehnzeil., 15 sechszeil. wäre.*

Rígsþula.

15. Hión sátu þar,
heldu á sýslu:
maðr telgði þar
meið til rifjar;
var skegg skapat,
skǫr var fyr enni,
skyrtu þrǫngva,
skokkr var á gólfi.

16. Sat þar kona,
sveigði rokk,
breiddi faðm,
bió til váðar;
sveigr var á hǫfði,
smokkr var á bringu,
dúkr var á hálsi,
dvergar á ǫxlum.

17. Rígr kunni þeim
ráð at segja,
meirr settisk hann
miðra fletja
en á hlið hvára
hión salkynna.

18. Þá tók Amma
   *   *   *

19. Rígr kunni þeim
ráð at segja,
reis frá borði,
rézk at sofna,
meirr lagðisk hann
miðrar rekkju,
en á hlið hvára
hión salkynna.

20. Þar var hann at þat
þriár nætr saman;
gekk hann meirr at þat
miðrar brautar;
liðu meirr at þat
mánuðr níu.

21. Ióð ól Amma,
iósu vatni,
kǫlluðu Karl,
kona sveip ripti
rauðan ok rióðan,
riðuðu augu.

22. Hann nam at vaxa
ok vel dafna,
øxn nam at temja,

15, 1.2 bei *RKMB'Gg'* als *14,7.8*, vgl. dort.   3 maðr ohne punkt vorher W.   **16,** 5 Sveigr *u. punkt voraus* W.   8 danach *14, 7.8* in WRKM.   **17,** 3–19, 2 f. WRKM, *die ergänzung mit BGg nach der entsprechenden stelle im ersten u. dritten teile: der schreiber kam vom* Rígr — segja *str. 17, 1,2 gleich auf str. 19, 1.2. Ob zwischen 17 und 19 mehr als eine str. lag? vgl. str. 3—5 u. 29—32.*   **19,** 3 Reis *u. punkt vorher* W.   4 réð WRKM, rézk BGg *nach 5,4.* **20,** 1 þar *klein u. kein punkt voraus.* 3.4 *mit BGg nach str. 6. eingesetzt, f.* WRKM, Gg" *bezeichnet vorher eine lücke von 2 versen, ebenso str. 6. 33.* 6 mánuðir RK.   **21** *noch zu str. 20* RKM. 1 Ióð *gross u. punkt vorher* W.   4 *danach vermutet* Gg" *den verlust von 2 versen.*   **22,** 1 hann, *und kein punkt vorher* W.   3 ǫxn W.

arðr at gørva,
hús at timbra,
ok hlǫður smíða,
karta at gørva
ok keyra plóg.

23. Heim óku þá
hanginluklu,
geitakyrtlu,
giptu Karli;
Snor heitir sú,
settisk und ripti,
biuggu hión,
bauga deildu,
breiddu blæjur
ok bú gørðu.

24. Bǫrn ólu þau,
biuggu ok undu:
hét Halr ok Drengr,
Hǫlðr, Þegn ok Smiðr,
Breiðr, Bóndi,
Bundinskeggi,
Búi ok Boddi,
Brattskeggr ok Seggr.

25. Enn hétu svá
ǫðrum nǫfnum:
Snót, Brúðr, Svanni,
Svarri, Sprakki,
Flióð, Sprund ok Víf,
Feima, Ristill;
þaðan eru komnar
karla ættir.

26. Gekk Rígr þaðan
réttar brautir,
kom hann at sal,
suðr horfðu dyrr,
var hurð hnigin,
hringr var í gætti,
gekk hann inn at þat,
gólf var strát.

27. Sátu hión,
sásk í augu,
Faðir ok Móðir,
fingrum at leika;
sat húsgumi
ok sneri streng,

---

7 karta *deutlich* W, K *schwankte ob* káta *(text)* o. karta *zu lesen.*
23, 5 snǫr *mit accent über* ǫ W, Snǫr *RKMGg, komma vorher* Gg. 6 undi*r* W*RKM,* und *mit* BGg *nach str. 41.* 7 bjoggu *KM.* 7.8 Gg" *vermutet darin wol richtig spätere zutat.* **24** *die namen in gleicher folge* (Seggr *fehlt*) *auch in* b *der* SE (II, 496 svá heita hǫldar:) 1 bǫrn *u. kein punkt vorher* W. 1.2 *noch zu str. 23 K.* 2 bjoggu *KM.* 4 haulldr Wb*RM*b. — ok *f. RKM.* 5 Breiðrbóndi *RM.* **25,** 1 eñ *u. kein punkt voraus* W. **26,** 3 *hann über der zeile nachgetragen* W. 4 dyr *RK.* 7.8 *mit 27, 1—4 besondere str.* RKMB; B *hält für möglich, dass auch 27, 1—4 zu str. 26 gehöre;* gekk *in* W *klein mit punkt voraus.* 8 straað W, stráad *K.*
27, 1 satu *klein u. kein punkt voraus* W. 2 *komma nach* augu *f.* KMB. 5 sat *klein und punkt vorher* W. 5—8 *mit 28, 1—4 besondere str.* RKMBGg'.

álm of bendi,
ǫrvar skepti.

28. En húskona
hugði at ǫrmum,
strauk of ripti,
sterti ermar,
keisti fald,
kinga var á bringu,
síðar slœður,
serk bláfán,
brún biartari,
brióst liósara,
háls hvítari
hreinni miǫllu.

29. Rígr kunni þeim
ráð at segja,
meirr settisk hann
miðra fletja,
en á hlið hvára
hión salkynna.

30. Þá tók Móðir
merktan dúk,
hvítan af hǫrfi,
hulði bióð;
hón tók at þat
hleifa þunna,
hvíta af hveiti,
ok hulði dúk.

31. Fram setti hón
fulla skutla,
silfri varða,
á bióð,
fán ok fleski
ok fugla steikta;
vín var í kǫnnu,
varðir kalkar,
drukku ok dœmdu,
dagr var á sinnum.

32. Rígr kunni þeim
ráð at segja,
reis hann at þat,

28, 1 eñ *ohne punkt vorher* W. 4 sterkti *RKEgMb*. 5 *neue str. RKMBGg', keisti klein und kein punkt vorher* W. 8 bláfáan *R*. — *Nach Gg'' ist die str. erweitert, sei es um 9—12 oder 3.4 u. 7.8.* **29,** 2.3 *dazwischen lücke nach Gg'', s. zu str. 3.* **31,** 1—5 Frām setti hon skutla fulla silfri varða. abiǫð faan ok *(übergeschr.)* fleski W, Fr. s. h. | fulla skutla | silfri-varða á bióð, | . . . | fán ok fl. *R*, Fr. s. h. skutla | fulla, silfri v., | á bióð fán (fánt *M*) fl. *KM*, Fr. s. h. | sk. f., (f. sk. *Gg'*) | s. v. | . á .bióð, | fán ok fl. *BGg' (die lücke ergänzt Bt mit sufls, Gg' mit senn, beide tilgen nachträglich ok nach V)*, Fram s. h. sk. | fulla, s. v., | fán fl. *Gg'' (tilläg p. 255b will er fulla tilgen, dann würde setti nach dem doch höher betonten u. vorausgehenden fram reimen: unmöglich!).* 5 *zum nachgestellten ok s. Zze*. 116 *anm. 1.* 8 kaalkar W. **32,** 1 Rigr *gross u. punkt vorher* W. 1.2 *noch zu voriger str. KM, vielleicht zu tilgen nach R*. 3 Reis *u. punkt vorher* W. — hann *mit BGg nach str. 5*, Rígr *RKM nach* W.

rekkju gerði;
meirr lagðisk hann
miðrar rekkju
en á hlið hvára
hión salkynna.

33. Þar var hann at þat
þriár nætr saman;
gekk hann meirr at þat
miðrar brautar;
liðu meirr at þat
mánuðr níu.

34. Svein ól Móðir,
silki vafði,
iósu vatni,
Iarl létu heita;
bleikt var hár,
biartir vangar,
ǫtul váru augu
sem yrmlingi.

35. Upp óx þar
Iarl á fletjum,
lind nam at skelfa,
leggja strengi,
álm at beygja,
ǫrvar skepta,

flein at fleygja,
frǫkkur dýja,
hestum ríða,
hundum verpa,
sverðum bregða,
sund at fremja.

36. Kom þar or runni
Rígr gangandi,
Rígr gangandi
rúnar kendi;
sítt gaf heiti,
son kvezk eiga;
þann bað hann eignask
óðalvǫllu,
óðalvǫllu,
aldnar bygðir.

37.

reið hann meirr þaðan
myrkan við,
hélug fiǫll,
unz at hǫllu kom.

5—8 f. WRKM, eingesetzt mit BGg nach str. 5. 19.
33 keine neue str. RKM, doch vgl. str. 6. 20. 2.3 saman. | Gékk RKM, bei Gg" wieder lücke von 2 vv. dazwischen. 6 mánuþir RK.
34, 8 sem í yrml.: R. **35** nach Gg" sind 5. 6. 11. 12 unurspr. 2 iarls W. 4 strengi: R. 6.7 umgestellt (wol druckf.) R. 7 fleyia WK. **36,** 1 at ranni R nach pphss., 'vielleicht richtiger' Gg". 3 ʀigr u. punkt vorh. W. 6 kvazk Gg". — ega K. 5.6 unurspr. nach Gg". 9 Oðalv. u. punkt vorher W, aðalv. K. **37** u. **38** nach Gg"s vermutung urspr. auf str. 49 folgend. — die lücke mit Gg" nach Bt, f. WRKMB'Gg'. 6 myrkvan KM. — við aus veg (RKM) vom schreiber corrigiert W.

Rígsþula.

38. Skapt nam at dýja,
skelfði lind,
hesti hleypti,
ok hiǫrfi brá;
víg nam at vekja,
vǫll nam at rióða,
val nam at fella,
vá til landa.

39. Réð hann einn at þat
átián búum,
auð nam skipta,
ǫllum veita:
meiðmar ok mǫsma,
mara svangrifja,
hringum hreytti,
hió sundr baug.

40. Óku ærir
úrgar brautir,
kómu at hǫllu,
þar er Hersir bió;
mey átti hann
miófingraða

hvíta ok horska,
hétu Erna.

41. Báðu hennar
ok heim óku,
giptu Iarli,
gekk hón und líni;
saman biuggu þau
ok sér undu,
ættir ióku
ok aldrs nutu.

42. Burr var hinn elzti,
en Barn annat,
Ióð ok Aðal,
Arfi, Mǫgr,
Niðr ok Niðjungr
námu leika,
Sonr ok Sveinn,
sund ok tafl,
Kundr hét einn,
Konr var hinn yngsti.

43. Upp óxu þar
Iarli bornir,

---

38 noch zu vor. str. *RKMB'Gg'*. 1 dýa *K*. **39,** 3 Auð *u. punkt vorher* **W**. 4 ǫllum *fehler für* ǫldnum ? *Gg"*. — *nach* veita *keine interp. RKMBGg'*. 5 mœsma *R*. **40,** 1 Okū ærir **W**, Óku mærir *RKM*, Óku ærir *BGg*. 5 mætti (mœtti) **W***RKM*, mey átti *BGg*. 6 miofingði **W**, miófin-garþi ('*vielleicht richtiger* Miófin-gerþi') *R*, mjófingerði *KM*, miófingraða *B*, mióva í garði *Gg*. 7 hvitri *ok* horskri **W***RKM*. 8 hét sú E. *Gg" nach vermutung von RB*. — Ernu *Gg" (so vermutet auch V252b)*. **41,** 5 bjoggu *KM*. 6 sier **W**.

42.43 *macht Gg" zu zwei 8zeiligen strr., indem er* **42** *aus* 43, 1. 2; 42, 1—4. 9. 10, **43** *aus* 42, 5—8; 43, 3—6 *zusammensetzt: vielleicht richtig*. **42,** 5 Niðj., *KM*. 6.7 *keine interp. nach* leika *u*. Sv. *KM*.

Rígsþula.

hesta tǫmðu,
hlífar bendu,
skeyti skófu,
skelfðu aska.

44. En Konr ungr
kunni rúnar,
æfinrúnar
ok aldrrúnar;
meirr kunni hann
mǫnnum biarga,
eggjar deyfa,
œgi lægja.

45. Klǫk nam fugla,
kyrra elda,
sœva ok svefja,
sorgir lægja;

afl ok eljun
átta manna.

46. Hann við Ríg Iarl
rúnar deildi,

brǫgðum beitti
ok betr kunni;
þá øðlaðisk
ok þá eiga gat
Rígr at heita,
rúnar kunna.

47. Reið Konr ungr
kiǫrr ok skóga,
kólfi fleygði,
kyrði fugla.
Þá kvað þat kráka,
sat á kvisti ein:
„hvat skaltu, Konr ungr!
kyrra fugla?

48. Heldr mættið ér
hestum ríða
    * *
   *
ok her fella!

49. Á Danr ok Danpr
dýrar hallir,

44, 1 en *klein u. kein punkt vorher* W. — ungi *R.* 8 œgi at l. *K.* **45,** 1 kl. *klein u. kein punkt vorher* W. 3 sœva ok sv. W*KM,* sœva of-sv. *R*, sœva (= sefa) sv. *vermutet B*, sefa ok sv. *Gg; zum verstellten* ok *s. Zze.* 116 *anm. 1 u. noch Háv.* 141, 10. 5.6 *lücke mit BtGg", nicht bezeichnet* W*RKMB'Gg'.* **46,** 1 hann *ohne punkt vorher* W. — Iarl *auch gross in* W, jarl *RM.* 5 ǫðl. W. 6 ega *K.*

47, 2 *über* ok *(in gewöhnlicher abkürzung) in* W *hat eine spätere hand* aa *geschrieben.* 5—8 *zur folg. str. RKMBGg'.* 5 þa *klein u. ohne punkt vorher* W. — sat kv. ein W*M, s.* kv. á *R mit pphss.,* sat á kv. ein *KBtGg.* **48,** 1 helldr *klein ohne punkt vorher* W. — mætti þér W*RKMGg'.* 2 *danach offenbar lücke, die bei M gar nicht, bei RKBGg für éinen vers angenommen ist,* hiǫrum bregða *füllen BGg; es fehlt mehr, ist Guðr. II.* 18, 9—12 *reminiscenz von hier?*
49, 2 haller W.

œðra óðal
en ér hafið;
þeir kunnu vel
kiól at ríða,

egg at kenna,
undir riúfa."

* * *

HYNDLULIÓÐ.

Freyja:
1. Vaki, mær meyja!
vaki, mín vina!
Hyndla systir,
er í helli býr!
nú er røkkr røkkra,
ríða vit skulum
til Valhallar
ok til vés heilags.

2. Biðjum Herjafǫðr
í hugum sitja;
hann geldr ok gefr
gull verðungu:

gaf hann Hermóði
hiálm ok brynju,
en Sigmundi
sverð at þiggja.

3. Gefr hann sigr sumum,
en sumum aura,
mælsku mǫrgum
ok mannvit firum;
byri gefr hann brǫgnum,
en brag skaldum,
gefr hann mannsemi
mǫrgum rekki.

---

4 þér W*RKM*. 6 kiǫl *K*. 8 *mit* riúfa *bricht zeile u. kehrseite des blattes ab, worauf das gedicht in* W *steht; nichts bezeichnet den schluss; eine vermutung Gg's s. zu str. 37. u. 38.*

Hyndlulióð: *vollständig in der Flateyjarbók (*F*) sp. 4—5; str. 33 auch* SE. — *Überschrift:* Her hefr vpp Hyndlu hliod qvedit v Ottar heimska F, Hyndluljóð með Vǫluspá hinni skǫmmu *Gg (s. zu 29. 33).* — *die* redenden *in* FKRMLGg *nicht bezeichnet,* Freyja (Hyndla) kvað *B*.

1, 4 býrr *K*. 5 rauckr rauckra F, rauk raukra *KR*. 7 Valh. til *KR*. 8 til *f. KR*. — vess F*R*. **2,** 1 herians faudr F, Herjafǫður *MB'*, herja fauðr *K*. 3 gefr ok geldr *KR*, verdugum F*KM*, verþigom *R*, *doch vergl. H. H. I, 9.* **3,** 1 sonum F*KR MB'*, sumum *GgBt (aus einem ursp.* súom *der fehler erklärt).* 2 suṁū *eher als* suṁū *in* F *nach B,* svinnum *Mb*. 3 mavrum, *KR*. — mǫrgum, *M*. 5 gefr hann *f. KR, vielleicht richtig.* 6 skaaldū F. 7 hann *f. R.* — mansemi F.

Hyndlulióð.

4. Þór mun hón blóta,
þess mun hón biðja,
at hann æ við þik
einart láti;
þó er hánum ótítt
við iǫtuns brúðir.

5. Nú taktu úlf þínn
einn af stalli,
lát hann renna
með runa mínum.

Hyndla:
Seinn er gǫltr þínn
goðveg troða,
vilkat ek mar mínn
mætan hlœða.

6. Flá ertu, Freyja!
er þú freistar mín;
vísar þú augum
á oss þannig,
er þú hefir ver þínn
í valsinni,

Óttar unga,
Innsteins bur.

Freyja:
7. Dulin ertu, Hyndla!
draums ætlik þér,
er þú kveðr ver mínn
í valsinni,
þar er gǫltr glóar
gullinbursti,
Hildisvíni,
er mér hagir gørðu
dvergar tveir,
Dáinn ok Nabbi.

8. Sennum vit or sǫðlum,
sitja vit skulum,
ok um iǫfra
ættir dœma;
gumna þeira
er frá góðum kómu,

4, 1.2 man *KR.* 2 hón *f. ML.* 3 ei *K*, ey *R.* — viþr *R.*
4 latti *mit wol zufäll. punkte unter* 1 F *(laati zu erwarten).* 3.4 *nach*
Gg vielleicht aus at hann era við þik | einarðar lattr. **5** *Simrock*
weist die ganze str. der Hyndla zu, FMagn. Mb *der Freyja.* 2 ein FM.
4 rúna *RM.* — múlum *KRML.* 5 seiñ F. 7.8 *nach* R *u. Keyser*
worte der Freyja. 7 vilkat ek *BGg",* vil ek ei *FMb,* vil ek *KRML.*
8 mætañ F. — hleða *FKRMEg.* **6,** 3.4 *vermutet Bt:* villir þú
augu | oss *(dat.)* þannig. 7 Ottar iunga F *(auch 9, 3),* Óttari unga *KR.*
7, 2 ætlig F. 5 glóar, *KMGg.* 6 gullin busti F, gullinbusti
MLB, Gullinbursti, *RGg.* 7 hilldi suine F, hildisvíni *ML.* 7—10 *spä-*
terer ersatz für 2 andere verse Gg". **8,** 5 *Gg nimmt vorher den*
verlust zweier verse an. — guma *KR.* 6 goðum *RKMB.* 7.8 *die*
lücke nicht angedeutet F *u. ausgg., doch s. Zze 87.*

9. Þeir hafa veðjat
Vala málmi,
Óttarr ungi
ok Angantýr;
skylt er at veita,
svá at skati inn ungi
fǫðurleifð hafi
eptir frændr sína.

10. Hǫrg hann mér gerði
hlaðinn steinum
— nú er griót þat
at gleri orðit —;
rauð hann í nýju
nauta blóði,
æ trúði Óttarr
á ásynjur.

11. Nú láttu forna
niðja talda,
ok upp bornar
ættir manna:
hvat er Skiǫldunga,
hvat er Skilfinga,
hvat er Ǫðlinga,
hvat er Ylfinga,
hvat er hǫlðborit,
hvat er hersborit,
mest manna val
und Miðgarði?

Hyndla:

12. Þú ert, Óttarr,
borinn Innsteini,
en Innsteinn var
Álf enum gamla,
Álfr var Úlfi,
Úlfr Sæfara,
en Sæfari
Svan enum rauða.

13. Móður átti faðir þinn
menjum gǫfga,
hygg ek at hón héti
Hlédís. gyðja;
Fróði var faðir þeirar
en Fríund móðir;
ǫll þótti ætt sú
með yfirmǫnnum.

9, 1—4 *noch zu vor. str. KRM.* 1 þeir klein F. 2 vala m. *RML*, valam. *EgGg*, V. m. *MbBV*. 3 Ottar iungi F. 5 Skyllt F. 7 hafui F. 8 eftir F. **10** *noch zu vor. str. K.* 1 haurg F. 2 hlad^n (= hladin) F. 3.4 *nicht eingekl. KR*. 4 vorðit FM. 5 Raud F. 7 ey R. — Ottar F. **11,** 3 uppbornar KRM. 5 *neue str. Gg".* 7 *f. F, mit allen ausgg. nach 16, 3.* — Auðl. R. 8 *in str. 16 dafür* Yngl.; *M (det norske folks hist. I, 198) meint, beide geschlechter und dazu noch die Volsungen seien in jeder str. zu setzen; warscheinlicher liegt nur in einer der beiden strr. eine namenvertauschung vor, aber in welcher?* 9 haulldborit FKRM*b.* 9.10 Hauldb., Hersb. K. 11 *komma fehlt vor* mest RKM*b.* **12,** 1 Ottar F. 4 Aalfui F, Álf KRM*b.*

13, 6 faut *(d. i. Fríaut, so Mb)*, Fríant KML, Ferant R, Fríund *Gg nach B's vermutg*, Friðvǫr ? B.

14. Áli var áðr
ǫflgastr manna,
Hálfdan fyrri
hæstr Skiǫldunga;
fræg váru folkvíg,
þau er framr gerði,
hvarfla þóttu hans verk
með himins skautum.

15. Efldisk hann við Eymund
œztan manna,
en hann sló Sigtrygg
með svǫlum eggjum;
eiga gekk Álmveig
œzta kvenna,
ólu þau ok áttu
áttián sonu.

16. Þaðan eru Skiǫldungar,
þaðan eru Skilfingar,
þaðan Øðlingar,
þaðan Ynglingar,
þaðan hǫlðborit,
þaðan hersborit,
mest manna val
und Miðgarði;

alt er þat ætt þín,
Óttarr heimski!

17. Var Hildigunn
hennar móðir,
Sváfu barn
ok Sækonungs;
alt er þat ætt þín,
Óttarr heimski!
varðar at viti svá,
viltu enn lengra?

18. Dagr átti Þóru
drengja móður,
ólusk í ætt þar
œztir kappar:
Fraðmarr, Gýrðr
ok Frekar báðir,
Ámr ok Iǫsurmarr,
Álfr enn gamli;
varðar at viti svá,
viltu enn lengra?

19. Ketill hét vinr þeira,
Klyps arfþegi,
var hann móðurfaðir

14, 2 auflgazstr F. 3 Hálfdán K. 6 *so mit Gg" nach B's verm.*, framir gerðu KRMGg' *mit* F. 8 himinsk. KRV.
15, 2 æzstañ F. 3 hann f. KR. — sló f. F *(wol durch überspringen des schreibers aufs zweite* s, *vgl.* Zze. *121)*, vá *ausgg.* 3.4 en hann Sigtr. vá | sv. e. ? Bt. 6 kvinnu KRM *mit* F, *vgl. aber zeile 2.*
16 *hält* Gg" *für unurspr. oder doch nicht hierher gehörig.* 2 eru f. KRML. 3—6 *vgl.* 11, 7—10. 10 Ottar F. **17,** 3 Suofu F, Svöfu K. — barn] borin KR. 4 sækon. KM. 6 Ottar FL. 7 varði KRM *mit* F, *vgl.* 18, 9. 8 enn] þulu K. — leingra F, lengri K.
18, 2 dreingia F. 3 oluzst F. 4 æzstir F. 5 Fradmar FR, Fróðmar K. 7 Aunnr (= Qnnr) K. — iosur mar F, Iosur-már K, Iǫsurr, Már ML, Iǫfurr, Már R. 9.10 *streicht* Gg". 10 *wie* 17, 8.

Hyndlulióð.

móður þínnar;
þar var Fróði
fyrr en Kári,
hinn eldri var
Álfr um getinn.

20. Nanna var næst þar
Nǫkkva dóttir,
var mǫgr hennar
mágr þíns fǫður;
fyrnd er sú mægð,
fram tel ek lengra;
alt er þat ætt þín,
Óttarr heimski!

21. Ísólfr ok Ásólfr
Qlmóðs synir
ok Skúrhildar
Skekkils dóttur,
skaltu til telja

skatna margra;
alt er þat ætt þín,
Óttarr heimski!

22. Gunnarr bálkr,
Grímr harðskafi,
iárnskiǫldr Þórir,
Úlfr gínandi;

* * *

23. Hervarðr, Hiǫrvarðr,
Hrani, Angantýr,
Búi ok Brami,
Barri ok Reifnir,
Tindr ok Tyrfingr
ok tveir Haddingjar;
alt er þat ætt þín,
Óttarr heimski!

19, 5 þá *KML*. **20,** 1 Maña *var* F. 4 faudr F, favþvrs *R*. 5 mægd *scheint in* F *aus* ætt *geändert zu sein*. 6 framm *R*. — leingra F. 6.7 *dazwischen* kunna ek báða | Brodd ok Hǫrfi *FKRM, gestrichen mit GgBt, s. str. 25, 1.2.* **21,** 1 ok f. *RML*. 4 dóttr *K*, dóttur: *R*. 6 marga *R*. 7.8 *nur allt in* F. **22** *u.* **23** *eine str. in FKR (M im texte) MbL; aber nach ausweis der Orvaroddssaga u. Saxos aufzählung sind die str. 22 genannten nicht Arngrims söhne, wol aber die in FKR (ML text) fehlenden vier (str. 23, 1. 2). Str. 22 ist rest einer andern genealogie (so MBGg'), Gg" vervollst. die str. mit 21, 5—8 u. ersetzt diese weggenommene halbstr. durch 32, 1—4.*
22, 1 Gunnar F. 1—4 *die epitheta als besondere eigennamen betrachtet von R (nicht vers 4), ML.* 2 ardskafui F, arǫskafi *oder* Arǫsk. *KRM*, harǫsk. *nach B's verm. Gg.* **23,** 1.2 *nach der Orvaroddssaga (fornald. ss. II, 211) s. oben, bei Saxo:* Hiorthuar, Hiarthwar, Rani, Angantir. 3 Bildr ok Bagi *O.*, Brander Biarbi *S.* 4 Barri ok Tóki *O*, Brodder Hiarrandi *S.* 5 Tander *S.* 6 ok f. *OKRML.* 7.8 *hier u. str. 24. 26. 27. 29 nur allt er þat, 28 allt.*

Hyndluljóð.

24. Þeir í Bólm austr
bornir váru
Arngríms synir
ok Eyfuru,
brǫkun berserkja
bǫls margskonar
um lǫnd ok um lǫg
sem logi fœri;
alt er þat ætt þín,
Óttarr heimski!

25. Kunna ek báða
Brodd ok Hǫrfi,
váru þeir í hirð
Hrólfs ins gamla.

* * *

Allir bornir
frá Iǫrmunreki
Sigurðar mági,
— hlýð þú sǫgu mínni! —
folkum grims
þess er Fáfni vá.

26. Sá var vísir
frá Vǫlsungi,

ok Hiǫrdís
frá Hrauðungi,
en Eylimi
frá Øðlingum;
alt er þat ætt þín,
Óttarr heimski!

27. Gunnarr ok Hǫgni
Giúka arfar,
ok it sama Guðrún
systir þeira:
eigi var Guthormr
Giúka ættar,
þó var hann bróðir
beggja þeira;
alt er þat ætt þín,
Óttarr heimski!

28. Haraldr hilditǫnn
borinn Hrœreki
slǫngvanbauga,
sonr var hann Auðar,
Auðr diúpúðga
Ívars dóttir,
en Ráðbarðr var

24, 1 Ani omi F; Áni ok ómi (Ómi *Mb)* *KM;* Áni ok Qnn *Eg;* Ani, Omi *R, die verse der Orvaroddss. (s. vor. str.)* þeir í Bólm austr | bornir v. *nimmt Gg" wörtlich auf, BGg' schreiben danach* Austr í Bólm v. b.; *V(43b) verm. für 1—3 verderbnis aus* Arngrimi | óru born. | (ǫfigir?) synir. 2 v. born. FKRMBGg'. — óru *KR.* 4 Eyf.: *R,* Eyf.; *ML.* 5 braukun FKR. 5.6 *nach Gg" verderbt etwa aus* unnu (biuggu, báru) berserkir | bǫl margsk. 9.10 *f. Gg".* **25,** 1—4 *fügt Gg" vor 28, 9—12 zu besond. str.; zwischen* 4.5 *vermutet B richtig eine lücke, wodurch* allir *begründet wird,* gamla; | allir *RM.* 9 Fólk vini grams *R.* — Fólkum *u. punkt vorher* F. 10 *danach setzt Gg" noch* allt er þat *etc.* **26,** 1 sa *ohne punkt vorher* F, Seá *K.* — vísi *K.*
27, 1 Guñar F. 5 ēi var F, ekki var *KR,* vara *Gg".* — Guttormr *KR.* 9.10 *f. Gg".* **28,** 1 Hildit. *KR.* 4 son*ar* F. 5 diúpauðga FK*R*MGg' 7.8 Ráðb. | var *RMGg.*

Randvés faðir;
þeir váru gumnar
goðum signaðir;
alt er þat ætt þín,
Óttarr heimski!

29. Váru ellifu
æsir talðir,
Baldr er hné
við banaþúfu;
þess lézk Vali
verðr at hefna,
síns bróður
sló hann handbana.

30. Var Baldrs faðir
Burs arfþegi,
Freyr átti Gerði,
hón var Gýmis dóttir,
iǫtna ættar

ok Aurboðu:
þó var Þiassi
þeira frændi
skautgiarn iǫtunn,
hans var Skaði dóttir.

31. Mart segjum þér,
ok munum fleira;
vǫrumk at viti svá,
viltu enn lengra?

32. Haki var Hveðnu
hóti beztr sona,
en Hveðnu var
Hiǫrvarðr faðir;
Heiðr ok Hrossþiófr
Hrímnis kindar.

33. Eru vǫlur allar
frá Viðólfi,

---

8 Randvers FKM. 9—12 vorher 25, 1—4 Gg". 9 gumar K.
29-44 offenbar rest eines vom Hyndluliöð verschiednen gedichts, der Voluspá hin skamma, aus der in Gylf. 5 str. 33 ausgehoben ist. **29**, 4 bana þúfu K. 7 síns of br. KM. 7.8 hann síns bróþurs sló | havfvtbana R. — danach noch allt er þat etc. FKRM, als ob die str. noch zu Hyndluliöð gehörte. **30**, 2.3 dazwischen lücke von 2 versen Gg", eher glaublich, dass eine ganze str. von Oðin handelte. 4 geymis F. 6 Örboðu. KEg. 7 ff. Gg" vermutet als urspr. þórr vá þiaza þ. frænda sk. iǫtun, ff. 9 skrautgiarn MREg., skautg. nach BV falsche lesart. **31** bei Gg" mit 30, 7—10 zu einer str. verbunden. 1 Margt R. 4 fleira F. **32** u. **33** und somit auch **34** gewiss nicht urspr. hier zwischen der götteraufzählung; Gg" setzt 32, 1—4 in das eigentl. Hyndlul. (s. zu str. 22), 32, 5.6 verbindet er mit 34 zu einer im anfange lückenhaften str. u. setzt sie nach 33. **32**, 4 Hiorfvardr F. — danach lücke? 6 Hrimn. kyndar K. **33** auch Gylf. 5 (I, 44 svá sem segir í Vǫluspá hinni skǫmmu:) 1 eru klein aber punkt vorher F. — vaulur r, vaulfur F, volvvr U, vǫlfur Mb. 2 Victolfi U, Viðolfi M. — G" vermutet vertauschung von 2 u. 4 (und Vittólfi).

vitkar allir
frá Vilmeiði,
seiðberendr
frá Svarthǫfða,
iǫtnar allir
frá Ými komnir.

34. Mart segjum þér,
ok munum fleira;
vǫrumk at viti svá,
viltu enn lengra?

35. Varð einn borinn
í árdaga
rammaukinn miǫk
rǫgna kindar,
níu báru þann,
naddgǫfgan mann,
iǫtna meyjar
við iarðar þrǫm.

36. Mart segjum þér,
ok munum fleira;
vǫrumk at viti svá,
viltu enn lengra?

37. Hann Gialp um bar,
hann Greip um bar,

bar hann Eistla
ok Eyrgiafa,
hann bar Úlfrún
ok Angeyja,
Imdr ok Atla
ok Iárnsaxa.

38. Sá var aukinn
iarðar megni,
svalkǫldum sæ
ok sónardreyra.

39. Mart segjum þér,
ok munum fleira;
vǫrumk at viti svá,
viltu enn lengra?

40. Ól úlf Loki
við Angrboðu,
en Sleipni gat
við Svaðilfara;
eitt þótti skars
allra feiknast,
þat var bróður frá
Býleists komit.

41. Loki af hiarta
lindi brendu,

---

3 vithkar a. r, vettir allar U. 5 so SE (en seiöb. W), skilb. FM.
5.6 f. U. 7 all. iotn. r. **34,** 2 enn fl. *KML.* **35,** 1 borin F.
3 rámaukin F. 4 Rögna *RMch.* — kyndar *K.* 5 komma f. ausgg.
6 nadbaufgann F, náðgǫfgan *RKM.* **36** f. *KRMLGg"*, in F nur
Mart s. þ. **37,** 1.2 of *KR.* 3 of hann bar Elgja *KR.* 4 ok
Angeyja *KRML.* — Ørgiafa ? *Bt.* 6 Aur-(= Ør)giafa *KR,* Eyrg. *ML.*
7 Sindvr ok *KR.* **38** zur vor. str. *K.* 1 Seá *K.* — auk. burr *K*,
burr auk. *R.* **39** zu vor. str. *RMLGg".* — in F nur Mart s. þ.
40, 3 en hann Sl. *K.* 7 bróþr *R.* **41,** 2 lyndi *RK.*

Hyndlulióð.

fann hann hálfsviðinn
hugstein konu,
varð Loptr kviðugr
af konu íllri;
þaðan er á foldu
flagð hvert komit.

42. Haf gengr hríðum
við himin siálfan,
líðr lǫnd yfir,
en lopt bilar;
þaðan koma snióvar
ok snarir vindar,
þá er í ráði,
at regn um þrióti.

43. Varð einn borinn
ǫllum meiri,
sá var aukinn
iarðar megni;
þann kveða stilli
stórúðgastan,
Sif sifjaðan,
siǫtum gørvǫllum.

44. Þá kemr annarr
enn mátkari,
þó þori ek eigi
þann at nefna;
fáir siá nú
fram um lengra,
en Óðinn man
úlfi mœta.

Freyja:

45. Ber þú minnis ǫl
mínum gelti!
svá hann ǫll muni
orð at tína,
þessar rœðu,
á þriðja morni,
þá er þeir Angantýr
ættir rekja.

Hyndla:

46. Snúðu braut héðan,
sofa lystir mik,
fær þú fátt af mér
fríðra kosta;
rannt at Óði

---

4 komu F*Mb*. 5 kyndugr *KREg*, kind. *ML*. 6 at k. *?V (s.v.* kviðugr), af kind *?Bt*. **42,** 2 sialfañ F. 4 loft F. 8 rǫgn? *Eg*. **43** *nach Gg" am unrechten platze*. 3 seá *K*. — aukinn burr *KR*. 6 storaudgazstañ F, stórauðgastan *KRMB'*, stórúðg. *Gg Bt*. 7 sif *KRM*. — sifiadann F, *kein komma danach KRM*. 8 siótum *KR*. **44,** 1 añar F. 3 þori ek *eigi* F, þorigak *BtGg"*. 5 nu F, munu *KR*. 6 leingra F. 7 mun *MGg*. **45,** 1 minnisǫl *RMV*. 2 gesti *geändert KRMB'Eg*. 5 þersa F, þessa *M*. 8 reikna F. **46** *nach Gg", in* F *u. den übr. ausgg*. *2 strr , indem nach vers 4 u. 8 die 2. halbstr. von 47 ebenfalls folgt; in beider munde sind die worte nicht denkbar, BGg' streichen sie in str. 47 nach vermutg von L*. 1 burt F. 4 fróþra *R*. 5 Rant *und punkt vorher* F. — ædi F, æði *KRM*.

Hildebrand, Eddalieder. 9

Hyndlulioð.

ey þreyjandi,
skutusk þér fleiri
und fyrirskyrtu.

Freyja:
47. Ek slæ eldi
of íviðju,
svá at þú eigi kemsk
aptr héðan;
hleypr þú eðlvina
úti á náttum,
sem með hǫfrum
Heiðrún fari.

Hyndla:
48. Hyr sé ek brenna
en hauðr loga,

verða flestir
fiǫrlausn þola;
ber þú Óttari
biór at hendi
eitri blandinn miǫk
illu heilli.

Freyja:
49. Orðheill þín
skal engu ráða,
þóttu, brúðr iǫtuns,
bǫlvi heitir;
hann skal drekka
dýrar veigar,
bið ek Óttari
ǫll goð duga.

---

7 þér *VMbBGg*, þeir *FKRML*. 8 fyr*ir* sk. *FM*. **47,** 2 af
F. — Iviðju *R*. 3 ei *F*, æva *BtGg"* 3.4 æva | kemsk *Bt*. 4 aa
burt *FKR*, á braut *M*, aptr *B'BeGg*, út *Bt*. 5—8 *in* F *nur* hleypr
þu edlvina, *nach 46, 8* hleypr — nattū, *vollst. nach 46, 4*. — eldvina *KR*.
48, 2 Hauþur *R*. 3 verþa þá *R*. 7 miǫð *KR nach pphss*.
8 *nach* heilli *hat* F *noch* h. þú *(d. i.* = *47, 5—8)*. **49,** 1.2 skal
| engu *K*. 3 bruð*ir* F. 4 heit*ir* F, heitr *M*.

VØLUNDARKVIÐA.

Níðuðr hét konungr í Svíþióð; hann átti tvá sonu ok eina dóttur, hón hét Bǫðvildr. Brœðr váru þrír, synir Finnakonungs; hét einn Slagfiðr, annarr Egill, þriði Vølundr; þeir skriðu ok veiddu dýr. Þeir kvámu í Úlfdali ok gerðu sér þar hús; þar er vatn, er heitir Úlfsiár. Snemma of morgin fundu þeir á 5 vatnsstrǫndu konur þriár, ok spunnu lín; þar váru hiá þeim álptarhamir þeirra: þat váru valkyrjur. Þar váru tvær dœtr Hlǫðvés konungs, Hlaðguðr svanhvít ok Hervǫr alvitr, en þriðja var Qlrún Kiárs dóttir af Vallandi. Þeir hǫfðu þær heim til skála með sér. Fekk Egill Qlrúnar, en Slagfiðr Svanhvítrar, 10 en Vølundr Alvitrar. Þau biuggu siau vetr; þá flugu þær at vitja víga ok kvámu eigi aptr. Þá skreið Egill at leita Qlrúnar, en Slagfiðr leitaði Svanhvítrar, en Vølundr sat í Úlfdǫlum; hann var hagastr maðr, svá at menn viti í fornum sǫgum. Níðuðr konungr lét hann hǫndum taka, svá sem hér er um 15 kveðit.

1. Meyjar flugu sunnan
   Myrkvið ígøgnum,
   álmvítr ungar,
   ørlǫg drýgja;
   þær á sævarstrǫnd
   settusk at hvílask

Vølundarkviða: *in* R *18a,4—19b,6; in* A *6b auf den 3 letzten zeilen nur der anfang bis* gerðv *z. 4.* — Überschrift: *in* R *vor der prosa fra* volvndi, *vor str. 1 fra* volvndi oc nidaþi *(od.* nidvþi), *an beiden stellen rot aber verblichen; in* A *vor der prosa fra* niðaði konungi *ebenfalls rot;* Völundarkv *die ausgg. (NB. das handschriftliche* o ǫ ǫv *in der ersten silbe des namens soll doch wol das aus urspr.* i *entstandne* ø *bezeichnen.*

Prosa: 1 Niðaðr A, Niðuðr *RKMEg (immer).* — Sviðioð R. — svnv A. 2 *ok het hon* A. — váru *f.* RRK. 3 Slagfinr A. 5 morgon R. 6 vazstr. RRKGg". 8 Laðvéss RRK, Lǫðves M. — alvitr R, álmvítr Gg. — Svanhv., Alv. P. 10.11 *die epitheta der* Hladgud *u.* Hervor *hier und* 13 *fälschlich als namen angesehen.* — Alv.] Álmvíttar Gg. 11 Vaǀvnd R. — bioɢo RM. 1, 3 Alvitr unga *RKMB mit* R, Gg *ändert hier wol richtig, doch in der prosa vorher musste* alv. *als epitheton der éinen stehen bleiben, es veranlasste den schreiber hier zur verderbnis.* — komma *f.* RM. 5 þer *gross und punkt vorher* R. 6 *nach* hvíl. interp. *RKMB'Gg'*.

Vølundarkviða.

drósir suðrœnar,
dýrt lín spunnu.

2. Ein nam þeira
Egil at verja
fǫgr mær fíra
faðmi liósum;
ǫnnur var svanhvít,
svanfiaðrar dró;
en in þriðja,
þeirar systir,
varði hvítan
háls Vølundar.

3. Sátu síðan
siau vetr at þat,
en inn átta
allan þráðu,
en inn níunda
nauðr um skilði;
meyjar fýstusk

á myrkvan við,
álmvítr ungar,
ørlǫg drýgja.

4. Kom þar af veiði
veðreygr skyti,
Vølundr, líðandi
um langan veg,
Slagfiðr ok Egill,
sali fundu auða,
gengu út ok inn
ok um sásk.

5. Austr skreið Egill
at Ǫlrúnu,
en suðr Slagfiðr
at Svanhvítu;
en einn Vølundr
sat í Úlfdǫlum,

---

7 drósir *für älteres* dísir *nach* Bt. – *interp. f.* RKMB'. 𝕊 B *glaubt vor* 1 *vier verse verloren, worin der raub der schwanenhemden durch die brüder erzählt sei; diese hätten mit* 1—4 *eine str. gebildet, mit* ǫnnur *beginne eine neue, von der* (*so auch* Gr.) *nach* dró 2 *verse verloren seien mit dem namen Slagfids.* 1—4 *dafür vermutet* Gg" *als urspr.:* Ein nam Egil | armi at verja. 5 ǫ. nam Slagfinn E. — Svanhv. RKMB'. 6 *verderbnis aus* Slagfiðr *vermutete schon* Gr, Slagfinnar drós? Gg". 8 þeirra systir RKRMB, þeirra systra Gg"; *ebenso ist* r *vor* s *ausgelassen Skm.* 39, 5. H. H. II. 6, 4. 10 onondar R. 3, 3,5 in .viii., en .ix. R. 4 allan R. 5.6 hält Gg" *für unurspr.* 9 *wie* 1, 3. 9.10 *nach Wisén hier mit unrecht aus str.* 1, *unecht nach* E. 4. *zwischen str.* 3 u. 4 *stellen Mb Simr. E nach* Gr's *vermutg str.* 15, 5—8 16, 3—8 *als éine.* 1.2 *tilgt* E. 2 vegreygr RKM, vé-þreygr R, veðr-eygr EgVBGg (*vgl. str.* 10, 2). 3.4 *mit* Gg *nach* B's *verm., f.* RRKM (*vgl. str.* 10). 5 *komma f.* RM.
5 *keine neue str.* RKMB' 1 ǫstr *ohne punkt vorher* R. — screiþ' R. 3 En *mit punkt vorher* R. 5 *neue str.* RRKMB'. 7.8 *keine lücke* RRKMB'Gg', unz Alvitr unga | aptr kœmi ? Bt, beið þaðan biartrar | brúðar kvámu Gg".

6. Hann sló gull rautt
 við gim fástan,
 lukði hann alla
 lindbauga vel;
 svá beið hann
 sínnar lióssar
 kvánar, ef hánum
 koma gerði.

7. Þat spyrr Níðuðr
 Niara dróttinn,
 at einn Vølundr
 sat í Úlfdǫlum.

8. Nóttum fóru seggir,
 negldar váru brynjur,
 skildir bliku þeira
 við enn skarða mána;
 stigu or sǫðlum
 at salar gafli,
 gengu inn þaðan
 endlangan sal.

9. Sá þeir á bast
 bauga dregna,
 siau hundruð allra,
 er sá seggr átti;
 ok þeir af tóku,
 ok þeir á létu,
 fyr einn útan,
 er þeir af létu.

10. Kom þar af veiði
 veðreygr skyti,
 Vølundr, líðandi
 um langan veg.
 gekk bruna í
 beru hold steikja,
 ár brann hrísi
 allþurr fura,
 viðr inn vindþurri,
 fyr Vølundi.

11. Sat á berfialli,
 bauga talði
 álfa lióði,
 eins saknaði;
 hugði hann at hefði
 Hlǫðvés dóttir,

---

6 keine neue str. R*R*KMB'*Gg'*.   2 gimfástaɴ R, g. fastann *RK*,
gimfastan *Eg*, gimṣtein f. *E*.   3 neue str. *Gg'*.   4 lind ba͡uga R
KMLMbV, lindb. *RPGg'*, liðb. *Gg"* nach *B's verm*. 5—8 *nach
Gg" spätere erweiterung von* 5, 7. 8, *u.* 6, 1—4 *mit* 7 *eine str.; nach
E erweitert aus* beið hann svá | biartrar kvánar.   6 liósar R*KM*,
liósrar *R*, biartrar *GrE*.   7 ef hon *KGrR*.   **7,** 2 Njâra *P*.
8, 1 *keine neue str.* R*R*Gr*KMBGg'*. — nottǫ R, nótt um ? *RGr*. —
v̊ (= varo) seger R.   5 *neue str.* R*G*r*RKMBGg'*.   **9** *neue str. erst
bei z.* 5 R*G*r*RKMBGg'*.   **10** *neue str. erst bei z.* 5 R*G*r*RKMB*'.
2 veþreygr R*K*, vé-þreygr *R*, vegreygr *M*.   5 gekk hann Ṁ*Mb*. — bvɴi
R, at brenni *R*, at bruni *KPEg*, bruuni = bruni *schneeschuhläufer* ?*Eg*,
brúnni *MMbBGg*, brunni *L*, brúnu ?*L*, enn brúni *E*. 7 hár R*R*, hátt
V. — hrísi, R*K*.   8 allþvr R*RK*, hallþurr *V*.   9 vín þvʀi R, vin-
þurri *K*.   7—10 *aus* brann viðr inn vindþurri ¦ fyr Vøl. *erweitert* ?*Gg"*.
11, 6 Hla͡ðvéS R, Hlavþvis *RK*, Hlöðves *M*.

Alvitr unga,
væri hón aptr komin.

12. Sat hann svá lengi
at hann sofnaði,
ok hann vaknaði
viljalauss,
vissi sér á hǫndum
hǫfgar nauðir,
en á fótum
fiǫtur um spentan.

Vǫlundr:
13. Hverir 'ru iǫfrar
þeir er á lǫgðu
besti byr síma
ok mik bundu?

14. Kallaði nú Níðuðr
Niara dróttinn:
hvar gaztu, Vǫlundr!
vísi álfa,
vára aura
í Úlfdǫlum?
gull var þar eigi
á Grána leiðu,
fiarri hugða ek várt land
fiǫllum Rínar.

Vǫlundr:
15. Man ek at vér meiri
mæti áttum,
er vér heil hiú
heima várum:
Hlaðguðr ok Hervǫr
borin var Hlǫðvé,
kunr var Ǫlrún
Kiárs dóttir."

16. Úti stendr kunnig
kván Níðaðar
ok hón inn um gekk
endlangan sal,
stóð á gólfi,
stilti rǫddu:
„Era sá nú hýrr
er or holti ferr."

Níðuðr konungr gaf dóttur
sínni Bǫðvildi gullhring, þann

---

7 álmvítr *Gg.* **13** ohne angabe des redenden *R.* 1 iǫfrir *R.*
2 af létu? *V.* 3 bestu (als 3. pl. prät. von einem unbelegten swv. besta, mhd.
besten) mit komma vorher? *Gg".* — byr sima *MLP(V 53a = annulos),*
byr-síma (incertain kind of cord) *V532b.* 4 ok f. *E.* — bundu mik *E.*
14. kallaþi klein aber punkt vorh. *R,* bei *Gg"* 1.2 noch zu vor.
str. und diese am schlusse lückenhaft angenommen, bei *K* 1—6 noch zu
vor. str.; 1.2 wol kaum urspr. 1 Niþaþr *R.* 7 Gvll u. punkt vorher
R, neue str. *RKM.* 7—10 bereits als Völunds worte *RKM.* — var þ.
eigi] vara þar *Gg".* 6 Grana *RGrKMLMbGg.* **15,** 1—4
mit 5—8 der vor. str. verbunden *RRKM.* 5 Hervǫr, *Gg.* **16** in
R ist 3—8 (hón etc.) ohne zeichen einer lücke mit vor. str. verbunden,
danach *GrRKM* als worte Völunds; Uti — ok *mit BGg nach str. 30.*
4 ennl. *RR.* *Prosa:* 1 Niþaþr *R.* 2 gvllring *RRMB.*

Vølundarkviða.

er hann tók af bastinu at Vølundar; en hann siálfr bar sverðit,
5 er Vølundr átti; en dróttning kvað:

17. Ámun eru augu
ormi þeim inum frána,
tenn hánum teygjask,
er hánum er téð sverð,
ok hann Bǫðvildar
baug um þekkir;
sníðið ér hann
sina magni,
ok setið hann síðan
í Sævarstǫð.

Svá var gørt, at skornar váru sinar í knésfótum, ok settr í hólm einn, er þar var fyr landi, er hét Sævarstaðr. Þar
5 smíðaði hann konungi allskyns gørsimar. Engi maðr þorði at fara til hans nema konungr einn. Vølundr kvað:

18. Svá skínn Níðaði
sverð á linda,
þat er ek hvesta
sem ek hagast kunna,
ok ek herðak
sem mér hœgst þótti;
sá er mér fránn mækir
æ fiarri borinn,
sékka ek þann Vølundi
til smiðju borinn.

19. Nú berr Bǫðvildr
brúðar mínnar
— biðka ek þess bót —
bauga rauða."
Sat hann né hann svaf
ávalt,
ok hann sló hamri,
vél gørði hann heldr
hvatt Níðaði.

20. Drifu ungir tveir
á dyrr siá

17, 1—6 geordnet 3—6. 1—2 in RRKM, aber über amon (beginnt eine zeile, Tex die vorhergehende) stehen 2 umstellungspunkte. 1 ámon RK mit R. 5.6 spätere zutat nach Gg". 9 settiþ R. 10 Sævar-staþ R, in R über stad zwischen ad ein v übergeschrieben. Prosa: 2 kneSfotō, knés-bótom R. 8 Vøl. kv. u. strr. 18. 19 stellt Gg' nach B's vermut. nach er Vøl. átti vor. str. 17, wieder aufgegeben bei Gg". **18,** 1 Svá f. R u. ausgg.; B vermutet zur herstellung des reimes leikr für skínn, wodurch der hauptstab an zweifelhafte stelle kommt. 2 skálm? skarr? skerðir? E. 5.6 halten BtGg" für spätere erweiterung zu 3.4. 7—10 mit 19, 1—4 besond. str. Gg'. 7 frä R, frán R. 8 æ] .e. R. 9 séka Gg', sékat Gg". 10 veginn? gefinn? E. **19,** 1 nv u. punkt vorher R. 3 biðka K. 5 Sat gross u. punkt vorher R, neue str. KB Gg'. — né h. sv. in kommata eingeschl. KBGg. 5 ff. die gehäuften hann wol kaum alle urspr., Sat né sv. áv. (nimmer sass er noch schl. er, sondern)? **20** mit 19, 5—8 éine str. KB. 2 dyr RRGrKMB' Gg'. — at sia RK.

synir Níðaðar
í Sævarstǫð.

21. Kómu þeir til kistu,
krǫıðu lukla;
opin var íllúð
er þeir í sá;
fiǫlð var þar menja,
er þeim mǫgum sýndisk,
at væri gull rautt
ok gørsimar.

Vølundr:
22. Komið einir tveir,
komið annars dags;
ykkr læt ek þat gull
um gefit verða;
segiða meyjum
né salþióðum,
manni øngum,
at it mik fyndið."

23. Snemma kallaði
seggr á annan,
bróðir á bróður:
„gǫngum baug siá!"
Kómu til kistu,

krǫfðu lukla;
opin var íllúð,
er þeir í litu.

24. Sneið af hǫfuð
húna þeira,
ok undir fen fiǫturs
fœtr um lagði;
en þær skálar,
er und skǫrum váru,
sveip hann útan silfri,
seldi Níðaði.

25. En or augum
iarknasteina
sendi hann kunnigri
kván Níðaðar;
en or tǫnnum
tveggja þeira
sló hann brióstkringlur,
sendi Bǫðvildi.

26. Þá nam Bǫðvildr
baugi at hrósa,

21, 1—4 *noch zu vor. str. RM.* — komo *u. punkt vorher* R.
5 fiolþ *klein aber punkt vorher* R.   **22,** 1—4 *zu vor. str. RM.* —
komiþ *u. punkt vorher* R.   3 læt þatt *g.* K.   5 Segit á R, *neue str.*
RM.   8 fundit R.   **23,** 1—4 *zu vor. str. RM.* — snemma *und
punkt vorher* R. — kallað R.   2 á *f.* R *u. ausgg., vor* annan *die aus-
lassg leicht erklärlich.*   3 á bróþr RK.   5 Komo *u. punkt vorher* R.
24, 1—4 *zu vor. str. RM.* — sneiþ *u. punkt vorher* R.   3 und KGg"
4 logþi R.   5 eñ *klein und punkt vorher* R.   8 sendi Gr.
25, 1—4 *noch zu vor. str. RM.* — Eɴ *mit punkt vorher* R.   4 kono
RGrKMGg', *vgl. aber* 30, 2. 35, 8.   5 eɴ *klein u. punkt vorher* R.
26 *mit* 25, 5—8 *éine str. RM.* — þá *gross mit punkt vorher* R.
3—5 *f. ohne lücke* RRGrKMGg'.

(bar hann Vølundi,)
er brotit hafði:
„þoriga ek at segja
nema þér einum."

Vølundr kvað:
27. Ek bœti svá
brest á gulli,
at feðr þínum
fegri þykkir,
ok mœðr þínni
miklu betri,
ok siálfri þér
at sama hófi."

28. Bar hann hana bióri,
því at hann betr kunni,
svá at hón í sessi
um sofnaði;
„Nú hefi ek hefnt
harma mínna
allra nema einna
íviðgiarnra."

29. „Vel ek!" kvað Vølundr,
„verða ek á fitjum,
þeim er mik Niðaðar

námu rekkar!"
Hlæjandi Vølundr
hófsk at lopti,
grátandi Bǫðvildr
gekk or eyju;
tregði fǫr friðils
ok fǫður reiði.

30. Úti stendr kunnig
kván Niðaðar,
ok hón inn um gekk
endlangan sal
— en hann á salgarð
settisk at hvílask —:
„vakir þú, Níðuðr,
Niara dróttinn?"

Niðuðr:
31. Vaki ek ávalt,
vilja ek lauss sit,
sofna ek minnst,
síz mína sonu dauða;
kell mik í hǫfuð,
kǫld eru mér ráð þín,
vilnumk ek þess nú,
at ek við Vølund dœma.

---

5 mit pphss. und den ausgg. 8 þorigak Gg". **27** vorher Volvdr q. in der zeile R. 5 móþor R. **28,** 5—8 denkt sich Bt mit 29, 1—4 urspr. zu einer str. verbunden. 7 einnra K. 8 iviþ giarnra R, íviþ grannra K, iviþ granra REg, iviþ giarira las M und änderte zu íviðgiarnra, í við giörra FMagn. **29,** 1 ausrufungszeichen f. RKM. 5 neue str. Gg'. 9.10 unurspr. nach Gg". **30,** 7 neue str. bis 31, 4. Gr.K. — Vakir mit punkt vorher R, vaki R. **31** überschrift f. R. 2—4 vaci ec avalt vilia ec lavs. sofna. ec miꜱnzt sizt mina sono daυþa R, vilja ek lauss sofna, | ek minniz sízt (ok minnst síz MLMb, ek minnumk s. P) | m. s. d. RKM; viljalauss, | sofna etc. wie oben BGg nach Rud. Keyser. 5 neue str. Gr.K. — Kell u. punkt vorher R.

32. Seg þú mér þat, Vølundr,
vísi álfa!
af heilum hvat varð
húnum mínum?

Vølundr:

33. Eiða skaltu mér áðr
alla vinna:
at skips borði
ok at skialdar rǫnd,
at mars bœgi
ok at mækis egg:
at þú kveljat
kván Vølundar,
né brúði mínni
at bana verðir;
þótt vér kván eigim
þá er þér kunnið,
eða ióð eigim
innan hallar.

34. Gakk þú til smiðju,
þeirar er þú gørðir,
þar fiðr þú belgi
blóði stokna;

sneið ek af hǫfuð
húna þínna,
ok undir fen fiǫturs
fœtr um lagðak.

35. En þær skálar
er und skǫrum váru
sveip ek útan silfri,
selda ek Níðaði;
en or augum
iarknasteina
senda ek kunnigri
kván Níðaðar.

36. En or tǫnnum
tveggja þeira
sló ek brióstkringlur,
senda ek Bǫðvildi.
Nú gengr Bǫðvildr
barni aukin,
einga dóttir
ykkur beggja.

Níðuðr:

37. Mæltira þú þat mál
er mik meirr tregi,

---

32 mit 31, 5—8 éine str. K, nach Gg" fehlen vier verse entw. vor 1 oder zwischen 2.3   4 húnum ausgg., sonō R. **33** überschr. f. R. — bei RPGg 2 str.: 1—6 (mit verlust zweier verse vor 1 Gg") u. 7—14, wiewol in R at ohne punkt voraus. Ich glaube die str. ist aus einer regelrechten erweitert, 3—6 ist zusatz u. 11—14 waren urspr. 2 verse: þótt vér ióð eigim | inn. h. (letzteres auch E). 11 égim, aber neben dem accent noch ein haken über dem e, = i?   12 so R u. ausgg. = þá er ér kunnuð? — þér kunn er? — þ. kunið er?   13 eþ R.   **34**, 1 Gac R.   7 und Gg". **35**, 4 senda RM, geändert nach 24, 8 u. prosa vor 18: engi maðr þorði at fara til hans nema konungr einn.   **36**, 4 bavd villdi R. 7 enga RK.   **37** überschr. f. R.

Vølundarkviða.

né ek þik vilja, Vølundr!
verr um víta;
erat svá maðr hár
at þik af hesti taki,
né svá ǫflugr
at þik neðan skióti,
þar er þú skollir
við ský uppi."

38. Hlæjandi Vølundr
hófsk at lopti,
en ókátr Níðuðr
sat þá eptir.

Níðuðr:
39. Upp rístu, Þakkráðr,
þræll mínn inn bezti!
bið þú Bǫðvildi
mey ina bráhvítu
ganga fagrvarið
við fǫður rœða.

40. Er þat satt, Bǫðvildr,
er sǫgðu mér,
sátuð it Vølundr
saman í hólmi?"

Bǫðvilðr:
41. Satt er þat, Níðuðr!
er sagði þér,
sátu vit Vølundr
saman í hólmi
eina ǫgurstund,
æva skyldi;
ek vætr hánum
vinna kunnak,
ek vætr hánum
vinna máttak.

---

3 vilda *E*. 4 níta R*KBGgE*, nita = hnita ?*Eg, wol aus* uita *verschrieben, so Gr. KM.* 5 *ff. vielleicht unursp., sodass* 1—4 *u. str.* 38 *zusammengehören.* 7.8 *unecht nach Gg".* 8 ofan ?*R, doch s.* né *gereimt auch Hdm.* 2, 2. **38,** 4 þá eptir sat *mit E?* **39** *überschr. f.* R. 1 *vorher glaubt Bt verloren:* þá kvað þat Níðuðr, | Niara dróttinn. — þacráþr R*RKM.* 3—6 *darin sieht Gg" eine verschmelzung mit der urspr. ersten hälfte der folg. str., er vermutet:* biðþú B. | bráðla koma. *(neue str.:)* Inn kom hon B. | mær in br., | gekk fagrv. | v. f. r.: | Er þat satt, Bǫðv. *etc.; die so verkürzte str.* 39 *möchte Gg" dann als zweite hälfte zu* 38 *nehmen.* 4 meyna R*RKM BGg',* mey 'na *Gg".* **40** Er *gross u. punkt vorher* R. 2 sagði mér? *vgl.* 41, 2. **41** *überschr. f.* R. 1 Niþaþr R*RKMLPBGg.* 3 Vǫl. *abgekürzt* R. 8 vinna *f.* R.

HELGAKVIÐA
HIǪRVARÐSSONAR.

I.

Hiǫrvarðr hét konungr, hann átti fiórar konur: ein hét Álfhildr, sonr þeirra hét Heðinn; ǫnnur hét Særeiðr, þeirra sonr hét Humlungr; in þriðja hét Sinrióð, þeirra sonr hét Hymlingr. Hiǫrvarðr konungr hafði þess heit strengt, at eiga þá konu er
5 hann vissi vænsta. Hann spurði at Sváfnir konungr átti dóttur allra fegrsta, sú hét Sigrlinn. Iðmundr hét iarl hans, Atli var hans son, er fór at biðja Sigrlinnar til handa konungi. Hann dvalðisk vetrlangt með Sváfni konungi. Fránmarr hét þar iarl, fóstri Sígrlinnar; dóttir hans hét Álǫf. Iarlinn réð, at meyjar
10 var synjat, ok fór Atli heim. Atli iarls sonr stóð einn dag við lund nǫkkurn, en fugl sat í limunum uppi yfir hánum ok hafði heyrt til, at hans menn kǫlluðu vænstar konur þær er Hiǫrvarðr konungr átti. Fuglinn kvakaði, en Atli hlýddi, hvat hann sagði; hann kvað:

Helgakviða Hiǫrvarðssonar: *in R 22a, 4—24a, 12. Überschrift: fra hiorvarþi oc sigrliɴ R, von B auf den ersten abschnitt allein bezogen; Frá Helga ok Svávu GrE; Helgakv. Haddingjaskaða (K) u. H. Hatingaskaða (REg) in pphss.; wie oben bei MBGg. Mit Simr. u. Gg (Udsigt over den nord. oldtids heroiske digtning p. 81) wird man hier reste von 4 besondern dichtungen von Helgi unterscheiden müssen, die vom sammler erst verknüpft sind.*

I *Die prosa unbehülflich und gegen die ordnung der begebenheiten verstossend; Bt erklärt das durch irrungen der abschreiber, ebenso E (der aber in der textconstituirung zu willkürlich u. radical verfährt) u. Gg: — ich kann an keine abschreiberversehn glauben.* 1 .IIII. R, þriar E. — eiɴ R. 2.3 sonr] *hier u. überall s. abgekürzt* R, son *alle ausser* P. — Alfh., þeirra soɴ K. 3 Hûmlungr E. — Hylmingr E. 5 Svafnir RKM. 5.6 dottvr veɴ allra R *(aber* veɴ *als unrichtig unterpunkt.),* d. quena a. R, d. allra quenna K. 7 Hann dvalðisk *bis* Atli iarls s. (10) *von* Gg. *nach str.* 4 *zwischen* fœri *und* en er hann *gesetzt, was Bt billigt.* 9 Álof RME. 10 Atli heim] iarliɴ heī R. 13 lyddi R, lýddi MLMb. — hvat hann kvað E.

Hiǫrvarðssonar.

1. Sáttu Sigrlinn,
Sváfnis dóttur,
mey ina fegrstu
í munarheimi?
þó þær hagligar
Hiǫrvarðs konur
gumnum þykkja
at Glasis lundi.

Atli:
2. Mundu við Atla,
Iðmundar son,
fugl fróðhugaðr!
fleira mæla?

fuglinn:
Mun ek, ef mik buðlungr
blóta vildi,
ok kýs ek þats ek vil
or konungs garði.

Atli:
3. Kiósattu Hiǫrvarð
né hans sonu,
né inar fǫgru
fylkis brúðir,
eigi brúðir
þær er buðlungr á;
kaupum vel saman!
þat er vina kynni.

fuglinn:
4. Hof mun ek kiósa,
hǫrga marga,
gullhyrndar kýr
frá grams búi,
ef hánum Sigrlinn
sefr á armi
ok ónauðig
iǫfri fylgir.

Þetta var áðr Atli fœri, en er hann kom heim, ok konungr spurði hann tíðinda; hann kvað:

5. Hǫfum erfiði
ok ekki ørindi,
mara þraut óra
á meginfialli,

---

1 am äussern rande f. q. R, ebenso 2, 5; 4. 3 meyna RRKM EBGg', mey 'na Gg". 4 Munarh. Gr. Simr. EBGg'. 5 þær] ero RGrRKMGg' (mit komma nach konur), munu ?Gg, er (þó er = þó at oder er þó) Gg" nach vermutg von Bt, f. E. 8 Glasislundi éin wort alle ausser Gg". 2 am äussern rande a. q. R, ebenso str. 3. 5 Mvn gross u. punkt vorher R. 7 kýss R (!). 3, 1 hiorvaþ' R. 5 eigi] øngar Gg" (p. X). 5.6 þær, | er ausgg. 4, 1 ob Hof oder Haf undeutlich in R. Prosa 1 für þetta — fœri bei E Atli sagði þat Hiǫrvarði kon., ok hann strengði þess heit — vænsta (s. erste prosa z. 4). Atli fór at biðja etc. (s. oben z. 7) — ok fór Atli heim, Gg versetzt p. 140 z. 7—10 Hann dvalðisk — heim hierher zwischen fœri u. en er hann. 3.4 h. q. so R, alle ausgg. ausser E kvað hann; ich denke ok vor konungr beginnt den nachsatz. 5, 1 erfi R. 2 en für ok K. — êrindi E. — Gg" denkt sich 1.2 als schluss einer sonst verlornen str., Mara etc. als den anfang dieser. 3 ossa R.

urðum síðan
Sæmorn vaða;
þá var oss synjat

Sváfnis dóttur
hringum gœddrar,
er vér hafa vildum.

Konungr bað, at þeir skyldu fara annat sinn; fór hann siálfr. En er þeir kómu upp á fiall, ok sá á Svávaland landsbruna ok ióreyki stóra. Reið konungr af fiallinu fram í landit ok tók náttból við á eina. Atli helt vǫrð ok fór yfir ána;
5 hann fann eitt hús; fugl mikill sat á húsinu ok gætti, ok var sofnaðr. Atli skaut spióti fuglinn til bana; en í húsinu fann hann Sigrlinn konungs dóttur ok Álǫfu iarls dóttur, ok hafði þær báðar braut með sér. Fránmarr iarl hafði hamazk í arnarlíki ok varit þær fyr hernum með fiǫlkyngi. Hróðmarr hét
10 konungr, biðill Sigrlinnar; hann drap Sváva konung, ok hafði rænt ok brent landit. Hiǫrvarðr konungr fekk Sigrlinnar, en Atli Álǫfar.

II

Hiǫrvarðr ok Sigrlinn áttu son mikinn ok vænan; hann var þǫgull, ekki nafn festisk við hann. Hann sat á haugi, hann sá ríða valkyrjur níu, ok var ein gǫfugligust; hón kvað:

6. Síð mundu, Helgi,
hringum ráða,
ríkr rógapaldr!
né Rǫðulsvǫllum,
— ǫrn gól árla —
ef þú æ þegir,

þóttu harðan hug,
hilmir, gialdir.

Helgi:
7. Hvat lætr þú fylgja
Helga nafni,
brúðr biartlituð,

---

6 sæmorn *PB*. 5.6 *f. E*. *Prosa:* 1 ok fór *Gg*. 2 sá þeir *wollte B'* vor landsbruna *ergänzen, zurückgenommen von Bt*. 3 reið *mit* komma *vorher RKM, in* R *gross u. punkt vorher*. 4 natból R. — *E schiebt* Hróðmarr — landit (*z. 9—11*) *zwischen* eina. Atli *ein*. 8 hafi R. 9 fiǫlkingi *E*. — Hróðmårr *E*. 10 Svafni kon. *EP*. 12 Olofar *R*.

II *Mit sehr gross geschr.* Hiorvarþr *beginnt in* R *eine neue zeile, das vorangehende* álofar *fand auf der vorigen nicht mehr platz, es steht mit einem haken abgetrennt am schlusse der folgenden*. 2.3 ok hann sá *E*. 3 nío R. **6,** 1 mant þú *E*. 3 ríkr Roga valdr *oder* baldr ?*Gg*, ríki Roga valda ?*Gg''*. 4 rǫðulsv. *KP*. 8 hilmis g. *R*.
7 *am äussern rande nur noch* q., h. *jedenfalls weggeschnitten*.

alls þú bióða rœðr?
Hygg þú fyr ǫllum
atkvæðum vel!
þigg ek eigi þat,
nema ek þik hafa.
valkyrja:
8. Sverð veit ek liggja
í Sigarshólmi
fiórum færa
en fimm togu;
eitt er þeira
ǫllum betra
vígnesta bǫl
ok varit gulli.

9. Hringr er í hialti,
hugr er í miðju,
ógn er í oddi
þeim er eiga getr;
liggr með eggju
ormr dreyrfáðr,
en á valbǫstu
verpr naðr hala.

Eylimi hét konungr, dóttir hans var Sváva, hón var valkyrja ok reið lopt ok lǫg. Hón gaf Helga nafn þetta ok hlífði hánum opt síðan í orrostum. Helgi kvað:

10. Ertattu, Hiǫrvarðr,
heilráðr konungr,
fólks oddviti,
þóttu frægr sér;
léztu eld eta
iǫfra bygðir,
en þeir angr við þik
ekki gørðu.

11. En Hróðmarr skal
hringum ráða,
þeim er áttu
órir niðjar;
sá sésk fylkir
fæst at lífi,
hyggsk aldaudra
arfi at ráða.

Hiǫrvarðr svarar, at hann mundi fá lið Helga, ef hann vill hefna móðurfǫður síns. Þá sótti Helgi sverðit, er Sváva vísaði hánum til; þá fór hann ok Atli ok feldu Hróðmar ok unnu mǫrg þrekvirki.

7.8 þikkat ek þat, | nema þik hafak *Gg"*. **8** keine überschr. R.
2 Sigars hólmi *M*. 4 fimtogo *R*. 7 *in kommata eingeschl. RE*.
9, 1 Hringr *findet Bt neben* hugr *u.* ógn *bedenklich, auch Gg" denkt an ein* heill, heipt, hildr, hróðr, *das graphisch nahliegende* hungr *scheint ihm weniger.* 7 valbǫstum? *Prosa:* Svava *(immer) KRGr*.
10 *damit lässt Simrock das dritte bruchstück beginnen.* **11,** 7.8 *V11b findet in der stelle eine verderbnis, aber auffallend ist nur die starke flexion von* ald., aldauða ? *Gg"*. 7 hygz *RRKMEGg'*. 8 at wol spätern ursprungs Bt. *Prosa:* 1 sv̄ **R**, *d. i.* svarar *oder* svaraði *(E)*. 5 for hō **R**.

III

Hann drap Hata iǫtun, er hann sat á bergi nǫkkuru. Helgi ok Atli lágu skipum í Hatafirði. Atli hélt vǫrð inn fyrra hlut nætrinnar. Hrímgerðr Hata dóttir kvað:

12. Hverir 'ru hǫlðar
    í Hatafirði?
    skiǫldum er tialdat á skip-
         um yðrum;
    frœknliga látið,
    fátt hygg ek yðr siásk,
    kennið mér konungs nafn!

Atli:

13. Helgi hann heitir,
    en þú hvergi mátt
    vinna grand grami;
    iárnborgir
    eru um ǫðlings flota,
    knegut oss fálur fara.

Hrímgerðr:

14. „Hvé þú heitir,
    halr inn ámátki?
    hve þik kalla konir?
    fylkir þér trúir,
    er þik í fǫgrum lætr
    beits stafni búa."

Atli:

15. Atli ek heiti,
    atall skal ek þér vera,
    miǫk em ek gífrum gram-
         astr;
    úrgan stafn
    ek hefi opt búit,
    ok kvalðar kveldriður.

16. Hvé þú heitir,
    hála nágráðug?
    nefndu þínn, fála, fǫður!
    níu rǫstum
    er þú skyldir neðarr vera,
    ok vaxi þér á baðmi barr!

Hrímgerðr:

17. Hrímgerðr ek heiti,
    Hati hét mínn faðir,
    þann vissa ek ámátkastan
    iǫtun;

III *nur durch punkt u. gewönliche initiale vom vor. geschieden in* R *u. ausgg. ausser Gg.* Prosa: lvt RRKM. — Hatadóttir RKMb. **12,** 1 hauldar RKMb. 3 *zwei verse tiald.* | á RKM, *wie oben (doch mit streichung von* yðrum) *nach R's vorschlag EBGg.* 6 nafn konungs R *u. ausgg., vgl. aber Zze 134.* **13** *überschr.* Atli q. *in der zeile* R. 2 mát R. 4.5 'ru | um *ausgg.* 5 ro R. — *nach* aþlings *ist in* R scip *unterpunkt. u. radiert.* **14,** 1 *nach* heitir *steht quad* Hrímgerþr RMLMb (*in klammern* R), *eine überschrift fehlt.* — þú *mit* Gg *nach B's vermutg,* þic RRKME (*u.* V 252b, *der wie es scheint* halr *als subject zu* heitir *nimmt!*) **15** *bis* **30** *incl. f. überschr.* R. **15,** 5 hefi ek R. **16,** 2 hala K. 4.5 er þú | sk. K.

    margar brúðir
hann lét frá búi teknar,
unz hann Helgi hió.
        Atli:
18. Þú vart, hála,
    fyr hildings skipum
    ok látt í fiarðar mynni
        fyrir;
    ræsis rekka
    er þú vildir Rán gefa,
    ef þér kœmit í þverst þvari.
      Hrímgerðr:
19. Duliðr ertu nú, Atli,
    draums kveð ek þér vera,
    síga lætr þú brýnn fyr brár;
    móðir mín
    lá fyr mildings skipum,
    ek drekða Hlǫðvarðs sonum
        í hafi.

20. Gneggja myndir þú, Atli,
    ef þú geldr né værir,
    brettir sínn Hrímgerðr hala;
    aptarla hiarta
    hygg ek at þítt, Atli, sé,
    þótt þú hafir reina rǫdd.
        Atli:
21. Reini mun þér ek þykkja,
    ef þú reyna knátt,
    ok stíga ek land af legi;
    ǫll muntu lemjask,
    ef mér er alhugat,
    ok sveigja þínn, Hrímgerðr,
        hala.
      Hrímgerðr:
22. Atli! gakk þú á land,
    ef afli treystisk,
    ok hittumk í vík Varins!
    rifja rétti
    er þú munt, rekkr, fá,
    ef þú mér í krummur kømr.
        Atli:
23. Munka ek ganga,
    áðr gumnar vakna,
    ok halda of vísa vǫrð;

17, 4.5 lét | frá *RKM*.   **18,** 3 lát R.   3.4 mynni | for ræsis *R*. 6 þverst R, þverz *RK*, þvers *Eg*.   **19,** 3 brýn *RKE*.   4.5 lá | fyr *ausgg*.   6 Hlǫþvarz R, Hlavþvers *R*, Lavþvis *K*, Hlodvarðs *E*. *Zwischen* **19.20** *muss eine str. fehlen, in der Atli spricht und Hrimg. zu solcher erwiderung veranlasst (so auch BtGg).*   **20,** 1 mundir *RKE.* 6 hreina *RRKM (Eg: vocem* liquidam*!), reima E (von einem unbelegten adj.* reimr = reymr *laut tönend!),* ramma *Gg' im texte nach B's verm.,* reina *BtGgV; vgl. Zze. 133 f*.   **21,** 1 Remi *RRKM LMb,* Reimri *(s. zu 20, 6) E,* Remri *P(Gg' im texte, auch Eg fasste* remi = remri*,* Reina *BtGgV*. — mun ek þér *R*, *vielleicht richtiger.* 3 á land *RGrRKMEB'Gg', aber BeGg" streichen á richtig als spätern ursprungs, vgl. str. 26, Guðr. II, 36, Ghv. 14 u. sonst in andern quellen.* 6 hala, *Hrímg. GrRKM nach* R, *umgestellt von EBGg nach 20,3.*   **22,** 1 gac *R*.   2 treystir *R*.   5 mant *E*.   6 krȳmor R, krymmur *GrRKMEB*.   **23,** 1 Mvnca, *aber ca sehr verwischt oder radiert* R, Munkat *Gg"*.

era mér ørvænt,
nær óru komir,
skass, upp undir skipi.

Hrímgerðr:
24. Vaki þú, Helgi!
ok bœt við Hrímgerði,
er þú lézt hǫggvinn Hata!
eina nótt
kná hón hiá iǫfri sofa,
þá hefir hón bǫlva bœtr.

Helgi:
25. Loðinn heitir er þik skal eiga,
leið ertu mannkyni,
sá býr í Þolleyju þurs,
hundvíss iǫtunn,
hraunbúa verstr:
sá er þér makligr maðr.

Hrímgerðr:
26. Hina vildu heldr, Helgi,
er réð hafnir skoða
fyrri nótt með fírum;
marggullin mær
mér þótti afli bera;
hér sté hón land af legi,
ok festi svá yðarn flota;
hón ein því veldr,
er ek eigi mák
buðlungs mǫnnum bana.

Helgi:
27. Heyrðu nú, Hrímgerðr!
ef ek bœti harma þér,
segðu gørr grami:
var sú ein vættr,
er barg øðlings skipum,
eða fóru þær fleiri saman?

Hrímgerðr:
28. Þrennar níundir meyja,
þó reið ein fyrir
hvít und hiálmi mær;
marir hristusk,
stóð af mǫnum þeira
dǫgg í diúpa dali,
hagl í háva viðu;
þaðan kømr með ǫldum ár;
alt var mér þat leitt, er ek leitk.

---

5 kǫmr *u. zwischen* mr *über der linie die abkürzg für* ir R, kømr (*u.* skass *als subject dazu*) Gr*RKMEB'*, komir GgBt. **24** *nach* Gr EP *von Atli gesprochen.* 2 ok *fehlt* E. — bot *wie es scheint in* R. 4 nót R. 4.5 hon | hiá RKM. **25,** 1 Loðinn þik skal eiga Gr EP, *vielleicht das richtige, die verderbnis durch erinnerung an Skm. 35, 1.2 hervorgerufen?* — erc R. 3 þurs; GrRE. **26,** 4 margullinn RR, margullin KM, margǫltu E. 5 afli] magni E. 6 hon á land E. 7 *nach* E *neue str., deren anfang (etwa* árgullin mær | mér þótti afli berask) *verloren sei.* 8 Hon *u. punkt vorher* R, *neue str.* Gg; *ich halte eher* 3—7 *für unurspr.* 9 er ek mákak Gg". 8.9 *urspr.* Hon ein því veldr, | er Hrímg. máat ?Gg. **27,** 4 einvętr R, einvættr GrEP. **28,** 1 mundir KM, mundu (*u.* meyjar) E. 3 *danach glaubt* E *eine halbstr. verloren u. beginnt mit 4 neue str.* 5 stóð] stǫkk ? E. 7 ff. *macht* E *zu einer regelrechten halbstr., indem er* 8 hǫldum *für* ǫldum *setzt.*

Helgi:	Atli:
29. Líttu nú austr, Hrímgerðr!	30. Dagr er nú, Hrímgerðr!
ef þik lostna hefir	en þik dvalða hefir
Helgi helstǫfum;	Atli til aldrlaga;
á landi ok á legi	hafnarmark
borgit er lofðungs flota,	þykkir hlœgligt vera,
ok siklings mǫnnum it sama.	þars þú í steins líki stendr.

IV

Helgi konungr var allmikill hermaðr; hann kom til Eylima konungs ok bað Svávu dóttur hans. Þau Helgi ok Sváva veittusk várar ok unnusk furðu mikit. Sváva var heima með feðr sínum en Helgi í hernaði; var Sváva valkyrja enn sem fyrr.

Heðinn var heima með fǫður sínum, Hiǫrvarði konungi, í 5 Noregi. Heðinn fór einn saman heim or skógi iólaaptan ok fann trǫllkonu; sú reið vargi ok hafði orma at taumum, ok bauð fylgð sína Heðni. Nei, sagði hann. Hón sagði: „þess skaltu gialda at bragarfulli." Um kveldit óru heitstrengingar; var framleiddr sónargǫltr, lǫgðu menn þar á hendr sínar, ok strengðu menn þá 10 heit at bragarfulli. Heðinn strengði heit til Svávu Eylima dóttur, unnustu Helga bróður síns, ok iðraðisk svá miǫk, at hann gekk á braut villistigu suðr á lǫnd, ok fann Helga bróður sinn. Helgi kvað:

31. Kom þú heill, Heðinn!	hví er þér, stillir,
hvat kantu segja	støkt or landi,
nýra spialla	ok ert einn kominn
or Noregi?	oss at finna?

---

29 nach KEPBGg" Wisén worte Atlis, ohne angabe bei RML. 1 Austr líttu nú ausgg. mit R, doch ist líttu *nach betonterem* austr *nicht reimfähig*. 2 en statt ef Wisén. — hefr R. 4.5 legi *u*. lofðungs EBGg nach vermut. von Gr, vatni *u*. øðlings RRKM. **30** nach Mb Wisén Gg" worte Helgis, ohne angabe bei RML. 4.5 þykkir | hl. v. alle ausgg.
IV Prosa: 3 varar KRLEPEg. — favþr R. 5 favþr KR. — Hiǫrv., kon. í Nor. MLMb. 8 hō s. abgekürzt R. 9 oro R, ero K. 12 Helga f. E. — bróþr RE. **31** Komþv R, Komdu Gg. 4 norðrvegi Gg". 6 steyct RKRE. 7 ertu E. — komī R. 8 ocr *u. über* cr *ein* s R.

Heðinn:
32. Mik hefir miklu glœpr
    meiri sóttan:
    ek hefi kerna
    ina konungbornu
    brúði þína
    at bragarfulli.

Helgi:
33. Sakask eigi þú!
    sǫnn munu verða
    ǫlmál, Heðinn,
    okkur beggja;
    mér hefir stillir
    stefnt til eyrar,
    þriggja nátta
    skylak þar koma;
    if er mér á því,
    at ek aptr koma;
    þá má at góðu
    gørask slíkt, ef skal.

Heðinn:
34. Sagðir þú, Helgi,
    at Heðinn væri
    góðs verðr frá þér
    ok giafa stórra;
    þér er sœmra
    sverð at rióða
    en frið gefa
    fiándum þínum.

Þat kvað Helgi, þvíat hann
grunaði um feigð sína, ok þat
at fylgjur hans hǫfðu vitjat
Heðins, þá er hann sá konuna
ríða varginum.

Álfr hét konungr, sonr Hróð-
mars, er Helga hafði vǫll hasl-
aðan á Sigarsvelli á þriggja
nátta fresti. Þar var orrosta
mikil, ok fekk þar Helgi banasár.
Þá kvað Helgi:

35. Reið á vargi,
    er røkvit var,
    flióð eitt, er Heðin
    fylgju beiddi;
    hón vissi þat,
    at veginn mundi

---

32 überschr. fehlt, sicher auch die hälfte der 1. halbstr., nach E vers 1.2 þá kvað þat Heðinn, | harðráðr konungr:, nach BGg vers 3.4, en ek þér, bróðir, | bœta megak ?Bt. 1 myclo R. — glöpr E. 3 korna E. 4 konungborna, E (!). 6 Bragarf. E. **33** überschr. f. R. 1 Sakaska þú Gg". 4 ockar R. 5 mer klein doch punkt vorher R, neue str. E (der die 2. halbstrophe der vorigen als fehlend annimmt) u. Gg nach B's verm.; ich glaube eher an spätere zusätze (7—8. 11—12?). 6 stefnt BGg nach R's verm., steyct (støkt) RKME.

34 K lässt von der nächsten prosa den anfang bis varginum vorausgehn. — überschr. f R. Prosa: 6 s. abgekürzt R, son KR MLMbBGg. 9.10 þar — banasár zwischen str. 35 u. 36 in RRGrM. 11 þá kv. Helgi u. die folgende str. unmittelbar nach str. 34 vor die prosa KBGg, doch s. zu 35, 6. **35** bei E zwischen str. 41. 42. 2 rek | viþ R. 3 h' R, hann GrKME, Heðin BGg nach R's verm. 6 vegī R. — das präter. konnte Helgi nur nach dem kampfe gebrauchen.

Sigrlinnar sonr
á Sigarsvǫllum.

36. Sendi Helgi
Sigar at ríða
eptir Eylima
einga dóttur;
biðr brálliga
búna verða,
ef hón vill finna
fylki kvikvan.

Sigarr:
37. Mik hefir Helgi
hingat sendan
við þik, Sváva,
siálfa at mæla;
þik kvazk hilmir
hitta vilja,
áðr ítrborinn
ǫndu týndi.

Sváva:
38. Hvat varð Helga
Hiǫrvarðs syni?
mér er harðliga
harma leitat,
ef hann sær um lék
eða sverð um beit,
þeim skal ek gumna
grand um vinna!

Sigarr:
39. Fell hér í morgun
at Frekasteini
buðlungr, sá er var
baztr und sólu;
Álfr mun sigri
ǫllum ráða,
þótt þetta sinn
þǫrfgi væri.

Helgi:
40. Heil verðu, Sváva!
hug skaltu deila,
siá mun í heimi
hinztr fundr vera;
tiá buðlungi
blœða undir,
mér hefir hiǫrr komit
hiarta it næsta.

41. Bið ek þik, Sváva,
— brúðr, grátattu! —
ef þú vill mínu
máli hlýða,
at þú Heðni
hvílu gørvir,
ok iǫfur ungan
ástum leiðir.

---

8 sigars vollv̄ R, aber vollv̄ ist erst aus velli corrigiert; Sigars-
velli KE.   **36,** 5 Bið als imperat. u. 5—8 als directe rede Helgis
B'Gg', doch von Bt widerrufen. — bráðliga Gg, bralliga E. 6 bunir R.
37 überschr. f. R.   5 qvaþz R (z übergeschrieben und durch
einen haken seine stelle bezeichnet) u. KGrR, kvað M.   **38** überschr.
f. R.   1 Hvat varð] Hvarþ R.   5 sár ?R, sax Gg nach verm. B's.
39.40 überschrr. f. R.   2 skalattu Gg'.   5 tiá R, tíu LE.
41, 2 gráttattu RGrMLMbBGg.   4 lýða GrRMLMb mit R.
8 dafür armi verir K.

Sváva:
42. Mælt hafða ek þat
í munarheimi,
þá er mér Helgi
hringa valði:
myndiga ek lostig
at liðinn fylki
iǫfur ókunnan
armi verja.

Heðinn:
43. Kystu mik, Sváva!
kem ek eigi áðr
Rogheims á vit
né Rǫðulsfialla,
áðr ek hefnt hefik
Hiǫrvarðs sonar,
þess er buðlungr var
beztr und sólu.
Helgi ok Sváva er sagt at
væri endrborin.

HELGAKVIÐA HUNDINGSBANA
IN FYRRI.

1. Ár var alda
þat er arar gullu,
hnigu heilǫg vǫtn
af himinfiǫllum;
þá hafði Helga
inn hugumstóra
Borghildr borit
í Brálundi.

2. Nótt varð í bœ,
nornir kvámu,
þær er øðlingi
aldr um skópu;
þann báðu fylki
frægstan verða,
ok buðlunga
beztan þykkja.

42 überschr. f. R.   1 Melt R.   2 Munarheimi GrEBGg'
5 lostic RGr.   43 überschr. f. R, nach GrMEP Helgis worte.
2 kem ec eigi R, kemkat ek Gg". — áðr] aptr ?Gg".   3 Rógheims
KME, rógh. R; Bt schwankt, ob o oder ó.   4 Ravþvlsvalla KR, was
Gg" für wahrscheinlich hält.   7 var f. R.   8 baztr KRP.

Helgakviða Hundingsbana in fyrri: in R 20a, 21—22a,3.
— Überschr.: her hefr vp qþi (d. i. kvæði) fra helga hᵛdigs bana. þ'a
hav.... ([ok] þeira Haⱱþbroddz liest Bt, früher hatte er nur þa h.....
unterschieden u. dies als þá hina I gedeutet) hat R mit roter tinte aber
sehr verblichen und kaum lesbar; Helgakviða Hundingsbana en fyrri eðr
Helgakviða ǫnnur K, Helgakv. Hund. hin fyrsta Gr, H. H. en (en f. ML;
hin MbBGg) fyrri REMbBGg.

1, 2 þ' R, þá KE.   4 Himinf. KGrGg'.   5 hugum st. KREM
Gg' mit R.

3. Sneru þær af afli
ørlǫgþáttu,
þá er borgir braut
í Brálundi;
þær um greiddu
gullin símu,
ok und mánasal
miðjan festu.

4. Þær austr ok vestr
enda fálu,
þar átti lofðungr
land á milli;
brá nipt Nera
á norðrvega
einni festi,
ey bað hón halda.

5. Eitt var at angri
Ylfinga nið
ok þeiri meyju
er munuð fœddi:
hrafn kvað at hrafni
— sat á hám meiði
andvanr átu —:
„Ek veit nǫkkut.

6. Stendr í brynju
burr Sigmundar

dœgrs eins gamall,
nú er dagr kominn!
hvessir augu
sem hildingar,
sá er varga vinr,
vit skulum teitir."

7. Drótt þótti sá
dǫglingr vera,
kváðu með gumnum
góðár kominn;
siálfr gekk vísi
or vígþrimu
ungum fœra
ítrlauk grami.

8. Gaf hann Helga nafn
ok Hringstaði,
Sólfiǫll, Snæfiǫll
ok Sigarsvǫllu,
Hringstǫð, Hátún
ok Himinvanga,
blóðorm búinn
brœðr Sinfiǫtla.

9. Þá nam at vaxa
fyr vina brióstí
álmr ítrborinn

3, 3 er borgirbr. *'ist burgenbruch'* Gr. 3.4 *hält Gg" für verderbt aus* þeim er Borghildr bar | í Brál. 6 gullinsímo *KR*, gullinn síma *MLE*. **4,** 5 néra R, nera K. **5,** 1 varat angr ?*Eg.* 3 ok] er R*Gg*. 4 er *f. Gg.* — meinúð *Gg*. 7 andvarr *(intentus)* *KEEg*. **6,** 4 komī R. 5 hverS*ir* R*KGr*. **7,** 3 gvmom *K*. 4. ar kōiṉ R *mit lücke vor* ár, . . . ár komin *K*, Grímar kominn *R*, góð ár komin *ME u. Wisén nach vermutung in K*, goðár komin *GBrynjulfsson BGg; oder* 3.4 kv. með ǫldum | ár um k.? 8 ítrlaug *vermutet FMagn*. **8,** 3 sól fivll R. 8 bróþr *KE*.

yndis lióma;
hann galt ok gaf
gull verðungu,
sparði eigi hilmir
hodd blóðrœkinn.

10. Skamt lét vísi
vígs at bíða,
þá er fylkir var
fimtán vetra;
ok hann harðan lét
Hunding veginn,
þann er lengi réð
lǫndum ok þegnum.

11. Kvǫddu síðan
Sigmundar bur
auðs ok hringa
Hundings synir;
þvíat þeir áttu
iǫfri at gialda
fiárnám mikit
ok fǫður dauða.

12. Létat buðlungr
bótir uppi,

né niðja in heldr
nefgiǫld fá;
ván kvað hann mundu
veðrs ins mikla
grára geira
ok gremi Óðins.

13. Fara hildingar
hiǫrstefnu til,
þeirar er lǫgðu
at Logafiǫllum;
sleit Fróða frið
fiánda á milli,
fara Viðris grey
valgiǫrn um ey.

14. Settisk vísi,
þá er vegit hafði
Álf ok Eyjólf,
und arasteini,
Hiǫrvarð ok Hervarð,
Hundings sonu;
farit hafði hann allri
ætt geirnímis.

9, 4 yndislióma *K*, ymþis l. *Gr*. 5 galt ok gaf hann *E*.
7 sparðit hilm. *Gg"*. 8 so *Bt*, hodd bloþ rekix **R**, h. blóðrekin *K*, h.
bráþ-þrekinn *R Scheving*, h. blóðrekinn *MEgGg'*, hoddum brodd rekinn
oder hodd ok (*od.* né) brodd rekinn *?Gg"*. **10,** 1 vísir *R*. 2—5 *Bt
will mit ok den nachsatz beginnen, er setzt nach bíða semicolon u. nach
vetra komma.* 7 sá er *KE* (! *s. Zze 80 f.*). **11,** 1 Qvado *aus*
Qvaþo (*so GrK*) *geändert in* **R** (*d. h. nur halb gebessert!*), Quǫddu *R*. —
síþar *KE*. 3 aþˢ **R**. — ok *f*. **R**. 8 fǫðr *KE*. **12,** 2 Bœtr
KE. 3 i **R**; *K las* í *u. tilgte das, danach E*. **13,** 5 fróþa-friþ *K*.
7 fóru *E*. — Viðris-grey *R*. **14,** 1 Fóru *E*. 3 Eyólf *KE*.
4 Arast. *K*. 5 Hervarð *mit Gg" nach der prosa vor H. H. II, 14 u.
den entsprechenden stellen der Volsungasaga u. Nornagests þáttr*, Hávarð
die übrigen mit **R**. 8 et **R**. — Geirm. *RME*.

15. Þá brá lióma
af Logafiǫllum,
en af þeim liómum
leiptrir kvámu.

16.
hávar und hiálmum
á himinvanga;
brynjur váru þeira
blóði stoknar,
en af geirum
geislar stóðu.

17. Frá árliga
or úlfiði]
dǫglingr at því
dísir suðrœnar:
ef þær vildi heim
med hildingum
þá nótt fara;
þrymr var álma.

18. En af hesti
Hǫgna dóttir
— líddi randa rym —
ræsi sagði:
„hygg ek at vér eigim
aðrar sýslur,
en með baugbrota
biór at drekka.

19. Hefir mínn faðir
meyju sínni
grimmum heitit
Granmars syni;
en ek hefi, Helgi,
Hǫðbrodd kveðinn
konung óneisan
sem kattar son.

20. Þó kømr fylkir
fára nátta,

15, 3 ok af *K*. — lióma *K*. 3.4 *f. E.* 4 leiptrar *K*, leyptrir *R*.
— *Bt meint die erste halbstrophe sei verloren, schwer zu bestimmen.*
16 *unmittelbar an* qvomo *schliesst sich in* **R** þa var vnd hialmom *etc., so GrKRM ohne neue str. zu beginnen, auch E schliesst den zu* fóru. und hiálmum *geänderten vers* 3 *an* 15, 2 *an; hier mit BtGg* hávar *aus* þa var *geändert, die lücke füllen sie aus* Sá þá mildingr | meyjar ríða. 4 Himinv. *GrMbEBGg*. 7 geiror **R**. **17,** 2 vlf iþi **R**, úlf-iþi *KR*, úlfviði *Gg'*, Ulfiði *Gr; vgl.* við skóg einn **VS**. 5 ef] hvört *KE (soll sein* hvort = hvert). **18,** 3 lyddi *KR*. 5 eigum *KE*.
19, 4 granș mars **R**. 5 hefi *doppelt* **R**. 6 Hothbrodus *immer bei Saxo*, Hoddbr. *immer* **VS**. 7 konung *fehlt nicht in* **R** (.k'.), *wie KE angeben.* 8 Kattar *(name eines riesen!) R*. **20,** 1 þó *BGg*, þa **R**, Sá *KGrRME; vgl.* **VS** en þó mun þetta fram fara, nema þú bannir hánum *etc.* 3.4 *hier lücke mit GgBt angenommen*, ok hefir heim með sér | Hǫgna dóttur *Gg*, *E u.* *B'* *setzen die lücke an den schluss der str. nach* **VS** þvíat með engum konungi vilda ek heldr sætr búa en með þér.

nema þú hánum vísir
valstefnu til,
eða mey nemir
frá mildingi."

Helgi:
21. Uggi eigi þú
Ísungsbana!
fyrr mun dólga dynr,
nema ek dauðr siák."

22. Sendi áru
allvaldr þaðan
um land ok um lǫg
leiðar at biðja,
iðgnógan
ógnar lióma
brǫgnum bióða
ok burum þeira.

23. „Biðið skiótliga
til skipa ganga
ok or Brandeyju
búna verða!"

Þaðan beið þengill,
unz þinnig kvámu
halir hundmargir
or Heðinseyju.

24. Ok þar af strǫndum
or Stafnsnesi
beit hér út skriðu
ok búin gulli;
spurði Helgi
Hiǫrleif at því:
„hefir þú kannaða
koni óneisa?"

25. En ungr konungr
ǫðrum sagði,
seint kvað at telja
af Trǫnueyri
langhǫfðuð skip
und líðǫndum,
þau er í Ǫrvasund
útan fóru.

---

21 *von K noch zu vor. str. gerechnet. — E bezeichnet verlust einer ersten halbstr. — überschr. f.* R. 1 Uggia þú *Gg"*. 3 dolga-dynr *Gr R. — zwischen* 3.4 *scheint zu fehlen, vgl.* VS fyrri skulum vit reyna hreysti okkra en þú sér hánum gipt, ok reyna skulum vit áðr, hvárr af ǫðrum berr, ok her skal lífit á leggja. **22,** 3 um land, *so geändert mit BGg, da die* ærir *doch nur* menn (VS) *sind, of* lopt *RGrKRME*. 6 ógnarlióma *KRM*. **23,** 3 or] at *Gg nach vermutg von KB*. 6 þing *RGrBtGg"*, þingat *RKMEB'Gg'*. **24,** 1 Ok þá of Str. *E*. — stǫndō R, stǫðum ?*GrGg"*, stundum ?*Bt*. 1.2 at str. und Stafnsn. ?*Gg"*. 2 or] ok *KGrE*. — stafnsn. *R*. 3 her vt R *(die abbrev. etwas undeutl.),* hers út *KE*, hér út *GrMB'*, her út *RKeyser*, sér út *Gg', dafür ein adjectiv zu* beit *vermutet von Bt,* hermǫrg *Gg"*. — skríða *Gg'*. 4 ok f. *KE*. — búinn *KR*. **25,** 4 af trauno-eyri *('von der schnabelspitze') Gr*. 7 iorva svnd R, Jorvasund *K*, í Orfas. *E*. 8 fara *E*.

26. „Tólf hundruð
tryggra manna;
þó er í Hátúnum
hálfu fleira
víglið konungs;
ván erumk rómu."

27. Svá brá stýrir
stafntiǫldum af,
at mildinga
mengi vakði,
ok dǫglingar
dagsbrún siá,
ok siklingar
snøru upp við tré
vefnistingum
á Varinsfirði.

28. Varð ára ymr
ok iárna glymr,
brast rǫnd við rǫnd,
reru víkingar;
eisandi gekk
und ǫðlingum

lofðungs floti
lǫndum fiarri.

29. Svá var at heyra,
er saman kvámu
Kólgu systir
ok kilir langir,
sem biǫrg eða brim
brotna mundi.

30. Draga bað Helgi
há segl ofarr,
varðat hrǫnnum
hǫfn þingloga,
þá er ógurlig
Œgis dóttir
stagstiórnmǫrum
steypa vildi.

31. En þeim siálfum
Sigrún ofan
folkdiǫrf um barg
ok fari þeira;
snørisk ramliga

---

26 vgl. VS eru á tólf þúsundir manna ok er þó hálfu fleiri annat, *die von EB angenommene lücke vor vers 1 (oder nach 2?) scheint sonach alt zu sein.* 6 vanir *K*, vânir *E.* — erom R*KGr*RME, erumk *Gg.*
27, 5.6 *unecht nach EGg.* 7 ok] þá *E.* 8 viþ ræ *Gr.* 9 vef nist. *Gr.* 10 Varinsfyrði *K.* **28,** 5 Eisandi *und punkt vorher* R, *GrK ziehen drum* 5—8 *zur folg. str.* **29,** 1 sva *klein u. punkt vorher* R, Svarf *Gg".* 4.5 *dazwischen nach EGg" lücke von 2 versen.* 4 langir *auf radiertem fornir* R. 5 eða] við *E nach verm. von K.*
30 vgl. VS Helgi bað þá ekki óttast ok eigi skipta seglunum, heldr setja hvert hæra en áðr; þá var við siálft, at yfir mundi ganga, áðr þeir kœmi at landi. 4 hǫfn *aus* hrann *geändert* R, hrǫnn *KMEg.* — þing loga R*Gr*, þinglaga *KE.* 7 stagst. mǫrum *KE getrennt wie* R.
31, 5 snoriz R.

Rán or hendi
giálfrdýr konungs
at Gnípalundi.

32. Sátu þar um aptan
í Unavágum,
flaust fagrbúin
flióta knáttu;
en þeir siálfir
frá Svarinshaugi
með hermdar hug
her kǫnnuðu.

33. Frá góðborinn
Guðmundr at því:
„hverr er landreki,
sá er liði stýrir,
ok hann feiknalið
fœrir at landi?"

34. Sinfiǫtli kvað
— slǫng upp við rá
rauðum skildi,
rǫnd var or gulli;

þar var sundvǫrðr
sá er svara kunni
ok við ǫðlinga
orðum skipta —:

35. „Segðu þat í aptan,
er svínum gefr
ok tíkr yðrar
teygir at solli,
at sé Ylfingar
austan komnir
gunnargiarnir
fyr Gnípalundi.

36. Þar mun Hǫðbroddr
Helga finna
flugtrauðan gram
í flota miðjum;
sá er opt hefir
ǫrnu sadda,
meðan þú á kvernum
kystir þýjar."

Guðmundr:

37. Fátt mantu, fylkir,
fornra spialla,

32, 1 Sat R*K*G*r*RM*E*, Samt *Gg* nach *B's verm.* (*ohne kǫmma nach z. 2*). 3.4 *in klammern E.* 4 flíta *KGrE* mit R, flúta *R*, flýta = flióta *?R.* 7 hemndar (= hefndar) *?R.* **33,** 1 goðb. *KRMEEgV.* 2 *in der* VS *immer* Granmarr. 2.3 *nach EGg" lücke von 2 versen dazwischen.* 3 *ff. vgl. H. H. II in der prosa nach str. 16.* — hver R. 3.4 sá | er *K.* 5 ok] er *KE.*
34, 3 skyldi *K.* 5 þat var *E.* 5.6 sá | er *K.* **35,** 1 þ' iiaptan R. 4 tegir *K.* 5 séi *E.* 8 fra R, *danach GrM, at oder for* (fyr) *schlug R vor, at KE,* fyr *BGg.* **36** *vgl. H. H. II, 23.* 1 Hoddbr. *K.* 3 flagtraþan R*K*G*r*RMEE*gB'*, flugtr. *GgBt.* 4 miðjum, *KE.* 5 *zu* sá er *vgl. Zze. 80 ff.* 8 þýgiar R*KE.*
37 *überschr. f. hier u. überall in R.* 1 *E nimmt vorher den verlust von 4 versen an, auch Bt betrachtet 1—4 als bruchstück ohne aber die*

Hundingsbana I

er þú øðlingum
ósǫnnu bregðr;
þú hefir etnar
úlfa krásir
ok brœðr þínum
at bana orðit,
opt sár sogin
með svǫlum munni,
hefir í hreysi
hvarleiðr skriðit.

Sinfiǫtli:

38. Þú vart vǫlva
í Varinseyju,
skollvís kona!
bartu skrǫk saman;
kvaztu engi mann
eiga vilja,
segg brynjaðan,
nema Sinfiǫtla.

39. Þú vart, it skœða
skass! valkyrja

ǫtul, ámátlig
at Alfǫður;
mundu einherjar
allir berjask,
svevís kona,
um sakar þínar.

40. Níu áttu vit
á nesi Ságu
úlfa alna,
ek var einn faðir þeira.

Guðmundr:

41. Faðir varattu
fenrisúlfa,
ǫllum ellri,
svá at ek muna;
síz þik geldu
fyr Gnípalundi
þursa meyjar
á Þórsnesi.

42. Stiúpr vartu Siggeirs,
látt und stǫðum heima,

---

stelle der lücke näher zu bestimmen; die vergleichung mit **VS** *ergibt nichts.* — mantto R K Gr E. 5 *neue str.* EGg, *ohne dass sie in* R *bezeichnet ist.* 6 úlfakr. Gr. 7 bróðr KRE. 9 Opt *u. punkt vorher* R, *neue str.* Gr. 11 hefr R Gr. — hreisi E. **38,** 1 þv *klein aber punkt vorher* R. — baulva Gr. 3 *als apposition zu* vǫlva Gg. — scoll víS R. **39** *nach* E *Guðmunds worte, doch auch die* VS *schreibt sie dem Sinf. zu.* 1 it skœða *mit* BtGg, en scęþa .q. R, en skœða kván! KRMEEg, *das* .q. *nimmt* B *für* qvað (sc. Sinfiǫtli, vgl. 46, 1), en skœða! B'. 2 skass valkyria Gr RMB', skassvalk. E. — *zur reimlosigkeit von* Valk. *vgl.* Zze. 125. 4 Alfauþr KGr, Aldafǫðr E. 7 sveipvis ?V, snævis R, skævis ?R. **40** *mit* E *ist vor* Níu *lücke anzunehmen.* — KRM *rechnen die 4 verse noch zu vor. str.* 1 Nıo *und punkt vorher* R. 2 sagv *(aber* v *scheint aus verschlungnem* ar *geändert zu sein* B) R, Lágu K, Nesi-lágu E, Sagan Gr; VS *hat* á Láganesi, á nesi Lagar ?BtGg". **41,** 1 varattv *aus* vartv *durch übergeschr.* at R. 7 þussam. K. 8 þrasnesi VS.

varglióðum vanr
á viðum úti;
kómu þér ógǫgn
ǫll at hendi,
þá er brœðr þínum
brióst raufaðir;
gørðir þik frægjan
af firinverkum.

43. Þú vart brúðr Grána
á Brávelli,
gullbitluð vart
gør til rásar;
hafða ek þér móðri
mart skeið riðit,
svangri und sǫðli,
simul! forbergis.

Sinfiǫtli:

44. Sveinn þóttir þú
siðlauss vera,
þá er þú Gullnis
geitr molkaðir,
en í annat sinn
Imðar dóttir

tǫttrughypja;
vill þú tǫlu lengri?

Guðmundr:

45. Fyrr vilda ek
at Frekasteini
hrafna seðja
á hræum þínum,
en tíkr yðrar
teygja at solli,
eða gefa gǫltum;
deili grǫm við þik!

Helgi:

46. Væri ykkr, Sinfiǫtli,
sœmra miklu
gunni at heyja
ok glaða ǫrnu,
en sé ónýtum
orðum at bregðask,
þótt hringbrotar
heiptir deili.

47. Þykkjat mér góðir
Granmars synir,

42, 5.6 *unecht nach Gg".* 7.8 *tilgt E weil der inhalt schon*
37, 7.8. 7 bróþr *K.* 9 Gorþir *und punkt vorher* R, *weshalb KGr
damit die folgende str. beginnen.* 10 firniverkom *R.* **43** *nach
MLBGg Sinf. worte* 1 Grana *GrKMBGg.* 6 margt *E.* 8 simul *E;
V fasst* simul *als adv. u. vergleicht got.* simlê, *ags.* symle, *alts.* simla *etc. —*
forbergis, *genet. von einem stn.* forbergi, *hexe des vorgebirges ?Gg".*
44. *vgl. H.H. II, 25. — MLBGg legen die str. dem Gudm. bei gegen die
auffass. der* VS. 4 miólk. *KREg,* miölk. *E.* 7 tǫttrvg | hypia R, tauttryg
h. K, tauttryg *H. Gr,* Tautrig-hypja *R,* tottryg *h. E.* 8 vil þú *E.*
45 *MLBGg legen die str. Sinf.,* VS *ihren inhalt dem Granmar bei.*
46 *vgl. H.H. II, 26.* 1 *nach* Sinfiotli *in* R *noch* .q., *d. i.* quað (Helgi),
vgl. VS þá mælti Helgi konungr: Betri væri ykkr *etc.* 2 semra *Gr. —*
myclo R*GrRMBGg.* 5 sé] svá *KE.* 7 þot R*Gr. —* hringbriótar *KE.*
47 *vgl. H. H. II, 27.*

þó dugir siklingum
satt at mæla;
þeir hafa markat
á Móinsheimum,
at hug hafa
hiǫrum at bregða."

48. Þeir af ríki
renna létu
Svipuð ok Sveggjuð
Sólheima til
dala dǫggótta,
døkkvar hlíðir;
skalf Mistar marr
hvars megir fóru.

49. Mœttu þeir tiggja
í túnhliði,
sǫgðu stríðliga
stilli kvámu.

Úti stóð Hǫðbroddr
hiálmi faldinn,
hugði hann ióreið
ættar sínnar:
„hví er hermdar litr
á Hniflungum?"

Guðmundr:

50. „Snúask hér at sandi
snæfgir kiólar,
rakka hirtir
ok rár langar,
skildir margir,
skafnar árar,
gǫfukt lið Gylfa,
glaðir Ylfingar.

51. Ganga fimtán
folk upp á land,
þó er í Sogn út
siau þúsundir;

---

5 móïS heïo R *(aber beim letzten o ist der schreiber mit dem einen zuge zu hoch gekommen, so das es einem ð ähnlich sieht)*, moins heid *K*, Móinsheiði *E*, Móinsheiþom *R*, Móinsheimo *Gr*. 8 hioriō *R*, hiǫrjom *KRGr*, hiǫrvum *E*. **48,** 3 Svipuðr *K* (Sveipuðr *VS*). — Svegjuþr *K*, Sveggjuð *GrRME* mit **R**, 5—8 *meine ich sind jünger*, 1—4 *bildete mit str*. 49, 1—4 *urspr. eine str*. 8 hvars mit *Gg"*, hvar *die früheren mit* **R**. **49** *Gg stellt um:* 5—10, 1—4, *u. zwar als reste zweier selbständigen strr. Gg', Gg" verbindet* 1—4 *mit* 50, 1—4; *Bt billigt die umstellg, aber abgesehen davon, dass die paraphrase der* **VS** *die überlieferte folge voraussetzt, finde ich Gg's grund nicht zwingend*. 1 tyggja *KE*. 5.6 f. *E*. — *in der 2. halbstr. wird der verlust zu suchen sein*. **50 und 51** *denkt sich Be in urspr. gestalt* **50**, 1—2. 7—8. 51, 1—4 *u*. **51**, 5—12, *Gg" findet das 'viell. richtig', so dass dann nach* 49, 1—4 *eine halbstr. verloren wäre (s. o.)*. **50** *nur EB bezeichnen so den redenden nach* **VS**, *die Granmarr hat (vgl. 33, 2)*. 2 snefgir *RKGrMEEgV*. — kiölar *R*. 5 skyldir *K*. **51,** 2 vp *RKE*. 3 er *f. E*.

liggja hér í grindum
fyr Gnípalundi
brimdýr blásvǫrt
ok búin gulli;
þar er miklu mest
mengi þeira,
muna nú Helgi
hiǫrþing dvala."
Hǫðbroddr:
52. Renni rǫkn bitluð
til reginþinga:
Mélnir ok Mylnir
til Myrkviðar,
en Sporvitnir
at Sparins heiði!
látið engi mann
eptir sitja,
þeira er benlogum
bregða kunni!

53. Bióðið ér Hǫgna
ok Hrings sonum,

Atla ok Yngva,
Álf inum gamla;
þeir 'ru giarnir
gunni at heyja,
látum Vǫlsunga
viðrnám fá!"

54. Svipr einn var þat,
er saman kvámu
fǫlvir oddar
at Frekasteini;
ey var Helgi
Hundingsbani
fyrstr í fólki,
þar er firar bǫrðusk;
œstr á ímu,
alltrauðr flugar,
sá hafði hilmir
hart móðakarn.

55. Kómu þar or himni
hiálmvítr ofan

5—8 *tilgt E.* 5 í Grindum *K (auch* VS *betrachtet es als eigennamen).* 9 þar *gross und punkt voran* R, *K zieht* 9—12 *zur folg. str.,* Gr *nimmt es als str. für sich.* **52** *auch hier f. überschr., aber vgl.* VS konungr segir. 1 Gg" *verm. den verlust zweier verse vorher, in denen H. als redend eingeführt wird; überhaupt denkt er sich die str. urspr:* Kallaði Hǫðbr. | hárri rǫddu: | Rennirǫkn bitlið | t. reg.: | Mélni ok Mýlni | ..... Sporvitni | *etc.* 3.4 *nach* 5.6 RKGrRMEB', *die umstellung von Bt wegen des en.* 3 Meln. ok Myln. KGrRME. — Melnir *und punkt vorher* R, *also neue str.* 7 *neue str., deren eine hälfte verloren ist* Gg. — Ýan R *(also* Ý *nur* = m). 9.10 *tilgt E als müssigen zusatz.* 10 beita *R.* **53,** 1 Bióði þér KGrRMGg' *nach* R. 4 ǫlf R, Ólf KGr. 5 þ'ro R. 8 viðnám KE. **54,** 1 þar K. 1 2 var, | þár er E. 5 *neue str.* EGg', E *denkt sich vorher 4 verse verloren.* 9—12 *mit* BeGg" *für spätern zusatz zu halten, besondere str.* Gr. 9 Ǫstr *gross u. punkt vorher* R. 12 móþ akarɴ R.
55, 1 Cō *und ein haken danach, am rande* o R, Kom KGrRME. 2 hialm vitr R, hiálmvitrar B, hiálmvitr KGrRMEEgV *(die kürze des i könnte wol wegen der tonlosigkeit richtig sein, vgl. eyvit).*

Hundingsbana I

— óx geira gnýr —
þær er grami hlífðu;
þá kvað þat Sigrún,
sárvítr flugá
— át hálu skær
af hugins barri —:

56. „Heill skaltu, vísi,
virða nióta,
áttstafr Yngva,
ok una lífi!
er þú felt hefir
inn flugartrauða

iǫfur þann er olli
œgis dauða.

57. Ok þér, buðlungr,
samir bœði vel
rauðir baugar
ok in ríkja mær;
heill skaltu, buðlungr,
bœði nióta
Hǫgna dóttur
ok Hringstaða,
sigrs ok landa."
þá er sókn lokit.

---

5 siɑrvn R. 6 sárvitr *alle ausser Gg.* — sárvitar flugu, *mit in die klammer ?Gg".* 6.7 *durch komma oder kein satzzeichen geschieden KGrRME.* 7 at *KGrRME.* — hálu *BGg*, hɑlþa R *u. übrige.* — sker R*KGrRME,* = skerr *(sector) Eg.* 8 Hugins *E.*
56, 3 átst. R*RGr.* — Ingva *E,* yngva *RGg".* 7 jöfr *KGr.*
57, 1—4 *noch zu vor. str. RM.* 1 Oc *gross u. punkt vorher*
R. — *B vermutet* siklingr *statt* buðl., *weil derselbe reim zweimal in der str. begegnet.* 2 sœma *E.* 5 *neue str. RMGg'.* — heill *ohne punkt vorher* R. 7.8 *tilgt E.* 7 dóttr *K.* 8 Hringsstaða *K.*
10 *halte ich mit Gg u. Zarncke (berichte der sächs. gesellsch. der wiss., phil.-hist. cl. 1870, s. 194) für worte des sängers.* — *Gg" denkt sich die str. in der tradition verändert u. erweitert aus:* ‚Heill skaltu, buðl., | beggja nióta: | Hǫgna dóttur | ok Hr., | ríkrar meyjar | ok rauðra bauga | sigrs ok landa.' | þá er s. l.

HELGAKVIÐA HUNDINSBANA
ǪNNUR.

Sigmundr konungr Vǫlsungs sonr átti Borghildi af Brálundi; þau hétu son sínn Helga, ok eptir Helga Hiǫrvarðs syni;
5 Helga fóstraði Hagall. Hundingr hét ríkr konungr, við hann er Hundland kent. Hann var hermaðr mikill ok átti marga sonu, þá er í hernaði váru.
10 Ófriðr ok dylgjur váru á milli þeirra Hundings konungs ok Sigmundar konungs, drápu hvárir annarra frændr. Sigmundr konungr ok hans ættmenn hétu
15 Vǫlsungar ok Ylfingar.

Helgi fór ok niósnaði til hirðar Hundings konungs á laun; Hemingr sonr Hundings konungs var heima. En er Helgi fór í brot, þá hitti hann hiarð- 20 arsvein ok kvað:

1. Segðu Hemingi,
at Helgi man,
hvern í brynju
bragnar feldu,
er úlf grán
inni hǫfðuð,
þar er Hamal hugði
Hundingr konungr.

Hamall hét sonr Hagals. Hundingr konungr sendi menn til Hagals at leita Helga, en Helgi mátti eigi forðask annan veg, en tók klæði ambóttar ok 5 gekk at mala. Þeir leituðu ok fundu eigi Helga.

Helgakviða Hundingsbana ǫnnur: *nur in* R *24a, 13—26b, 19. — Überschr. fra vǫlsvngom* R *rot u. in der gewönlichen weise (Rosselet in Ersch u. Grubers encycl. II, 31, 204 bezieht das fälschlich auf alle ff. lieder); str. 13—16 bezeichnet der sammler (s. die prosa vorher) als aus der* Vǫlsungakviða hin forna *genommen; warscheinlich sind auch str. 1—12 daher, möglicherweise auch noch ein teil der übrigen, aber nicht alles wie BGg und* R *(anm.) meinen, sicher nicht str. 22—27; KGrMB haben* Helgakv. Hundingsb. (hin *Gr*) ǫnnur, *Gg setzt dazu noch* eða Vǫlsungskviða hin forna, *R bezieht jenes auf str. 1—12 und trennt das folgende als* Vǫlsungakv. hin forna *ab. Die benennung* Helgakv. Hundingsb. ǫnnur *ist immerhin mislich, s. zur prosa 16 nach str. 16.*

Prosa: 2 son *ausgg. ausser E*, s. *abgek.* R. 3 ok *f. KE.* 6 kongr *(immer) KE.* 7 kendt R. 9 sunu *E.* 18 sunr *E*, son *die übrigen*, s. *abgek.* R *(u. immer so in der prosa).* 20 fór brott *KE*, fór í braut *R.* 21 svein *f.* R.

1, 1 hęimingi R*Gr.* 5 ér B*Gg*, er mik *E.* — úlfgrán KGr*ME.* 8 kongr *K. Prosa*: 1 s. R, son Gr*RMGg*, sun *K*, sunr *E.* 5 enn hann tók Gr*R.* — ambáttar R*M.*

2. Þá kvað þat Blindr
inn bǫlvísi:
„Hvǫss eru augu
í Hagals þýju;
era þat karls ætt
er á kvernum stendr,
steinar rifna,
støkkr lúðr fyrir.

3. Nú hefir hǫrð dœmi
hildingr þegit,
er vísi skal
valbygg mala;
heldr er sœmri
hendi þeiri
meðalkafli
en mǫndultré.

Hagall svaraði ok kvað:

4. Þat er lítil vá,
þótt lúðr þrumi,
er mær konungs
mǫndul hrœrir;
hón skævaði
skýjum efri,
ok vega þorði

sem víkingar,
áðr hana Helgi
hǫptu gørði;
systir er hón þeira
Sigars ok Hǫgna;
því hefir ǫtul augu
Ylfinga man.

Undan komsk Helgi ok fór á herskip. Hann feldi Hunding konung ok var síðan kallaðr Helgi Hundingsbani.

Hann lá með her sínn í 5 Brunavágum ok hafði þar strandhǫgg, ok átu þar rátt. Hǫgni hét konungr, hans dóttir var Sigrún, hón var valkyrja ok reið lopt ok lǫg; hón var Sváva 10 endrborin. Sigrún reið at skipum Helga ok kvað:

5. Hverir láta flióta
fley við bakka,
hvar, hermegir,
heima eiguð?

2, 1.2 *noch als prosa* KGrRMB', *als verse* EGgBt, þat *von* Gg Bt *zugefügt.* 3 HvóS R. 8 steyccr R, steykr GrR. **3** *noch zu vor. str.* KRM. 1 nv *klein u. ohne punkt vorher* R. 4 mala *f.* R, ob hǫndla (valb. *als waffe)* ?Gg". 5 Heldr *u. punkt vorher* R. **4** *vorher nur* Hagal kvað *E, svarar* KR *für* svar *in* R. 5—10 *heben* GgBt *als besondere* 5. *str. aus, Bt mit der vermutg, dass am schlusse derselben* ok máttka mey | at mani hafði *weggefallen sei.* 8 *danach E neue str., die er mit wiederholtem* Vega þorði | sem víkingar *beginnt.*
Prosa: 5 *so abgesetzt nur bei* Gg. 6 Brûnavâgum *E.* 7 rát R, hrât *E.* 9 var | þvalkyr. *(aber* þ *undeutlich u. ganz an v)* R, varð valk. *M.* 10 Svava KGrR, sva R. **5,** 4 heyja eiguþi K.

hvers bíðið ér
í Brunavágum,
hvert lystir yðr
leið at kanna?

Helgi:

6. Hamall lætr flióta
fley við bakka,
eigum heima
í Hléseyju,
bíðum byrjar
í Brunavágum,
austr lystir oss
leið at kanna.

Sigrún:

7. Hvar hefir þú, hilmir,
hildi vakða,
eða gǫgl alin
Gunnar systra?
hví er brynja þín
blóði stokkin,
hví skal und hiálmum
hrátt kiǫt eta?

Helgi:

8. Þat vann næst nýs
niðr Ylfinga

fyr vestan ver,
ef þik vita lystir,
er ek biǫrnu tók
í Bragalundi,
ok ætt ara
oddum saddak;
nú er sagt, mær,
hvaðan sakar gørðusk;
því var á legi mér
lítt steikt etit.

Sigrún:

9. Víg lýsir þú,
varð fyr Helga
Hundingr konungr
hníga at velli;
bar sókn saman
er seva hefnduð,
ok busti blóð
á brímis eggjar.

Helgi:

10. Hvat vissir þú
at vér sém,
snót svinnhuguð,
er seva hefndum?
margir 'ru hvassir

---

6 Brûnav. *E*.   **6** hier u. ff. bis str. *11 fehlen überschrr. in* R.
4 Hlesseyjo R*GrR*.   6 Brûn. *E*.   **7,** 4 gv*N*a systra **R**, Gunna s.
KR, Gunnasystra *Gr*.   8 hrát *E*.   **8** *mit Gg halte ich* 1—4 *für
unurspr. und* 5 Ek biǫrnu tók (Beittak biǫrnu ?*Gg"*) *für den anfang*.
1 nýss R*RMb*. — næstnýss *Gr*.   3 fyri *K*.   9 *neue str.* K*GrEB*. —
m⁵ **R**, mér *(mihi)* *K*.   10 *Bt vermutet dafür* hv. serkir gurðusk *(mit
blut besudelt wurden)*, *was Gg (Gg" mit beibehaltung des* gorðusk) *auf-
nimmt*.   10,11 *dazwischen bei E erst lücke von 2 versen u. dann* því
er brynja mín | blóði stokkin.   11 lægi K*GrR*. — mér f. R*GrMbE*,
mę̨r **R**.   **9,** 1 lyS*ir* **R**.   6 sifja *E nach verm. von K*.
10, 1 villir *KE*.   2 at þeir sé R*KGrRM* (séi *E*), at vér sém *GgBt*
4 hefndoþ R*K*, hefndu *GrMB'*, hefndum R*BtGg*.

hildings synir
ok ámunir
ossum niðjum.

Sigrún:
11. Varka ek fiarri,
fólks oddviti,
ger á morgun
grams aldrlokum;
þó tel ek slœgjan
Sigmundar bur,
er í valrúnum
vígspiǫll segir.

12. Leit ek þik um sinn
fyrr á langskipum,
þá er þú bygðir
blóðga stafna,
ok úrsvalar
unnir léku;
nú vill dyljask
døglingr fyr mér,
en Hǫgna mær
Helga kennir.

Granmarr hét ríkr konungr,
er bió at Svarinshaugi, hann
átti marga sonu: hét einn Hǫð-
broddr, annarr Guðmundr, þriði
Starkaðr. Hǫðbroddr var í kon- 5
ungastefnu, hann fastnaði sér
Sigrúnu Hǫgna dóttur; en er
hón spyrr þat, þá reið hón með
valkyrjur um lopt ok um lǫg
at leita Helga. Helgi var þá 10
at Logafiǫllum ok hafði barizk
við Hundings sonu; þar feldi
hann þá Álf ok Eyjólf, Hiǫr-
varð ok Hervarð, ok var hann
allvígmóðr ok sat undir Ara- 15
steini. Þar hitti Sigrún hann ok
rann á háls hánum ok kysti
hann, ok sagði hánum erendi
sítt, svá sem segir í Vǫlsunga-
kviðu inni fornu: 20
13. Sótti Sigrún
sikling glaðan,
heim nam hón Helga
hǫnd at sœkja;
kysti ok kvaddi
konung und hiálmi;

11, 1 Varkat ek *Gg"*. 3 ger *als fem. von* gerr, gørr *ausgg.* —
a morgō R, á mǫrgum *GrRMB'*, at mǫrgum *E*, í morgun *Gg*.
12, 2 fyri langsk. *KE*. 5.6 *unecht nach EGg*. 8—10 døgl. fyri |
mér en H. | mær um kennir *K*. 10 Helga *f*. R, hann um *GrRME*.
Prosa: 1 Gran | mar R, Granmárr *E*. 3 hét einn *f*. R *(durch über-
springen des schreibers vom h in* hét *auf das von* haþb.), einn hét *RGr
MEB*. 4 III. R. 5 Haþbrodr R. 7 dóttr *KE*. 9 um lopt ok
lǫg *KR*. 14 Hervarð. Var hann *KE*. 15 arast. *RGr*. 16.17 ok
rann — hann *f. E*. 17 h'ō *aus* h's *corrigiert* R. 19 sit R. 20 *zwi-
schen* forno. *u.* Sotti *(13,1) ein kleiner raum für 2—3 buchstaben*.
13, 1 Sotti *mit gewönl. initiale* R, B *vermutet dafür* Hitti *oder* þátti
(wegen sœkja 4). 5 ok | ok R.

þá varð hilmi
hugr á vífi.

14. Nama Hǫgna mær
of hug mæla,
hafa kvazk hón Helga
hylli skyldu;
fyrr lézk hón unna
af ǫllum hug
syni Sigmundar
en hón sét hafði.

15. „Var ek Hǫðbroddi
í her fǫstnuð,
en iǫfur annan
eiga vildak;
þó siámk, fylkir,
frænda reiði,
hefi ek míns fǫður
munráð brotit."

Helgi:
16. Hirð eigi þú
Hǫgna reiði

né íllan hug
ættar þínnar!
þú skalt, mær ung,
at mér lifa;
ætlattu, in góða,
er ek siámk!

Helgi samnaði þá miklum skipaher ok fór til Frekasteins, ok fengu í hafi ofviðri mannhætt; þá kvámu leiptr yfir þá, ok stóðu geislar í skipin. þeir 5 sá í loptinu at valkyrjur níu riðu, ok kendu þeir Sigrúnu; þá lægði storminn, ok kvámu þeir heilir til lands. Granmars synir sátu á biargi nǫkkuru, 10 er skipin sigldu at landi. Guðmundr hlióp á hest, ok reið á niósn á bergit við hǫfnina; þá hlóðu Vǫlsungar seglum. Þá kvað Guðmundr svá sem fyrr 15 er ritað í Helgakviðu:

---

7 þa *klein u. kein punkt vorher, gleichwol neue str. bei RM.*
14 *nach GgB; in* R *folgt ohne interpunktion u. initiale gleich 5—8, KGr ziehen das noch zu vor. str., RM verbinden es mit 13, 7.* 8 *zu besonderer str., E schliesst daran 1—4. Dies steht in RKRM zwischen str. 15.16 als besond. str., bei Gr als schluss von str. 15.* 1 m⁴ R.
4 skyldi *E.*   **15,** 3 iofr *K.*   7 fauþir *Gr.*   **16,** 1 hirð *klein aber punkt vorher* R.   1.2 Hirðattu Hǫðbrodd | né Hǫgna reiði *Gg"*
5 vng *aus* vnd *corrigiert* R.   7 mit *Gg,* ętt attv ingoþa R, ætt áttu úgóþa *KE,* ætt áttu góþa *Gr,* ætt áttu, in góða! *RMB.*   8 er ek eigi siámk *B nach vermutg von L.*   7.8 *ob* ætt áttu, in góða, | er ekki s. *?*
Prosa: 2 skipaher. Hann fór *KE.*   4 leiptrar *KE.*   6 sáu *E.*
9 heilir *f.* R.   11 Goþm. *K.*   15—22 svá sem — ritat *f. EB, die an þá kvað Guðmunðr (Granmárs sonr E) die strr. 22—27 fügen und fort fahren* Guðm. reið heim *etc. (zeile 23).*   16 *sc.* H. H. I, 33, 3—6; *aus der nackten benennung scheint hervorzugehen, dass der sammler nur éin lied dieses namens kannte.*

Hverr er fylkir,
sá er flota stýrir,
ok feiknalið
20 fœrir at landi?
Sinfiǫtli Sigmundar sonr svaraði, ok er þat enn ritat.
Guðmundr reið heim með hersǫgu; þá sǫmnuðu Granmars
25 synir her. Kómu þar margir konungar: þar var Hǫgni faðir Sigrúnar, ok synir hans Bragi ok Dagr, þar var orrosta mikil, ok fellu allir Granmars synir ok
30 allir þeirra hǫfðingjar, nema Dagr Hǫgna sonr fekk grið ok vann eiða Vǫlsungum. Sigrún gekk í valinn ok hitti Hǫðbrodd at kominn dauða; hón kvað:
17. Muna þér Sigrún
frá Sevafiǫllum,
Hǫðbroddr konungr,
hníga at armi;
liðin er ævi

— opt náir hrævi
gránstóð gríðar —
Granmars sona.

Þá hitti hón Helga ok varð allfegin; hann kvað:
18. Erat þér at ǫllu,
álmvítr, gefit,
þó kveð ek nǫ́kkvi
nornir valda;
fellu í morgun
at Frekasteini
Bragi ok Hǫgni,
varð ek bani þeira.

19. En at Hlébiǫrgum
Hrollaugs synir,
en at Styrkleifum
Starkaðr konungr;
þann sá ek gylfa
grimmúðgastan,
er barðisk bolr,
var á braut hǫfuð.

---

18 sá | er *KRM*.   19 ok hann f. *R*.   20.21 *dazwischen schieben RM* str. *22 u. die prosa vorher* þetta — son.   21 sigm. s. sv. *abgekürzt* R, Sigmundar son svarar *KR*, Sigmundar son svaraði *MGr*.   22 er f. *R*. — *nach z. 22 bringen RM die strophen 23—27*, Gg *22—27*.   27 ok vor synir f. *R*.   31 Hǫgna sonr; hann fékk *E*, H. son, fékk *Gg*.   33 ha*v*dbrod *R*.   **17**, 6.7 *nicht als zwischensatz* KGrRMEEg *(s. v.* hreifi).   6 hreifi R*KGrM*, hreifa *REg*, hrævi *EB GgV (s. v.* hræ).   7 granstoð *KM*, granstöð *RGr*, grannstöð *E*. — Gríðar *R*.   8 sonum *REg*, ss. *R*.   **18** *in der prosa vorher* Helgi kvað *RM*, h' q. *R*.   2 alvitr R*KREgMB*, Alvitr *GrE*, álmvítr *mit Gg*.   3 noqvo *K*, nockvu *E*.   **19** *noch zu vor. str. K, wiewol* En *u. punkt vorher in* R.   1.2 *nach* 3.4 *in* R*KGrRMEB'*, Gg *setzt richtig um, denn in* 5—8 *wird nur von einem erzählt u. zwar dasselbe was* Saxo *(bei Müller p. 406) von* Starkað.   2 Hrollavgs ss. **R**, Hrollaugs sonr *KE*.   5 Gylfa *RME*.   6 grimvþg. **R**, grimmóðg. *E*.   8 abrót **R**, á brott *K RE*, á brot *GrM*.

20. Liggja at iǫrðu
allra flestir
niðjar þínir
at nám orðnir;
vanntattu vígi,
var þér þat skapat,
at þú at rógi
ríkmenni vart.

Þá grét Sigrún; hann kvað:
21. Huggastu, Sigrún!
hildr hefir þú oss verit,
vinnat skiǫldungar skǫpum;
lifna munda ek nú kiósa
er liðnir eru,
ok knætta ek þér þó í faðmi
felask.

Þetta kvað Guðmundr Granmars sonr:

22. Hverr er skiǫldungr,
sá er skipum stýrir,
lætr gunnfana
gullinn fyrir stafni?
þykkja mér friðr
í farar broddi,
verpr vígroða
um víkinga.

Sinfiǫtli.
23. Hér má Hǫðbroddr
Helga kenna
flótta trauðan
í flota miðjum!
hann hefir eðli
ættar þínnar,
arf Fiǫrsunga,
und sik þrungit.

20, 1 iordán R, iordan K, jorda Gr, Jórdán R, iǫrðu EMBGg nach R's verm. 2 allrafleistir Gr. 3 þínar Gr (wol druckf.?) 6 þ° þ' R, þat þér KE. 8 ríc m̄e R, rík mær als anrede! KE. **21** in der prosazeile vorher Helga kvað KE. 2 hildr GrM. 4—6 schreiben GrMEB' der Sigrun zu, wie hier dagegen KGgBt; doch in R Lifna. 8 knættak þér Gg". **22—27** wie aus den prosaworten s. 166f., z. 15—22 hervorgeht, wollte der sammler das scheltgespräch zwischen Guðm. u. Sinf. nicht wiederholen, drum verwies er auf die schon vorher niedergeschr. H. H. I. Gleichwol begegnet hier ungeschickt eingefügt ein teil davon, der aber einer andern recension angehört. Die einfügung dürfte wol auf einen abschreiber zurückgehn. Wo RME BGg diese strophen einfügen (s. s. 166f. zu prosa 15—22; 20. 21 u. 22), kann sie der sammler nimmer angebracht haben; s. Zarncke in den berichten der königl. sächs. ges. d. wiss. phil. hist. cl. 1870, 193 ff.

22 in der prosa vorher son die ausgg. ausser E, s. abgek. R. 1.2 sá | er KRM. 3 gunnfána KGrRMEg. 5 þiccia mer friþ R, þikkja merki fríð K, þykkjat mér friðmerki E, þicci-a mér frið GrL, þikkja mér fríð MMbB', wie oben GgBt. 6 fararbr. KREgV. **23** als überschr. Sinfiǫtli q. in R. 1—4 vgl. H.H. I, 36. 1 havdbrodr R. 5 hefi R. 7 fiǫrs. KGrRMEV.

Guðmundr:
24. Því fyrr skulu
at Frekasteini
sáttir saman
um sakar dœma;
mál er Hǫðbroddi
hefnd at vinna,
ef vér lægra hlut
lengi bárum.

Sinfiǫtli:
25. Fyrr mundu, Guðmundr,
geitr um halda
ok bergskorar
brattar klífa,
hafa þér í hendi
heslikylfu,
þat er þér blíðara
en brímis dómar!

Helgi:
26. Þér er, Sinfiǫtli,
sœmra miklu

gunni at heyja
ok glaða ǫrnu,
en ónýtum
orðum at bregða,
þótt hildingar
heiptir deili.

27. Þykkjat mér góðir
Granmars synir,
þó dugir siklingum
satt at mæla;
þeir merkt hafa
á Móinsheimum
at hug hafa
hiǫrum at bregða;
eru hildingar
hølzti sniallir.

Helgi fekk Sigrúnar, ok áttu þau sonu; var Helgi eigi gamall. Dagr Hǫgna sonr blótaði Óðin til fǫðurhefnða; Óðinn léði

---

24 eine überschr. f. in R; K rechnet 1—4 noch zu vor. str. u. zu Sinf. worten, vor 5—8 (Guðm.) soll etwas fehlen; M teilt die ganze str. noch Sinf. zu. 1 fvr R, firr RGr, firar E. — sl'o R, skulu KR MB¹, skola Gr, skulut E, skulum GgBt, skulu richtig mit Fiǫrsungar als subject ?Be. 3 sverðum saman Gg¹. 5 mal ec R, mál kveð ek Gg nach B's einer verm. — Hǫðbroddi GgBt, Hǫðbroddr! die übrigen mit R. 7 lut RKGrRM. **25** überschr. f. R; vgl. H. H. I, 44. 1 muntu KE. 3 biargskorur KE. 8 brimiS R. **26** überschr. f. R; vgl. H. H. I, 45. 2 myclo GrMGg. 6 mit RBGg, o. a. d. R, die abkürzg bezeichnet, dass wiederholung von H. H. I, 45,6 gewollt ist (vgl. Zze. 110 f.), orðum at deila GrM, orð. at bregðask KE (aber Sinf. ist hier allein angeredet!) 8 heiptum Gr. **27** vgl. H.H.I, 46. 1 þiccit R. 2—8 abgekürzt in R: gran. s. þo. d. s. s. a. m. þ'r mercþ h. a. m. r. at hvg hafa hior. a. b. 6 nach H. H. I, 46 Móinsheimum MBGg, Móinsheimo Gr, Móinsreit E nach verm. von K, Móinsheiþom R, aber m. r. R? 9.10 zweifellos unurspr., fehlen auch H. H. I, 46. Prosa: 3 Hǫgnason KRMB, H. son GrGg, son in R nur s. 4 oþi leþi R.

Dag geirs síns. Dagr fann Helga
mág sínn þar sem heitir at Fiǫt-
urlundi; hann lagði ígøgnum
Helga með geirnum; þar fell
Helgi, en Dagr reið til Seva-
fialla ok sagði Sigrúnu tíðindi:

28. Trauðr em ek, systir,
trega þér at segja,
þvíat ek hefi nauðigr
nipti grætta:
fell í morgun
und Fiǫturlundi
buðlungr sá er var
beztr í heimi,
ok hildingum
á hálsi stóð.

Sigrún:
29. Þik skyli allir
eiðar bíta,
þeir er Helga
hafðir unna,
at inu liósa
Leiptrar vatni
ok at úrsvǫlum
Unnar steini.

30. Skríðiat þat skip,
er und þér skríði,
þótt óskabyrr
eptir leggisk!
rennia sá marr,
er und þér renni,
þóttu fiándr þína
forðask eigir!

31. Bítia þér þat sverð,
er þú bregðir,
nema siálfum þér
syngvi um hǫfði!

32. Þá væri þér hefnt
Helga dauða,
ef þú værir vargr
á viðum úti,
auðs andvani
ok alls gamans,
heðir eigi mat,
nema á hræum spryngir.

---

5 greís R. 6 heitir *nur* h. *in* R. 9.10 Seva *vor* fialla *f.* R.
28, 3.4 *tilgt* E *als unecht.* 9.10 *erklären* BGg' *mit recht als spätere zutat.* **29** *überschr. f.* R. 1 allar E. 4 unna: RGg",
unna; ML. 6.8 leiptrar *u.* unnar KRMEgB. **30,** 1 Scriþ¦at R,
Skriþia GrR. 5 renniat KE. 7 þott tv R. **31** *verbindet* K
mit voriger, GrRMB' *mit folg. str.;* EGgBt *nehmen den verlust einer halbstr. vor* 1 *an,* BeGg" *denken sich diese etwa* Hlífia sá skiǫldr | er
þú hafisk fyr, | þótt . .   .; *Sigrun verflucht all die Dinge, bei denen
Dagr geschworen hat, u. die darf man sich wol ähnlich den Völ. 33
aufgezählten denken, doch dass grade die erste halbstr. fehle, ist nicht
notwendig daraus zu schliessen.* 1 Bit¦at R, Bíta K, Bítia RGrME
BGg'. 2 bregðr R. — br. þú? **32,** 5 þa *klein* R. 7 hefðira
mat Gg" *nach* Bt's *verm.* 8 hræjum R, hrǫv *mit einem gleichen häk-
chen auch über dem* ǫ R.

Hundingsbana II

Dagr:

33. Œr ertu, systir!
ok ørvita,
er þú brœðr þínum
biðr forskapa;
einn veldr Óðinn
ǫllu bǫlvi,
þvíat með sifjungum
sakrúnar bar.

34. Þér býðr bróðir
bauga rauða,
ǫll Vandilsvé
ok Vígdali;
haf þú hálfan heim
harms at gjǫldum,
brúðr baugvarið!
ok burir þínir.

Sigrún:

35. Sitka ek svá sæl
at Sevafjǫllum
ár né um nætr,
at ek una lífi,
nema at liði lofðungs
lióma bregði,
renni und vísa
Vígblær hinig
gullbitli vanr,
knega ek grami fagna.

36. Svá hafði Helgi
hrædda gørva
fiándr sína alla
ok frændr þeira,
sem fyr úlfi
óðar rynni
geitr af fialli
geiskafullar.

37. Svá bar Helgi
af hildingum
sem ítrskapaðr
askr af þyrni,
eða sá dýrkálfr
dǫggu slunginn,
er øfri ferr
ǫllum dýrum,
ok horn glóa
við himin siálfan.

Haugr var gørr eptir Helga; en er hann kom til Valhallar, þá bauð Óðinn hánum ǫllu at ráða með sér. Helgi kvað:

38. Þú skalt, Hundingr,
hverjum manni
fótlaug geta
ok funa kynda,
hunda binda,

---

33 als überschr. d. q. in der zeile R. 2 érvita R. 3 bróðr KE. **34,** 5 halfaɴ R. 7 brúþir K. **35** überschr. f. R. 1 Sitkat ek Gg". 3 ▼ rętr R. 5.6 at — bregði halten EGg" für unecht. 5 liðins lofð. ?K, liðinn lofðung (aber hier am ungehörigen platze) ?Gg", leiði lofðungs Scheving, liði (= hliði) lofðungs Gr. 8 þinig aus Ƒᵛ (fyr) corr. R, hinig M. 10 knegak Gg". **36,** 1 Helgi f. R. 2 alla f. E. 8 geiska f. KE. **37** Gg" schwankt ob hier reste zweier strophen verbunden oder 7.8 unecht sind, E tilgt 9.10.

hesta gæta,
gefa svínum soð,
áðr sofa gangir.

Ambótt Sigrúnar gekk um aptan hiá haugi Helga ok sá at Helgi reið til haugsins með marga menn. Ambótt kvað:

39. Hvárt eru þat svik ein,
er ek siá þykkjumk,
eða ragna rǫk?
ríða menn dauðir?
— ér ióa yðra
oddum keyrið —
eða er hildingum
heimfǫr gefin?

Helgi:

40. Era þat svik ein,
er þú siá þykkisk,
né aldarrof,
þóttu oss lítir,
þótt vér ióa óra
oddum keyrim,
né er hildingum
heimfǫr gefin.

Heim gekk ambótt ok sagði Sigrúnu:

41. Út gakk þú, Sigrún
frá Sefafiǫllum,
ef þik fólks iaðar
finna lystir!
upp er haugr lokinn,
kominn er Helgi,
dólgspor dreyra:
dǫglingr bað þik,
at þú sárdropa
svefja skyldir.

Sigrún gekk í hauginn til Helga ok kvað:

42. Nú em ek svá fegin
fundi okkrum,
sem átfrekir
Óðins haukar,
er val vitu,
varmar bráðir,

38, 7 ge (fa *beim beschneiden verloren*) *am rande nachgetragen u. zwischen* gęta *und* svínō *durch einen haken seine stelle bezeichnet* R, sv. soð gefa *RM.* *Prosa:* AAmbót (AA *verschränkt!) RKR,* Ambátt *Mb (ebenso* 4). **39,** 1 Hvert *Gr.* 3 *kein satzzeichen nach* rǫk *R, komma Gg", semicol. K.* 4—6 *in parenth. B'Gg'.* 4 er ríða *Gg" nach verm. von Bt.* — *nach* dauðir *komma KGrMEBGg', colon Gg".* 5 ér *mit B'Gg',* er *(quum) die übrigen ausgg.* 6 *nach* keyrið *fragez. EGg".* **40** *überschr. f.* R. 2 *abgek.* e' þ. s. þ. R. 5 iói *RKGrMEGg.* 6—8 *abgek. o. k. n. e. h. h. f.* gefin R. 7 *das* n. *in* R *von* KRM *als* né *aufgefasst (vgl.* 39, 7 eða), enn *GrE,* heldr *BGg', nema BtGg".* **41,** 1 gac R. — Sigrún! *und komma nach* 2. *zeile KGrRME, vgl. aber* 17, 1.2; 44, 1.2. 3 iaþaʀ R. 3.4 *unurspr. nach Gg".* 5 vp R. 5.6 *halte ich für unurspr. (bemerke auch die stelle des hauptstabs!), auch E tilgt sie.* 6 Helgi er kominn *R.* 8 sefja. **42,** 1 fegiɴ R. 3 át frekr R.

eða dǫgglitir
dagsbrún siá.

úrsvalt, innfiálgt,
ekka þrungit.

43. Fyrr vil ek kyssa
konung ólifðan,
en þú blóðugri
brynju kastir;
hár er þítt, Helgi,
hélu þrungit,
allr er vísi
valdǫgg sleginn,
hendr úrsvalar
Hǫgna mági;
hve skal ek þér, buðlungr,
þess bót of vinna?

Helgi:
44. Ein veldr þú, Sigrún
frá Sefafiǫllum,
er Helgi er
harmdǫgg sleginn;
grætr þú, gullvarið,
grimmum tárum,
sólbiǫrt, suðrœn,
áðr þú sofa gangir;
hvert fellr blóðugt
á brióst grami,

45. Vel skulum drekka
dýrar veigar,
þótt mist hafim
munar ok landa;
skal engi maðr
angrlióð kveða,
þótt mér á briósti
benjar líti;
nú eru brúðir
byrgðar í haugi,
lofða dísir
hiá oss liðnum.

Sigrún bió sæing í hauginum:

46. Hér hefi ek þér, Helgi,
hvílu gørva
angrlausa miǫk,
Ylfinga niðr!
vil ek þér í faðmi,
fylkir, sofna,
sem ek lofðungi
lifnum myndak.

43, 1—4 nehmen EGg' als strophe für sich, der nach E die 2. hälfte fehlt.   5 hár klein ohne punkt vorher R.   8 valdǫggsl. *ein wort* GrE.   11.12 þess | bót K.   **44** keine überschr. R.   4 hvarmdǫgg ?R. — harmdǫggsl. GrE.   5 neue str. Gg'.   7.8 unecht nach Gg'' 9 neue str. deren 2. hälfte 45, 9—12 bildet E.   — felt RR, féll KGr ME.   11 in fialgt R, ófialgt BGg.   11.12 unecht nach Gg.''
45, 2 dírar *(pretiosa)* K.   5—8 nach BeGg'' erst später im volksmunde entstanden.   9—12 s. zu 44, 9; bei Gg' als besondere str. 11 lofða-dísir RGr. — diSir R.   12 h. liðn. oss?   **46** E fügt zum prosasatz vorher hon kvað: 4 nið *(cognato)* KRE.   8 lifþom R. — munda K, myndac (c *aber radiert oder verwischt)* R.

Helgi:

47. Nú kveð ek enskis
ørvænt vera
síð né snimma
at Sevafiǫllum,
er þú á armi
ólifðum sefr,
hvít, í haugi,
Hǫgna dóttir!
ok ertu kvik,
in konungborna!

48. Mál er mér at ríða
roðnar brautir,
láta fǫlvan ió
flugstig troða;
skal ek fyr vestan
vindhiálms brúar,
áðr Salgofnir
sigrþióð veki.

Þeir Helgi riðu leið sína, en þær fóru heim til bœjar. Annan aptan lét Sigrún ambótt halda vǫrð á hauginum; en at dag-
5 setri er Sigrún kom til haugsins, kvað hón:

49. Kominn væri nú,
ef koma hygði
Sigmundar burr
frá sǫlum Óðins;
kveð ek grams þinnig
grœnask vánir,
er á asklimum
ernir sitja,
ok drífr drótt ǫll
draumþinga til.

ambótt:

50. Verðu eigi svá œr,
at ein farir,
dís skiǫldunga!
draughúsa til;
verða ǫflgari
allir á nóttum
dauðir dólgar, mær,
en um daga liósa.

Sigrún varð skammlíf af harmi ok trega. Þat var trúa í forneskju, at menn væri endrbornir, en þat er nú kǫlluð kerlinga villa. Helgi ok Sigrún er 5

---

47 *keine überschr. in R.* 1 enkis *K*, einskis *R*. 7.8 *tilgt E*.
9.10 *hält Gg'' für spätere zutat.* **48,** 6 Vindh. *GrE.* 7 salg. *KR.*
Prosa: 3 ambót *RKR*, ambátt *Mb*. 5 haʊgsins. Hon q. *so* **R**;
h., h. kv. *KGrE.* — hón *verstehen GrME von Sigrun u. geben erst
str. 50 der dienerin.* **49,** 3.4 *f. E.* 5 þinig *RGrM.* 6 grænaz
R, grennaz *KRE (auch Eg* græn. = grenn.), grœnask *M; vgl. Germania*
16, 259 ff. 9.10 *vielleicht unurspr. nach Gg''.* **50,** 1 æva *Gg''.*
5 ɑflgan **R.** 6 á *in R übergeschrieben.* 7 *K las in R* dolgmenn *für*
dolgɑr mer, *die abbrev. für* ar *ist undeutlich und nach tinte und form
vielleicht von späterer hand.*

kallat at væri endrborin; hét svá sem kveðit er í Kárulióðum;
hann þá Helgi Haddingjaskati, ok var hón valkyrja.
en hón Kára Hálfdanar dóttir,

FRÁ DAUÐA SINFIQTLA.

Sigmundr Vǫlsungs sonr var konungr á Frakklandi; Sinfiǫtli var elztr hans sona, annarr Helgi, þriði Hámundr. Borghildr kona Sigmundar átti bróður er hét   En Sinfiǫtli stiúpsonr hennar ok   báðu einnar konu báðir, ok fyr þá sǫk drap Sinfiǫtli hann. En er hann kom heim, þá bað Borghildr hann fara á brot; en Sigmundr bauð henni fébœtr, ok þat varð hón at þiggja. En at erfinu bar Borghildr ǫl; hón tók eitr mikit horn fult ok bar Sinfiǫtla; en er hann sá í hørnit, skildi hann, at eitr var í, ok mælti til Sigmundar: „giǫróttr er drykkrinn, ai!" Sigmundr tók hornit ok drakk af. Svá er sagt at Sigmundr var harðgørr, at hvárki mátti hánum eitr granda útan né innan, en allir synir hans stóðusk eitr á hǫrund útan. Borghildr bar annat horn Sinfiǫtla ok bað drekka, ok fór alt sem fyrr. Ok enn it þriðja sinn bar hón hánum hornit ok þó ámælisorð með, ef hann drykki eigi af. Hann mælti enn sem fyrr við

Prosa: 7 Haddingjaskaði R*KRM*, -skati *EBGgEg*; s. auch *Müllenhoff* in Hz. 12, 351.

Frá dauða Sinfiǫtla: in R 26b, 20—27a, 16. — *Überschr.* fra dauþa sinfiotla *rot* R, Sinfiǫtlalok *GrRM mit pphss.,* Frá dauða Sinf. eða Sinfiǫtlalok *KGg.*   1 Vǫlsungsson *KRMB.* — son *alle, s. abgek.* R. — Fraclandi R*Gr.*   2 þriði] III. R. — haṁdir R *(d. i.* Hamundir), Hamdir *KR*, Hámundr VS *u.* Np. — ɔa *(d. i.* cona) R.   3 *nach* hét (*u.* 4 *nach* ok) *in* R *ein offner raum für den namen der auch in* VS *nicht genannt ist,* Gunnarr *KRM mit pphss.,* Hróar *Gr (z.* 4 hann), Borgarr *Gg".* —,stiúpson *Gg,* stivps. *abgek.:* R.   6 abrót R, á braut R.   7 þiggja, en *R.*   9 sagði Sigmundi *Gr.* — giorotr R*Gr,* göróttr V.   10 ai! *f. KRP, 'immer' Gr, als interject. MLMbB', 'alter' GgBt,* V *schwankt zwischen beiden letzten deutungen.*

Frá dauða Sinfiǫtla.

Sigmund; hann sagði: „láttu grǫn sía þá, sonr!" Sinfiǫtli drakk ok varð þegar dauðr.

Sigmundr bar hann langar leiðir í fangi sér ok kom at firði einum miófvum ok lǫngum, ok var þar skip eitt lítið ok maðr einn á.
20 Hann bauð Sigmundi far of fiǫrðinn; en er Sigmundr bar líkit út á skipit, þá var bátrinn hlaðinn. Karl mælti at Sigmundr skyldi fara fyrir innan fiǫrðinn. Karl hratt út skipinu ok hvarf þegar.

Sigmundr konungr dvaldisk lengi í Danmǫrk í ríki Borg-
25 hildar, síðan er hann fekk hennar. Fór Sigmundr þá suðr í Frakkland til þess ríkis er hann átti þar. Þá fekk hann Hiǫrdísar dóttur Eylima konungs; þeirra sonr var Sigurðr. Sigmundr konungr fell í orrostu fyr Hundings sonum, en Hiǫrdís giptisk þá Álfi syni Hiálpreks konungs. Óx Sigurðr þar upp í barn-
30 œsku. Sigmundr ok allir synir hans váru langt umfram alla menn aðra um afl ok vǫxt ok hug ok alla atgervi. Sigurðr var þó allra framastr, ok hann kalla allir menn í fornfrœðum um alla menn fram ok gǫfgastan herkonunga.

---

16 a *von* sia *in* R *über der zeile.* 22 innan *mit* RBGg, inn á RKGrM. 26 Frakland *Gr.* 27 Eylima - dóttur *KR.* — konungs *f.* KR. — s. *abgek.* R, son KGrRMLMbGg. 28 hiordíS R. 29 vp R. 30 um fram *KGr.* 32 var þó *mit* KRBGg *nach* Nþ váru þeir umfram alla menn . . ., Sigurðr var þó þeirra brœðra framastr; var þá RGrM.

GRÍPISSPÁ.

Grípir hét sonr Eylima, bróðir Hiǫrdísar; hann réð lǫndum ok var allra manna vitrastr ok framvíss. Sigurðr reið einn
5 saman ok kom til hallar Grípis. Sigurðr var auðkendr; hann hitti mann at máli úti fyr hǫllinni, sá nefndisk Geitir; þá kvaddi Sigurðr hann máls ok
10 spyrr:

1. Hverr byggir hér
borgir þessar?
hvat þann þióðkonung
þegnar nefna?
   Geitir:
Grípir heitir
gumna stióri,
sá er fastri ræðr
foldu ok þegnum.
   Sigurðr:
2. Er horskr konungr
heima í landi?
mun sá gramr við mik
ganga at mæla?
máls er þarfi
maðr ókunnigr,
vil ek fliótliga
finna Grípi.
   Geitir:
3. Þess mun glaðr konungr
Geiti spyrja,
hverr sá maðr sé,
er máls kveðr Grípi?
   Sigurðr:
Sigurðr ek heiti,
borinn Sigmundi,
en Hiǫrdís er
hilmis móðir.

4. Þá gekk Geitir
Grípi at segja:
„hér er maðr úti
ókuðr kominn,
hann er ítarligr

Grípisspá: *in* R *27a, 17—28b, 7**. — *Überschrift f. in* R, *der text schliesst sich an vor. stück an, aber auf neuer zeile, während auf der vorhergehenden noch für etwa 3 buchstaben raum ist;* G *in* Grípir *ist von schwarzer tinte und wenig grösser als die gewöhnlichen initialen*. — Grípisspá eðr qviða Sigurðar Fáfnisbana *in fyrsta* K, Gripis spá Gr, Sigurðarkv. Fáfnisb. hin (f. RML) fyrsta eða (f. R) Gripisspá RMBGg. — *nirgends in* R *ist der redende bezeichnet.*

Prosa: 1 Gripir GrRMBGg *immer mit kurzem* i, *s. aber Zupitza in Zz 4, 445.* — son KGrRMLMbBGg.   6 hann f. R; *vgl. Zze 121.*

2, 5 þurfi KRLEg. — *komma nach* þ. MMbP.   6 ókuþr KR. — *nach* ók. *keine interp.* P.   **3,** 1 k'g *(d. i.* konung*)* R.   2 geiti *aus* gripi *geändert* R.   7 hiordíS R.

Hildebrand, Eddalieder. 12

at áliti,
sá vill, fylkir,
fund þinn hafa."

5. Gengr or skála
skatna dróttinn
ok heilsar vel
hilmi komnum:
„Þigg þú hér, Sigurðr!
væri sœmra fyrr;
en þú, Geitir, tak
við Grána siálfum!"

6. Mæla námu
ok mart hiala,
þá er ráðspakir
rekkar fundusk.

Sigurðr:
Segðu mér, ef þú veizt,
móðurbróðir!
hve mun Sigurði
snúna ævi?

Grípir:
7. Þú munt maðr vera
mæztr und sólu
ok hæstr borinn
hverjum iǫfri,

giǫfull af gulli
en glǫggr flugar,
ítr áliti
ok í orðum spakr.

Sigurðr:
8. Segðu, gegn konungr!
gerr en ek spyrja,
snotr, Sigurði,
ef þú siá þykkisk:
hvat mun fyrst gørask
til farnaðar,
þá er or garði emk
genginn þínum?

Grípir:
9. Fyrst muntu, fylkir,
fǫður um hefna,
ok Eylima
alls harms reka;
þú munt harða
Hundings sonu
snialla fella,
mundu sigr hafa.

Sigurðr:
10. Segðu, ítr konungr,
ættingi! mér
heldr horskliga,
er vit hugat mælum:

---

5 B hat wol recht den verlust einer str. vorher anzunehmen, in der Gripir nach des fremden namen fragt u. Geitir antwortet, etwa: Sigurðr kvezk heita | borinn Sigm., | en H. er ¦ hilm. m.; vgl. str. 3. 5 þiggðu Gg. 8 Grana (immer a kurz) GrRMLMbBGg, Gráni EgV und Wisén in der Germ. 16, 263. **6,** 8 ęfi R. **7,** 1 maðr verða KGrR. 2 mǫztr R, R schwankte ob = mæztr, mærstr oder mestr. 5 at gulli Gr. 6 gleyggr RKGr, gleygr R. **8,** 2 gorr Gr, görr P. — spvria R. 7 þá er ec or Gr. **9,** 2 fauþr Gr. **10,** 2 ættinga mér 'verwandter mir' Gr. — meir ? R.

sér þú Sigurðar
snǫr brǫgð fyrir,
þau er hæst fara
und himins skautum?

Grípir:
11. Mundu einn vega
orm inn fråna,
þann er gráðugr liggr
á Gnítaheiði;
þú munt báðum
at bana verða
Regin ok Fáfni,
rétt segir Grípir.

Sigurðr:
12. Auðr mun œrinn,
ef ek eflik svá
víg með virðum,
sem þú vist segir;
leið at huga
ok lengra seg:
hvat mun enn vera
ævi mínnar?

Grípir:
13. Þú munt finna
Fáfnis bœli
ok upp taka
auð inn fagra;
gulli hlœða

á Grána bógu,
ríðr þú til Giúka,
gramr vígrisinn.

Sigurðr:
14. Enn skaltu hilmi
í hugaðsrœðu,
framlyndr iǫfurr!
fleira segja:
gestr em ek Giúka
ok ek geng þaðan,
hvat mun enn vera
ævi mínnar?

Grípir:
15. Sefr á fialli
fylkis dóttir
biǫrt í brynju,
eptir bana Helga;
þú munt hǫggva
hvǫssu sverði,
brynju rista
með bana Fáfnis.

Sigurðr:
16. Brotin er brynja,
brúðr mæla tekr,
er vaknaði
víf or svefni;
hvat mun snót at heldr
við Sigurð mæla,

---

8 hiṁscǫtō R, himinskautum *KGrRMEgV; vgl. Zz 4, 446.*
11, 2 orminn fr. *R.* 3 grápigr *R.* 7 Fafn. *(immer mit kurzem a) K GrMLP.* **12,** 4 víst *KGrRMMbPGg".* 6 *mit BGg*, lengi R*Gr KM,* lengr *R; vgl. str. 18, 6.* **13,** 3 vp R*Gr.* **14,** 2 hugaðs rœðu *GrRM.* 3 jöfr *R.* **15,** 4 *verderbnis wahrscheinlich, Bt schlägt vor und bana selju (nach Fm. 43, 3. 4, das ja unserm dichter vorlag), Gg" nimmt das in den text u. stellt als andere verm. auf* eptir banda vilja.

Grípisspá.

þat er at farnaði
fylki verði?

Grípir:

17. Hón mun ríkjum þér
rúnar kenna,
allar þær er aldir
eignask vildu,
ok á manns tungu
mæla hverja,
lyf með lækning;
lifðu heill, konungr!

Sigurðr:

18. Nú er því lokit,
numin eru frœði,
ok em braut þaðan
búinn at ríða;
leið at huga,
ok lengra seg:
hvat mun meirr vera
mínnar ævi?

Grípir:

19. Þú munt hitta
Heimis bygðir
ok glaðr vera
gestr þióðkonungs;

farit er, Sigurðr,
þats ek fyrir vissak,
skala fremr en svá
fregna Grípi.

Sigurðr:

20. Nú fær mér ekka
orð þaztu mæltir,
þvíat þú fram um sér,
fylkir, lengra;
veiztu ofmikit
angr Sigurði,
því þú, Grípir, þat
gerra segja.

Grípir:

21. Lá mér um œsku
ævi þínnar
liósast fyrir
líta eptir;
rétt em ek eigi
ráðspakr taliðr,
né in heldr framvíss,
farit þats ek vissak.

Sigurðr:

22. Mann veit ek engi
fyr mold neðan,

16, 7.8 farnaði, | fylkir! verði *?R.* **17,** 4 vildo *in* R *aus skyldo durch unterpunktieren von* sc *und überschreiben des* i, y *unterscheidet sich überhaupt wenig vom* v, skyldu *RM.* 5 mannstungu *K.* 7 lif *RKR,* líf *GrMLMb,* lyf *EgPBGgV.* **18,** 1 Nú] þá *RGr, der* farit *statt* lokit *liest.* 3 embrǫ́t *R.* 7 verða *Gr.* **19,** 6 þ'z *R.* — f^v *R,* fyrr *Gr,* fur *K,* fyr *Gg.* **20,** 2 þ'ztv *R.* 3 *zwischen* þv *u.* fram *ist langt unterpunkt.* R. 5 of mik. *KR.* **21,** 5 em ek eigi *RM,* em *(danach etwa 2 buchst. radiert)* ec *RBGg,* emka ek *KGr; die handschriftliche überlieferung genügt nicht für die erste hälfte der kviðuháttrlangzeile, fehlt eine (mit* r *beginnende?) anrede an* Sigurð? 8 þ'z *aus* þ't *corrigiert in* R, þat *Gr.* **22,** 1 eingi *K.* 2 ofan *aus* neþan *gebessert* R, neðan *GrM.*

Grípisspá.

þann er fleira sé
fram en þú, Grípir!
skalattu leyna,
þótt liótt sé,
eða mein gørisk
á mínum hag.
Grípir:
23. Era með lǫstum
lǫgð ævi þér,
láttu, inn ítri, þat,
ǫðlingr, nemask!
þvíat uppi mun,
meðan ǫld lifir,
naddéls boði,
nafn þítt vera.
Sigurðr:
24. Verst hyggjum því,
verðr at skiljask
Sigurðr við fylki
at soguru;
leið vísa þú
— lagt er alt fyrir —
mærr, mér, ef þú vilt,
móðurbróðir!
Grípir:
25. Nú skal Sigurði
segja gerva,

alls þengill mik
til þess neyðir;
mundu vist vita
at vætki lýgr:
dœgr eitt er þér
dauði ætlaðr.
Sigurðr:
26. Vilkat ek reiði
ríks þióðkonungs,
góð ráð at heldr
Grípis þiggja;
nú vill vist vita,
þótt viltki sé,
hvat á sýnt Sigurðr
sér fyr hǫndum.
Grípir:
27. Flióð er at Heimis
fagrt álitum,
hana Brynhildi
bragnar nefna,
dóttir Buðla,
en dýrr konungr
harðhugðikt man
Heimir fœðir.
Sigurðr:
28. Hvat er mik at því,
þótt mær sé

---

6 þat 1. *Gr.* — liót R*Gr*. 7 eþ R. **23,** 1 Era *mit allen ausgg., doch in* R *ist a radiert.* 7 nad | els R, nad-els K*Gr*, naþ-éls R*Eg*, naddels *M*. **24,** 1 þvi R, þat *R*. 4 sogóro R, sogöro K*Gg*, svá göro *R*, svá goro *Gr*. **25,** 3 þeingill *Gr*. 5 *(auch 26, 5)* víst K*GrRMPMbGg"*. 6 vetki RK*GrM*. **26,** 3 gǫðraþs R, *danach Gr*. — at | at h. R. 4 GripiS þigia *(letzteres aus segia dadurch dass se unterpunct. u.* þi *übergeschrieben ist)* R, Gripi segja *R*. 5 vilc *RP*. 6 vilkit RK*GrRMLMb*, vilgit *P*. 7.8 hv. ásýnt Sigurði | sé f. h. *R*. 8 hondv *aus* hendi *vom schreiber selbst geändert*. **27,** 7 harþ vgðict R; harþúgþict *Gr*, harðúðikt (-igt *R*) RK*MEg*.

fǫgr áliti
fœdd at Heimis?
þat skaltu, Grípir!
gørva segja,
þvíat þú ǫll um sér
ørlǫg fyrir.

Grípir:
29. Hón firrir þik
flestu gamni,
fǫgr áliti
fóstra Heimis;
svefn þú né sefr,
né um sakar dœmir,
gára þú manna,
nema þú mey sér.

Sigurðr:
30. Hvat mun til líkna
lagt Sigurði?
segðu, Grípir, þat,
ef þú siá þykkisk!
mun ek mey ná
mundi kaupa,
þá ina fǫgru
fylkis dóttur?

Grípir:
31. It munuð alla
eiða vinna
fullfastliga,
fá munuð halða;
verit hefir þú Giúka

gestr eina nótt,
mantattu horska
Heimis fóstru.

Sigurðr:
32. Hvárt er þá? Grípir!
gettu þess fyr mér!
sér þú geðleysi
í grams skapi,
er ek skal við mey þá
málum slíta,
er ek alls hugar
unna þóttumk?

Grípir:
33. Þú verðr, siklingr,
fyr svikum annars,
mundu Grímhildar
gialda ráða;
mun bióða þér
biarthaddat man,
dóttur sína,
dregr hón vél at gram.

Sigurðr:
34. Mun ek við þá Gunnar
gørva hleyti,
ok Guðrúnu
ganga at eiga;
fullkvœni þá
fylkir væri,
ef meintregar
mér angraðit.

28, 4 fǫd at heimis **R. 29,** 2 fleztu *R.* **30,** 5 mey | ná **R,** meyna *Gr.* — *komma nach* ná *KL.* **31,** 6 nótt; *RM.* **32,** 1 Hvert *K,* Hvart *Gr,* Hvat *B'Gg'.* 2 gett þv **R***Gr,* get þú *K RMLMb.* 7 allz-hugar *KR.* **33,** 5 mun hon bióða þér *Gg.* 6 *als subject gefasst, daher ohne komma nach* man *KGrRM.*

Grípir:
35. Þik mun Grímhildr
gørva véla,
mun hón Brynhildar
biðja fýsa
Gunnari til handa,
Gotna dróttni;
heitr þú fliótliga fǫr
fylkis móður.

Sigurðr:
36. Mein eru fyr hǫndum,
má ek líta þat,
ratar gørliga
ráð Sigurðar,
ef ek skal mærrar
meyjar biðja
ǫðrum til handa,
þeirar er ek unna vel.

Grípir:
37. Ér munuð allir
eiða vinna
Gunnarr ok Hǫgni,
en þú, gramr, þriði;
þá it litum víxlið,
er á leið eruð,
Gunnarr ok þú,
Grípir lýgr eigi.

Sigurðr:
38. Hví gegnir þat?
hví skulum skipta
litum ok látum,
er á leið erum?
þar mun fláræði
fylgja annat
atalt með ǫllu;
enn segðu, Grípir!

Grípir:
39. Lit hefir þú Gunnars
ok læti hans,
mælsku þína
ok meginhyggjur;
mundu fastna þér
framlundaða
fóstru Heimis,
sér vætr fyr því.

Sigurðr:
40. Verst hyggjum því,
vándr munk heitinn
Sigurðr með seggjum
at sǫguru;
vilda ek eigi
vélum beita
iǫfra brúði,
er ek œzta veitk.

Grípir:
41. Þú munt hvíla,
hers oddviti
mærr, hiá meyju,
sem þín móðir sé;
því mun uppi,

35, 6 gotna *KGrRP.* — drotni R*K*. 7 heitir *KR*. — fliótt *K*.
36, 8 er *f.* R *u. ausgg.; der schreiber mag wol von* er *gleich auf* ec *abgeirrt sein, vgl. Zze 121 u. auch 84 anm. 1.* **37,** 5 so *BGg,* þvíat víxla *RKGrRM.* — vixlið *Gg.* 8 Gr. ne lýgrat *Gg".*
39, 8 við því *K.* **40,** 1 því *f.* R. 4 *wie 24, 4.* 5 vildigak æva *Gg".* 7 brvþ' R, brúþr *Gr.* **41,** 3 *komma vor aber nicht nach* mærr *R.*

meðan ǫld lifir,
þióðar þengill,
þítt nafn vera.

Sigurðr:

42. Mun góða kván
Gunnarr eiga
mærr með mǫnnum,
— mér segðu, Grípir! —
þóat hafi þriár nætr
þegns brúðr hiá mér
snarlynd sofit?
slíks erut dœmi!

43. Saman munu brullaup
bæði drukkin
Sigurðar ok Gunnars
í sǫlum Giúka;
þá hǫmum víxlið,
er it heim komið,
hefir hverr fyr því
hyggju sína.

44. Hve mun at yndi
eptir verða
mægð með mǫnnum?
mér segðu, Grípir!
mun Gunnari
til gamans ráðit

síðan verða
eða siálfum mér?

Grípir:

45. Minnir þik eiða,
mantu þegja þó,
antu Guðrúnu
góðra ráða;
en Brynhildr þykkisk
brúðr vargefin,
snót fiðr vélar
sér at hefndum.

Sigurðr:

46. Hvat mun at bótum
brúðr sú taka,
er vélar vér
vífi gerðum?
hefir snót af mér
svarna eiða,
enga efnða,
en unat lítit.

Grípir:

47. Mun hón Gunnari
gørva segja,
at þú eigi vel
eiðum þyrmðir,
þá er ítr konungr
af ǫllum hug,
Giúka arfi,
á gram trúði.

---

7 þióðar-þeng. *KR.* **42** nach **43** in R*KGrRM*, *umgestellt mit BGg, da 43 die antwort auf die frage in 42 enthält.* **43**, 5 hámō *R*, hamom *KGr*. 7 hver *RGr*. **44**, 7 siþ' *R*, síþr *R*. **45**, 2 máttv *RKGrRMGg'*, muntu *Gg''*, mattv *in der vorlage von* R *vermutet B*. 2.3 þegja, | þó antu *KGrRM*. 6 var gefin *K*. 8 at hǫndum *Gg''* nach vermutg von *B*; siá at = *bedacht sein auf? (dann natürlich komma vor* sér). **46**, 8 vnat *RK*, unað *GrGgEgV (als stn.)*, unnat *R*. **47**, 3 at þú ne ofvel *Gg''*. 4 þyrmir *RKGrM*.

Grípisspá.

Sigurðr:

48. Hvárt er þá? Grípir!
get þú þess fyr mér,
mun ek saðr vera
at sǫgu þeiri,
eða lýgr á mik
lofsæl kona,
ok á siálfa sik?
segðu, Grípir, þat!

Grípir:

49. Mun fyr reiði
rík brúðr við þik
né af oftrega
allvel skipa;
viðr þú góðri
grand aldrigi,
þó ér víf konungs
vélum beittuð.

Sigurðr:

50. Mun horskr Gunnarr
at hvǫtun hennar,
Guthormr ok Hǫgni,
ganga síðan?
munu synir Giúka
á sifi ungum mér
eggjar rióða?
enn segðu, Grípir!

Grípir:

51. Þá er Guðrúnu
grimt um hiarta,
er brœðr hennar
þér til bana ráða;
ok at øngu verðr
yndi síðan
vitru vífi,
veldr því Grímildr.

Sigurðr:

52. Skiljumk heilir!
munat skǫpum vinna;
nú hefir þú, Grípir, vel
gǫrt sem ek beiddak;
fliótt myndir þú
fríðri segja
mína ævi,
ef þú mættir þat.

Grípir:

53. Því skal hugga þik,
hers oddviti!
sú mun gipt lagið
á grams ævi;
munat mætri maðr
á mold koma
und sólar siǫt
en þú, Sigurðr, þykkir.

48, 1 Hvat *RKGrRMB'Gg'*; *vgl. 32, 1.* 3 verþa *K*.
50, 2 hvǫtum *KGr (Gg", druckf.?)* 3 Guttormr *KR*, Guþormr *Gr*.
6 af s. *R*. — sifivgom *RKEgV*, sifjungum *GrGg"*, sifjuðum *RMGg'*, sifjungi
B. — mér *f. Gg" (nach Gislason in den Aarböger f. nordisk Oldkyndighed 1869, s. 53).* **51,** 3 er *mit GgBt, f. RKGrRM*. 3.4 þér |
til *K*. 5 ok *in* **R** *übergeschr., f. KRM.* 8 Grimilldr *RGr*, Grímildr
MLMb, Grimh. *Gg*. **52** *nach* **53** *in RKGrRMB', umgestellt
mit GgBt.* 3 vel *f. KRGr.* 4 beidda *R*. 5 fliot *R*. — mundir *Gr*.
53, 3 siá mun *KR*.

REGINSMÁL.

Sigurðr gekk til stóðs Hiálpreks ok kaus sér af hest einn, er Gráni var kallaðr síðan. Þá var kominn Reginn til Hiálpreks, sonr Hreiðmars, hann var hverjum manni hagari ok dvergr of vǫxt. Hann var vitr, grimmr ok fiǫlkunnigr. Reginn veitti
5 Sigurði fóstr ok kenslu ok elskaði hann miǫk; hann sagði Sigurði frá forellri sínu ok þeim atburðum, at Óðinn ok Hœnir ok Loki hǫfðu komit til Andvarafors: í þeim forsi var fiǫldi fiska. Einn dvergr hét Andvari, hann var lǫngum í forsinum í geddu líki ok fekk sér þar matar. Otr hét bróðir várr,
10 kvað Reginn, er opt fór í forsinn í otrs líki; hann hafði tekit einn lax ok sat á árbakkanum ok át blundandi. Loki laust hann með steini til bana; þóttusk æsir miǫk hepnir verit hafa ok flógu belg af otrinum. Þat sama kveld sóttu þeir gisting til

---

Reginsmál: *in* R *28b,6*—30a,11*; str. 1.2.6.18 in* V; *str. 13—26 in* N. — *Von der roten überschrift in* R *ist wie es scheint als zweiter buchstabe* r *noch erkennbar, danach glaubt B eg, aber nicht sicher, zu unterscheiden, er vermutet fra* regin *als den anfang der überschrift, das übrige unlesbar.* Gr: *bis str. 15 incl.* um Regin oc Otrsgiolld, *von da bis zu ende um* Hnikar; K: quiða Sigurðar Fafnisbana in ǫnnur fyrri partr *(die Fm. als síðari partr)*; RMB' Sigurðarkviða Fáfnisbana ǫnnur *nach pphss.*; Gg: Sig. Fáfn. ǫnnur eða Reginsmál; Reginsmál *mit* Bt. V u. N *geben die quelle ihrer citate nicht an.*

Prosa: *(vgl. auch Volsungasaga cap. 14, skaldskaparmál c. 39 f. dasselbe in mehr oder weniger selbständiger darstellung; z. 2—6* þá var- forellri sínu *auch* N *c. 3).* 2 Gráni *s. zu Gsp. 5, 8.* 3 sonar R, son N. — á vǫxt N. 4 Hann v. v.] vitr maðr N. — grimr RGr. — vor Reginn *(*Reiginn Gr.*) hätten eigentlich str. 13.14 mit den vorhergehenden drei prosazeilen ihren rechten platz, so* BGg" *und vgl. auch Rosselet bei Ersch u. Gruber II, 31 s. 259.* 4.5 veitti — kenslu] kendi Sig. mart N. 5.6 Hann segir þá frá forellri sínu d, Hann sagði þá frá forelldrum sínum F. 7—9 Andvarafors — matar] Gg" *meint vielleicht richtig, dass hier nur* fors nǫkkurs *stehen dürfe u. das folgende* í þeim *etc. erst nach* Andvarafors *z. 18 seinen platz habe (das darauffolgende* ok kastaði dort *ändert er zu* Loki kast.*). In der darstellung der skaldskaparmál sind die forse Otrs u. Andvaris nicht identisch, dass sie es aber dem schreiber (oder verf.?) der prosa in* R *waren, bezeugt* forsinn *z. 10.* 11 lags R. 12 heppnir KM. 13 qvöld K.

Hreiðmars ok sýndu veiði sína; þá tóku vér þá hǫndum ok lǫgðum þeim fiǫrlausn, at fylla otrbelginn með gulli ok hylja útan ok með rauðu gulli. Þá sendu þeir Loka at afla gullsins; hann kom til Ránar ok fekk net hennar ok fór þá til Andvarafors ok kastaði netinu fyr gedduna, en hón hlióp í netit; þá mælti Loki:

1. Hvat er þat fiska,
 er renn flóði í,
 kannat sér við víti varask?
 hǫfuð þitt
 leystu helju or,
 finn mér linnar loga!

geddan:

2. Andvari ek heiti,
 Óinn hét minn faðir,
 margan hefi ek fors um farit;
 aumlig norn
 skóp oss í árdaga,
 at ek skylda í vatni vaða.

Loki:

3. Segðu þat, Andvari!
 ef þú eiga vill
 líf í lýða sǫlum:
 hver giǫld
 fá gumna synir,
 ef þeir hǫggvask orðum á?

Andvari:

4. Ofrgiǫld
 fá gumna synir,
 þeir er Vaðgelmi vaða;
 ósaðra orða,
 hverr er á annan lýgr,
 oflengi leiða limar.

Loki sá alt gull þat er Andvari átti; en er hann hafði framreitt gullit, þá hafði hann eptir einn hring, ok tók Loki þann af hánum. Dvergrinn gekk inn í steininn ok mælti:

---

15 fiǫrlausnir *R*. 15.16 útan með *KR*, ok *fehlt auch* V. 17.18 Andvarafors ok *s. zu z. 7—9*.
1 *auch* V *c. 14*. 2 reñur V. 3 ok kannat *K*. 4.5 leystu | h. *ausgg*. 6 ok finn V. — linar *R*, lionar V, línar *Gr*, linnar *RK*, linnar *oder* liðar *?Eg*, lindar *MBGg*, lónar *?Bt (von* lón *stf. tiefer stillfliessender bach); von* linnr, *die genett. auf* -ar *u*. -s *finden sich bei einer anzahl von substantt. neben einander*. **2** *auch* V *c. 14; überschr. weder in* R *noch* V. 2 Oþinn V. 3 of far. V. 5 skópumk í árd. *Gg''*. 6 skyldak *Gg''*. **3** *dieser u. der folgenden str. entspricht nichts in* V *u*. SE, *sie scheinen in folge der auffassung des* í vatni vaða *(2, 6) als strafe sich fälschlich hier eingedrängt zu haben: so Bt*. — *in* R *steht* q. loki *in der zeile nach* Andvari, *ebenso* KGrRMLMb kvað Loki *als schluss von vers 1*. 4.5 fá | gumna *ausgg*. **4** *überschr. f*. R.
1 Ofr giold *R*. 1.2 fá | g. *ausgg*. 3 vaðg. *KRMMb*, Vaðgemli *Gr*. 5 hverr *f. KGrM; vgl*. Háv. 123, 2. — lýgr; *Gr*. Prosa: 2.3 fremreitt *Gr*.

Reginsmál.

5. Þat skal gull,
er Gustr átti,
brœðrum tveim
at bana verða,
ok øðlingum
átta at rógi,
mun míns fiár
manngi nióta!

Æsir reiddu Hreiðmari féit, ok tráðu upp otrbelginn ok reistu á fœtr. Þá skyldu æsirnir hlaða upp gullinu ok hylja; en er þat var gørt, gekk Hreiðmarr fram ok sá eitt granahár ok bað hylja. Þá dró Óðinn fram hringinn Andvaranaut ok hulði hárit. Þá kvað Loki:

6. Gull er þér nú reitt,
en þú giǫld hefir
mikil míns hǫfuðs;
syni þínum
verðra sæla skǫpuð,
þat verðr ykkarr beggja
bani.

Hreiðmarr sagði:

7. Giafar þú gaft,
gaftattu ástgiafar,
gaftattu af heilum hug;
fiǫrvi yðru
skylduð ér firðir vera,
ef ek vissa þat fár fyrir.

Loki:

8. Enn er verra
— þat vita þykkjumk —
niðja stríð um nept;
iǫfra óborna
hygg ek þá enn vera,
er þat er til hatrs hugat.

Hreiðmarr:

9. Rauðu gulli
hygg ek mik ráða munu,
svá lengi sem ek lifi;
hót þín
hræðumk ekki lyf,
ok haldið heim héðan!

Fáfnir ok Reginn krǫfðu Hreiðmar niðgialda eptir Otr bróður sínn; hann kvað nei við;

---

5 *diese kviðuháttrstr. möglicherweise nicht hierher gehörig nach Gg".* 2 gustr *KGrM*, Gusir *?R*. 3 *beide wörter undeutl. in R*. 5.6 æ øðl. | attak at rógi *?Gg".* Prosa: 2 vþ *RGr.* 9 þá kvað L. *nach* V *mit BGg*, Loki kvað *KP*, f. *RRMLMb (doch s. zu 6, 1).* **6** *auch* V *c. 14.* 1 reitt *nur in* V, f. *RKGrRM*, dafür q. l. (kvað Loki) *RGrRMLMb.* 4.5 verðra | sæla *ausgg.* 5 verðr at V. 6 þat er V. — yckurr *K*, ykkar V*RP.* — bani *(an verschlungen) R.* **7** *überschr.* Hreiþmar *s. in der zeile R*, Hr. segir *KGrRM.* 4.5 ér | fir. *ausgg.* **8** *überschr. f. in* R, *hier mit Simrock LPBGg, dagegen geben RGrKMMb dem Hreiðm. die str.* 1 En *M.* 2 *als relativsatz mit* þaz *Gg.* **9** *in* R *keine überschr., aber nach* gulli *steht* q. h. (kvað Hreiðmarr), *was* M *mit zur ersten verszeile rechnet.* 2 hve *R*, hugg *K.* 5 lyf *sicher in* R, lýf *K*, lyt *EgMbP (auch* V *so s. v.* hlutr, *aber berichtigt s. v.* lyf), = lauf *Gr.*

Reginsmál.

en Fáfnir lagði sverði Hreiðmar
5 fǫður sínn sofanda. Hreiðmarr
kallaði á dœtr sínar:

10. Lyngheiðr ok Lofnheiðr!
vitið mínu lífi farit,
mart er þat er þǫrf þiár!
Lyngheiðr sagði:
Fá mun systir,
þótt fǫður missi,
hefna hlýra harms.

Hreiðmarr:
11. Al þú þó dóttur,
dís úlfhuguð!
ef þú getrat son
við siklingi;
fá þú mey mann
í meginþarfar,
þá mun þeirar sonr
þíns harms reka.

Þá dó Hreiðmarr, en Fáfnir
tók gullit alt. Þá beiddisk Reginn
at hafa fǫðurarf sínn, en Fáfnir
galt þar nei við. Þá leitaði

Reginn ráða við Lyngheiði 5
systur sína, hvernig hann skyldi
heimta fǫðurarf sínn. Hón kvað:

12. Bróður kveðja
skaltu blíðliga
arfs ok œðra hugar;
era þat hœft,
at þú hiǫrvi skylir
kveðja Fáfni fiár.

Þessa hluti sagði Reginn Sigurði.
Einn dag er hann kom til
húsa Regins, var hánum vel
fagnat. Reginn kvað:

13. Kominn er hingat
konr Sigmundar,
seggr inn snarráði,
til sala várra;
móð hefir meira
en maðr gamall,
ok er mér fangs ván
at frekum úlfi.

Prosa: 6 kallar *KRM*, kall' R.   **10,** 3 danach Lyngeiþr
s. R, Lyngh. segir *KGrM*, L. svarar R.   4 fár R*KGrR*. — systur
(plur.) K.   **11** der redende wie str. *9* in R bezeichnet, kvað Hr. bei
GrRM nach dóttur.   1 þó f. *RGr*. — dóttr R.   7 statt sonr setzt *Gr*
húni ein, des reimes wegen! — mit recht verdächtigt Bt die kviðuhattr-
str. an dieser stelle, da die weissagung Hreiðm. nicht eintrifft; Gg"s
versuch Lyngh. u. Sigurð genealogisch zu verbinden überzeugt nicht.
Prosa: 5 Reigin R.   **12,** 1 Brvðar R, Bróþr *Gr*.   4 hæft Bt*Gg"*
(*zu* hafa!).   *Prosa:* 1 lvti R*KGrRM*.   3 ein kl. u. ohne punkt vorh.   3 ff.
u. str. *13.14* vom sammler ungeschickt hierher gebracht, sie schildern die
erste begegnung mit Reginn, s. pag. 186 zu prosa 4.   **13—15**
sammt prosa auch N cap. 4 (þat var einn dag, er vér Sigurðr kómum
til húsa Regins; var Sigurði þar vel fagnat. Þá kvað Reginn vísu:)
13, 2 sonr F.   5 móþ R, megn N. — mikit N.   6 en ek m.
FK.   7 ok f. N, 'vielleicht richtig' B.   8 af FKR.

14. Ek mun fœða
fólkdiárfan gram,
nú er Yngva konr
með oss kominn;
siá mun ræsir
ríkstr und sólu;
þrymr um ǫll lǫnd
ørlǫgsímu.

Sigurðr var þá iafnan með Regin ok sagði hann Sigurði, at Fáfnir lá á Gnítaheiði ok var í orms líki. Hann átti œgishiálm, er ǫll kvikkvendi hræddusk við. Reginn gerði Sigurði sverð, er Gramr hét; þat var svá hvast, at hann brá því ofan í Rín ok lét reka ullarlagð fyr straumi, ok tók í sundr lagðinn sem vatnit. Því sverði klauf Sigurðr í sundr steðja Regins. Eptir þat eggjaði Reginn Sigurð at vega Fáfni; hann sagði:

15. Hátt munu hlæja
Hundings synir,
þeir er Eylima
aldrs synjuðu,
ef meirr tiggja
munar at sœkja
hringa rauða
en hefnd fǫður.

Hiálprekr konungr fekk Sigurði skipalið til fǫðurhefnda. Þeir fengu storm mikinn ok beittu fyr bergsnǫs nakkvara. Maðr einn stóð á berginu ok kvað:

16. Hverir ríða þar
Rævils hestum
hávar unnir,
haf glymjanda?
seglvigg eru
sveita stokkin,

---

14. *vorher* ok enn kvað hann **F.** 1 man fræda **N.** 3 yngva **Gg.** 7.8 *dafür* **N**: frægr um lǫnd ǫll | af (með **F**) lofi sínu. 8 ørlǫg simu *mit kolon vorher* **KML**, orlǫgsimi *PE (Germ. 17, 9).* Prosa: 2.3 ok hann sagði hánum mart frá (af **F**) Fáfni, er hann lá **N.** 3 ok var f. **N.** 4—6 Hann — við] *dafür* (ok **F**) at hann var undarliga vexti **N.** 5 ǫll] oS **R.** 7 þat er Gramr *KRM.* — gram **R.** 8 svá snarpeggjat **N.** 8.9 því í ána Rín **N.** — *nach* reka *noch* at **d**, ofan at **F.** 11 sem vatnit f. **F.** 11--13 síðan kl. **S.** með sverðinu st. **R. S**, s. kl. **S.** st. **R.** m. sv. **F.** 14 at drepa **F.** bróður sínn **N.** 14,15 h' s. **R**, hann segir **R**, Sigurðr kvað þá vísu **d**, ok kvað vísu þessa **F.** **15,** 3 þr **R.** 4 vǫrnuðu **N.** 5 ef mik tregar (tegar **F**) **N.** 6 meirr at **N.** 8 hefnna **F**, hefna *KR.* — fedr **d.** Prosa: *damit beginnt bei Gr ein neuer abschnitt mit selbständiger zählung:* um Hnikar. **16—18** *auch* **N** *c.* 5 (þessi maðr lióðar (hlioðar **d**) á oss ok kvað:) **16** Hverrir **R.** — þar **R**, hér **N.** 3 hafri *(d. i.* haf *für* hafr *gelesen)* unnar **N.** 4 hafi **F.** 5.6 eru segl yǫr | siáfi (siofui **F**) stokkin **N.** 7 munu at **F.** —

Reginsmál.

munat vágmarar
vind um standask.

Reginn svaraði:

17. Hér 'ru vér Sigurðr
á sætriám,
er oss byrr gefinn
við bana siálfan;
fellr brattr breki
brǫndum hæri,
hlunnvigg hrapa;
hverr spyrr at því?

18. Hnikar hétu mik,
þá er hugin gladdi
Vǫlsungr ungi
ok vegit hafði;
nú máttu kalla
karl af biargi
Feng eða Fiǫlni;
far vil ek þiggja.

Þeir viku at landi, ok gekk karl á skip, ok lægði þá veðrit. Sigurðr kvað:

19. Segðu mér þat, Hnikarr!
alls þú hvártveggja veizt
goða heill ok guma:
hver bǫzt eru,
ef berjask skal,
heill at sverða svipun?

Hnikarr kvað:

20. Mǫrg eru góð,
ef gumar vissi,
heill at sverða svipun:
dyggva fylgju
hygg ek ins døkkva vera
at hrottameiði hrafns.

21. Þat er annat,
ef þú ert út um kominn
ok ert á braut búinn,
tvá þú lítr
á tái standa
hróðrfúsa hali.

---

vápnaðir N. 8 of st. N. **17** vorher Regin sv R, R. svarar KR, Reginn kvað í móti N. 1 ero RFKGrM, erum R. — við KM. 2 dafür á siá komnir N. 5 bratt N. 6 hǫmrvm d. — hærra F, f. d. **18** auch V cap. 17. — nur N (Gg ebenso) hat als überschr.: Heklumaðr kvað, GrP hann kvað, Mb Hnikarr, B Maðr kvað. 1 Hnikar R. — hetō F; ob Hnikarr hétumk urspr? 2 þá er ek V. — hvgiɴ R, hvginn VKGrR, hvgin d, hug F, Hugin P. — gladdac R u. ausgg. 3 als anrede in allen ausgg. — vngi RV, viða N. 4 veghat V. — hafði alle hss., hafðak ausgg. 6 á N. — bergi RGr MBGg, biargi NV. Prosa: 1 landi, gekk KRM. **19** u. ff. strr. (nicht die prosen) auch N c. 5. — Sigurðr kvað vorher f. in R, Sig. kv. til heklumanns N. 2 allztv d. — veitz RKGrR. 3 gumna Gr. 4 hverjar eru (voru d) beztar N. 6 heillir N. — svipan N. **20** Hnic. q. in der zeile R. 2 gumnar NR. — vita N. 3 svipan N. 4 dyggua F, dyggia RdKR. 4.5 ek | ins KRM. 5 ec ens R, ek at ins d, ens F. — deyqva RKGrR. 6 af hrotta meida hrapi N. **21,** 2 vt ᴠ R, ᴠ vin d, um F. 3 ert abrɑ̨t R, til bróttferðar N. 5 a tai standa d, ataistanda R, ara j standa F. 6 hale F, halli d.

Reginsmál.

22. Þat er it þriðja,
ef þú þióta heyrir
úlf und asklimum,
heilla auðit
verðr þér af hiálmstǫfum,
ef þú sér þá fyrri fara.

23. Engi skal gumna
í gøgn vega
síð skínandi
systur Mána;
þeir sigr hafa
er siá kunnu
hiǫrleiks hvatir
eða hamalt fylkja.

24. Þat er fár mikit,
ef þú fœti drepr,
þars þú at vígi vcðr;
tálardísir
standa þér á tvær hliðar,
ok vilja þik sáran siá.

25. Kemðr ok þveginn
skal kœnna hverr
ok at morni mettr;
þvíat ósýnt er
hvar aptni kømr,
ílt er fyr heill at hrapa.
Sigurðr átti orrostu mikla við
Lyngva Hundings son ok brœðr
hans; þar fell Lyngvi ok þeir
þrír brœðr. Eptir orrostu kvað
Reginn:

26. Nú er blóðugr ǫrn
bitrum hiǫrvi
bana Sigmundar
á baki ristinn;
fár var fremri,
sá er fold ryði,
hilmis arfi,
ok hugin gladdi.
Heim fór Sigurðr til Hialpreks; þá eggjaði Reginn Sigurð til at vega Fáfni.

22, 3 undir askinum N. 4.5 þér | af *KRM*. 5 hilm stofö R, hiálmstǫfnum *P*. 6 þú lítr þá N. — fyrr F, fyri d. — mit str. *22 war wol urspr. Hnikars rede zu ende, sicher ist aber str. 23 (im kviðuháttr!) hier erst später eingedrungen (letzteres meint auch Gg").* **23,** 1 Engr *RKGrMBGg*, Engi N*R*. 2 gogn R, gegn N. 3 sitiande F. 4 mána *KRM*. 6 er **Rd**, sem F. **24,** 3 þá er at vígi vegr N. 4 tálar dísir *BGg (B als éin wort in der ausg. des* N). 4,5 standa | þér *ausgg.*, þér | á *?Bt*. **25,** 2 kennaz hverr N. 3 at morgni *RK*, af minne F, af minnum d. 4 óvist N. 5 hvar at **Rd**, huat er F. — apni R*GrM*, aftnni F. 6 firir N. — fyr hǫll *E in Germ. 17, 9 f. Prosa: vor Sigvrðr steht in R mit roter tinte cap (d. i. capitulum), S in Sigvrðr ein wenig grösser als gewöhnlich.* **26,** 1 blóþigr *R*. 2 breidum F. 5 øngr er fr. *RKGrRM*, ø::gr var fr. *B*, fárr var fr. N. 6 ridur F. 7 arfi R, nefi d, hnefui F. 8 hvginn d*Gr. Prosa: durch nichts in R von der einleitenden prosa vor Fm. getrennt; K setzt das ganze stück hierher, Gr vor die Fm. Sein rechter platz wäre zwischen Rm. u. Fm., die es ja nach der absicht des sammlers verbinden soll.* 3 til *fehlt KRM*.

FÁFNISMÁL.

Sigurðr ok Reginn fóru upp á Gnítaheiði ok hittu þar slóð Fáfnis, þá er hann skreið til vatns. Þar gørði Sigurðr grǫf mikla á veginum, ok gekk Sigurðr þar í. En er Fáfnir skreið af gullinu, blés hann eitri, ok hraut þat fyr ofan hǫfuð Sigurði. En er Fáfnir skreið yfir grǫfna, þá lagði Sigurðr hann með sverði til hiarta. Fáfnir hristi sik ok barði hǫfði ok sporði. Sigurðr hlióp or grǫfinni, ok sá þá hvárr annan. Fáfnir kvað:

1. Sveinn ok sveinn!
hverjum ertu sveini um
    borinn?
hverra ertu manna mǫgr?
er þú á Fáfni rautt
þínn inn frána mæki,
stǫndumk til hiarta hiǫrr.

Sigurðr duldi nafns síns fyr því, at þat var trúa þeirra í forneskju, at orð feigs manns mætti mikit, ef hann bǫlvaði óvin sínum með nafni. Hann kvað:

2. Gǫfugt dýr ek heiti,
en ek gengit hefik
inn móðurlausi mǫgr;
fǫður ek ákka
sem fíra synir,
geng ek æ einn saman.

Fáfnismál: *in* R *30a,10*—31b,9*; str. 13. 32. 33 auch* SE, 6, 4—6 *Sverris saga; in der Volsungasaga nur benutzt.* — Überschr. fra davþa f *unmittelbar vor str. 1* R; Qviða Sigurðar Fáfnisbana in ǫnnur. síðari partr eðr Fafnismál *K*, Fafnismál eðr frá dauði Fafnis *Gr*, Fáfnismál *die übrigen nach pphss.*

Prosa: *vgl. zur schlussprosa der Rm.* 1 vp R. 3 Fafn. *immer mit kurzem vocal* KGrRM. 4 vaz RKGrR. 10 grǫfina KGrR. 14 ok sáu þá hvarr annan *K*, ok sá þá hvarr þeirra annan *Gr*.

1, 2 sveiniv R *(das zweite i sicht aus, als wäre es erst nachträglich eingefügt B)*, (ertu,) svein! um BGg *nach Fsv.* 6. 4 ra'tt RGr.
2, 2 hefc R *u. ausgg.* 4 favþr R. 6 æ f. R *u. ausgg.*, B *(danach Gg) schlägt vor* æ geng ek einn s., Gg" *vermutet auch* ek geng einn s., *beides möglich, vgl. Zze. 96 mitte u. anm. 2; D (Hz. 3, 97) las* fór statt geng, *um eine reimart wie Háv. 79, 1—3. 138, 4—6. Ls. 14, 1—3 (hs.) zu bekommen.*

3-30 *fehlen die überschrr. in* R, *nur* **14—20** *steht noch* q, *bei* **28.30** *noch* s *und bei str.* **29** R *am rande, sodass wol vor dem*

Fáfnismál.

3. Veiztu, ef fǫður né áttat
sem fíra synir,
af hverju vartu undri
alinn?

Sigurðr:
4. Ætterni mítt
kveð ek þér ókunnikt vera,
ok mik siálfan it sama;
Sigurðr ek heiti,
Sigmundr hét mínn faðir,
er hefik þik vápnum
vegit.

Fáfnir:
5. Hverr þik hvatti?
hví hvetjask lézt
mínu fiǫrvi at fara?
inn fráneygi sveinn!
þú áttir fǫður bitran,
abvrno skiór á skeið (?).

Sigurðr:
6. Hugr mik hvatti,
hendr mér fulltýðu
ok mínn inn hvassi hiǫrr;
fár er hvatr,
er hrørask tekr,
ef í barnœsku er blauðr.

Fáfnir:
7. Veit ek ef þú vaxa næðir
fyr þínna vina briósti,

---

beschneiden des codex überall ein q *mit dem anfangsbuchst. des namens stand.* **3** *in* **V** *c. 18 paraphrasiert:* ef þú átt engan feðr né mœðr, af hverju undri ertu þá alinn? ok þótt þú segir mér eigi þítt nafn á banadœgri mínu, þá veiztu at þú lýgr nú; *danach setzt Gg als 2. halbstr. ein:* bellir þú lygi, | at banadœgri mínu, | er þú hylr of heiti þítt; *die lücke nicht bezeichnet* RKRGrM. **4,** 5 *in klammern* R. 6 hefc R *u. ausgg.* **5** *in* V *umschrieben:* hverr eggjaði þik þessa verks eða hví léztu at eggjask? hafðir þú eigi frétt þat, hversu alt fólk er hrætt við mik ok við mínn œgishiálm? inn fráneygi sveinn! þú áttir feðr snarpan. 6 abvrno sciór asceiþ R *(im ersten worte ist unter* b *ein kleiner punkt, den* B *erst für zufällig, zuletzt aber für 'möglicherweise bedeutungsvoll' hielt; die abbreviatur für* vr *steht in* R *nie auch für* or *oder* ru *der stammsilben, so* B *p.* XVI), óbornom skióra skeiþ *KMb*, ábornno sciór á sceiþ (?) *Gr*, (ok var) óbornum skiór á skeið *R*, á brunnu skiór á skeið *ML*, óbǫrnum skióra skeið *Eg E in Germ.* 17, 10 *f.*, á bǫrn óskiǫrr á skeið *(als subj.* þínn faðir) *Gg'*, er bǫrnum skiótt á skeið *Gg" nach Bt's zweifelndem vorschlage;* V *s. v.* skiarr *nimmt* sciór asceiþ = skiǫrr á skeið(i), *im ganzen aber ist ihm der vers dunkel oder corrupt.* **6,** 4—6 *auch Sverris saga c. 164; die Vols. s. umschreibt:* fár er gamall harðr, ef hann er í bernsku blautr. 5 hrǫdaz *R*; hrǫraz, hrorna, hrœðast *varr. der Sv. s.*; fædaz *K*, hrœþaz *Gr*, hrörna *R*, hrǫrask *MBGg*, hrœrask *LE in Germ.* 17, 11. 6 ef hann er í bernsku til bl. *Sv. s.* (í *u.* til *fehlen in je einer hs.).* — blautr *in* 2 *hss. der Sv. s. wie in* V. **7,** 2 þinno R*Gr*, þínu *an* briósti

Fáfnismál.

sæi maðr þik vreiðan vega;
nú ertu haptr
ok hernuminn,
æ kveða bandingja bifask.

Sigurðr:

8. Því bregðr þú nú mér,
Fáfnir,
at til fiarri siák
mínum feðr-munum;
eigi em ek haptr,
þótt ek væra hernumi,
þú fant, at ek lauss lifi.

Fáfnir:

9. Heiptyrði ein
telr þú þér í hvívetna,
en ek þér satt eitt segik;
it gialla gull
ok it glóðrauða fé
þér verða þeir baugar at bana.

Sigurðr:

10. Fé ráða
vill fyrða hverr
æ til ins eina dags;
þvíat einu sinni
skal alda hverr
fara til heljar héðan.

Fáfnir:

11. Norna dóm
þú munt fyr nesjum hafa
ok ørlǫg ósvinns apa;
í vatni þú druknar,
ef í vindi rœr,
alt er feigs forað.

Sigurðr:

12. Segðu mér þat, Fáfnir!
alls þik fróðan kveða
ok vel mart vita:
hverjar 'ru þær nornir,
er nauðgǫnglar 'ru
ok kiósa mœðr frá mǫgum?

---

attrahiert, wie 8,3 mínum an munum? 3 sæi] sętt R*Gr*. — reidan R KGrRMG*g'*. 6 æ] ę ę R, æ æ KGrM. **8,** 1 Hví KGrR. — nú *f.* KGrRMb. 2 at ek til KR. 3 *statt* míns fǫður munum, *wie vielleicht urspr. stand; ebenso ist das possessiv z. b. vor* bróðurbani *logisch falsch nach* bani *flectiert, veranlasst durch das zusammenrücken beider substantive zu einem unorgan. compositum.* 4 þeygi G*g"*. 5 hernomi R, hernuminn Gr. **9,** 1—2 Heiptyrði tekr þú hvetvetna því er ek mæli *in der Vols. s.* 3 segik: GrRMbG*g"*. 4—6 = 20, 4—6. 6 þeir verða þér b. at b. R. **10,** 1.2 vill | fyrða *ausgg*. 2 svill R. — hverr, RM. **11** *in der Vols. s.:* Fátt viltu at mínum dœmum gera, en drukna muntu, ef þú ferr um siá úvarliga, ok bíð heldr á landi, unz logn er. 1.2 munt | fyr KRM. 2 neisum M 3 ørlǫg *mit* BtG*g"*, *f. in* R *u. übrigen ausgg.; beispiele ähnlicher schreiberflüchtigkeit s. Zze. 121.*

12—15 *hält L für bruchstück eines andern gedichts.* 1 þat *mit* GgBt, *f.* R *u. übb. ausgg.* 5 naðgǫnglar *(aber* ǫg *verschlungen, oder* g *auf* ð *geschrieben?)* R, nágǫnglar RGg *(auch* Bt *hält das für möglich).*

Fáfnismál.

Fáfnir:
13. Sundrbornar miǫk
segi ek at nornir sé,
eigut þær ætt saman;
sumar eru áskungar,
sumar eru álfkungar,
sumar dœtr Dvalins.

Sigurðr:
14. Segðu mér þat, Fáfnir!
alls þik fróðan kveða
ok vel mart vita:
hve sá hólmr heitir,
er blanda hiǫrlegi
Surtr ok æsir saman?

Fáfnir:
15. Óskópnir hann heitir,
en þar ǫll skulu
geirum leika goð;
Bilrǫst brotnar,
er þeir á brú fara,
ok svima í móðu marir.

16. Œgishiálm
bar ek um alda sonum,
meðan ek um menjum lák;
einn rammari
hugðumk ǫllum vera,
fanka ek svá marga mǫgu.

Sigurðr:
17. Œgishiálmr
bergr einungi,
hvars skulu vreiðir vega;
þá þat finnr,
er með fleirum kømr,
at engi er einna hvatastr.

Fáfnir:
18. Eitri ek fnœsta,
er ek á arfi lá
miklum míns fǫður.

---

13 *auch Gylf. 15* (I, 72). 1 miǫk *f.* U. 2 segi ek W, hygg ek RrU *u. ausgg.; vgl. Zze. 106 f. (ebenso Grm. 23* kvet ek *in* A *gegen* hygg ek *in* R SE*)*. — at *f. u.* vera statt sé U. 4 'ru *Gg" nach Bt.—* askvngar RW, askunnar r, askyndar U. 5 'ru *Gg", f.* RWU *und in den übrigen ausgg.* — alfkvngar RW, -kunnar r, -kyndar U. 6 svmar ero U, *s.* 'ru *Gg".* **14,** *2.3 nur durch a. (allz) die wiederholung von 12, 2,3 angedeutet* R. **15,** 1 Oskopn. *KGrR,* Óskopn. *MEg,* Úskaptr V. 4—6 *vgl. Gylf. 13* (I, 60). 4 Bif-ravst *R,* Bifrǫst *die* SE *hier u. immer.* 5 brú *mit BGg,* brot R*GrM,* brott *K,* braut *R.* 6 svíma *KGr.* **16,** 1.2 ek | um *ausgg.* 3 á statt um *?Bt.* — lág R *u. ausgg., vgl.* barðag *in* R *Hrbl. 23,2.* 4.5 hugð. | ǫllum *KM.* 5 hvgdāc R (*a etwas verzerrt, u. nach c ist ec ausradiert*). 6 fankat *Gg".* — svá *mit BGg nach* V *(4—6 umschrieben:* aldri fann ek svá margan mann fyrir mér, at ek þœttumst eigi miklu sterkari), *f.* RKG*r*RM. **17,** 1 hiálm R*KGrR.* 2 einvgi R*KGrRM.* 3 hvar R*B'Gg'.* — reiðir *KGrRMGg' mit* R. 4—6 *auch Háv. 64.* 4 þá hann þat *Háv.* 5 frœknum *Háv.* 6 eingi *K.* **18** *noch zu vor. str.* R. 1 fnœsta *alle ausgg. ausser Gg.* 4—6 *lücke nicht bezeichnet in* RKG*r*RM,

Fáfnismál.

Sigurðr:
19. Inn fráni ormr!
þú gørðir fræs mikla,
ok galzt harðan hug;
heipt at meiri
verðr holða sonum,
at þann hiálm hafi.

Fáfnir:
20. Ræð ek þér nú, Sigurðr,
en þú ráð nemir,
ok ríð heim héðan!
it gialla gull
ok it glóðrauða fé
þér verða þeir baugar at
bana.

Sigurðr:
21. Ráð er þér ráðit,
en ek ríða mun
til þess gulls er í lyngvi
liggr;
en þú, Fáfnir,
ligg í fiorbrotum,
þar er þik Hel hafi!

Fáfnir:
22. Reginn mik réð,
hann þik ráða mun,
hann mun okkr verða báðum
at bana;
fior sítt láta
hygg ek at Fáfnir myni:
þítt varð nú meira megin.

Reginn var á brot horfinn,
meðan Sigurðr vá Fáfni, ok kom
þá aptr, er Sigurðr strauk blóð
af sverðinu. Reginn kvað:
23. Heill þú nú, Sigurðr!
nú hefir þú sigr vegit,
ok Fáfni um farit;
manna þeira,
er mold troða,
þik kveð ek óblauðastan
alinn

Sigurðr.
24. Þat er óvist at vita,
þá er komum allir saman
sigtíva synir,

Gg' sucht nach V: at engi þorði at koma í nánd mér ok engi vápn hræddumst ek, *was B für eine paraphrase des verlornen hält, dies zu reconstruieren:* vara maðr svá móðigr, | at mér mœta þyrði, | hræddumka vápn ne vélar. **19,** 1 fráni] rámi R. 3 gatzt *RKGrRM,* galzt *mit BGg nach H. Hv.* 6. 4.5 verðr | h. *ausgg.* **20,** *4—6 vgl. str.* 9, 4—6, *in R abgekürzt:* it. g. g. oc. it. g. r. f. þ. v. þ'. b. a. bana. 6 þeir verða þér b. at b. *GrR (aber* þ'. *ist nicht* þér, *sondern* þ'r *d. i.* þeir). **21,** 1 *vgl.* V þetta eru þín ráð. — mér *Gr statt* þs *in* R, *so auch E in Germ.* 17, 12. 2 mvɴ R. 4.5 ligg | í *ausgg.* 6 hel *KRM.*
22, 1—3 *in der umschreibung von* V *zwischen str.* 15, 1—3 *und* 16 *wiedergegeben.* 6 var *K.* *Prosa:* á braut *RGg.*
24, 1 óvíst *KGrRMMbGg".* — at vita *tilgt E (Germ.* 17, 12). 3 *unecht nach GrGg", auch ich halte dafür, dann wird aber auch vorher*

Fáfnismál.

hverr óblauðastr er alinn;
margr er sá hvatr,
er hiǫr né rýðr
annars brióstum í.

Reginn:

25. Glaðr ertu nú, Sigurðr,
ok gagni feginn,
er þú þerrir Gram á grasi;
bróður mínn
hefir þú benjaðan,
ok veld ek þó siálfr sumu.

Sigurðr:

26. Þú því rétt,
er ek ríða skyldak
hélug fiǫll hinnig;
fé ok fiǫrvi
réði sá inn fráni ormr,
nema þú frýðir mér hvats hugar.

Þá gekk Reginn at Fáfni ok skar hiarta or hánum með sverði er Riðill heitir, ok þá drakk hann blóð or undinni eptir. Reginn kvað:

27. Sittu nú, Sigurðr!
en ek mun sofa ganga,
ok halt Fáfnis hiarta við funa;
eiskǫld
ek vil etin láta
eptir þenna dreyra drykk.

Sigurðr:

28. Fiarri þú gekt,
meðan ek á Fáfni rauðk
mínn inn hvassa hiǫr;
afli mínu
atta ek við orms megin,
meðan þú í lyngvi látt.

Reginn:

29. Lengi liggja
létir þú þann lyngvi í
inn aldna iǫtun,
ef þú sverðs né nytir,
þess er ek siálfr gørða,
ok þíns ins hvassa hiǫrs.

---

koma *zu lesen sein, der schreiber dachte bei* þá er koma allir *s. wol an einen ähnlichen vers eines mytholog. liedes u. schrieb diesen mit dem drauffolgenden hin.* 4 tilgt *E (Germ. 17, 12).* 5.6 margr er hv. | sá er *?* 6 rýðr *nach R's u. Gr's vermutg mit* BGg, rýfr *RKM (verwechslung von* þ *u.* ꝼ *noch Vsp. 52, 5 in* r, Ls. *14, 1 in* R, Grm. *27, 9 in* U). **26,** 3 heilog *RKGrRML,* hél. *MbBGg.* — hinig *RGrM.* 4.5 réði | sá *KRM.* Prosa: *3* því er R. *KR.* 4 Reginn kvað *f.* RK, hann kvað *Gg.* **27,** 4.5 vil | et. *ausgg., nachträglich änderte* Gg" ek | vil! *doch s.* Zze *103 f. sammt anm.* 4 und 621 *pm.* 5 etin *R,* etinn *alle ausgg.* **28,** 4.5 ek | við *ausgg. (das* Zze. *111 von 'im lióðaháttr' bis 'im satze verleiht' gesagte ist unhaltbar).* 5 átta ek *R,* attak *KGg".* **29,** 1.2 létir | þú *RKM.* 2.3 þann vor inn versetzt *R, vielleicht richtig.* 4 þú *f. R.* 6 þíns R.

Fáfnismál.

Sigurðr:

30. Hugr er betri
en sé hiǫrs megin,
hvars skulu vreiðir vega;
þvíat hvatan mann
ek sá harðliga vega
með slævu sverði sigr.

31. Hvǫtum er betra
en sé óhvǫtum
í hildileik hafask;
glǫðum er betra
en sé glúpnanda,
hvat er at hendi kømr.

Sigurðr tók Fáfnis hiarta ok steikti á teini. Er hann hugði, at fullsteikt væri, ok freyddi sveitinn or hiartanu, þá tók hann á fingri sínum ok skynjaði, hvárt fullsteikt væri. Hann brann ok brá fingrinum í munn sér. En er hiartblóð Fáfnis kom á tungu hánum, skildi hann fugls rǫdd; hann heyrði at igður klǫkuðu á hrísinu. Igða ein kvað:

32. Þar sitr Sigurðr
sveita stokkinn,
Fáfnis hiarta
við funa steikir;
spakr þœtti mér
spillir bauga,

30, 3 reiðir skulu v. *KGrRMGg'B'* nach **R**, geändert mit *Bt Gg"*, denn wo das adject. sonst noch mit vega verbunden ist *(Fm. 7. 17. Sgrdr. 27. Ls. 18. 27)* steht es unmittelbar vor diesem. 5 sá mit *BGg*, sé **R** u. die andern ausgg. — harliga *RML*, hvarliga *KGrRMb*, hvatliga *FMagn.*, harðl. mit *Gg*. **31** 'diese str. scheint anderswohin zu gehören' *Be*, 'späterer nichtssagender zusatz' *E (Germ. 17, 12)*. 6 hvat sem at **R** u. ausgg. *Prosa:* 2 En er hann *KGrR*. 4 þa gross mit punkt vorher **R**. 9 ok skildi hann *Gr*. 10 fugla rǫdd *R*. 11 hrísinum *KGrREg* nach hrísinö in **R**. 11.12 Igða ein] Igðan *ṘKRGrMEBGg'*, Igda *Gg"*. **32** u. **33** auch *skaldsk. c. 40* **r** (þá mælti ein:) **32--38** wird nach *RM* alles von éinem vogel gesprochen; **R** hat bei 33—35 die zahlzeichen II. III. IIII u. bei 37 V am rande, bei 36 fehlt ein solches; die paraphr. der V hat ǫnnur segir vor dem inhalte von str. 33, þá mælti in þriðja (fiórða, fimta, sétta) vor 34. 35. 36. 38 (37 nicht wiedergegeben); **SE** bietet vor str. 33 ǫnnur kvað; *KGrBGg'* verteilen die 7 strr. unter 7 vögel. *Gg* hat aber (fragend in der 1. ausg., bestimmt in der 2.) dargetan, dass nur 3 vögel u. zwar je zweimal sprechen, die verschiedenheit des metrums entspricht dem ruhigen tone der beiden ersten und dem scharfen des dritten. Drei vögel sind übrigens auch nur in der bildl. darstellung dieses sagenmotivs am portale der Hyllestadkirche im Säterdal (Norw.). Jessens abweichende meinung über diese partie des liedes s. Zz. 3, 49. **32,** 5 þótti *GrR*, þǫtti **R**.

Fáfnismál.

ef hann fiǫrsega
fránan æti.

Ǫnnur kvað:

33. Þar liggr Reginn,
ræðr um við sik,
vill tæla mǫg,
þann er trúir hánum;
berr af vreiði
vrǫng orð saman,
vill bǫlvasmiðr
bróður hefna.

In þriðja kvað:

34. Hǫfði skemra
láti hann inn hára þul
fara til heljar héðan!
ǫllu gulli
þá kná hann einn ráða,
fiǫlð því er und Fáfni lá.

Enn kvað igða:

35. Horskr þœtti mér,
ef hafa kynni
ástráð mikit
ykkar systra;
hygði hann um sik
ok hugin gleddi;
þar er mér úlfs ván
er ek eyru sék.

Enn kvað ǫnnur:

36. Erat svá horskr
hildimeiðr,
sem ek hers iaðar
hyggja mundak,
ef hann bróður lætr
á braut komask,
en hann ǫðrum hefir
aldrs of synjat.

Enn kvað in þriðja:

37. Miǫk er ósviðr,
ef hann enn sparir
fiánda inn folkská;
þar er Reginn liggr,
er hann ráðinn hefir;
kannat hann við slíku at siá.

38. Hǫfði skemra
láti hann inn hrímkalda
iǫtun,
ok af baugum búa,
þá myndi fiár,
þess er Fáfnir réð,
einvaldi vera!

Sigurðr:

39. Verðat svá rík skǫp,
at Reginn skyli

---

7 hann *f. r.* 8 ætti *r.* **33,** 3.4 þann | er *K.* 5.6 reiði rǫng *alle ausgg. nach* Rr, *nur B bemerkt, dass* vr *auszusprechen sei, vgl.* vreið. vega str. 7. 17. 30. 8 bróþr *K.* **34,** 1.2 hann | inn *ausgg.* 4.5 þá | kná *KRM.* **35,** 1 þótti R*RGr.* 4 yðvar *KGrRMBGg', geändert mit Gg".* 6 huginn *Gr.* **36,** 3 hersiaðar *KGrR.* 4 myndak *R.* 5 bróþr *K.* 6 abrót R, á brot (brott) *KGrRMB.* 7 hefr R*Gr.* **37,** 4 þar er *s. Zze. 89.* 5 hefr R*Gr.* 6 við svikum *Gg nach vermutg von Bt.* **38,** 1.2 hann | þann inn hr. *ausgg.* 2 hann þann inn R *u. ausgg.,* þann *getilgt nach 34, 2; vgl. zu der str. Zze. 102.* 4 mundv RKGrRM, mun hann *GgB.* 4.5 þess | er *KRMB.* **39,** 1 Verþa R, *K las falsch* Verþa at; *vgl.* V eigi munu þau óskǫp.

Fáfnismál.

mítt banorð bera;
þvíat þeir báðir brœðr
skulu bráðliga
fara til heljar héðan.

Sigurðr hió hǫfuð af Regin,
ok þá át hann Fáfnis hiarta ok
drakk blóð þeirra beggja Regins
ok Fáfnis. þá heyrði Sigurðr,
hvar igður mæltu:

40. Bitt þú, Sigurðr,
bauga rauða!
era konunglikt
kvíða mǫrgu;
mey veit ek eina
miklu fegrsta,
gulli gœdda,
ef þú geta mættir.

41. Liggja til Giúka
grœnar brautir,
fram vísa skǫp
folklíðǫndum;
þar hefir dýrr konungr
dóttur alna,
þá mundu, Sigurðr,
mundi kaupa.

42. Salr er á hávu
Hindarfialli,
allr er hann útan
eldi sveipinn,
þann hafa horskir
halir um gǫrvan
or óðøkkum
ógnar lióma.

43. Veit ek á fialli
folkvítt sofa,
ok leikr yfir
lindar váði;
Yggr stakk þorni
— aðra feldi
hǫrgefn hali
en hafa vildi —.

44. Knáttu, mǫgr, siá
mey und hiálmi,
þá er frá vígi
Vingskorni reið;
máat Sigrdrífa
svefni bregða,
skiǫldunga niðr!
fyr skǫpum norna.

---

5 brálliga *KGrRMB* mit R.   **40,** 4 at kvíða *K*.   6 myclo *RRGrMBGg*.   **41,** 5 hefr *Gr*.   6 dóttr *Gr*.   **42,** 1 há R *u. ausgg*.   5 r *in* horsc° *übergeschrieben* R.   7 ódavckvom *R*.   8 Ognarlióma *R*.   **43,** 2 folkvítt *mit Gg"*, folc vitr R, fólkvitr *KGrRM*, folkvitra *B nach einer verm. in K u. E (Germ. 17, 13)*.   4 lindarvápi *KGrR*.   6—8 *nicht in parenth. die ausgg.*   6 ap' a feldi R, áðr á feldi (*u. keine interp. vor* áðr) *KGrMB'*, er aðra feldi *GgBt*.   7 hǫrgefn, hali *KGrMB'*, hǫr-Gefn hali, *R*.   8 e' R, er *KGrRMB'*.   **44,** 4 Vingskornir *GrRM mit* R.   5 so *GgBt*, Sigrdrífar *KGrRMB'*; vgl. *Sdrm. 1, 2. 2, 4—6*.   7 so *GgBt, nicht als anrede sondern als subj. zu* máat *KGrRMB'*.

Sigurðr reið eptir slóð Fáfnis til bœlis hans ok fann þat opit ok hurðir af iárni ok gætti; af iárni váru ok allir timbrstokkar í húsinu, en grafit í iorð niðr. Þar fann Sigurðr stórmikit gull ok fyldi þar tvær kistur. Þar tók hann œgishiálm ok gull-
5 brynju ok sverðit Hrotta ok marga dýrgripi ok klyfjaði þarmeð Grána, en hestrinn vildi eigi fram ganga fyrr en Sigurðr steig á bak hánum.

SIGRDRÍFUMÁL.

Sigurðr reið upp á Hindarfiall ok stefndi suðr til Frakklands. Á fiallinu sá hann liós mikit, svá sem eldr brynni, ok liómaði af til himins. En er hann kom at, þá stóð þar skialdborg ok upp or merki. Sigurðr gekk í skialdborgina ok sá, at þar lá
5 maðr ok svaf með ǫllum hervápnum. Hann tók fyrst hiálminn af hǫfði hánum, þá sá hann, at þat var kona. Brynjan var fǫst, sem hón væri holdgróin; þá reist hann með Gram frá hǫfuðsmátt brynjuna í gǫgnum niðr ok svá út í gǫgnum báðar

---

Prosa: wesentlich unverändert in V, *Gr zieht sie mit zu den folgenden Sdrm., deren einleitende prosa in* R *durch nichts von dieser getrennt ist.* 2 ok á gætti *GrR.* 3 en féit grafit *KGrRM gegen* R. 5.6 þar með *KGrRM.* 7 af bác *R.*

Sigrdrífumál: R *enthält von 31b, 9*—32b unten das gedicht nur bis str. 29, 2; der schluss stand auf den nach der vierten lage verlornen blättern zuerst.* V *hat die strr. 5. 6. 10. 12. 7. 8. 9. 11. 13, 1—6. 15—21 (in dieser folge) in die paraphrase des ganzen gedichts aufgenommen. Der schluss von 29, 3ff. nur in pphss. enthalten, s. darüber die einleitg. — Eine überschr. in* R *nirgends, ohne trennungszeichen ist* Sigurðr reið etc. *an die schlussprosa der Fm. angeknüpft; vgl. zu den Rm am schlusse.* V *beginnt mit der roten überschrift:* Frá Sigurði ein neues cap. Brynhildar quiða Buðladóttur (en K) fyrsta. (eðr K) Sigrdrífu mál *KR,* Brynhildar kviða I *Eg,* Sigrdrífumál *pphss. u. GrMBGg.*

Prosa: fast wörtlich so in V. 1 vp *RGr.* — stefni *R.* — fracl'z *R.* 4 uppôr *R.* 4.5 at þar svaf maðr ok lá með *V.* 8 smát *RRK, f. Gr.*

Sigrdrífumál.

ermar. Þá tók hann brynju af henni, en hón vaknaði, ok settisk hón upp ok sá Sigurð ok mælti:

1. Hvat beit brynju?
hví brá ek svefni?
hverr feldi af mér
fǫlvar nauðir?
Hann svaraði:
Sigmundar burr,
— sleit fyr skǫmmu
hrafn hrælundir —
hiǫrr Sigurðar.

Sigrdrífa:
2. Lengi ek svaf,
lengi ek sofnuð var,
lǫng eru lýða læ;
Óðinn því veldr,

er ek eigi máttak
bregða blundstǫfum.
Sigurðr settisk niðr ok spurði hana nafns. Hón nefndisk Sigrdrífa ok var valkyrja. Hón sagði, at tveir konungar bǫrðusk: hét annarr Hiálmgunnarr, hann var þá gamall ok inn mesti hermaðr, ok hafði Óðinn hánum sigri heitit, en
annarr hét Agnarr,
Auðu bróðir,
er vætr engi
vildi þiggja.

---

10 hón *f. RGr.* — vp R*Gr.*
1 *weder hier noch str. 3 und 5 ist die initiale grösser als gewöhnlich.* 4 Gg" *vermutet* hǫfgar *statt* fǫlvar *(vgl. Vkv. 12).* — naʋþ' R, nauþr Gr. — h' svaŕ R, hann svarar KR. 6—8 *mit BtBeGg.* 7 hrafns RKGrRMEg. 8 *als subj. zu 6.7* KGrRM. — *es enthält also v. 8 die antwort der frage in 1, v. 5 der in 3, dazwischen parenth.* 2 *in* V *nichts entsprechendes.* — *überschr. f.* R. 5 er ek máttigak Gg". *Prosa:* 2 Hón nefndisk Sigrdr. *bis 25* Sigrdrífa kvað *sind den zwei prosazeilen nach str. 4 nach B's u. Gg's vorgange und im einklange mit der darstellung von* V *vorausgestellt gegen* RKGrRM. *Bei dem verhältnis von* V *zu* R *ist es warscheinlich, dass erst ein abschreiber die ungeschickte ordnung veranlasst hat.* 4 segir R. 9—12 *als prosa* RKM, *als verse v. d.* Hagen Gr. Simr. BGg. *Sicher darf man in dem vorausgehenden prosastücke von* hét annarr *an eine umschreibg der ersten halbstr. sehn, ohne doch mit* Gg" *die von* Bt *versuchte restituierung aufzunehmen:* Hét Hiálmgunnarr | hárr vísir, | hafði hánum Herfǫðr | heitit sigri; | annarr hét Agnarr *etc.* 10 haʋþo R, Hauþo KGrR, Hǫðu M; *vgl. Helr. 8, 6 und* Agnarr eða Auðabróðir *in* V. 12.13 *dazwischen setzen* Gg *u.* Bt *als eigentlich hierher gehörig die strr. 6. 8. 9. 10 von Helr., wohin sie fälschlich geraten seien. Dafür spricht wenigstens, dass diese 4 strr., wenn sie nicht rest einer grössern strophenzahl sind, in Helr. durchaus unpassend erscheinen, ihr wesentlicher inhalt aber hier in prosa, sogar mit einer wörtlichen übereinstimmung* (er hræðask kynni *z. 21 u. Helr. 9, 8), nur nach anderer tradition mitgeteilt wird.*

Sigrdrífa feldi Hiálmgunnar í
orrostunni; en Óðinn stakk hana
15 svefnþorni í hefnd þess, ok kvað
hana aldri skyldu síðan sigr
vega í orrostu, ok kvað hana
giptask skyldu. „En ek sagðak
hánum, at ek strengdak heit
20 þar í mót, at giptask øngum
þeim manni er hræðask kynni."
Hann svarar ok biðr hana kenna
sér speki, ef hón vissi tíðindi
or ǫllum heimum. Sigrdrífa
25 kvað:
3. Heill dagr!
heilir dags synir!
heil nótt ok nipt!
óreiðum augum
lítið okkr þinnig
ok gefit sitjǫndum sigr!

4. Heilir æsir!
heilar ásynjur!
heil siá in fiǫlnýta fold!
mál ok mannvit
gefið okkr mærum tveim
ok læknishendr, meðan
lifum!

Hón tók þá horn fult miaðar
ok gaf hánum minnisveig:

5. Biór fœri ek þér,
brynþings apaldr,
magni blandinn
ok megintíri;
fullr er hann lióða
ok líknstafa,
góðra galdra
ok gamanrúna.

6. Sigrúnar skaltu kunna,
ef þú vilt sigr hafa,
ok rísta á hialti hiǫrs;
sumar á vetrimum,
sumar á valbǫstum,
ok nefna tysvar Tý.

7. Ǫlrúnar skaltu kunna,
ef þú vill, annars kvæn
vélit þik í trygð, ef þú
trúir:
á horni skal þær rísta
ok á handar baki,
ok merkja á nagli Nauð.

---

14 stac R*Gr*. 16 aldrei *R.* — síðan skyldu *KRM*. 17 í orostom,
quaþ *R*. **3,** 6 þinig R*GrM*, þannig *K*. **4,** 3 sú in *R*.
4 manvit R*GrMLMb*. 4.5 gefit | ockr *K*. **5** *ff. auch* **V** *cap. 20.*
E (Germ. 17, 13 f.) setzt die str. in lióðah. um. 1 fœrik *Gg"*. 2 bryn-
þings apaldr **R**, brynþinga valldr V*E (für dieses oder mit der änderg*
baldr *entscheidet sich Gg" noch nachtrüglich.* 4 meginn tire **V**. 5 hann
f. **V**. — liona **V**. 8 gamanręðna **V**. **6,** 1 þú skalt R*KGrM*,
skaltu **V** *(u. auch* **R** *in den ff. strr.).* — kunna **V**, rísta R*KM*. 2 vilt
snotr vera **V**. 3 rist **V**. 4.5 *nur avett* ʀunu*m* ok avalbystum **V**.
6 tvisvar *KR*. **7,** 2 vilt a an*n*az kuen*n* **V**, vilt, at a. kv. ?*Bt*. —
vilt *Gr*. 3 véli þik eigi trygð **V**. — vælit *KR*. 4 þer **R**, þat **V**.

Sigrdrífumál.

8. Full skal signa
ok við fári siá
ok verpa lauki í lǫg;
þá ek þat veit,
at þér verðr aldri
meinblandinn miǫðr.

9. Biargrúnar skaltu kunna,
ef þú biarga vilt
ok leysa kind frá konum:
á lófum skal þær rísta
ok of liðu spenna,
ok biðja þá dísir duga.

10. Brimrúnar skaltu kunna,
ef þú vilt borgit hafa
á sundi seglmǫrum:
á stafni skal þær rísta
ok á stiórnarblaði,
ok leggja eld í ár;
era svá brattr breki
né svá blár unnir,
þó kømstu heill af hafi.

11. Limrúnar skaltu kunna,
ef þú vilt læknir vera
ok kunna sár at siá:
á berki skal þær rísta
ok á baðmi viðar,
þeim er lúta austr limar.

12. Málrúnar skaltu kunna,
ef þú vilt, at manngi þér
heiptum gialdi harm:
þær um vindr,
þær um vefr,
þær um setr allar saman
á því þingi,
er þióðir skulu
í fulla dóma fara.

13. Hugrúnar skaltu kunna,
ef þú vilt hverjum vera
geðsvinnari guma;
þær of réð,
þær of reist,
þær um hugði Hroptr

8, 1 fvll R, avl *ohne punkt vorher* V. — skaltu V. 2 faré V.
3 lauk V. 4—6 *f.* RGr. 4 þá veit ek þat *KR.* 5 at *f. KR.* —
aldrei *KR.* **9,** 1 s. k. R, skaltu nema V. 2 þú vilt borgit fá V.
3 leisa *Gr.* — konu V. 4 á lófa V*GrRMB'Gg'*, alofo R, á lófo *K*,
á lófum *BeGg''*. — þer sk*al* R, þær sk. *KGrM,* þér sk. *BeGg'',* sk. þær
V. 5 of R *u. ausgg.,* um V. 6 þá *f.* V. **10,** 1 s. r. R, skaltu
gera V, sk. rísta *GrM.* 4 þær *f.* R. — þær skal *Gr.* 7 era R,
fallat V. 8 né blár vnd*ir* V. 9 þá *Gr.* — kǫmztv R, kemst V.
11, 1 *Gg''* vermutet Lyf- oder Líknrúnar. 4 þer *am rande in* R *aber
durch einen haken an seinen gehörigen ort verwicsen.* 5.6 vgl. Zze. 81.
5 barri V. 6 þess er V*BeGg''*. — lute V. **12,** 2 vilt at R,
att V. — magni R, mage V, mangi *KGrRMLB.* 3 gialda V. 4—6 *tilgt
E.* 8 er menn sk. V. **13,** 1 s. k. R, skaltu nema V. 2 hv• |
eriom R. 3 geðhoskari V. 6 of V*KRM.*

af þeim legi,
er lekit hafði
or hausi Heiðdraupnis
ok or horni Hoddrofnis.

14. Á biargi stóð
með Brímis eggjar,
hafði sér á hǫfði hiálm;
þá mælti Míms hǫfuð
fróðlikt it fyrsta orð
ok sagði sanna stafi.

15. Á skildi kvað ristnar,
þeim er stendr fyr skínanda
goði,
á eyra Árvakrs,
ok á Alsvinns hófi,
á því hveli, er snýsk
undir hreið Rǫgnis,

á Sleipnis tǫnnum
ok á sleða fiǫtrum.

16. Á biarnar hrammi
ok á Braga tungu,
á úlfs klóm
ok á arnar nefi,
á blóðgum vængjum
ok á brúar sporði,
á lausnar lófa
ok á líknar spori,

17. Á gleri ok á gulli
ok á gumna heillum,
í víni ok í virtri
ok á vilisessi,
á Gungnis oddi
ok á Grána bríósti,
á nornar nagli
ok á nefi uglu.

7—10 f. V, zur folg. str. RGr, zweiter teil einer str., deren erster verl. E.   10 Hoddropnis KRMEg, Hoddraupnis vermutete Gr.
14 f. V, R beginnt mit a ohne punkt vorher.   2 brímis KGrRM, doch s. Grm. 44, 9 anm.   4 þa gross in R, neue str. GrR. — E ergänzt satt nach mælti. — Mímis KGrRE.   6 tilgt E.   15, 1 a sk. u. kein punkt vorher V. — kvað] q' R, voru V.   2 fyrir V. — guði V. 3 f. V. — neue str. GrR.   3.4 árv. u. alsv. K.   4 ok á f. V. — Alsvins hǫfði V.   5 ok á því V. — er stendr V, er hverfr Gr.   5.6 éine verszeile Mb.   6 zu diesem verse s. Zze. 133 f. — reið alle ausgg. nach RV. — raugnis VKGrR, rœgnis (doch unter dem a vom œ punkt) R, Rǫgnis MEg, Hrungnis B', Hrǫgnis BtGg.   7 taumum V.
16, 1 beginnt in RV mit kleinem a ohne punkt vorher, bei Gr keine neue str. — rame mit h über dem r V.   4 nefiu V.   8 á f. V.
17, 1 beginnt mit kl. a, in R mit, in V ohne punkt voraus; keine neue str. Gr.   2 ok á góðu silfri V (schiebt aber nach 4 noch ein í guma hollde, dies u. die lesart von R hält Be für verderbt aus í g. hǫllum).   3 ok virtri RGrMB'.   4 oc vili sessi RGr, ok á vavlu sessi V, ok vilis. KMB', ok vǫlus. R.   5 Agv̄gnis u. punkt vorher R, ok gaupnis V.   6 grána R, gýgiar V.   7 Nornar Gr.

Sigrdrífumál.

18. Allar váru af skafnar
þær er váru á ristnar,
ok hverfðar við inn helga mioð
ok sendar á víða vega;
þær 'ru með ásum,
þær 'ru með álfum,
sumar með vísum vǫnum,
sumar hafa menskir menn.

19. Þat eru bókrúnar,
þat eru biargrúnar,
ok allar ǫlrúnar,
ok mætar meginrúnar,
hveim er þær óviltar
ok óspiltar kná
sér at heillum hafa:
nióttu, ef þú namt,
unz riúfask regin!

20. Nú skaltu kiósa,
alls þér er kostr um boðinn,
hvassa vápna hlynr!
sǫgn eða þǫgn
hafðu þér siálfr í hug!
ǫll eru mein of metin.

Sigurðr:

21. Munkat ek flœja,
þótt mik feigan vitir,
emkat ek með bleyði borinn;
ástráð þín
ek vil ǫll hafa,
svá lengi sem ek lifi.

Sigrdrífa:

22. Þat ræð ek þér it fyrsta,
at þú við frændr þína
vammalaust verir;
síðr þú hefnir,
þótt þeir sakar gøri,
þat kveða dauðum duga.

18, 1 allar *klein aber punkt vorher* RV. 2 þær er á voru ristnar V. 3 hverfðar R, hreðar V *(was Be für verschrieben aus* hrerðar = hrœrðar *nimmt u. als rechte lesart bezeichnet).* 4 tilgt E. — vegu VK. 5 þer *gross u. punkt vorher* R. — eru með álfum V. 6 sumar með ásum V. 7 sumar R, ok V. — vanum V. 8 tilgt E. **19,** 1 *beginnt in* V *mit kl.* þ', *doch geht punkt vorher.* 1—4 *für* rúnar *immer nur* r *in* R, rúnir Gr. 2 þat ero R, ok V. 3 alrúnar V. 4 tilgt E.· — oc metar R, ok meᴙar ok V *(Bt vermutet darauf gestützt* ok mætar rúnar ok meginr.). 5 hverium V. — er *f.* R. 5.6 *in* RV *u. den ausgg. steht* kná *vor* óv. (kná | óv. K), *s. aber* Zze. 103 *anm. 2;* E *behält nur:* hveim er þær kná. 6 ok ósp.] of viltar V. 7 heillum *(das zweite* l *unterp.)* V. 8 *in parenth.* KMb. — niottv R, Nióttu VGg. 9 riufa V. — E *tilgt die verszeile.* **20,** 1 skaltv *zweimal* V. 2 of V. 3 hvassa-vápna-hlýnr R. — vópna V. 4 sǫ́gn R, saungh V. 5 of hug V. 6 mál V. **21** *überschr. nur* V. 1 Munca RKGrRMB Gg', Mvnkað V. — flǫia R, fleyia V, flýja R. 3 emca RKGrRMBGg', emkat V. — með *f.* V. 5 vil ek ǫll of hafa V. **22** *überschr. f.* R. 5 þótt þér s. R.

23. Þat ræð ek þér annat,
at þú eið né sverir,
nema þann er saðr sé;
grimmar limar
ganga at trygðrofi,
armr er vára vargr.

24. Þat ræð ek þér it þriðja,
at þú þingi á
deilit við heimska hali;
þvíat ósviðr maðr
lætr opt kveðin
verri orð en viti.

25. Alt er vant,
ef þú við þegir,
þá þykkir þú með bleyði
  borinn
eða sonnu sagðr;
hættr er heimis kviðr,
nema sér góðan geti;
annars dags
láttu hans ǫndu farit,
ok launa svá lýðum lygi!

26. Þat ræð ek þér it fióðra,
ef býr fordæða
vammafull á vegi:
ganga er betra
en gista sé,
þótt þik nótt um nemi.

27. Forniósnar augu
þurfu fíra synir,
hvars skulu vreiðir vega;
opt bǫlvísar konur
sitja brautu nær,
þær er deyfa sverð ok sefa.

28. Þat ræð ek þér it fimta,
þóttu fagrar sér
brúðir bekkjum á,
sifja silfr
láta þú þínum svefni ráða,
teygiattu þér at kossi konur!

29. Þat ræð ek þér it setta,
þótt með seggjum fari

23 in **V** zwischen str. 31. 33 paraphrasiert, während der inhalt von str. 32 hier eingefügt ist. 1 ræð] hier und in den ff. strr. nur r. in **R**. 4 simar *RML*, símar *KGrRMb*, limar mit *EgBGg*. 4 5 in **V** umschrieben grimm hefnd fylgir griðrofi. 6 vara *KRL*. **24**, 1 it þr.] nur ın **R**, þriþia *Gr*. 2.3 deilit | við *GrHagen*. **25**, 4—6 tilgt *E*. 5 heimiskv. *GgEgV*. 7 Annars *mit punkt vorher* **R**. 7—9 str. für sich *Gr*. 9 lýgi *KR*. **27**, 3 reiðir *RKGrRM*. **28** umschreibt **V**: lát eigi tæla þik fagrar konur, þóttu siáir at veizlum, svá at þat standi þér fyrir svefni eða þú fáir af því hugarekka; þeyg þær ekki at þér með kossum eða annarri blíðu. 4 sifjar silfrs *Gg nach verm. von B*. 4.5 lát. | þínum *ausgg*. 5 latattu *RGg*". 6 teygattu *R*, teygiatu *Gr*. **29** vgl. **V**: ok ef þú heyrir heimslig orð drukkinna manna, deil eigi við þá er víndrukknir eru ok tapa viti sínu. 2 mit fari ist die letzte seite vor der lücke in **R** geschlossen, das folgende f. auch bei *Gr.* und *Hagen*.

ǫlǫrmál til ǫfug,
drukkna deila
skalattu við dólgviðu:
margan stelr viti vín.

30. Sennur ok ǫl
hefir seggjum verit
mǫrgum sinnum at móð-
        trega,
sumum at bana,
sumum at bǫlstǫfum:
fiǫlð er þat er fíra tregr.

31. Þat ræð ek þér it siaunda,
ef þú sakar deilir
við hugfulla hali,
berjask er betra
en brenna sé
inni auðstǫfum.

32. Þat ræð ek þér it átta,
at þú skalt við íllu siá
ok firrask flærðarstafi;
mey þú teygiat
nó manns konu,
né eggja ofgamans.

33. Þat ræð ek þér it níunda,
at þú nám biargir,
hvars þú á foldu um finnr;
hvárt eru sóttdauðir
eða eru sædauðir
eða eru vápndauðir verar.

34. Laug skal gøra
þeim er liðnir eru,
þvá hendr ok hǫfuð;
kemba ok þerra,

---

3 auldr mál C, aulþrumal OQ, aulþramál K.   4 drukkinn *hss.*
u. KRM, drukkna *mit BGg nach* V.   5 skalltv OQ.   6 vín viti OQK
30 *vgl.* V: slíkir lútir verða mǫrgum at miklum móðtrega eða
bana.   1 søngur O, savngur Q, Sœngr R, Sennur *A Magn.*, Sumbl ?*Bt.*
2 vorþit *am rande von* C.   3 sinnum at] sumum OQ, sinnumm e, at
ausgg.   6 þat er] þat K. — tregur fyrra O, treg^r fk | yra Q, tregur
firra e, tregr fíra R.   **31** *vgl.* V: berst heldr við úvini þína en
þú sér brendr.   1 it *f. hier u. in den ff. strr.* e.   2 at þú sakar ne
deilir *ein teil der pphss.*   **32** *vgl.* V: Sé við íllum hlutum bæði
við meyja ást ok manns konu, þar stendr opt íllt af; *s. zu str. 23.*
1 attvnda e.   4 teygjat M.   6 *nach B's verm. tilgt Gg* né *mit vorher-
gehendem komma u. interpungiert nach* teygiat.   **33** *vgl.* V: gør
rœkiliga við dauða menn, sóttdauða eða sædauða eða vápndauða.   2 náaum
O, maam Q, náum e*RK*.   3 f. um] folldum Q, folþum O, foldu *RMBGg*,
fold um K.   4 hvarz O, hvars Q, hvárt *KRM*, hvárz *BGg*, 'die rela-
tive partikel an fragewörter zu fügen ist nicht der eddasprache gemäss'
Nygaard I, 97.   5 eru *f. RM,* eru þeir Oe.   6 ro *RM,* eru þeir e.
34 *vgl.* A: bú þú vandliga um lík þeirra.   1 Haug *hss. KRM.*
2 hveim er liðinn er *RM mit einer wertlosen abschr. des vor. jh.*
3 þvo hendr OQ, hendr þvá *ausgg.*

Sigrdrífumál.

áðr í kistu fari,
ok biðja sœtan sofa.

35. Þat ræð ek þér it tíunda,
at þú trúir aldrigi
várum vargdropa,
hvárt þú ert bróður bani,
eða hafir þú feldan fǫður,
— úlfr er í ungum syni —
þó sé hann gulli gladdr.

36. Sakar ok heiptir
hyggiat svefngar vera,
né harm in heldr!
vits ok vápna
vant er iǫfri at fá,
þeim er skal fremstr með
fírum.

37. Þat ræð ek þér it ellifta,
at þú við íllu siáir
hvern veg at vinum;
langt líf
þykkjumkak lofðungs vita,
rǫmm eru róg of risin.

---

5 ad í O, ath í Q. 6 sœtan *BGgV*, sælan *hss. und andere ausgg.* **35** *vgl.* V: ok [trú] ekki þeim er þú hefir feldan fyrir fǫður eða bróður eða annan náfrænda, þótt ungr sé: opt er úlfr í ungum syni. 2 aldrei *R.* 3 vasǫm O**Q** *(aber in* O *am rande noch* varom) *R,* wasem e, vǫrum *E.* 4 hvarstu O**Q***K* Nygaard (= hvar es þú), hvers þú (hverstu) *RMBGg, ich nehme es wie 33,* 4 = hvárts þú = hvárt þú. 4.5 *tilgt E.* 6 *nicht in parenth. die ausgg.* — *zwei verse:* í | ung. *K.* 7 hann *f.* **Q.** — hann sé *RM.* **36** *in* V *nicht umschrieben.* 2 higgia **Q**, hyggattu *R,* hyggjat *M.* 3 harminn h. O**Q**, harmin h. e. 6 skal *f.* e. **37** *vgl.* V: sé vandliga við vélráðum vina þínna; en lítt megu vér siá fyrir um yðart líf, en eigi skyldi mága hatr á þik koma. 1 ellipta *MBGg.* 3 at vegi O*KRM,* af vegi **Q**, at veigi e, at vini *BGg',* at vinum *Gg".* 4 lagit *oder* lagt líf *E nach verm. in K.* 4.5 þ. | lofð. *ausgg.* 5 so *GMagn.* Mb*BGg*, þicciumzt (-unzt) ec O**Q***KRML,* þikunst ok *(letzteres von anderer hand zu* ek ei *corrigiert)* e. 6 rǫm *K.* — af risum e. — *RML schliessen dies gedicht mit:* Sigurðr mælti „Engi finnsk þér vitrari maðr, ok þess sver ek, at þik skal ek eiga, ok þú ert við mítt œði." Hón svarar „þik vil ek helzt eiga, þótt ek kiósa um alla menn". Ok þetta bundu þau eiðum með sér. *Das ist aus* V *genommen, fehlt aber in den pphss.*

BROT AF SIGURÐARKVIÐU.

* * *
Hǫgni:
1.

hvat hefir Sigurðr
til saka unnit,
er þú frœknan vill
fiǫrvi næma?

Gunnarr:
2. Mér hefir Sigurðr
selda eiða,
eiða selda
alla logna;
þá vélti hann mik,

er hann vera skyldi
allra eiða
einn fulltrúi.

Hǫgni:
3. Þik hefir Brynhildr
bǫl at gerva
heiptar hvattan,
harm at vinna,
fyrman hón Guðrúnu
góðra ráða,
en síðan þér
sín at nióta.

4. Sumir úlf sviðu,
sumir orm sniðu,

Brot af Sigurðarkviðu: *nur in* R *unmittelbar nach der lücke,
33a, 1—33b, 12*. In* V *das vollständige gedicht benutzt. — Überschrift: f. in* R *mit dem anfange,* Brynhildarkviða (ǫnnur Gr) GrV, Brot af Brynhildarkviðu (annarri K) KM, Sigurðarkviða þriðja REg, Brot af Sigurðarkviðu BGg *(wegen des citats in der Vols. saga).*

Den inhalt des verlornen anfangs sucht B mit recht in Volsungasaga cp. 29 (gespräche zwischen Brynh. u. Gunnar, Brynh. u. Sigurð) u. viell. auch cp. 28 (zank zw. Brynh. u. Guðrun), so dass wol auch die in den beiden cc. citierten zwei strr. (s. unter den bruchstücken, die zweite eingeleitet von svá segir í Sigurðarkviðu) *unserm liede angehört haben.* R *schickt cap. 27—29 der Vols. s. voraus. Simrock fasst die erste erhaltene str. wirklich als anfang des gedichts auf.*

1 *nach Gr. Simr. Rassmann* BGg *von* Hogni, *nach* KRM *von* Gunnar *gesprochen.* RM *nehmen aus pphss. die erste halbstr.:* Hví ertu, Brynhildr, | Buðla dóttir, | bǫlvi blandin | ok banaráðum? 5.6 hvat — til *ausgg. nach vermutg, f.* R. 8 nęma R, nema GrKRMEgV.
2 *nach* KRM Brynh.s *worte, hier mit* Gr. Simr. Rassm. BGg. 3 *komma nach* selda GrMBGg. 5 vęlt RKGr, vælt' R. 6 e' han | er h' vera R.
3 *überschr. f.* R. **4** *eine abweich. variation in* V *cap. 30 (s. u. den bruchst.)* 1.2 sviðu *u.* sniðu *von* Gg *nach* B's *verm. umgestellt.*

sumir Gothormi
af gera deildu,
áðr þeir mætti
meins um lystir
á horskan hal
hendr um leggja.

5. Soltinn varð Sigurðr
sunnan Rínar,
hrafn at meiði
hátt kallaði:
„ykkr mun Atli
eggjar rióða,
munu vígská
of viða eiðar."

6. Úti stóð Guðrún
Giúka dóttir,
ok hón þat orða
alls fyrst um kvað:
„hvar er nú Sigurðr
seggja dróttinn,
er frændr mínir
fyrri ríða?"

7. Einu því Hǫgni
andsvǫr veitti:

„sundr hǫfum Sigurð
sverði hǫgginn,
gnapir æ grár iór
yfir gram dauðum."

8. Hló þá Brynhildr
— bœr allr dunði —
einu sinni
af ǫllum hug:
„lengi skuluð nióta
landa ok þegna,
er ér frœknan gram
falla létuð."

9. Þá kvað þat Guðrún
Giúka dóttir:
„miǫk mælir þú
miklar firnar;
gramir hafi Gunnar,
gǫtvað Sigurðar!
heiptgiarns hugar
hefnt skal verða."

10. Þá kvað þat Brynhildr
Buðla dóttir:
„vel skuluð nióta

---

3 gothormi R, Gutt. KR. 4 gæra R. 7 ahorscō R, at horskum Gg, horskum R. 5 hierher gesetzt mit Gr. Simr. BGg, in RKRM zwischen str. 9 u. 12 (vgl. zu str. 8.9). 3 at R, af BGg. 4 hát RGr. 7 víg ská K (caedes violabunt praestita juramenta). — nach str. 5 scheint etwas zu fehlen, worin ein adler spricht; vgl. str. 13, 5—8. 6, 1 Goþrún (immer) R. 7, 1 Einn RGrKRM, vgl. aber Sig. 18. 45. 2 veitti mit übergeschr. erstem i R. 2.3 dazwischen nimmt Gg" verlust von zwei verszeilen an, doch können die ebensogut nach 4 oder 6 fehlen. 8.9 stehen RGrKRMB'Gg' nach 10.11, die umstellung mit Gg" nach vermutg von Bt. 8 variante zu 10.11 ?Bt. 5 lengi mit BGg nach verm. von Gr, vel RKRM, s. Zze. 91. 619. 7 er þér ausgg. mit R. 10 diese u. die folg. str. hält L für bruch-

Brot af Sigurðarkviðu.

vápna ok landa;
einn mundi Sigurðr
ǫllu ráða,
ef hann lengr lítlu
lífi heldi.

11. Væria þat sœmt,
at hann svá réði
Giúka arfi
ok Gota mengi,
er hann fimm sonu
at folkræði
gunnarfúsa
getna hafði."

12. Fram var kvelda,
fiǫlð var drukkit,
þá var hvívetna
vilmál talit;
sofnuðu allir,
er í sæing kvámu,
einn vakði Gunnarr
ǫllum lengr.

13. Fót nam at hrœra,
fiǫlð nam at spialla,
hitt herglǫtuðr
hyggja téði,
hvat þeir í baðmi
báðir sǫgðu
hrafn ey ok ǫrn,
er þeir heim riðu.

14. Vaknaði Brynhildr
Buðla dóttir,
dís skiǫldunga,
fyr dag lítlu:
„hvetið mik eða letið mik
— harmr er unninn —
sorg at segja
eða svá láta!"

15. Þǫgðu allir
við því orði,
fár kunni
þeim flióðalátum,
er hón grátandi
gørðisk at segja,

---

stück eines gedichts, worin Brynh. die brüder zum morde reizt. 4 ok
in R über einem ausradierten worte. 5 mdv u. über nicht getilgtem v
ein i R. **11,** 4 gota KRGr. 6 af Mb (druckf.?). — folc rópi R,
folkroði KGrRMEg. 8 GMagn. wollte hefði. **12,** 1 Framm R.
3 var þá hvív. KRGg; auch B hält das für besser, vgl. aber hv: v noch
Hmdm. 28 u. Heyne zu Beóvulf 2298 fürs ags. u. alts. 7 Eiɴ mit
punkt voraus R, neue strophe K. **13,** 1 fót klein ohne punkt
voraus R, Föt REg. 4 tepi R, tæþi KGrR, tœði M. 5 ibɑ/þvi R,
í bǫðvi KGrRMEgB'Gg", á baðmi B', í bǫrvi Gg'. **15** Simrock
setzt die str. ans ende, B macht dagegen mit recht aufmerksam auf V:
Nú þóttisk engi kunna at svara, at Brynhildr beiddi þess hlæjandi, er
hón harmaði með gráti. þá mælti hón: þat dreymði mik at ek ætta kalda
sæng. 3.4 þeim | fl. KRMB. 4 flióða látum R. 6 gramdisk at
segja ?Gg".

þat er hlæjandi
hǫlða beiddi.
Brynhildr:

16. Hugða ek mér, Gunnarr,
grimt í svefni:
svalt alt í sal,
ætta sæing kalda;
en þú, gramr, riðir
glaums andvani,
fiǫtri fatlaðr,
í fiánda lið.

17. Svá mun ǫll yður
ætt Niflunga
afli gengin,
eruð eiðrofa.

18. Mantattu, Gunnarr!
til gørva þat,
er it blóði í spor
báðir renduð;
nú hefir þú hánum þat alt
íllu launat,
er hann fremstan þik
finna vildi.

19. Þá reyndi þat,
er riðit hafði
móðigr á vit
mín at biðja,
hve herglǫtuðr
hafði fyrri
eiðum haldit
við inn unga gram.

20. Benvǫnd of lét
brugðinn gulli
margdýrr konungr
á meðal okkar;
eldi váru eggjar
útan gørvar,
en eitrdropum
innan fáðar."

Hér er sagt í þessi kviðu frá dauða Sigurðar, ok víkr hér svá til, sem þeir dræpi hann úti; en sumir segja svá, at þeir dræpi hann inni í rekkju sinni sofanda. En þýðverskir menn segja svá, at þeir dræpi hann úti í skógi, ok svá segir í Guðrúnarkviðu inni fornu, at Sigurðr ok Giúka

---

16 *vorher* Brynhildr *quaþ* R. 4 *ættak* KGrRMGg". 5—8 *u. str.* 17 *als éine str.* Gg'. **17** *noch zu vor. str.* KRMBGg', *mit* Gg" *nehme ich verlust der 1. halbstr. an.* 1 Sva *mit punkt vorher* R. **18,** 3 þit R *u. ausgg.* 5.6 hánum | þat K. 7 sik KGrRM, þik *nach* GMagn. BGg; *vgl.* V (5—8): ok hefir þú hánum allt íllu launat þat, er hann gerði vel til þín ok lét þik fremstan vera. **19,** 2—4 *als parenthese* Mb. **20,** 2 gvlli *fast wie* gylli *in* R *zu lesen*. *Prosa: vorher hat* R *mit roter tinte fra daþa sigvrdar.* 1 H *in* Her *rot* R. — Hér segir svá í þessi R. 2 *nach* vikr *unterpunktiertes* e *in* R. 6 *von hier an in* N *cp.* 8 *fast wörtlich gleiche darstellung.* 8.9 ok — fornu] en í Guðrúnarrœðu segir svá S, en igdurnar sǫgdu sua F.

synir hefði til þings riðit, þá er hann var drepinn. En þat segja allir einnig, at þeir sviku hann í trygð ok vógu at hánum liggjanda ok óbúnum.

GUÐRÚNARKVIÐA
in fyrsta.

Guðrún sat yfir Sigurði dauðum; hón grét eigi sem aðrar konur, en hón var búin til at springa af harmi. Til gengu bæði konur ok karlar at hugga hana, en þat var eigi auðvelt. Þat er sǫgn manna, at Guðrún hefði etit af Fáfnis hiarta, ok hón skildi því fugls rǫdd. Þetta er enn kveðit um Guðrúnu:

1. Ár var þats Guðrún
gørðisk at deyja,
er hón sat sorgfull
yfir Sigurði;
gerðit hón hiúfra
né hǫndum slá
né kveina um
sem konur aðrar.

2. Gengu iarlar
alsnotrir fram,
þeir er harðs hugar
hana lǫttu;
þeygi Guðrún
gráta mátti,
svá var hón móðug,
mundi hón springa.

3. Sátu ítrar
iarla brúðir
gulli búnar
fyr Guðrúnu;
hver sagði þeira
sínn oftrega,
þann er bitrastan
um beðit harði.

4. Þá kvað þat Giaflaug
Giúka systir:

9.10 at — hefði — riþin R, at — riði S, at — hofd riðit F.

Guðrúnarkviða in fyrsta: *in R 33b,8—34b,1, in* VN *nicht benutzt.* — *Überschr.*: gvǫrvnar qviþa rot *in R unmittelbar vor str.* 1.

Prosa: f. bei E, in R folgt sie ohne trennungszeichen auf die schlussprosa vom Brot.
1, 1 þaz R.   3 sorgf. sat *KE.*   **3,** 6 of trega *RKBGg (B's begründung durch die versbetonung nicht stichhaltig).* 8 of *KME*.
4, 1 þat f. *RB; vgl. auch þkv. 20, 1.* — Giaflǫg *E.*

„mik veit ek á moldu
munarlausasta;
hefi ek fimm vera
fiǫrspell beðit,
átta dœtra,
þó ek ein lifi."

5. Þeygi Guðrún
gráta mátti,
svá var hón móðug
at mǫg dauðan
ok harðhuguð
um hrør fylkis.

6. Þá kvað þat Herborg
Húnalands dróttning:
„hefi ek harðara
harm at segja;
mínir siau synir
sunnanlands,
verr inn átti,
í val fellu.

7. Faðir ok móðir,
fiórir brœðr,
þau á vági
vindr of lék,
barði bára
við borðþili.

8. Siálf skyldak gǫfga,
siálf skyldak gǫtva,
siálf skyldak hǫndla
hrør þeira;
þat ek alt um beið
ein misseri,
svá at mér manngi
munar leitaði.

---

3 veitk *Gg"*. 5 *ff*. hefi ek fimm vera forspell beðit, | tveggja
dœtra, | þriggja systra, | átta brœðra: | þó ek ein lifi *KRM mit* R; *der
mangelnde reim in der mitte der halbstr. ist sicher verderbnis durch erweiterung,
E liest:* hefi ek fimm systra | fiǫrsp. beðit | átta br.: | þó *etc.*
(*Germ. 19, 5 streicht er nur tv. d. þr.* systra), *B vermutet* þriggja *auch
vor* dœtra, *Gg* hefik fimm sona (brœðra?) fiǫrspell beðit, ı átta dœtra
(systra?), | þó *etc. Bei meiner textconstituierung sind alle nahen familienglieder
mit ausnahme des gatten, der natürlich an keiner stelle fehlen darf,
nur einmal in strr. 4.6 genannt.* 6 forspell **RKRME**g**V**. 8 þó ek
enn lifik *liest Gg vielleicht richtig, vgl. Vsp. 26.* 5 = *str. 11; sehr
wahrscheinl. fehlt nach 2 ein verspaar, E setzt nochmals 1, 7.8. Gg" vermutet
er* hon sat soltin | of Sigurði. 6 hręr **R**, hrær *KRMb*, hræ *E*,
hrer *MLGg*. **6**, 2 drotning **R**. 7 ok verr *R*. — átti] VIII. *mit
übergeschr.* ti **R**. 7 *E (Germ. 19, 6) ist unentschieden, ob die str.
unurspr. sei oder (so auch in der ausg.) ihren schluss* (hefi ek harðara
| harm at segja?) *verloren habe; Gg" bezeichnet zwischen 2.3 den verlust
eines verspaars.* 1 faþir *mit punkt vorher* **R**. **8**, 1 sialf *ohne
punkt vorher* **R**. 1-3 scylda ec *RKM; E in* 1 skyldak, *in* 2.3 *nur* ek.
4 hᵉfor *R*, helfǫr *KRME*, herfǫr *EgMb*, hrør *mit BGg*. 6 einu m. *E
(Germ. 19, 6)*. — missori *R*. 7 maðr (ᛦ **R**) engi *RKRME*, *aus*
ᛦangi *?B, vgl. H. H. I, 52, 7. Skm. 20, 3. 24, 3.*

9. Þá varð ek hapta
ok hernuma
sams misseris
síðan verða;
skylda ek skreyta
ok skúa binda
hersis kván
hverjan morgin.

10. Hón œgði mér
af afbrýði
ok hǫrðum mik
hǫggum keyrði;
fann ek húsguma
hvergi in betra,
en húsfreyju
hvergi verri."

11. Þeygi Guðrún
gráta mátti,
svá var hón móðug
at mǫg dauðan
ok harðhuguð
um hrør fylkis.

12. Þá kvað þat Gullrǫnd
Giúka dóttir:
„fá kantu, fóstra, •

þótt þú fróð sér,
ungu vífi
andspiǫll bera."
Varaði hón at hylja
um hrør fylkis.

13. Svipti hón blæju
af Sigurði,
ok vatt vengi
fyr vífs kniám:
„líttu á liúfan!
legðu munn við grǫn,
sem þú hálsaðir
heilan stilli!

14. Á leit Guðrún
einu sinni,
sá hón døglings skǫr
dreyra runna,
fránar siónir
fylkis liðnar,
hugborg iǫfurs
hiǫrvi skorna.

15. Þá hné Guðrún
hǫll við bólstri,
haddr losnaði,
hlýr roðnaði,

9, 4 siþ' R, síþar KME, síþr R.   5 skyldak EGg".
10, 2 afbrygði E.   5 hvS | guma R.   6 enn b. E.   7 né h. R.   8 in v.?
11 = str. 5, in R abgekürzt: þeygi g̃. g. m. s. v. h. m. at. m. daþā.
)k harþhvgvð. v̄. h. f.   12, 6 annspiǫll KR.   7 at hylju E.   8 hręr R,
'. 5, 6.   7,8 meint Gg" gehöre entweder zwischen 2.3, oder noch wahrschein-
icher sei es späterer ersatz für ein verlornes verspaar.   13, 1 svipti
)hne punkt voraus R.   4 zwischen fyr vifs ist vęr fylkis als unrichtig
lurchgestrichen in R. — n in kniam übergeschr. R.   5 Littv R.
15, 2 'R scheint bólltri zu haben' Bt (bolftri?).   2.3 dazwischen soll

en regns dropi
rann niðr um kné.

16. Þá grét Guðrún
Giúka dóttir,
svá at tár flugu
tresk í gøgnum,
ok gullu við
gæss í túni,
mærir fuglar
er mær átti.

17. Þá kvað þat Gullrǫnd
Giúka dóttir:
„ykkrar vissa ek
ástir mestar
manna allra
fyr mold ofan;
unðir þú hvárki
úti né inni,
systir mín,
nema hiá Sigurði."

18. „Svá var mínn Sigurðr
hiá sonum Giúka,

sem væri geirlaukr
or grasi vaxinn,
eða væri biartr steinn
á band dreginn,
iarknasteinn,
yfir øðlingum.

19. Ek þótta ok
þióðans rekkum
hverri hæri
Herjans dísi;
nú em ek svá lítil,
sem lauf sé
opt iǫlstrum,
at iǫfur dauðan.

20. Sakna ek í sessi
ok í sæingu
míns málvinar,
valda megir Giúka,
valda megir Giúka
mínu bǫlvi
ok systur sínnar
sárum gráti.

---

ein verspaar verloren sein nach EGg", sorgfull sat hon yfir Sigurði, oder varð hon harðhuguð um hræ fylkis *E (Germ. 19, 7)*. **16** *nach str. 17 bei E.* 4 tresc **R**, treysk *KEEg*. **17,** 1.2 *abgekürzt in R,* þa q. þ' g. d. *(vgl. 12, 1. 2), aber mit BtGg" ist dies verspaar für unurspr. zu halten, vgl. str. 18.* 3 ykkrar *mit BGg*, yccar **RRK ME.** 5.6 *versetzt E zwischen str. 25, 4.5.* 7.8 *stellt E um.* **18** *KRME leiten die str. mit* þá kvað þat Guðrún | Giuka dóttir *ein, nicht in* **R.** 2 sonum] ss. **R.** 7.8 *streicht E.* **19,** 1 þottac *(R) mit ausrad.* c **R.** 2 disi *im texte ausrad. und reccō am rande* **R.** 4 herjans *KR.* 6 sêi *E.* 7 iɷlstrom **R**, í ǫlstrum *KRMEEgB',* iǫlstrum *BtGgV.* **20,** 5 *abgek. v. m. g.* **R.** 6 bǫlvi *mit allen ausgg., f.* **R.** 7 ok systr sinar **R.**

Guðrúnarkviða I

21. Svá ér um lýða
landi eyðið,
sem ér um unnuð
eiða svarða;
mana þú, Gunnarr,
gulls um nióta,
þeir munu þér baugar
at bana verða,
er þú Sigurði
svarðir eiða.

22. Opt var í túni
teiti meiri,
þá er mínn Sigurdr
sǫðlaði Grána,
ok þeir Brynhildar
biðja fóru,
armrar vættar,
íllu heilli."

23. Þá kvað þat Brynhildr
Buðla dóttir:
„vǫn sé sú vættr
vers ok barna,
er þik, Guðrún,
gráts um beiddi,

ok þér i morgun
málrúnar gaf!"

24. Þá kvað þat Gullrǫnd
Giúka dóttir:
„þegi þú, þióðleið,
þeira orða!
urðr ǿðlinga
hefir þú æ verit,
rekr þik alda hverr
íllrar skepnu,
sorg sára
siau konunga
ok vinspell
vífa mest."

25. Þá kvað þat Brynhildr
Buðla dóttir:
„veldr einn Atli
ǫllu bǫlvi,
of borinn Buðla,
bróðir mínn.

26. Þá er vit í hǫll
hunskrar þióðar
eld á iǫfri

21, 3 efndið *?Gg"* im nachtrag. 4 maña þv R, muna þú *MGg*, manta þu *E.* 9.10 unecht nach *EBGg*. **22,** 2 at m. *K.* 5 þér R. **23** ist auch hier 1.2 unurspr. u. nach 6 oder 8 ein verspaar verloren? 6 graz R. **24,** 1.2 u. 7.8 wird unurspr. sein; *Gg"* schwankt, ob er dies annehmen soll, oder 1—8 als selbständige strophe und 9—12 sei es als spätere erweiterung sei es als teil einer andern str.; *E* tilgt in seiner ausg. 7. 8. 11. 12, in der Germ. 19,8 aber 7—10. 1 Gulrǫnd *K.* 5 œdlingar mit unterpunct. r R. 7 hv°r R, hver *K FMagn. Eg*. **25** auch hier 1.2 bedenklich, eine halbstr. verloren? so auch *Gg"*, wenn nicht 5.6 zu tilgen sei; *E* fügt str. 17, 5.6 zwischen 4.5.

26 mit voriger str. verbunden bei *K.* 1 þa klein ohne punkt vorher R.

ormbeðs litum,
þess hefi ek gangs
goldit. síðan,
þeirar sýnar,
sámk ey."

27. Stóð hón und stoð,
strengði hón efli,
brann Brynhildi
Buðla dóttur
eldr or augum,
eitri fnæsti,

er hón sár um leit
á Sigurði.
Guðrún gekk þaðan á braut
til skógar á eyðimerkr ok fór
alt til Danmarkar, ok var þar
með Þóru Hákonar dóttur siau
misseri. Brynhildr vildi eigi 5
lifa eptir Sigurð; hón lét drepa
þræla sína átta ok fimm ambóttir;
þá lagði hón sik sverði
til bana, svá sem segir í Sigurðarkviðu
inni skǫmmu. 10

SIGURÐARKVIÐA IN SKAMMA.

1. Ár var þats Sigurðr
sótti Giúka
Vǫlsungr ungi,
er vegit hafði;

tók við trygðum
tveggja brœðra,
seldusk eiða
eljunfrœknir.

---

7 kein komma nach sýnar KRMMb. 8 er sámk ey V 533b, sámk ek ey E. **27,** 2 elvi R, von BtGg" = elū, efli genommen, elri KRMEgE', elni E (gloss.), eljun Gg'. 3 brynh.' R. Prosa: f. E. 1 Gvnar R. 2 nach fór ist a eyþi mer. als unrichtig durchgestrichen in R. 3 var þar þar R. 4 hačar R. 7 ambáttir Mb. 10 kviðu] ǫþı R.

Sigurðarkviða in skamma: in R 34b, 2—36a, 7*; in A benutzt von str. 6 an. — Überschr.: qviða Sigurðar rot in R. Das ist sicher die Sigurðarkviða in skamma, auf die der sammler unmittelbar vorher (Guðr. I schlussprosa) verweist. 'Ob eigentl. zwei lieder, die in der schriftlichen überlieferung nur zusammengeschweisst sind'? Mb in Zz. 1, 399. Simrock nimmt spätere erweiterg eines 'kurzen' zu diesem langen gedichte an: die müsste aber nach der tätigkeit des sammlers stattgefunden haben. — Sigurðarkv. Fáfnisb. hin þriðja eða Sigurðarkv. hin skamma Gg, Sigurðarkv. in sk. BtBe, Sigurðarkv. Fáfnisb. (in K) þriðja KMD, kviða Sigurðar með Brynhildar spá Gr, Brynhildarkv. ǫnnur REg.

1, 1 A in Ar gross u. rot R. — þ'z R. 7 seldiz K.

Sigurðarkviða in skamma.

2. Mey buðu hánum
ok meiðma fiǫlð,
Guðrúnu ungu
Giúka dóttur;
drukku ok dœmðu
dœgr mart saman
Sigurðr ungi
ok synir Giúka.

3. Unz þeir Brynhildar
biðja fóru,
svá at þeim Sigurðr
reið í sinni,
Vǫlsungr ungi,
ok vega kunni;
hann um ætti,
ef hann eiga knætti.

4. Seggr inn suðrœni
lagði sverð nøkkvit,
mæki málfán,
á meðal þeira;
né hann konu
kyssa gerði,
né húnskr konungr
hefja sér at armi,
mey frumunga
fal hann megi Giúka.

5. Hón sér at lífi
lǫst né vissi
ok at aldrlagi
ekki grand,
vamm þat er væri
eða vera hygði;
gengu þess á milli
grimmar urðir.

6. Ein sat hón úti
aptan dags,
nam hón svá ǫrt
um at mælask:
„hafa skal ek Sigurð,
eða þó svelta,
mǫg frumungan
mér á armi.

7. Orð mæltak nú,
iðrumk eptir þess;
kván er hans Guðrún,

2, 5 domþo *RGr.* **3,** 4 keine interp. nach sinni *KM*, sinni: *R.* 5 keine interp. nach u. *GrRMD.* 6 vegakunni *RMD*, vega kendi *Zupitza in Zz.* 4, 446. — keine interp. *R.* 7 hana *KR (auch Gg" neigt sich R's auffassung zu).* **4,** 1 Seggr *BtGg*, Sigurðr die frühern, in **R** ist Seğr aus Siğr geändert, der schreiber vergass nur das übergeschr. v in einen punkt zu verwandeln. 2 necqviþ **R.** 7.8 sicher späterer einschub, so *BtGg.* 8 at aus af geändert **R.** 9.10 zur folg. str. *Gr.* 9 frvm ͞vga **R.** **5,** 7 Gengo und punkt vorher **R.** 7.8 zur folg. str. *GrRK.* 8 Urðir *Gr.* **6,** 1 ein ohne punkt voraus **R.** 3 ǫrt nach einem vorschlage in *K (wo noch allt bert*), bert *RGr*, mild ?*Gr*, bert orð *RMDEg*, mart *BGg*; für ein reimwort auf um spricht auch *Þkv. 1, 8.* **7,** 4.5 dazwischen nimmt *Gg"* wol richtig den

Sigurðarkviða in skamma.

en ek Gunnars,
liótar nornir
skópu oss langa þrá."

8. Opt gengr hón innan
ílls um fyld
ísa ok iǫkla
aptan hvern,
er þau Guðrún
ganga á beð,
ok hana Sigurðr
sveipr í ripti.

9.
konungr inn húnski
kván friá sína;
vǫn geng ek vilja
vers ok beggja,
verð ek mik gœla
af grimmum hug."

10. Nam af þeim heiptum
hvetjask at vígi:

"þú skalt, Gunnarr,
gerst um láta
mínu landi
ok mér siálfri;
mun ek una aldri
með ǿðlingi.

11. Mun ek aptr fara,
þars ek áðan vark,
með nábornum
niðjum mínum;
þar mun ek sitja
ok sofa lífi,
nema þú Sigurð
svelta látir,
ok iǫfurr ǫðrum
œðri verðir.

12. Látum son fara
feðr í sinni!
skalat úlf ala
ungan lengi!
hveim verðr hǫlða

---

verlust eines verspaares an. 6 skópumk langa þrá *Gg".* **8,** 3 *in kommata eingeschlossen KMDBGg, s. Zz. 3, 37 f. (doch nehme ich* innan *mit B zu* gengr). **9,** 1--5. R *lässt auf* ripti *(str. 8,8) gleich* konungr *etc., wiewol durch punkt getrennt, folgen und bezeichnet zeile 5 mit* Vón *und punkt voraus erst den strophenanfang; dem entsprechend bei GrK RMDB' keine lücke, 3.4 noch zu str. 8 mit komma voraus. Hier nach Bt u. Gg, die die lücke ausfüllen:* Nú mun Giúka dóttur | á gamanþingi | konungr *etc.* 4 *eher* fría *(so GrRMD) als* friá **R**. — sīā **R**,̇ siám *las R und wollte vorher* konung inn hunska *ändern.* 5.6 *zur constr. s. Zze. 116 anm. 1.* 8 grimom **R**. **10,** 7 munkak una aldri *Bt Gg, viell. das ursprüngliche, doch begegnet neg.* aldri *allein auch sonst schon in den liedern, s. gloss.* **11,** 2 *komma f. KGrRMD.* 5.6 *als parenthese Gg', unurspr. Gg".* 9.10 *Bt vermutet wol richtig, dass sie später zugekommen sind.* 9 *so GrBGg,* iǫfvr **RRKMD** *(als dativ!)* **12,** 5 lþ *in* hǫlþa *unsicher* **R**.

Sigurðarkviða in skamma.

hefnd léttari
síðan til sátta,
at sonr lifi?"

13. Reiðr varð Gunnarr
ok hnipnaði,
sveip sínum hug,
sat um allan dag.

14. Hann vissi þat
vilgi gørla,
hvat hánum væri
vinna sœmst,
eða hánum væri
vinna bezt,
alls sik Vǫlsungi
vissi svarðan,
ok at Sigurð
sǫknuð mikinn.

15. Ýmist hann hugði
iafnlanga stund;
þat var eigi
afar títt,
at frá konungdóm
kvánir gengu;
nam hann sér Hǫgna
heita at rúnum,
þar átti hann
alls fulltrúa.

16. „Ein er mér Brynhildr
ǫllum betri,
um borin Buðla,
hón er bragr kvenna;
fyrr skal ek mínu
fiǫrvi láta,
en þeirar meyjar
meiðmum týna.

---

8 lifit *Gg* (*kein fragesatz*). **13,** 1.2 *vgl.* **V**: Gunnarr varð
nú miǫk hugsiúkr. 1 Reiþ' **R**, *Gr schlug vor* Hreiðr *oder* Hræddr,
B vermutete Hryggr *(so Gg) oder* Hlióðr; *zu dem bedenken gegen den
reim s. Zxc. 133 f., bedenklicher ist der sinn, ob* (H)reifr *varat G.?*
þ *für* ⸠ *s. zu Fm.* 24, 6. 2 gnipnaði? *Holtzmann altd. gramm.* 110. —
zweite halbstr. verloren nach BtGg, wiewol **V** *nichts bietet.* **14.** *noch
zu vor. str.* KGrRMD, *auch* **R** *hat* h' vissi þ' *ohne punkt vorher;*
V *bietet:* ok þóttisk eigi vita, hvat helzt lá til, alls hann var í eiðum
við Sigurð. 5.6 *tilgt Bt, setzt Gg" zwischen* 15, 2.3. 7 Vǫlsung
R *u. ausgg.* 8 sv. *mit* BGg", firþan RRGrKMD. 9 ok sér at *Gg".*
15, 1—6 *vgl.* **V** ok lék ýmist í hug, þótti þat þó mest sví-
virðing, ef konan gengi frá hánum. 2.3 *dazwischen* 14, 5.6 hvat hánum
— bezt *bei Gg".* 3—6 *als parenthese* MbD. 3.4 *vermutet Gg"* vara
þat heldr | hánum títt. 4 árar R*Gr*, áðr *oder* afar?*R*, ævar *KD*,
avar *MB*. 6 *der plur. wie* H.H.II,45 brúðir *u.* dísir, *Guðr. II*, 5 eigendr.
7—10 *in* **V** *zwischen str.* 16. 17 *umschrieben, nach B's vorschlage setzt
Gg die vier verse dahin u. zwar Gg' als besondere str., Gg" als erste
hälfte von* 17, *wo er* 5—8 *als erweiterung durch die tradition erklärt.*
9 þann atti h. *D.* **16,** 3.4 *dazwischen in* **R** *noch* broþir min, *vgl.
str.* 56 *u. Guðr. I,* 25. 4 *nach* hō *in* **R** *mehrere worte ausradiert.*

Sigurðarkviða in skamma.

17. Vildu okkr fylki
til fiár véla?
gótt er at ráða
Rínar málmi,
ok unandi
auði stýra,
ok sitjandi
sælu nióta."

18. Einu því Hǫgni
andsvǫr veitti:
„samir cigi okkr
slíkt at vinna,
sverði rofna
svarna eiða,
eiða svarna,
unnar trygðir.

19. Vituma vit á moldu
menn in sælli,
né in mætri
mægð á foldu,
meðan fiórir vér
folki ráðum

ok sá inn húnski
herbaldr lifir.

20. Ef vér fimm sonu
fœðum lengi,
átt um góða
œxla knættim;
ek veit gørla
hvaðan vegir standa:
eru Brynhildar
brek ofmikil.

Gunnarr:

21. Vit skulum Guthorm
gørva at vígi,
yngra bróður
ófróðara;
hann var fyr útan
eiða svarna,
eiða svarna,
unnar trygðir."

22. Dælt var at eggja
óbilgiarnan,
stóð til hiarta

---

17 *s. zu 15, 7—10.* **18,** 3 Samirat okkr *Gg".*
19, 3.4 *hierher mit Gg", nach 8 in* R*KGrRMDBGg'.* 3 né ina *Gr.*
4 moldu R*Gr.* **20,** 1—4 *noch zu voriger str.* K*GrRMD mit komma
vorher, auch* R *trennt weder durch punkt noch initiale.* 2 fǫþō R.
3 áttom góþa R*KGrRMD,* áttumgóða *EgB'.* — goþa *(götter oder Goten!)
Gr.* 5—8 *in* V: ok sé ek hversu þetta stendzk af, þat hefir Brynhildr
vakit, ok hennar ráð koma oss í mikla svívirðing ok skaða. — *zur
folg. str. GrK.* 5 Veit ek *K.* **21** *überschrift f.* R, *aber vgl.* V:
Gunnarr svarar: þetta skal fram fara ok sé ek ráðit, eggjum til Gutthorm *etc.* 1 við sc. *klein ohne punkt vorher* R. — gvðthorm R, Guttorm *KRD*, Guþorm *Gr.* **22** *von hier an erzählt* V *wol nach
andern liedern viel ausführlicher Sigurðs ermordung.* 1 dǫlt *mit punkt
vorher* R.

Sigurðarkviða in skamma.

hiǫrr Sigurði;
réð til hefnda
hergiarn í sal,
ok eptir varp
óbilgiǫrnum.

23. Fló til Guthorms
Grams ramliga
kynbirt iárn
or konungs hendi;
hné hans um dólgr
til hluta tveggja,
hendr ok hǫfuð
hné á annan veg,
en fóta hlutr
fell aptr í stað.

24. Sofnuð var Guðrún
í sæingu
sorgalaus
hiá Sigurði;
en hón vaknaði
vilja firð,
er hón Freys vinar
flaut í dreyra.

25. Svá sló hón sváran
sínni hendi,
at rammhugaðr
reis upp við beð:
„gráta þú, Guðrún,
svá grimliga,
brúðr frumunga!
þér brœðr lifa.

26. Á ek til ungan
erfinytja,
kannat hann firrask
or fiándgarði;
þeir sér hafa
svárt ok dátt
en nær numit
nýlig ráð.

27. Ríðra þeim síðan,
þótt siau alir,
systursonr
slíkr at þingi;
ek veit gørla
hví gegnir nú:
ein veldr Brynhildr
ǫllu bǫlvi.

---

5 reþ *mit punkt vorher* R, *neue str.* RMDB'Gg'. 7 eptirvarp Gr.
23, 1—4 *noch zu vor. str.* RKGrMDB'Gg'. 1 flo *(ohne punkt voraus?)* R. — Gvdthorms R, Guttorms KRD, Guþorms Gr. 2 gramr ?R, grams KGrRMD; *vgl.* V þá tók Sig. sverðit Gram. 5*ff. neue str.* KRGrMDB'Gg'. — Hne *mit punkt voraus* R. 5.6 *vermutlich später zugekommen* Gg'*'*. 9 fóta lutr RKGrMD, fótalutr REg.
24, 2 sængu D. 6 firþ R, *nicht* fyrd. **25,** 1 h' R, hann K; *aber vgl. str. 29,3.4 u.* V svá kveinaði hón með grát ok harmtǫlur, at Sigurðr reis upp. — svarar RKGrR, svárar MDB', sváran BtGgV607b. 2 *mit BtGg nach str.* 29,4, sínar hendr KGrRMDB'V *mit* R. 5 Grátattu Gg. **26,** 2 arfinytja R. 5 *ff.* illa hafa þeir sínum hlut sét V. 7 en R, enn GrRMD. 8 nylig ráþ R *sicher*, nýlio ráð Gr. **27,** 2 allr R.

Hildebrand, Eddalieder. 15

Sigurðarkviða in skamma.

28. Mér unni mær
fyr mann hvern,
en við Gunnar
grand ekki vannk;
þyrmða ek sifjum,
svǫrnum eiðum,
síðr værak heitinn
hans kvánar vinr."

29. Kona varp ǫndu,
en konungr fiǫrvi;
svá sló hón sváran
sínni hendi,
at kváðu við
kalkar í vrá,
ok gullu við
gæss í túni.

30. Hló þá Brynhildr
Buðla dóttir
einu sinni
af ǫllum hug,
er hón til hvílu

heyra knátti
giallan grát
Giúka dóttur.

31. Hitt kvað þá Gunnarr
gramr haukstalda:
„hlæra þú af því,
heiptgiǫrn kona,
glǫð á gólfi,
at þér góðs viti;
hví hafnar þú
inum hvíta lit?
feikna fœðir!
hygg ek, at feig sér.

32. Þú værir þess
verðust kvenna,
at fyr augum þér
Atla hyggim,
sæir brœðr þínum
blóðukt sár,
undir dreyrgar
knættir yfir binda."

28, 1 mer *ohne punkt voraus* R. 1—4 *noch zu vor. str. Gr.* 2 yfir m. KR. 4 vanc RKGrRMD. 7.8 V ok eigi var ek ofmikill vinr hans konu. 7 siþ' R, *kann* síðr *u.* síðan *(so GrKMD) sein.* — varac *mit einem häkchen unterm ersten* a R, varak KR, var ek GrMD, værak BGg. — heitin RGr. **29,** 3.4 *vgl. 25, 1.2.* 3 svárar RRKGrMDB', sváran R. 4 *so* RRBtGg, sínar hendr KGrMD. 6 kalkar *oder* kialkar K. — iva R, ióa K, í vá RMD *nach* GMagn., í rá EgB' Gg' *nach* R's *vorschlage*, í vrá BtGg". **31,** 1.2 *mit* DGg" *für unurspr. zu halten.* 3—6 *vgl.* eigi hlær þú af því, at þér sé glatt um hiartarœtr V. 4 heipt byr v̄dˢ. giorn, *aber* byr v̄dˢ *durchstrichen* R. 6 aþ þ" R. 7 Hvi *mit punkt voraus* R, *neue str. Gr.* 8 *das fragezeichen erst nach dem folgenden verse* RMDB'. **32,** 1 þv *klein mit punkt vorher* R. 2 kvenna *als anrede! Gr.* 4 hioggim RKGrMD, hiöggim R. 5 bróþur R.

Sigurðarkviða in skamma.

Brynhildr:

33. „Frýra maðr þér, Gunnarr!
hefir þú fullvegit;
lítt sésk Atli
ófu þína;
hann mun ykkar láta
ǫnd síðari,
ok æ bera
afl it meira.

34. Segja mun ek þér, Gunn-
arr
— siálfr veiztu gørla —,
hve ér yðr snemma
til saka réðuð;
varð ek til ung
né ofþrungin
fullgœdd fé
á fleti bróður.

35. Né ek vilda þat,
at mik verr ætti,
áðr ér Giúkungar
riðuð at garði,
þrír á hestum
þióðkonungar;
en þeirar farar
þǫrfgi væri.

---

33 *keine überschr. in* R, *KGrRM setzen dafür:* þá kvað þat Brynhildr, | Buðla dóttir: *(nicht in* R). 1 Fryra *gross mit punkt vorher* R. — Y þ* engi R, *mit den ausgg. ist* engi *getilgt; ob eher* maðr unurspr.? *vgl. Zze 87 anm. 2.* 3—8 *vgl.* V en Atli konungr hirðir ekki um hót yður eða reiði ok hann mun yðr lengr lifa ok hafa meira vald. 3 sézc R. 4 óvo R, övo KR, ófó *oder* áfá ?R, ovu EgMD, áfu Bt, ofu Gg', ófu (= úfu *von* úfr?) Gg", V *citiert die stelle unter afa u. ofa.* 5 hans ?R. — yccarr BGg. — láta *mit* GgBt, f. RKRGrMD. 6 ondsið. Gr. — siþani R, siðarri KGrEg. 7 vera RKGrRMDEg, bera *mit* BGg (vgl. zu Grm. 1,5). **34** *vgl.* V: snemma réðuð ér til saka við hann ok við mik, þá er ek var heima með feðr mínum, ok hafða ek alt þat er ek vilda. 5 *nach* varþ *in* R *sind c.* 3—4 *buchstaben im anfang der zeile radiert.* 6 of þr. RGrMEgD. **35,** 3 þér KGrRMDBGg' *mit* R. 7 þeirrar farar GgBt, þeirra fǫr *die übrigen mit* R. **35—42** *in dieser folge* R, B *u.* Gg *schieben str. 36 zwischen 39 u. 40 ein,* V *hat nur* ætlaða ek engan yðarn mínn skyldu verða, þá er þér riðuð þar at garði þrír konungar. Síðan leiddi Atli mik á tal ok spyrr, ef ek vilda þann eiga er riði Grána. Sá var yðr ekki líkr, ok þá hétumst ek syni Sigmundar konungs ok engum ǫðrum, ok eigi mun yðr farast, þótt ek deyja. þá reis Gunnarr upp. *Das scheint auf kürzerer dichterischer darstellung zu beruhn, die wol nur strr. 35, 36, eine verlorne (doch s. zu 41, 4.5) mit Br. erklärung zu sterben, u. 42 enthielt, und der eigentlichen Skv. in skamma angehörte. Der sammler mag aber aus einem andern liede, worin Br. auch über den betrug sich beklagt, die strr. 37—41 hier an stelle einer ausgemerzten ungeschickt eingeordnet haben, ohne zu bemerken, dass dadurch der*

Sigurðarkviða in skamma.

36. Þeim hétumk þá
þióðkonungi,
er með gulli sat
á Grána bógum;
varat hann í augu
yðr um líkr,
né á engi hlut
at álitum,
þó þykkizk ér
þióðkonungar.

37. Ok mér Atli þat
einni sagði,
at hvárki lézk
hǫfn um deila,
gull né iarðir,
nema ek gefask létak,
ok engi hlut
auðins fiár,
þá er mér ióðungri
eiga seldi

ok mér ióðungri
aura talði.

38. Þá var á hvǫrfun
hugr mínn um þat,
hvárt ek skylda vega
eða val fella
bǫll í brynju
um bróður sǫk;
þat mundi þá
þióðkunt vera,
mǫrgum manni
at munar stríði.

39. Létum síga
sáttmál okkur,
lék mér meirr í mun
meiðmar þiggja,
bauga rauða
burar Sigmundar,
né ek annars manns
aura vildak.

---

zusammenhang litt. Die V *hat wirklich an früherer stelle, vor Sigurðs tode, ein zwiegespräch zwischen G. u. Br. mit dem inhalt der als hier nicht hergehörig bezeichneten strr.* **36,** 2 *f.* R. 7.8 *unecht nach* BtGg". 7 lvt RKGrRMD. **37** Gg" *setzt zwischen* 2.3 *of borinn* Buðla, | *bróðir mín nach str.* 16 *(s. zu z.* 3). 56. *Guðr.* I, 25, *und erklärt* 7ff. *für unecht, doch meint er könne auch nach* bróðir m. *die* 2. *halbstr. fehlen u. das übrige eine besondere str. sein, in der nur das letzte verspaar unecht wäre.* 4 hǫfnom RKGrRMD(Eg = pro rata), af hǫfnum BGg *ohne komma nach* deila, hǫfn um *nach* L's *vorschlage.* 7 Oc *mit punkt vorher* R, *neue str.* Gr. — eingi R. — lvt RKGrRMD. 9 þat er Gg". 10 eigna Gg". — selldac R. 12 ara R, ára *(annorum)* Gr. **38,** 1 hvorfö R, hvǫrfum KGrRMDEg (V *cit. die stelle s. v.* hvarf *u.* hvarfan). 3 vægja Gg' *nach* R's *vorschl.* 5.6 *unecht nach* Gg. 6 bróþr K. 7 þat *mit punkt vorher* R, *neue str.* Gr. 8 *komma nach* vera *f.* KGrRMDB'. **39,** 1 letō *mit punkt voraus* R, *keine neue str., nur komma vorher* Gr. — L. síga saman BtGg". 2 sát mal R, samt mál? 4 *nach* þiggja *keine interp.* D, *kolon* Gg".

40. Unna einum
nó ýmissum;
bióat um hverfan
hug menskǫgul;
allt mun þat Atli
eptir finna,
er hann mína spyrr
morðfǫr gørva.

41. At þeygi skal
þunngeð kona
annarrar ver
aldri leiða;
þá mun á hefndum
harma mínna."

42. Upp reis Gunnarr,
gramr verðungar,
ok um háls konu
hendr um lagði;

gengu allir
ok þó ýmsir
af heilum hug
hana at letja.

43. Hón hratt af hálsi
hánum þar sér,
léta mann sik letja
langrar gǫngu.
Nam hann sér Hǫgna
heita at rúnum,
þar átti hann
alls fulltrúa.

44. „Seggi vil ek alla
í sal ganga
þína með mínum
— nú er þǫrf mikil —,
vita ef meini
morðfǫr konu,

---

40 *vorher lassen BGg str. 36 gehen, s. oben.* 1—4 *noch zu vor. str.* KRMD. 1 Vɴᴀ *gross mit punkt vorher* R, Unnak *Gg.* 2 ymisö R. 5 allt *ohne punkt vorher* R. 8 morþ forgorva *Gr.* **41** *noch zu vor. str.* KGrRMD. 1 At þeygi *mit punkt vorher* R, at þeygi KGrRMD, BGg *streichen* at, *das hier aber ebenso functioniert wie Vkv. 33, 7. Hym. 26, 3; vgl. J. Grimm in Kuhns ztschr. 1, 144ff., Dietrich in Hz. 13, 135ff., Scherer z. gesch. der deutschen spr. 195.* 4.5 BGg *nehmen dazwischen lücke an, die* RKGrRMD *fehlt. Ich halte für warsch., dass* 5.6 *rest der ausgemerzten strophe ist (s. zu 35—42), an deren stelle der sammler alles vorhergehende von str. 37 an gesetzt hat, so dass wir hier nur eine schlechte fuge hätten.* 5 þat mun at h. *Gg nach Bt's vermutg.* **42,** 1 Vp R. 6 ýmisir KR. **43,** 1 Hón *f.* R KRGrMDB'. — Hratt hon af GgBt. 1.2 *vgl.* V en hón hratt hverjum frá sér. 2 hánum *mit Zupitza in Zz.* 4, 447, heim RKRGr, hveim GMagnMDBGgEg. 3 man Gr. 5 R (Nam *mit punkt vorher*) *u.* KGr RMB' *beginnen neue str.* 6 heita *mit BGg nach str. 15*, hvetia RK GrRMD. 7.8 *f.* RKGrRMDB', *mit GgBt nach str. 15.* **44,** 1.2 *noch zu vor. str.* D. 2 í s. kalla KR. 7 męli R, mæli KGrRMD.

unz af méli
enn mein komi.

45. Einu því Hǫgni
andsvǫr veitti:
„þá látum því
þarfar ráða;
letia maðr hana
langrar gǫngu,
þars hón aptrborin
aldri verði!

46. Hón krǫng of komsk
fyr kné móður,

hón er æ borin
óvilja til,
mǫrgum manni
at móðtrega."

47. Hvarf sér óhróðugr
andspilli frá,
þar er mǫrk menja

meiðmum deildi;
leit hón um alla
eigu sína,
soltnar þýjar
ok salkonur.

48. Gullbrynju smó,
vara gótt í hug,
áðr sik miðlaði
mækis eggjum;
hné við bólstri
hón á annan veg,
ok hiǫrunduð
hugði at ráðum:

49. „Nú skulu ganga
þær er gull vilja
mínna þýja
at mér þiggja;
ek gef hverri
um hroðit sigli,
bók ok blæju,
biartar váðir."

---

8 danach folgt in RKGrMDB 45, 3.4, in Gunnars munde
nicht denkbar; aus V ergibt sich nichts.   **45,** 2 ᴀɴdsvor R.
3.4 mit Gg hierher, s. zu 44, 8.   **46** noch zu vor. str. RMDB.
1 Hō mit punkt vorher R.   3.4 die lücke f. RKGrRMDB, Gg füllt sie
mit aumlig vættr | illu heilli nach Guðr. I, 22. Helr. 4.   5 hón er]
hon RKGrRMDB', var hon GgBt, oder nur æ borin für den vers ?Bt.
47, 1 óhróþigr R.   3 m̅nia R.   5 ff. mit 48, 1—4 éine str. GrB'. —
Lęit mit punkt vorher R.   **48,** 1—4 noch zu vor. str. GrRMB'.
— gvllbr. ohne punkt vorher R.   5 Hné u. punkt vorher R.   5—8 be-
sondere str. GrMB', mit 49 éine str. R.   **49** in V nur taki hér
nú gull, hverr er vill.   2 þær mit GrBGg, þr̅ R, þeir KGrRMD.
2.3 vilja | mit Gg" nach Bt's vermutg, vili | oc RKGrRMDB', vili | Gg'
nach Bt. — þýja mit BtGg, því RKGrRMD.

50. Þǫgðu allir
    við því orði,
    ok allir senn
    andsvǫr veittu:
    „œrnar soltnar,
    munum enn lifa!
    verða salkonur
    sœmð at vinna."

51. Unz af hyggjandi
    hǫrskrýdd kona
    ung at aldri
    orð viðr um kvað:
    „vilkat ek mann trauðan
    né torbœnan
    um óra sǫk
    aldri týna.

52. Þó mun á beinum
    brenna yðrum
    færi eyrir,
    þá er ér fram komið,
    nevit Menju góð,
    mín at vitja.

53. Seztu niðr, Gunnarr!
    mun ek segja þér
    lífs ørvœna
    liósa brúði;
    muna yðvart far
    alt í sundi,
    þótt ek hafa
    ǫndu látit.

54. Sátt munuð it Guðrún
    snemr en þú hyggir,
    hefir kunn kona
    við konungi
    daprar minjar
    at dauðan ver.

50, 2 *mit* BGg *nach Brot 15,* hugðu at ráðum GrRMD *mit* R, ugðu at r. GMagn K, hugðu at þingum? *oder vers 1 geändert* réðu (hygðu) allir? Gr. 4 annsvǫr KGrD *mit* R. 5 œrnar'ru s.? 8 sœmdir R. **51,** 3 óng R. 5.6 tr. u. torb. *sind prädikative adjj. zu* týna, *gehören nicht zu* mann. **52,** 5 (*vgl. Zze. 132 f.*) nęit m̃io god R, neit Menju góð KRMDBGg'V, né it menjugóð Gr, neit (= hneit) menjugoð Eg; Bt *vermutet verderbnis aus* né munuð menjum gœddar *als parenthese, u.* Gg" *schreibt:* — né munuð ér | meirr um verða | menjum gœddar —. **53** *von ähnlichem inhalte war wol die in der anmerkg zu str. 35—42 vermutete verlorne str., die worte der* V *ok eigi mun yðr farast, þótt ek deyja* (*dort auf den inhalt von 36 folgend*) *decken sich hier mit 5—8.* 6 isvndæ R. **54** *in* V: Sættast munuð it Guðrún brátt með ráðum Grímildar innar fiǫlkunngu. 2 snemmr *R.* — hyǥˢ R, hyggr KGrRMD. 2.3 *dazwischen fehlt nach* Be *ein verspaar, worin* Grimhild *genannt ist;* Gg": mun hana Grimildr | gœla ganga. *Ich vermute alles übrige von der str. ist verloren, und mit* hefir *etc. beginnt eine neue, zu der als 2. hälfte str.* 55, 1—4 *gehört* (55, 5.6 *unecht*). 3 hefˢ R, svefr BGg. — kunnig ?B. 4 *in* R *nur* vid konung, *so auch* GrMLD, við konungi KREg, við kván ungri BGg.

Sigurðarkviða in skamma.

55. Þar er mær borin,
móðir fœðir,
sú mun hvítari
en inn heiði dagr
Svanhildr vera,
sólar geisla.

56. Gefa mundu Guðrúnu
góðra nǫkkurum
skeyti skœða
skatna mengi;
munat at vilja
versæl gefin;
hana mun Atli
eiga ganga
of borinn Buðla,
bróðir mínn.

57. Margs á ek minnask,
hve við mik fóruð,
þá er mik sára
svikna hǫfðuð;

vaðin at vilja
vark, meðan ek lifðak.

58. Muntu Oddrúnu
eiga vilja,
en þik Atli mun
eigi láta;
it munuð lúta
á laun saman,
hón mun þér unna
sem ek skyldak,
ef okkr góð um skǫp
gerði verða.

59. Þik mun Atli
illu beita,
mundu í ǫngan
ormgarð lagiðr.

60. Þat mun ok verða
þvígit lengra,

---

55 *mit voriger éine str. R.* — *Gg meint, ein erstes verspaar* (Munuð í hǫll Hálfs | hana finna) *sei verloren; doch s. zu 54, 2.3.* 1 þá er *Gr.* 6 sólargeisli *ohne komma voraus (beiname der Sv.) BtGg.* **56,** 3 = skøti = skyti sk. *Eg,* skeyti-skeþa *Gr,* skrauti gœdda *Gg,* gulli gœdda *?Bt.* — *unsicher ob* sceþa *oder* scǫþa *in* R. 4 gotna mengi *?Bt.* 3.4 *ob überhaupt echt?* 5 muna *KD.* 9.10 *nach BtGg" nicht urspr.* **57,** 1 á ek at m. *Gr.* 2 fóruð *mit BtGg", das* foro *in* R *(und andern ausgg.) wol veranlasst durch überspringen von einem zum andern* þ (foroþ þa). 5.6 *lücke mit BtGg" angenommen, nicht in* R. **58,** 3.4 Atli | mun *RMBGg'.* 4 æva láta *Gg".* 5.6 *versetzt Gg vor die folg. str., vielleicht nicht urspr.* **59** *Gg betrachtet dies als 2. halbstrophe, und setzt die 1. aus 58,5.6 und einem gemutmassten* þeygi lengi því | leyna meguð *zusammen.* **V** *gibt kein kriterium für eine lücke und ihre stelle.* **60,** 1—6 *noch zu vor. str. KGrR.* 1 þat klein mit punkt vorher R. — mun ek (leyna?) *Gr.* 2 því vígit l. *R.*

Sigurðarkviða in skamma.

at Atli mun
ǫndu týna,
sælu sínni
ok sona lífi;
þvíat hánum Guðrún
grýmir á beð
snǫrpum eggjum
af sárum hug.

61. Semri væri Guðrún,
systir ykkur,
frumver sínum
at fylgja dauðum,
ef henni gæfi
góðra ráð,
eða ætti hón hug
oss um líkan.

62. Óqrt mæli ek nú,
en hón eigi mun
of óra sǫk
aldri týna;
hana munu hefja
hávar bárur
til Iónakrs
óðaltorfu.

63.
erfivǫrðum
Iónakrs sonum;
mun hón Svanhildi
senda af landi
sína mey
ok Sigurðar.

5.6 nach DBtGg unecht. 6 sona mit BGg nach ok síðan man Atli drepinn ok synir hans V, sofa RKGrRMD. 7 þ in því at ziemlich gross, aber kein punkt vorher R. 7—10 zur folg. str. GrK. 8 grym^s R, grimm er KMDB', grimm GrR, grýmir Bt, grymir Gg (!). — á zu tilgen ?Bt. **61,** 1 sǫmri mit punkt vorher R, Sœmri KGrRMD. 2 ykkur KBGg, ockur GrRMD mit R. 4 nach pphss. mit allen ausgg., f. R. 5 ef henði RKGr, af henni ?K. 6 góðir ?L. 8 ossum líkan wollte B', aber zurückgenommen Bt. **62,** 2 æva Gg". 5 ff. und str. 63.64 vgl. V: síðan munu hana stórar bárur bera til borgar Iónakrs konungs; þar mun hón fœða ágæta sonu. Svauhildr mun or landi send ok gipt Iǫrmuureki konungi. Hana munu bíta Bikka ráð; ok þá er farin ǫll ætt yðor, ok eru Guðrúnar harmar at meiri. **63** in R schliesst sich vers 3 mit kleinem e beginnend u. punkt vorher an 62,8 an, dem entsprechend nehmen KRMD noch 63, 3.4, Gr sogar 3—8 noch zu vor. str., alle ohne eine lücke zu bezeichnen. Die paraphrase in V und die vergleichung mit Ghv. 13.14 machen den verlust des ersten verspaares zweifellos, BGg restituieren nach Ghv. 14, 5—8: Ala mun hón sér ióð | erfivǫrðum. 3 ero iva | rvþō R, eru if á ráðum Gr KMD, eru í váráþum R, eru if á ruðum Eg, erfivorðu BGg. 4 synir R, sonu Gg. 5—8 mit zur folg. str. KRMD. 5 mun ohne punkt vorher R.

Sigurðarkviða in skamma.

64. Hana munu bíta
Bikka ráð,
þvíat Iǫrmunrekr
óþarft lifir;
þá er ǫll farin
ætt Sigurðar,
eru Guðrúnar
græti at fleiri.

65. Biðja mun ek þik
bœnar einnar,
sú mun í heimi
hinzt bœn vera:
láttu svá breiða
borg á velli,
at undir oss ǫllum
iafnrúmt sé,
þeim er sultum
með Sigurði.

66. Tialdi þar um þá borg
tiǫldum ok skiǫldum!
valaript vel fáð
ok Vala mengi!
brenni mér inn húnska
á hlið aðra.

67. Brenni inum húnska
á hlið aðra,
mína þióna
menjum gǫfga,
tvá at hǫfðum
tvá at fótum
tvá hunda
ok tvá hauka;
þá er ǫllu skipt
til iafnaðar.

68. Liggi okkar enn í milli
málmr hringvariðr,
egghvast iárn,
svá endr lagit,

64, 1 Hana *mit punkt vorher* R. 3 iormvn *recer* R. 7 Gvdr'. R. **65,** 2 bónar *R.* 4 bón *KD.* 9.10 *halte ich mit Gg für einen spätern erklärenden zusatz.* 9 sultu *alle ausgg. mit* R, *das folgende* meþ *wird den schreiber haben abirren lassen.* **66** *vgl.* V lát þar tialda yfir af rauðu mannablóði, ok brenni mér þar á aðra hǫnd þenna inn húnska konung. 3.4 *keine lücke in* RKGrRMDBGg", *ausgefüllt durch* sé þar gull ærit | ok gersimar *von Gg'.* 5 vala rift R, valarift GrML, Vala ript MbD, sé þar valaript Gg". — fáþri R. 6 ok] *of* R. — vala m. KGrRML, valamengi Eg, Vala m. MbDBGg; *ich zweifle, ob* vala *in* R *richtig ist.* 6.7 *dazwischen nimmt* Gg" *die lücke an und ergänzt:* brenni þar Brynhild | Buðla dóttur. **67** *vgl.* V en á aðra hǫnd honum mína menn, tvá at hǫfði, tvá at fótum ok tvá hauka, þá er at iafnaði skipt. 2 á *f.* R. 5--8. *davon in* RKRMD *nur* 5 *und* 8, *mit* GrBGg *sind* 6.7 *eingesetzt.* — R *gibt die zahl durch* II., *schreibt aber vers* 8 hǫvcar, *daher* tveir — haukar, — hundar KMD BGg. 9.10 *unurspr. nach* Gg, *doch siehe auch* V. **68,** 1 enn

Sigurðarkviða in skamma.

þá er vit bæði
beð cinn stigum,
ok hétum þú
hióna nafni.

69. Hrynja hánum þá
á hæl þeygi
hlunnblik hallar
hringi litkuð,
ef hánum fylgir
ferð mín héðan;
þeygi mun ór for
aumlig vera.

70. Þvíat hánum fylgja
fimm ambóttir,

átta þiónar
eðlum góðir,
fóstrman mítt
ok faðerni,
þat er Buðli gaf
barni sínu.

71. Mart sagða ek,
munda ek fleira,
ef mér meirr miǫtuðr
málrúm gæfi;
ómun þverr,
undir svella,
satt eitt sagðak,
svá mun ek láta."

---

wollte R tilgen. — *K teilt den vers* okkar | enn (!). **69,** 3 hlvɴ blic R. 7 eigi K. — vár KRMD *nach* R, ockur Gr, ór BGg; *gegen den reim verstösst die überlief. nicht (s. Zze. 109 anm. 1), aber* vár *ist jünger.* 8 vera *über unterpunctiertem* þiccia R. **70,** 1 þat Gr *(aber durch 'denn' übers.).* 2 ambáttir MbD. **71,** 1 Margt R. 3—6 *in* V ef ek væra eigi sár, en nú þýtr undin (u *unsicher, Rafn las* ǫndin), en sárit opnast. 3 ef] er R *u. alle ausgg., auch* Eg *u.* Nyg. — mér *f.* R. — mærr statt meirr *?Gg"*. 5 omvn *eher als* ornvn *(Gr) in* R *nach* B. 8 látask *?GMagn.*

HELREIÐ BRYNHILDAR.

Eptir dauða Brynhildar váru gør bál tvau, annat Sigurði, ok brann þat fyrr, en Brynhildr var á ǫðru brend, ok var hón í
5 reið þeirri er guðvefjum var tiǫlduð. Svá er sagt, at Brynhildr ók með reiðinni á helveg ok fór um tún, þar er gýgr nǫkkur bió. Gýgrin kvað:

1. Skaltu í gøgnum
 ganga eigi
 grióti studda
 garða mína;
 betr semði þér
 borða at rekja,
 heldr en vitja
 várra ranna.

2. Hvat skaltu vitja
 af Vallandi,
 hvarfúst hǫfuð,
 húsa mínna?
 þú hefir, vár gulls,
 ef þik vita lystir,
 mild, af hǫndum
 manns blóð þvegit.

Brynhildr:
3. Bregðu eigi mér,
 brúðr or steini!
 þótt ek værak
 í víkingu;
 ek mun okkur
 œðri þykkja,
 hvars menn eðli
 okkart kunna.

Helreið Brynhildar: *in R 36a, 7*—36b, 12*, in N cap. 8 (nur str. 6 fehlt); in V nicht einmal benutzt. — Überschr.*: brynhildr reiþ helveg R, Helreið Brynhildar eða Gýgjarkviðu R, *die übrigen wie oben.*

Prosa: 4 aoþro R, síðan *KRM.* 8 þar gýgr *K.*

1, 1.2 Skalattu í gøgnum | ganga (gǫngu?) eiga *Gg".* 5 semþi R, somði S, sæmdi FKR, sœmdi *MEgD.* 6 rekia ę R, rekja æ *MLBGg*; ę *wol entstanden wie das* or *Vfþr. 4,5 (s. z. st.), der schreiber hatte schon das nächstfolg. wort begonnen, als er an* heldr *dachte und nun* ę *zu tilgen vergass* (ę = e *öfter in* R), *oder ist* ę *wirklich als* ę *gemeint?* 7 en at vitia *NKD.* 8 vers annarar *RR*, vers annarrar *die ausgg.*, varra ranna S, norra ranna F. **2**, 2 af val landi R, vá alði (*aus* al'ði) S, ua alandi F. 3 hvar fúst (hvar *danach unterpunct. und radiert*) R, huerflynt F, hvarflynt S. 5 vár gvllz R, var g. *R*, vǫrgum N. 6 *dafür* ef þín vitia F. 7 *dafür* meini blandat S, morgum til matar F. — komma *nach* mild *fehlt GrRM.* 8 gefit N.
3 *überschrr. hier u. ff. nach dem zusammenhange u. nach* N, *fehlen* R. 1 Bregðattu mér *Gg".* — Bregd þv S, Bregtu F. — mer æigi F. 3 þo at S. — ec uęrac R, væra ek fyrr (fyr S) N. 5 okkar *SKRD*, okkar*r* F. 7 *dafür* þar er eðli menn S, þeim er edli mitt F, hvars eðli menn *Bt.* 8 okkat kunnu S, um kunna F.

Helreið Brynhildar.

gýgrin:

4. Þú vart, Brynhildr
Buðla dóttir,
heilli verstu
í heim borin:
þú hefir Giúka
um glatat bǫrnum,
ok búi þeira
brugðit góðu.

Brynhildr:

5. Ek mun segja þér
svinn or reiðu
vitlaussi miǫk,
ef þik vita lystir,
hve gørðu mik
Giúka arfar
ástalausa
ok eiðrofa.

6. Hétu mik allir
í Hlymdǫlum
Hildi undir hialmi,
hverr er kunni.

7. Lét hami vára
hugfullr konungr,
átta systra,
undir eik borit;
var ek vetra tólf,
ef þik vita lystir,
er ek ungum gram
eiða seldak.

8. Þá lét ek gamlan
á Goðþióðu
Hiálmgunnar næst
heljar ganga;
gaf ek ungum sigr
Auðu bróður,
þar varð mér Óðinn
ofreiðr um þat.

9. Lauk hann mik skiǫldum
í Skatalundi
rauðum ok hvítum,
randir snurtu;
þann bað hann slíta
svefni mínum,

4, 1 þú ert N. 5 Giúka *f.* F. 6 of N. **5,** 1 man KRD. 2 *dafür* sanna reðv (rædu F) N. 3 *dafür* vélgiarnt hǫfuð N. **6** *in* RKGrRMD *nach str.* 7, *bei KGrD mit str.* 8 *verbunden, umgestellt mit Gg, f.* N. 3 und *BtGg"*. **7—10** *Gg u. Bt meinen diese strr. seien fälschlich hierhergekommen aus Sgrdr., s. dort p.* 203 *zu prosa z.* 12.13. *Doch darf man hier wol eine ausführliche erzählung erwarten, von der freilich die erhaltnen strr. nur ein teil sein können.* **7,** 1 *dafür* Lét mik af harmi N. 3 vɪɪɪ systra R, Atla systur N. 4 und KGrRD. — búa N, borit R. 6 þig S, þess F. 7 þar er ek F, þar ec S. 8 svardag N. **8,** 1 þa let ec R, Ek let F, Ok let S. 2 á góþþióþo *Gr*, á goð þorðv S, gygiar brodur F. 3 nest F. 6 a/þo R, auda S, audar F, Qðu MD. 7 þvi *oder* þar *nicht sicher* S. — uar F. 8 *dafür* ofgreypr firir N. **9,** 1 skiold *Gr*. 2 skata *l.* KR. 4 *dafür* reyndar svęfða N. 6 sv. miklum R.

er hvergi lands
hræðask kynni.

10. Lét hann um sal mínn
sunnanverðan
hávan brenna
her alls viðar;
þar bað hann einn þegn
yfir at ríða,
þanns mér fœrði gull,
þats und Fáfni lá.

11. Reið góðr Grána
gullmiðlandi,
þars fóstri mínn
fletjum stýrði;
einn þótti hann þar
ǫllum betri
víkingr Dana
í verðungu.

12. Sváfu vit ok unðum
í sæing einni,
sem hann bróðir mínn

um borinn væri;
hvártki knátti
hǫnd yfir annat
átta nóttum
okkart leggja.

13. Því brá mér Guðrún
Giúka dóttir,
at ek Sigurði
svæfak á armi;
þar varð ek þess vís,
er ek vildigak,
at þau véltu mik
í verfangi.

14. Munu við ofstríð
alls til lengi
konur ok karlar
kvikvir fœðask;
vit skulum okkrum
aldri slíta
Sigurðr saman;
søkkstu, gýgjarkyn!

10, 1 hann *f.* R*Gr.*   4 her allz R, hrottgarm N.   5 þegn einn N.   6 at R, um N.   7 þanz m*er fe*rdi gvll S, þann er færde m*er* F.   8 *dafür* Fafnis dynu F. — þat er vndir S.   **11,** 1 Reiþ' R. — Grana *MDBGg.*   3 þar er N.   8 virðingu N.   **12,** 2 sæng N*D.*   3 m*inn* bróþ*ir* R*Gr*MBG*g; vgl.* Zze. 116.   4 of N.   5 hvarki S, huorki F. — matti F.   **13,** 4 svefac R*Gr*K, svẹfag S, svæfa F.   5 þa F. — uiss F.   6 er] at F. — vildigac R, vilda e*igi* S, uillda ei F.   7 velto R, vẹlltv S, uielltu F, væltu *Gr.*   **14,** 1 Munar við ofstr. ?*D.*   2 til RS, of F.   4 kvikar S, kvikir um F. — fordazst F.   8 seycstv R*K*G*r*R, sǫkztv S, sòxtu F. — gyiarkyn R, nu rǫg gygr S, nu gygr F.

DRÁP NIFLUNGA.

Gunnarr ok Hǫgni tóku þá gullit alt, Fáfnis arf. Ofriðr var þá í milli Giúkunga ok Atla; kendi hann Giúkungum vǫld um andlát Brynhildar. Þat var til sœtta, at þeir skyldu gipta hánum Guðrúnu. Ok gáfu henni óminnisveig at drekka, áðr hón
5 iátti at giptask Atla. Synir Atla váru þeir Erpr ok Eitill, en Svanhildr var Sigurðar dóttir ok Guðrúnar. — Atli konungr bauð heim Gunnari ok Hǫgna, ok sendi Vinga eða Knefrǫð. Guðrún vissi vélar ok sendi með rúnum orð, at þeir skyldu eigi koma, ok til iartegna sendi hón Hǫgna hringinn Andvaranaut,
10 ok knýtti í vargshár. Gunnarr hafði beðit Oddrúnar systur Atla, ok gat eigi. Þá fekk hann Glaumvarar, en Hǫgni átti Kostberu; þeirra synir váru þeir Sólarr ok Snævarr ok Giúki. En er Giúkungar kómu til Atla, þá bað Guðrún sonu sína, at þeir bæði Giúkungum lífs, en þeir vildu eigi. Hiarta
15 var skorit or Hǫgna, en Gunnarr settr í ormgarð; hann sló hǫrpu ok svæfði ormana, en naðra stakk hann til lifrar.

Dráp Niflunga: *in* R *36b, 11*—37a, 4. — Die rote überschrift* drap niflvnga *in* R *fast verwischt,* R *stellt das stück u. d. t.* Niflunga-lok *an den anfang von Guðr. II.*

2 þá imilli R, ámillum *R,* þá milli *M.* 4 Goðrúnu. þeir gáfo *R.* 7 knefrǫþ' R, Knefrauþann *R.* 9 hringin R. 10 odrvnar R. 16 *ohne dass ein abschnitt bezeichnet ist knüpft sich in* R *an* til lifrar *gleich* þioþrecr *etc. der einleitenden prosa von Guðr. II.*

GUÐRÚNARKVIÐA ǪNNUR.

Þióðrekr konungr var með Atla, ok hafði þar látit flesta alla menn sína. Þióðrekr ok Guðrún kærðu harma sín á milli, hón sagði hánum ok kvað:

1. Mær var ek meyja,
   móðir mik fœddi,
   biǫrt í búri,
   unna ek vel brœðrum:
   unz mik Giúki
   gulli reifði,
   gulli reifði,
   gaf Sigurði.

2. Svá var Sigurðr
   of sonum Giúka
   sem væri grœnn laukr
   or grasi vaxinn,
   eða hiǫrtr hábeinn
   um hvǫssum dýrum,
   eða gull glóðrautt
   of grá silfri.

3. Unz mér fyrmundu
   mínir brœðr,
   at ek ætta ver
   ǫllum fremra;
   sofa þeir né máttut
   né of sakar dœma,
   áðr þeir Sigurð
   svelta létu.

4. Gráni rann af þingi,
   gnýr var at heyra,
   en þá Sigurðr

Guðrúnarkviða ǫnnur: *in* R *37a, 4—38a, 10*; in* V *20, 5—8. 23. 24, das übrige in prosa umschrieben.* — *Eine rote überschrift war in* R *vor str. 1, jetzt aber ganz unlesbar,* Hagen *las* qviþa gvþrvnar. *Zweifellos ist aber dies lied mit der* Guðrúnarkviða in forna *gemeint, die in der schlussprosa zu* Brot *genannt ist.* Guðrúnarkviða (*in* K) ǫnnur (*eða* Guðrúnarkviða hin forna *BGg*) *KMBGg*, Goþrúnarharmr *(für Guðr. II u. III als éin lied) REg.*

Prosa *schliesst sich unmittelbar an den schluss von* Dráp lifrar. 2 flestalla *R.* 4.5 hō sagði hō *oc* R, M *tilgt das 2.* hō*, offenbar soll es aber* h'ō (hánum) *heissen.*

1, 2 *kein komma nach* fœddi *RME*. 4 *semicol. vorher und durch komma geschlossen ME.* **2,** 2 vf R, af *R.* 7 glóðraϟt R. 8 af RR. — grásilfri K. **3,** 7 þér *(aber als* þeir *gemeint!) R.* 8 létoþ RR Gislason *(um frump. 224)* BeGg"; *der versschluss von 4 war dem schreiber wol noch im ohre, oder kam ihm* Brot 8,8 *in den sinn?* **4,** 1 af] at R *u. ausgg.;* at garði *oder ähnl.?* Zupitza *in* Zz. *4,448.*

siálfr eigi kom;
ǫll váru sǫðuldýr
sveita stokkin,
ok of vanið vási
und vegǫndum.

5. Gekk ek grátandi
við Grána rœða,
úrughlýra
ió frá ek spialla;
hnipnaði Gráni þá,
drap í gras hǫfði,
iór þat vissi,
eigendr né lifðut.

6. Lengi hvarfaðak,
lengi hugir deildusk,
áðr ek of frægak
folkvǫrð· at gram.

7. Hnipnaði Gunnarr,
sagði mér Hǫgni
frá Sigurðar
sárum dauða:
„liggr of hǫggvinn
fyr handan ver
Gothorms bani
of gefinn úlfum.

8. Líttu þar Sigurð
á suðrvega!
þá heyrir þú
hrafna gialla,
ǫrnu gialla
æzli fegna,
varga þióta
um veri þínum."

9. „Hví þú mér, Hǫgni,
harma slíka
viljalaussi
vill um segja?
þítt skyli hiarta
hrafnar slíta
við lǫnd yfir,
en þú vitir manna!"

---

4 siálfr ne komat (komskat?) *Gg"*. 6 sveiti *E (!)*. 7 varið *E nach vermutg von KL*. — vasi *Eg*. 8 und *mit BGg*, of R, af *KRME*. **5,** 7 iór þat] iorþ R, iǫrð K. 8 eigandi ne lifðit *E, doch vgl. H. H. II, 45* brúðir, dísir *u. Sig. 15,6* kvánir; *Bt bezieht eigendr auf Sigurð u. seinen sohn Sigmund*. **6** *noch zu vor. str. K*. 1 lengi *mit punkt vorher* R. — hvarfaþ *RKEg*, hvarfak *R*, hvarfaða *ME*. — *die 2. halbstr. denkt sich E ausgefüllt etwa wie Brot 6, 5—8. Ob aber nicht die erste fehlt?* **7,** 1—4 *noch zu vor. str. Gg"*. 2 Hǫgni mér *E, vielleicht das richtige*. 7 Guttorms *RK*, Guthorms *ME*. 8 of R; ok *KRME*, 'viell. richtiger' *Bt*. **8** *bildet nach auswerfung von 3—6 mit str. 7, 5—8 éine str. bei Gg"*, *der dann natürlich vers 7* vargar *ändert*. **9** *Mb setzt als überschr.* Guðrún, *doch die vorhergehenden worte Hognis spricht sie ja auch*. 5 heldr skyli hiarta þitt ?*Gg"* (*wegen des* en *v. 8*). — þít R. 8 eɴ þv viti*r* R, en þú vitira? *oder* né þú vitir ?*B'*; *ebenso steht* en, *ohne dass formell ein comparativer begriff voraus geht*, *Gislas. pröver 177* ekki folk en greifar, *vgl. auch im mhd. Hartmanns Gregor 173* vriuntliche -· *dann in den hss*.

Guðrúnarkviða II

10. Svaraði Hǫgni
sinni einu,
trauðr góðs hugar,
af trega stórum:
„þess áttu, Guðrún,
græti at fleiri,
at hiarta mítt
hrafnar slíti."

11. Hvarf ek ein þaðan
andspilli frá
á við lesa
varga leifar;
gerðiga ek hiúfra
né hǫndum slá,
né kveina um
sem konur aðrar,
þá er ek sat soltin
um Sigurði.

12. Nótt þótti mér
niðmyrkr vera,
er ek sárla satk
yfir Sigurði;
úlfar þóttumk
ǫllu betri,
ef þeir léti mik
lífi týna,
eða brendi mik
sem birkinn við.

13. Fór ek af fialli
fimm dœgr talið,
unz ek hǫll Hálfs
háva þekðak;
sat ek með Þóru
siau misseri,
dœtr Hákonar,
í Danmǫrku.

14. Hón mér at gamni
gullbókaði
sali suðrœna
ok svani danska;

10, 1.2 *komma nach* H., *nicht nach einu* KME. **11** *vgl.* V
síðan hvarf G. brott á skóga. 2 *annsp.* RK. 3 *mit* BGg, auiþ lesar R,
á víðlesar KEg, á víðlæsar RME. 4.5 *dazwischen bringt Gg" str. 8,3—6
an, nur mit der änderung* þar heyrðak | hrafna *etc.; 5 ff. erklärt e für
entlehnung aus Guðr.* I, 1. 5 gerðigak h. Gg". 7 v^s R, *also eigentlich* ver.
9.10 *erklären* GgBtE *für unecht, doch möglicherweise ist das vorhergehende verspaar aus Guðr.* I, 1 *entlehnt.* 9 er ek] er RMBGg, ek
KR. — sat R, satk Gg. — soltin sat K. **12,** 1 þóttumk BGg".
2 níþmyrkr R. 5 þóttvz RR. 5 *ff. die unmöglichkeit* 9.10 *auf* úlfar
zu beziehen glaubte Bt auch dadurch beseitigen zu können, dass er zwischen úlfar *u.* þóttumk *eine grosse lücke annahm u. ausfüllte:* úlfar þutu
| á alla vega, | ernir gullu ¦ æzli fegnir. *(neue str.:)* Buðumk brœðr | bœtr
ósmár | en eitt þóttumk *etc.;* Gg' *nimmt das auf.* 9.10 *mit* BtGg"E *für
unecht zu halten.* **13—16** *erklärt* E *für einen 'zusatz Sämunds'.*
13, 5 Sat *mit punkt vorh.* R, *neue str. bis* 14, 4 KB'.
14, 1 hō *ohne punkt vorher* R. 2 gull bókaði RKM. 4.5 *dazwischen*

hǫfðu vit á skriptum
þat er skatar léku,
ok á hannyrðum
hilmis þegna,
randir rauðar,
rekka Húna,
hiǫrdrótt, hiálmdrótt,
hilmis fylgju.

15. Skip Sigmundar,
skriðu frá landi,
gyltar grímur,
grafnir stafnar;
byrðu vit á borða
þat er þeir bǫrðusk

Sigarr ok Siggeirr
suðr á Fióni.

16. Þá frá Grímhildr
gotnesk kona,
hvat ek væra
hyggjuð
* * *

17. Hón brá borða,
ok buri heimti
þrágiarnliga
þess at spyrja,
hverr vildi son
systur bœta,

---

setzt Gg" 15, 5—8. 5 Haſðo *mit punkt vorher* R, *neue str.* KRMB' Gg". 9 *neue str. bis 15, 4* Gg'Bt, *aber 9—12 ist wol zusatz durch die tradition, der dann auch mit in die paraphrase von* V *übergieng* (sverð ok brynjur ok allan konungs búnað). 11 hiordrot R. **15—17** *in* V: (ok skrifaði þar á) skip Sigmundar konungs, er skriðu fyrir land framm. Ok þat byrðu þær, er þeir bǫrðust Sigarr ok Siggeirr á Fióni suðr. Slíkt var þeirra gaman, ok huggaðist Guðrún nú nǫkkut harms síns. þetta spyrr Grímhildr, hvar Guðrún er niðr komin, heimtir á tal sonu sína ok spyrr hverju þeir vilja bœta Guðrúnu *(für das gesperrt gedruckte nichts entsprech. in* R*).* **15,** 1 *komma nach* Sigm. f. KRM, vgl. aber V. 5 *neue str. mit 16 verbunden* Gg'Bt. 5—8 *bei* Gg" *nach* 14, 4, *dafür hier str.* 16. 7 sigeiʀ R. 8 Fivi *(wol verschrieben für* Fiði, *vgl.* V*)* R, Fívi KRM, Fífi EgE. **16.17** *bei* KRMB' *éine str., ebenso bei* E, *der vers 1 frá in* nam *ändert und 16, 3—17, 2 tilgt;* Gg' *vereinigt 16 mit 15*, 5—8, Gg" *mit 15*, 1—4 *zu éiner str.* **16,** 1 Grímh. s. *zu 22,1.* 3.4 *in* R *nur* hvat ec vera hyɢioþ; K *gibt das als éine verszeile u. bezeichnet eine folgende als fehlend,* hvat ek væra | hyggjuþ . . RB', hvat ek væra | vinna hyggjuð M *nach vorschlag von* K, hvar *für* hvat B', *von* Bt *zurückgenommen,* hvar ek væra | hyggju þrungin Gg', hvar ek var | við væra hyggju Gg", hvar ek væra | hugguð nǫkkut *Zupitza in Zz.* 4, 449 —: *ergänzung wird wol vergeblich gesucht, ich halte die lücke für bedeutender und durch ein zeilenüberspringen des schreibers veranlasst, doch nach welchem worte?*
17, 1 hō *nach* hyɢioþ *ohne punkt dazwischen.* 5 Hv^s *mit punkt vorher* R. 5.6 son systur] mǫg móður Gg".

eða ver veginn
vildi gialda.

18. Gerr lézk Gunnarr
gull at bióða,
sakar at bœta,
ok it sama Hǫgni;
hón frétti at því,
hverr fara vildi
vigg at sǫðla,
vagn at beita,
hesti ríða,
hauki fleygja,
ǫrum at skióta
af ýboga.

19. * * *
Valdarr Dǫnum
með Iarizleifi,
Eymóðr þriði
með Iarizskari.

20. Inn gengu þá
iǫfrum líkir
Langbarðs liðar,
hǫfðu loða rauða,
stuttar brynjur,
steypta hiálma,
skálmum gyrðir,
hǫfðu skarar iarpar.

---

8 vildi] vífi *Gg* nach *B's* vorschlage. **18,** 1 Gvnar *aus* Gvǫrvn *gebessert* R. 5 *neue str.* K. 5 *ff. fehlt E.* 9—12 *hier wol unecht, so auch BGg; ob reminiscenz aus Akv.* 38 ?*Gg"*, *aus Rþ.* 48 ?. 12 af R. **19—20** *in* V: Gunnarr segir, kvezt vilja gefa henni gull ok bœta henni svá harma sína. Senda eptir vinum sínum ok búa hesta sína, hiálma, skiǫldu, sverð ok brynjur ok allskonar herklæði; ok var þessi ferð búin it kurteisligsta, ok engi sá kappi, er mikill var, sat nú heima. Hestar þeirra váru brynjaðir, ok hverr riddari hafði annathvárt gyltan hiálm eða skygðan. Grímhildr ræzk í ferð með þeim ok segir þeirra erindi svá fremi fullgert mun verða, at hón siti eigi heima. þeir hǫfðu alls fimm hundruð manna. þeir hǫfðu ok ágæta menn með sér: þar var Valdamarr af Danmǫrk ok Eymóðr ok Iarisleifr. þeir gengu inn í hǫll Hálfs, þar váru Langbarðar, Frakkar ok Saxar; þeir fóru með ǫllum herbúnaði ok hǫfðu yfir sér loða rauða, sem kveðit er: *(es folgt* 20, 5—8). *Danach scheint doch zwischen str.* 18.19 *etwas verloren zu sein (so schon FMagn.), ich nehme die lücke mit BtGg" an.*
19 f. E, *anderswohin gehörig nach Gg'.* 1 af Dǫnum ?B'. 3 Eymóðar K. — þrír KR, *in* R *nur* III. 4 *nach Gg" hier ein fehler, da nach dem* þriði *kein vierter kommen könne und die vorhergenannten gleich den* þrennir kon. *str.* 25 *seien.* **20** *zu vor. str. KRMB', ohne interp. vorher RK; E lässt von der str. nur 1—4 gelten u. verbindet das mit* 18, 1—4. 1 in *mit punkt vorher* R. 2 *nach* líkir *punkt* R, *semicol.* MB', *komma Gg'.* 3 *interpunkt. f.* M. 5—8 *auch* V. 5 Screytar br. *mit punkt vorh.* R, screyttar br. *KRM.* 6 stepta V. 7 girþir RKR. 8 ok hǫfðo V.

21. Hverr vildi mér
hnossir velja,
hnossir velja
ok hugat mæla,
ef þeir mætti mér
margra súta
trygðir vinna:
né ek trúa gerða.

22. Fœrði mér Grímhildr
full at drekka
svalt ok sárlikt,
né ek sakar mundak;
þat var um aukit
iarðar magni,
svalkǫldum sæ
ok sónar-dreyra.

23. Váru í horni
hvers kyns stafir
ristnir ok roðnir,
ráða ek né máttak;
lyngfiskr langr,
lands Haddingja
ax óskorit,
innleið dýra.

24. Váru þeim bióri
bǫl mǫrg saman:
urt alls viðar
ok akarn brunninn,
umdǫgg arins,
iðrar blotnar,
svíns lifr soðin,
þvíat hón sakar deyfði.

25. En þá gleymðu,
er getit hǫfðu,
ǫll iǫfurs
*ior biúg í sal;

---

21 vgl. V: þeir vildu velja systur sínni góðar giafar . ; en hón trúði engum þeirra. 1 Hver R. 8 so B, ef ec trua gerðac R (u. KR), doch ist ef unterpunctiert, ein wort von etwa 2 buchstaben danach u. c in gerðac radiert; ef ek tr. gerða ME, né ek tr. gerðak Gg, en ek tr. gerðat Zupitza in Zz. 4, 449. 22, 1 Grimildr R ME, Grimh. Gg; so immer die ausgg. 5—8 vgl. V sá drykkr var blandinn með iarðar magni ok sæ ok dreyra sonar hennar u. Hyndl. 38. 6 vrþar RKRMMb. 7 sva cɑldom RK, sárk. R. 8 sonō R, Sónar R. — sónardreyra EgGg. 23 auch V cap. 32. 1 í því h. V. 5 lag̊ (= lagar) V. 6 als abhängig von lyngf. KRME. 6 hadingia R. 24 auch V cap. 32. 1 í þeim E. 4 akarñ brunniñ V, akarniñ R, akarninn KME, akarnin RL (Eg: soll sein = akǫrn-in!), akarn brunnin BGg. 6 blotna V, blotnar B'Gg nach Torfäus, blótnar die übrigen. 7 soðiñ V. 8 hón f. V. 25 in V nur ok eptir þat, er vili þeirra kom saman, gerðist fagnaðr mikill. 1 gleymþv scheint aus gleymþi geändert zu sein R, gleymði K, gleymdum ME, gleymdu RB', gleymdak GgBt. 2 hɑfþo RRB', hǫfðum KME, hafða Gg'Bt, hafðak Gg". — komma f. Bt. 3 ɑ/ll RKRB'Gg, ǫllum ME, ǫl, Bt. 4 ior bivg̊ R, iór biúg K (juramenta incurva) R, iǫrbiúg in

kvámu konungar
fyr kné þrennir,
áðr hón siálfa mik
sótti at máli.

26. „Gef ek þér, Guðrún,
gull at þiggja,
fiǫlð alls fiár
at þínn fǫður dauðan;
hringa rauða,
Hlǫðvés sali,
ársal allan
at iǫfur fallinn;

27. Húnskar meyjar,
þær er hlaða spiǫldum
ok gøra gull fagrt,
svá at þér gaman þykki;
ein skaltu ráða
auði Buðla,
gulli gǫfguð
ok gefin Atla."

28. „Vilk eigi ek
með veri ganga,

né Brynhildar
bróður eiga;
samir eigi mér
við son Buðla
ætt at auka
né una lífi."

29. „Hirða þú hǫlðum
heiptir gialda,
þvíat vér hǫfum
valdit fyrri;
svá skaltu láta
sem þeir lifi báðir
Sigurðr ok Sigmundr,
ef þú sonu fœðir."

30. „Máka ek, Grímhildr,
glaumi bella,
né vígrisins
vánir telja;
síz Sigurðar
sárla drukku
hrægífr ok huginn
hiartblóð saman."

---

terram pronus ?Eg, orðum *ME,* iárnbiúgs *BtGg', ørlǫg Gg",* iórbiúg oder iórbiúgu *(eberwürste!)?V.* 5 *punkt nach, nicht vor* qvomo R. 7 sialfa *in* R *ändert Gg" in* siálf *nach K's vorschlag, doch vielleicht ein aus misverständnis gebliebener rest der schwachen flexion? — nach* sialfa *ist* fiolþ *als falsch unterpunctiert.* **26,** 4 favþr *KR.* 6 hlaþ vés R, Hlǫðves *RKME.* 7 arsal *Gg.* 8 *KRE schliessen mit punkt.* **27,** 3 ok f. E. **28,** 1 Vilkat ek *Gg".* 4 bróþr *K.* 5 samira mér *Gg".* **·29,** 1 Hirðattu *Gg.* **30—34** *ordnet Gg" in 6 strr.: 32, 1—4 vor str. 30; 31; 33, 7 ff.; 34; 32, 5—12; 33, 1—6 (darauf eine lücke).* **30,** 1 mákat *Gg".* 5-8 *unecht nach Gg".* 7 ok *mit* KGg, f. *RRMEB.*

31. „Þann hefi ek allra
ættgǫfgastan
fylki fundit
ok framast nekkvi;
hann skaltu eiga,
unz þik aldr viðr,
verlaus vera
nema þú vilir þenna."

32. „Hirða þú bióða
bǫlvafullar
þrágiarnliga
þær kindir mér!
hann mun Gunnar
grandi beita,
ok or Hǫgna
hiarta slíta;
munkat ek létta,
áðr lífshvatan
eggleiks hvǫtuð
aldri næmik."

33. Grátandi Grímhildr
greip við orði,
er burum sínum
bǫlva vætti
ok mǫgum sínum
meina stórra:
„lǫnd gef ek enn þér,
lýða sinni,
Vinbiǫrg, Valbiǫrg,
ef þú vill þiggja;
eigðu um aldr þat
ok uni, dóttir!"

34. „Þann mun ek kiósa
af konungum
ok þó af niðjum
nauðig hafa;
verðr eigi mér
verr at yndi,
ne bǫl brœðra
at bura skióli."

35. Senn var á hesti
hverr drengr litinn,
en víf valnesk
hafið í vagna;

31, 2 etgǫfg. R. 4 framarst RKR, framask E. 6 viþar R.
32, 1 Hirðattu Gg. 2 bǫlva fullar KR. 5 Gvnhar R. 7 oc
| oc or R. 9—12 besondere str. KR, ebenso Gg'Bt, aber zwischen str.
35.36 versetzt (BtBe mit der annahme, dass eine erste halbstr. verloren
sei), E fügt es als 2. halbstr. zu 37. 9 Muncaþ mit punkt vorher R.
— lętia mit punkt über t R, letjaz R. 9.10 létta | lífs, áðr hvatan
GgBt. 10 lifs hvataN R. 12 nęmic R, nemik KRME.
33, 4 vænti E. 5.6 wol mit Gg"E für unurspr. zu halten. 7 ff. besondere str. KBGg nach R (Lǫnd und punkt vorher); ob zwischen 6.7
ein stück fehlt? beachte enn! 9 Vínb. FMagn. 9.10 halte ich mit E
für unurspr., Gg" dagegen nimmt danach verlust eines versspaars an,
den er ersetzt: nióttu vel brœðra | vers ok barna! **34,** 1 kiósa þá
Gg". 5 verðra mér Gg". **35,** 2 hver R. 3.4 tilgt E. 4 hafin
R, hafit RKM.

vér siau daga
svalt land riðum,
en aðra siau
unnir kníðum,
en ina þriðju siau
þurt land stigum.

36. Þar hliðverðir
hárar borgar
grind upp luku,
áðr í garð riðum.

* * *

37.

vakði mik Atli,
en ek vera þóttumk
full ílls hugar
at frændr dauða:

38. „Svá mik nýliga
nornir vekja"
— vílsinnis spá
vildi at ek réða —:
„hugða ek þik, Guðrún
Giúka dóttir,
læblǫndnum hiǫr
leggja mik í gøgnum."

39. „Þat er fyr eldi,
er iárn dreyma,

---

9 Eɴ *mit punkt vorher* R. 9.10 *kannte der verf. von* V, *doch halte ich sie mit Gg für unurspr.*, stíga land *nur* 'ans land st.' *s. gloss.*

36 *sicher nur bruchstück einer schilderung der weiteren sage bis nach der Nibelungen tode; dass vorher etwas fehlt ist möglich, nach 36 nimmt nur Gg" eine grössere lücke an. Die* V *schildert zwischen strr. 36 u. 37 ff. nur kurz die hochzeit Atlis u. Guðruns* (fóru — þar til er þeir kómu at einni hárri hǫll. Henni gekk þar í móti mikit fiǫlmenni, ok var þar búin ágætlig veizla, sem áðr hǫfðu orð í milli farit; ok fór hón fram með sœmd ok mikilli prýði. Ok at þessi veizlu drekkr Atli brúðlaup til Guðrúnar; en aldri gerði hugr hennar við hánum hlæja, ok með lítilli blíðu var þeirra samvista); *hierauf folgen die träume u. ihre deutung durch Guðrun, sodann einladung, fahrt und tod der Giukungen. Offenbar lag dem verfasser schon das lied lückenhaft vor, er entnahm den bericht von den Giuk. einem andern liede u. setzte ihn fälschlich nach dem bettgespräch, das nur sinn unmittelbar vor Guðruns rache hat. Der bericht über die hochzeit ist vielleicht eigene ergänzung.* 1 þar *klein ohne punkt vorher* R. **37** *lücke fehlt* R *u. ausgg.*, Gg'Bt *verbinden den überlieferten rest mit 36 zu éiner str.*, E *hält strr. 37 ff. für bruchstück eines besondern liedes.* 5 Vakþi R. 8 *danach str. 44 als vermeinte 2. halbstr.* E. **38,** 1–4 *noch zu vor. str.* KR *nach* R svá *ohne punkt vorher.* 3 *nicht mit zur klammer, sondern als instrumentalbegriff mit* vekja *verbunden* MLE. — vils. KRMMb, vals. LE. 3.4 *ändert* E valsinnis spá; vilda at þú réðir. 5 Hvgða *mit punkt vorher* R.

fyr dul ok vil
drósar reiði;
mun ek þik við bǫlvi
brenna ganga,
líkna ok lækna,
þótt mér leiðr sér."

40. „Hugða ek hér í túni
teina fallna,
þá er ek vildigak
vaxna láta;
rifnir með rótum,
roðnir í blóði,
bornir á bekki,
beðit mik at tyggva.

41. Hugða ek mér af hendi
hauka fliúga
bráðalausa
bǫlranna til;
hiǫrtu hugða ek þeira
við hunang tuggin,
sorgmóðs sefa,
sollin blóði.

42. Hugða ek mér af hendi
hvelpa losna,
glaums andvana
gylli báðir;
hold hugða ek þeira
at hræum orðit,
nauðigr ná
nýta ek skyldak."

43. „Þar munu seggir
um sæfang dœma
ok hvítinga
hǫtði næma;
þeir munu feigir
fára nátta
fyr dag lítlu
dróttum bergja."

44. * * *
Læga ek síðan,
né sofa vildak,
þrágiarn í kiǫr:
þat man ek gørva.

---

39 hier u. vor 40.44 setzt B Atli kvað, nicht in R. 8 þot N.
40, 8 bæþit R. — tyggvak Gg". **41,** 2 fivga R, flúga K.
5 þérra R. **42,** 4 gvlli RKR. 5 ff. in V ok át ek hræ
þeirra at mínum úvilja. 7 so BGgE, nvþi | gra ná R, nauðigra
ná KM, nauðigr á ná R. **43** vgl. V Guðrún segir: „eigi eru
draumar góðir, en eptir munu ganga; synir þínir munu vera feigir, ok
margir hlutir þungir munu oss at hendi koma. 2 sæfang BtGg, sęing
RKMEg, sæfǫng R, sœfing B', soðning E. 4 nęma R, nema KRME.
5 þeim munu feigum E. 7 litlu, KMB'. 8 dróttum R, = dráttum
BGg, drótt um RK, als dat. plur. von drótt stf. M, dróttir E.
44 der verf. von V verstand das als fortsetzg von Atlis träumen:
þat dreymdi mik enn, segir hann, at ek lægi i kǫr, ok væri ráðinn bani
mínn. Doch damit ist das gespräch zu ende, es folgt keine deutung durch
Guðrun. Offenbar lagen ihm nach str. 43 auch nur noch die 4 vers-

GUÐRÚNARKVIÐA IN ÞRIÐJA.

Herkja hét ambótt Atla; hón hafði verit frilla hans. Hón sagði Atli, at hón hefði sét Þióðrek ok Guðrúnu bæði saman; Atli var þá allókátr. Þá kvað Guðrún:

1. „Hvat er þér? Atli!
— æ, Buðla sonr,
er þér hrygt í hug —
hví hlær þú æva?
hitt mundi œðra
iǫrlum þykkja,
at við menn mæltir
ok mik sæir."

Atli:

2. Tregr mik þat, Guðrún
Giúka dóttir:
mér í hǫllu
Herkja sagði,
at it Þióðrekr
undir þaki svæfið,
ok léttliga
líni verðið.

---

zeilen und- in gleichem wortlaute vor. KRMB sehen darin ebenfalls Atlis worte, vor denen eine halbstr. (mit Hugða ek beginnend Bt) wahrscheinlich und nach denen sicher mehr fehle LBt. Nach Gg worte Guðr. u. zwar nach Gg' eine halbstr. vorher u. hve vor lægak, *nach Gg" die 2. halbstr. u. mehr verloren. E's meinung s. zu str. 37, 4.* 1 Lega ek R*K*, Læga ek *RMB,* Hve læga ek *Gg',* Lágak *Gg",* lag ek *E.* — síðr *R.* 2 ek *f. RE.* 3 þrágiǫrn *GgE,* þrágiarn R*KRMB.* — kǫr ... *Mb.* 4 *hält L für worte des sammlers: „so weit erinnere ich mich, aber nicht weiter." —* mun *K.*

Guðrúnarkviða in þriðja: *nur in* R *38a,12*—38b,11. — Überschrift:* qvida G. *unmittelbar vor str. 1. Zwischen* Herkia *(mit gewönlichem schwarzen* H) *u. dem letzten worte des vorigen liedes* gorva *steht nur punkt und* cap *(d. i.* capitulum); *R*Eg *verbinden das lied ohne absatz mit dem vorigen,* K: quiða Guðrúnar Giúkdóttr in þriðja, *MBGg:* Guðrúnarkviða hin *(f.* M) þr. *— In* V *nicht benutzt. — Die redenden in* R *nirgends bezeichnet.*

Prosa: 1 ambótt *Mb.* **1** H *in* Hvat *rot und sehr· gross* R. 2.3 *nicht parenth. KRMB'.* 3 er þér tilgt *B'. — erst nach* hug *(nicht in vers* 1) *fragezeichen MB'.* 4 þv hlęr þv R. **2,** 3 er mér *Gg nach B's verm.,* mér R*RKM.* 5 þit R*KRMBGg'.* 8 verdizk *? doch vgl. auch* breiddu *Oddr. 23,5.*

Guðrúnarkviða III

Guðrún:

3. Þér mun ek alls þess
eiða vinna
at inum hvíta
helga steini,
at ek við Þióðrek
þatki áttak,
er vǫrð né verr
vinna knátti.

4. Nema ek hálsaða
herja stilli,
iǫfur óneisinn,
einu sinni;
aðrar váru
okkrar spennur,
er vit hǫrmug tvau
hnigum at rúnum.

5. Hér kom Þióðrekr
með þriá tegu,
lifa þeir né einir
þriggja tega manna;
hnǫktu mik at brœðrum
ok at brynjuðum,
hnǫktu mik at ǫllum
hǫfuðniðjum.

6. Kemra nú Gunnarr,
kalliga ek Hǫgna,
sékka ek síðan
svása brœðr;
sverði mundi Hǫgni
slíks harms reka,
nú verð ek siálf fyr mik
synja lýta.

7. Sentu at Saxa
Sunnmanna gram!
hann kann helga
hver vellanda". —
Siau hundruð manna
í sal gengu,
áðr kvæn konungs
í ketil tœki.

8. Brá hón til botns
biǫrtum lófa,

3, 1 *nach* ec *ist* ecki *unterpunktiert* R. 5 þióðmar *KM mit* R, þióðrek *mit RGg', auch B hält das für wahrscheinlicher als* þióðmars son;· son þióðmars *Gg" verstösst gegen die gesetze des reims (s. Zze. 131).* 7 vorþ' R, vǫrðr *KRMEg*, vǫrð *BGg*. **4,** 3 oneisin R, óneisan *Gg nach verm. von B.* 6 crar R. — spekior *lasen KRM B' in R (ebenso EgVGg'), doch nach Bt ist* ki *unsicher,* spennur *mit BtGg".* **5,** 2 meþ xxx. R. — tigo *R,* tigi *K.* 4 þriaiatego R KR, þriggja tega *MBGg; gewiss falsch für ein vocalisch beginnendes adject.* allra? ótrauðra? *s. Zze. 137.* 5.7 hrincto R, = 'cinge' *KRM EgSimrock (mit zweifel V),* hnǫktu (= hnǫggt-þu) *GgBt.* 7 at *f. KM.* 8 ahofvþniþið R. **6** *in RKRMEB' nach str. 8, umgestellt mit BtGg.* 3 séka ek *Gg'*, sékat ek *Gg".* — siðr *R.* **7,** 5 Siau] *in R* vii. *mit punkt vorher, MB' nehmen drum 5—8 als besondere str., wie hier KRBtGgE.* **8,** 1 botz *RKR.*

ok hón upp um tók
iarknasteina:
„sé nú, seggir!
sýkn em ek orðin
heilagliga,
hve siá hverr velli!"

9. Hló þá Atla
hugr í bríósti,
er hann heilar sá
hendr Guðrúnar:
„nú skal Herkja

til hvers ganga,
sú er Guðrúnu
grandi vænti."

10. Sáat maðr armlikt,
hverr er þat sáat,
hve þar á Herkju
hendr sviðnuðu;
leiddu þá mey
í mýri fúla.
Svá þá Guðrún
sínna harma.

ODDRÚNARGRÁTR.

Heiðrekr hét konungr, dóttir hans hét Borgný. Vilmundr hét sá er var friðill hennar. Hón mátti eigi fœða bǫrn, áðr til
5 kom Oddrún Atla systir; hón hafði verit unnusta Gunnars Giúka sonar. Um þessa sǫgu er hér kveðit:

1. Heyrða ek segja
í sǫgum fornum,

---

3 vp R. **10** *ich zweifle, ob diese str. ursprünglich ist, oder nur ein feller in 1.2?* 1.2 Sa at *u.* sa át R. 7 in K *ist vermutet, dass* bót *oder* bœtr *nach* Guðr. *verloren sei, R liest nach* pphss. Svá rak þá G., *Eg sieht in* þá *ein starkes prät. von* þegja, *KMBGg von* þiggja, *doch müsste dies bedeuten 'busse erhalten' u. von* svá (= *gleich* þat!) *der gen. abhängen; ich vermute, dass urspr. stand* Svafþi þá G. | sína h.

Oddrúnargrátr: *nur in* R *38b, 12—39b, 7. — Überschrift: vor der prosa in* R *fra borgnyio oc oddrvno rot (bei* KR *als überschr. der prosa),* Oddrúnargr. *mit allen ausgg. nach* pphss. *und dem schlusse des gedichts. — In* V *wie es scheint nicht benutzt. — Angabe der redenden f. in* R.

Prosa: 1 H *in* Heiþreicr *(sic!) hat* R *sehr gross u. von grünlicher farbe. —* konungr *in* R *durch die abkürzg* k'. *über der zeile zwischen* h. d. *nachgetragen,* maðr *RM.* 4 engi *R.*

1, 1 Heyrþa *in* R *auf neuer zeile obwol nach* qveþit *auf der vorhergehenden noch für c. 3 buchst. raum ist;* H *sehr gross und rot.*

Oddrúnargrátr.

hve mær um kom
til Mornalands;
engi mátti
fyr iǫrð ofan
Heiðreks dóttur
hialpir vinna.

2. Þat frá Oddrún
Atla systir,
at sú mær hafði
miklar sóttir;
brá hón af stalli
stiórnbitluðum
ok á svartan
sǫðul of lagði.

3. Lét hón mar fara
moldveg sléttan,
unz at hári kom
hǫll standandi;
svipti hón sǫðli
af svǫngum ió,
ok hón inn um gekk
endlangan sal,

ok hón þat orða
alls fyrst um kvað:

4. „Hvat er frægst
á foldu
eða hvat er hlezt
Húnalands?"

ambótt:

„Hér liggr Borgný
of borin verkjum,
vina þín, Oddrún!
vittu, ef þú hialpir!"

Oddrún:

5. „Hverr hefir vífi
vamms um leitað,
hví eru Borgnýjar
bráðar sóttir?"

ambótt:

„Vilmundr heitir
vinr haukstalda,
hann varði mey
varmri blæju
fimm vetr alla,
svá hón sínn fǫður leyndi."

---

4 mornal. *K.* **3,** 3 hárri *KR.* 5.6 *in* R*Gg nach* 7.8, *mit E halte ich sie für unecht.* 7 Oc *mit punkt vorher* R. 7.8 *tilgt Gg, Bt dagegen verdächtigt eher das letzte verspaar.* 9.10 *von R zur folg. zeile gezogen.* **4,** 2 R *nur* a foldo, *für den vers nicht genügend,* hér á f. R*Gg*Bt, á f. ofan *E.* 3 hléz R*Gg'*, hlæst *KRMEg (jucundissimum),* hlœgst? *FMagn,* helzt ?*B'*, hlezt (= lezt *von* latr) Be*Gg".* 5—8 *bes. str. M; nach KFMagn. Simr. Mb worte* Borgnys *(ebenso str.* 5, 5*ff.*), *doch vgl.* 7, 7.8. 5 hv⁸ *ohne überschr. aber mit punkt vorher* R. **5,** 1 vífi *Gg nach B's verm.,* vísir R, vísir *KRM.* 2 vams R. 3 Borgnýju Bt*Gg" (nach Bdr* 1,7*).* 5*ff. besondere str.* M*B', als worte* Borgnys K *FMagn. Simr.* Mb. 5 heitir] *nur h. in* R. 9.10 *sicher unurspr., so auch* Bt*GgE.* 10 svá at *R,* svát *Gg".*

6. Þær hykk mæltu
þvígit fleira,
gekk mild fyr kné
meyju at sitja;
ríkt gól Oddrún,
rammt gól Oddrún
bitra galdra
at Borgnýju.

7. Knátti mær ok mǫgr
moldveg sporna,
bǫrn þau in blíðu
við bana Hǫgna.
Þat nam at mæla
mær fiǫrsiúka,
svá at hón ekki kvað
orð it fyrra:

8. „Svá hiálpi þér
hollar vættir,
Frigg ok Freyja
ok fleiri goð,
sem þú feldir mér
fár af hǫndum!"

Oddrún:
9. Hnékat ek af því
til hiálpar þér,
at þú værir þess
verð, aldrigi;
hét ek ok efndak,
er ek hinnig mælta,
at ek hvívetna
hialpa skyldak.

Borgný:
10. Œr ertu, Oddrún,
ok ørvita,
er þú mér af fári
flest orð of kvazt;
en ek fylgðak þér
á fiǫrgynju,
sem vit brœðrum tveim
of bornar værim.

Oddrún:
11. Man ek um aptan
enn, hvat þú mæltir,
þá er ek Gunnari
gerðak drekku;
slíks dœmi kvaztattu

6, 2 þvígi *R.* — fleyra *K.* 6 ramt *RMGg.* **7,** 7.8 'so dass sie ihr früheres wort für nichts erklärte, zurücknahm' *Gg"* (?) **8** ein viertes verspaar wol verloren, so auch *E u. Gg",* der ergänzt ok þú hnétt | til hiálpar mér *(vgl. 9, 1.2).* **9,** 4 verð mit allen ausgg., *f. R.* — komma vor aldr. *f. RMBGg.* 6 hinig *RM.* — ml'a **R**, mæltak *Gg".* 7.8 will *E* streichen. 8 in **R** schliesst sich daran ohne trennenden punkt und initiale str. *12—15,* erst dann folgt str. *10.11;* KRMB' knüpfen *12, 3.4* noch an str. *9.* **10,** 2 orvita *R.* 4 kvað ausgg. nach qvaþ *(verschrieben für qvaþt?)* in **R**, kvazt mit *E.* 8 borin **R** *(u. Afzelius gegen R's willen).* **11,** 1.2 Man ek, hvat þú | mæltir enn um aptan *KRM* nach der wortfolge in **R**, M. ek enn, | hv. þú m. um apt. *Gg* nach vorschlag von *K u.* billigung von *B;* vgl. *Zze 91 anm. 2.* 4 gerþag *RKM.* 5 kvazt. mit *E,* kvaðattu ausgg. mit *R.*

Oddrúnargrátr.

síðan mundu
meyju verða
nema mér einni."

12.

þá er ǫðlingar
arfi skiptu;
þá nam at setjask
sorgmóð kona,
at telja bǫl
af trega stórum:

13. „Var ek upp alin
í iǫfra sal
— flestr fagnaði —
at fíra ráði;
unda ek aldri
ok eign fǫður
fimm vetr eina,
svá at mínn faðir lifði.

14. Þat nam at mæla
mál it efsta

siá móðr konungr,
áðr hann sylti:
mik bað hann gœða
gulli rauðu,
ok suðr gefa
syni Grímhildar.

15. En hann Brynhildi
bað hiálm geta,
hana bað hann óskmey
verða skyldu;
kvaða hann ina œðri
alna myndu
mey í heimi,
nema miǫtuðr spilti.

16. Brynhildr í búri
borða rakði,
hafði hón lýði
ok lǫnd um sik;
iǫrð dúsaði
ok upphiminn,
þá er bani Fáfnis
borg um þátti.

---

6 síþr *R*. **12** *lücke mit Gg angenommen, der sie ausfüllt*: Mær tók at minnask | móðugs dags. *3.4 schliesst sich in* R*KRMB¹ an str. 9,8, s. dort.* 1 ǫðlinga *Gg.* 5 þa *gross mit punkt vorher* R. — *E nimmt verlust einer 2. halbstr. an.* **13,** *1—4 noch zu vor. str.* KR, *auch* R *hat* var *klein.* 1 vp R. 3 flestum fagn. *nicht in klammern* R, *auch* K *verbindet 3.4 zu éinem satze.* 5 *strophenanfang in* RRK. **14,** *1—4 noch zu vor. str.* RKR, *von E getilgt.* 5 *strophenanfang* RKRM. 8 Grímildar *M nach* R, Grimh. *Gg.* **15,** *5—8 bildet mit 14, 5—8 éine str., und 1—4 steht den zusammenhang störend zwischen 19, 4.5 in* RKRM, *die umstellung mit BGg.* 1 eɴ *mit punkt vorher* R. 5 ina *über unterpunctiertes* iþ *geschrieben* R, ino K, mann R. — ǫþræ R, æþra *R.* 6 aldan mundo *R.* 8 *nach* spillti *in* R *str. 10.11.* **16,** 8 þatti KRMEg.

17. Þá var víg vegit
vǫlsku sverði,
ok borg brotin
sú er Brynhildr átti;
vara langt af því,
heldr válítit,
unz þær vélar
vissi allar.

18. Þess lét hón harðar
hefndir verða,
svá at vér ǫll hǫfum
œrnar raunir;
þat mun á hǫlða
hvert land fara,
er hón lét sveltask
at Sigurði.

19. En ek Gunnari
gatk at unna,
bauga deili,
sem Brynhildr skyldi.
Buðu þeir Atla
bauga rauða
ok brœðr mínum
bœtr ósmár.

20. Bauð hann enn við mér
bú fimtán,

hliðfarm Grána,
ef hann hafa vildi,
en Atli kvazk
eigi vilja
mund aldrigi
at megi Giúka.

21. Þeygi vit máttum
við munum vinna,
nema ek helt hǫfði
við hringbrota;
mæltu margir
mínir niðjar,
kváðusk okkr hafa
orðit bæði.

22. En mik Atli kvað
eigi myndu
lýti ráða
né lǫst gøra;
en slíks skyli
synja aldri
maðr fyr annan,
þar er munuð deilir.

23. Sendi Atli
áru sína
um myrkvan við
mín at freista;

17, 6 vá lítið *KRMch mit* R. 7 *unz hon* þær *Gg".*
19, 4 *danach folgt 15, 1—4 als zweite halbstr. u.* 5—8 *bildet mit 20, 1—4 besond. str. (letzteres auch B) in* RKRM. 5 árla RKM. 7 *zu diesem ok vergleicht Be richtig* Guðr. *I.* 20,7 *u. II.* 32,4. **20,** 3 *kein komma nach* Grana *BeGg".* 5—8 *mit 21, 1—4 éine str.* RKRMB. 6 eiga *Gg".*
21, 5—8 *mit 22, 1—4 (M mit 22, 1—8) éine str.* RKRMB, *punkt vorher Gg'.* 7 ocr R. **22,** 2 æva m. *Gg".* 5ff. *besondere str.* KRB *nach* R (En *mit punkt vorher), getilgt von E.* **23,** 4 vor mín *ist* meyiar *in* R *durch punkte getilgt.*

ok þeir kvámu
þar er þeir koma né skyl-
        dut,
þá er breiddu vit
blæju eina.

24. Buðu vit þegnum
bauga rauða,
at þeir eigi til
Atla segði;
en þeir hvatliga
heim skunduðu,
ok óðliga
Atla sǫgðu.

25. En þeir Guðrúnu
gørla leyndu,
því at hón heldr vita
hálfu skyldi.
Hlymr var at heyra
hófgullinna,
þá er í garð riðu
Giúka arfar.

26. Þeir or Hǫgna
hiarta skáru,
en í ormgarð
annan lǫgðu;
nam horskr konungr
hǫrpu sveigja,
þvíat hann hugði mik
til hiálpar sér,
kynríkr konungr,
of koma mundu.

27. Var ek enn farin
einu sinni
til Geirmundar
gørva drykkju;
nam ek at heyra
or Hléseyju,
hve þar af stríðum
strengir gullu.

28. Bað ek ambáttir
búnar verða,
vilda ek fylkis
fiǫrvi biarga;

5.6 þar, | er *ausgg.* 6 þars koma ne sk. *?Gg"*. **24**, 3 ekki *Gg"*. 3.4 e. | til *alle ausgg.: wegen der versbetonung unmöglich, da til adverb zu* segði *u.* Atla *dativ ist.* 5—8 *mit BGg*, en þeir óliga | Atla s. | ok hvatl. | heim sk. *KRM nach* **R**. 7 óliga *RKMB*, ólliga *R*. **25**, 2.3 því, | at *MBGg*. 3 þviat *RK (nam!)*, þóat *R. — nach 4 nimmt E verlust von mindestens* $1^1/_2$ *strr. an mit der einladung der Giukunge durch Atli und ihrer warnung durch Guðr.* 5—8 *mit 26, 1—4 éine str. RKRMB.* **26**, 5 *ff. als zweite halbstr. zu 27, 1—4 RKRMB, umgestellt mit Gg.* 6 svegja *RK*. 9.10 *erklärt Gg für unecht, eher ist wol 7—9 erweitert, etwa aus* hugði mik kynríkr.
27, 3 geirnjarðar *(als bezeichnung Gunnars) ändert Gg"*, *weil* Geirm. *eine der sage fremde person sei.* 5 *ff. besondere str. RM, mit 28, 1—4 éine str. KB.* 6 úr Hlezeyjo *R*. **28**, 1 ambóttir *R*.

létum flióta
far sund yfir,
unz ek alla sák
Atla garða.

29. Þá kom in arma
út skævandi
móðir Atla,
— hón skyli morna! —
ok Gunnari
gróf til hiarta,
svá at ek máttigak
mærum biarga.

30. Opt undrumk þat,
hví ek eptir mák,

linnvengis bil!
lífi halda,
er ek ógnhvǫtum
unna þóttumk
sverða deili,
sem siálfri mér.

31. Sattu ok hlýddir,
meðan ek sagðak þér
mǫrg íll um skǫp
mín ok þeira;
maðr hverr lifir
at munum sínum."
Nú er um genginn
grátr Oddrúnar.

ATLAKVIÐA
IN GRŒNLENZKA

Guðrún Giúka dóttir hefndi
brœðra sínna svá sem frægt er
orðit. Hón drap fyrst sonu Atla,
en eptir drap hón Atla ok
brendi hǫllina ok hirðina alla. 5
Um þetta er siá kviða ort:
1. Atli sendi
    ár til Gunnars

5—8 *besondere str.* KB, *in* R *ist* létō *klein ohne punkt vorher.*
6 far sund *RBGg,* far lvnd *RKME,* farlund = farlǫnd *EgV.*
29, 3 atla *(serpentum) Eg,* allra *?R.*   **30,** 3 lín vengiS R. —
Bil *REg.*   5 ogn hvótō R.   **31,** 5 lifira *Gg',* lifirat *Gg".*

Atlakviða: *in* R 39b, 8—41a, 9; *in* V *nur benutzt.* — *Überschrift in* R *mit roter tinte vor der prosa* daʃþi atla *(so auch K),
vor str. 1* atla qviþa in grǫnlenzca *sicher, wenn auch verblichen; in*
grœnl. *tilgen MLBGg;* Goðrúnarhefna *REgV nach pphss.*
    Prosa: 1 G *in* Gvǫrvn *gross u. rot in* R.   4 eptir þat drap
KRM.
1, 1 A *gross und rot* R.

kunnan segg at ríða,
Knefrøðr var sá heitinn;
at gǫrðum kom hann Giúka
ok at Gunnars hǫllu,
bekkjum aringreypum,
ok at biórí svásum.

2. Drukku þar dróttmegir
— en dyljendr þǫgðu —
vín í valhǫllu,
vreiði sásk þeir Húna;
kallaði þá Knefrøðr
kaldri rǫddu,
seggr inn suðrœni
— sat hann á bekk hám —:

3. „Atli mik hingat sendi
ríða ørindi
mar inum mélgreypa
Myrkvið inn ókunna,

at biðja ykkr, Gunnarr,
at it á bekk kœmið
með hiálmum aringreypum
at sœkja heim Atla.

4. Skiǫldu kneguð þar velja
ok skafna aska,
hiálma gullroðna
ok Húna mengi,
silfrgylt sǫðulklæði,
serki valrœna,
dafar darraðar,
drǫsla mélgreypa.

5. Vǫll lézk ykkr ok mundu
gefa
víðrar Gnítaheiðar,
af geiri giallanda
ok af gyltum stǫfnum,
stórar meiðmar

---

4 Knéfróðr *E*, Knefruðr *KRMBGg* mit **R**, der aber str. 2,5 u. Dráp z. 6 av in der letzten silbe hat. 7 (vgl. 3,7. 17,3) aringreypom R*KRMEgBGg'V*, aringreipum *JOlavsen FMagn. E*, hringgreyptum 'goldbeschlagen' *Gg"*. **2,** 3 Valh. *Mb.* 4 reiði *KRM* nach **R**, vélar ?*K.* — sáz þar H. *R.* 8 hann *f. E.* **3,** 1 sendi hingat *E.* 3 melgr. *MEg*, melgreipa *E.* 4 myrkv. *KEgGg*; in *Oddr.* 23,3 liegt etymol. umschreibung des sagennamens vor. — Myrkv. ókunnan *E.* 5 ykkr] yðr **R** u. ausgg., doch s. das folg. it u. 5,1. 6,3. 7. 7,1 u. ö. — yðr Gunnar *E.* 6 it *f. E.* — kǫmit **R**, komit *KRM*, komið *EGg*; vgl. **V** Atli . sendi mik ok vildi, at þit sœttið. 7 arín greypō **R**, ausgg. wie 1,7. **4.** (u. 5) vgl. **V** ok þægið af hánum mikinn sóma, hiálma ok skiǫldu, sverð ok brynjur, gull ok góð klæði, herlið ok hesta ok mikit lén, ok ykkr læzt hann bezt unna síns ríkis. 1 knegot þat *R.* 6 val | rǫþa **R**, valrǫða *KEg* (= -røða = -rauða), valrauða *RMB'Gg'V*, valroðna *E*, valrœna *BtGg"*. — komma nach valr. *f. B'.* 7 daraþ' **R**, Darraþar *Gg.* 8 mélgr. *s. zu 3,3.* **5,** 1 statt Vǫll in *R* setzt *Gg* das von *B* nach 6,5 vermutete Gull; des reimes wegen nicht möglich, s. Zze. 115. — ycr *RML.* — oc in **R** übergeschrieben, *f. R.* 3.4 at statt af *E.*

Atlakviða.

ok staði Danpar,
hrís þat it mæra,
er meðr Myrkvið kalla."

6. Hǫfði vatt þá Gunnarr
ok Hǫgna til sagði:
„hvat ræðr þú okkr, seggr
  inn œri,
alls vit slíkt heyrum?
gull vissa ek ekki
á Gnítaheiði,
þat er vit ættima
annat slíkt.

7. Siau eigu vit salhús
sverða full,
hverju eru þeira
hiǫlt or gulli;
mínn veit ek mar beztan,
en mæki hvassastan,
boga bekk sœma,
en brynjur or gulli,
hiálm ok skiǫld hvítastan

kominn or hǫll Kiárs;
einn er mínn betri
en sé allra Húna.

Hǫgni:

8. Hvat hyggr þú brúði bendu,
þá er hón okkr baug sendi
varinn váðum heiðingja?
hygg ek at hón vǫrnuð
  byði;
hár fann ek heiðingja
riðit í hring rauðum:
ylfskr er vegr okkarr
at ríða ørindi."

9. Niðjar hvǫttu Gunnar
né náungr annarr,
rýnendr né ráðendr
né þeir er ríkir váru;
kvaddi þá Gunnarr
sem konungr skyldi,
mærr í miǫðranni,
af móði stórum:

---

8 e' | er meðr R. — meðr unurspr. nach Bt. 6, 2 til
Hǫgna E. 3 okkr und inn œri f. E. — öri KR, = ǫrvi EgB'.
7 BtGg bezeichnen 7.8. 11.12 als unecht, E setzt vor 1—4 str. 10
als erste halbstr. und trennt 5 ff. als selbständig ab, ich meine die
ganze str. ist später; zunächst bestand sie wol aus den 4 verspaaren die
je zwei stuðlar haben, 3.4. 11.12 sind die letzte zutat. 3 io in hverio
übergeschrieben in R. 6 en f. E. 7 bekksœma Gg, von Bt gebilligt.
8 en f. E. 10 komiñ R, f. E. 8, 1 benda KRMLEEg. 2 hón
f. E. 3 dafür varinn úlfa váðum E. 4 at f. E. 7 ylfskr Eg, ylfstr
RKRM. — okkarr f. E. 9, 1 Niðiargi zuerst in R, doch gi ausradiert. — hvǫttua od. hvǫttut (dies von E aufgenommen) ?Eg. 5 B' hielt
kv. für falsch und vermutete kallaði. 10.11 vgl. V síðan mælti
Gunnarr við þann mann er Fiǫrnir hét: Statt upp, ok gef oss at drekka
af stórum kerum gótt vín, þvíat vera má, at siá sé vár in síðarsta
veizla. Oc nú mun enn gamli úlfrinn komast at gullinu, ef vér deyjum,
ok svá biǫrninn mun eigi spara at bíta sínum vígtǫnnum.

Atlakviða.

10. „Rístu nú, Fiǫrnir!
látt̑u á flet vaða
greppa gullskálir
með gumna hǫndum!

11. Úlfr mun ráða
arfi Niflunga,
gamlar gránverðir,
ef Gunnars missir;
birnir blakkfiallir
bíta þreftǫnnum,
gamna greystóði,
ef Gunnarr né kømrat."

12. Leiddu landrǫgni
lýðar óneisir
grátendr gunnhvatan
or garði húnar;
þá kvað þat inn œri
erfivǫrðr Hǫgna:
„heilir farið nú ok horskir,
hvars ykkr hugr teygir!"

13. Fetum létu frœknir
um fiǫll at þyrja
mari ina mélgreypu
Myrkvið inn ókunna;
hristisk ǫll Húnmǫrk,
þar er harðmóðgir fóru,
vráku þeir vandstyggva
vǫllu algrœna.

---

10 *bei E vor str. 7 versetzt.* 1 Fiǫlnir *E.* 2 lát á *E.*
4 með *f. E.* — *Gg ergänzt nach* V *eine 2. halbstr.:* vel skulum vín
drekka, | veigar alldýrar, | þótt í heimi sé | hinztr fǫgnuðr.
11 *Gunnars zusagende worte nach LSimrGg'; nach Bt ist das wegen*
mun *bedenklich, vielmehr gäbe einer der mannen hier seiner bangen
ahnung ausdruck, Gg" acceptiert das und versetzt die str., was Bt noch
nicht wagte, vor str. 9.* 1 Úlfar munu *Gg".* 3 gamlar granverþir **R**
KRMEg, gamlir granverðir *E,* gamlar gránvæddir ?*B',* gamlar gran-
varðir *Gg',* g. gránvarðir *Be,* gamlir, gránvarðir *Gg".* 4 *in* **R** *erst*
missi *(so auch KME) dann aber das letzte* i *unterpunktiert u. ein un-
deutliches zeichen übergeschrieben, das B als abbreviatur für* ir *nimmt,*
missir *RBGg; ist* missa *gemeint und liegt in dem dunkeln vers 3 das
subject?* 5 *so mit Gg",* blacfiallar *RRK,* blakfiallir *E.* — komma vor
bl. *Gg'.* 6 þref tannom *RKRMLE,* = þriftǫnnum *Eg.* 7 gamna **R,**
glamma *od.* gamma ?*R,* gumna *ohne komma vorher Gg".* — greystoþi **R,**
griðstaði *Gg".* 8 né *f. KME.* — kǫmraþ **R,** kømskat *BtGg".*
12, 3 gunnhvata *KRMEB mit* **R.** 4 at g. *E.* — hvna *RB' (als appell.),*
Húna *KRMEEg,* húnar *Bt,* heiman *Gg.* 5 œri *s. zu 6, 3.* 7 nú *f. E.* —
ok *f. u.* horskir *als anrede EGg.* **13,** 1 Fętō **R,** Fætum (= fótum,
fetum?) *K,* Fótum *E.* — letō **R.** 2 at *f. E.* 3 marina *RKRMGg',*
mara ina *urspr. B,* mari 'na *Gg",* mar *E.* — mélgr. *s. zu 3,3, E hier*
melgreipa. 4 *wie 3,4.* 7 vráku *mit BGg" gegen* ráku *in* **RKRME**
*Gg'; auch in dieser str. wie in 7 (s. anm.). 8.12 hat jedes verspaar
zwei stuðlar.* — vañ *st.* **R,** vannst. *KRE.*

14. Hǫll sá þeir Atla
ok hliðskiálfar diúpar
— Buðla greppar standa
á borg inni há —,
sal um suðrþióðum
sleginn sessmeiðum,
bundnum rǫndum,
bleikum skiǫldum.

15. En þar drakk Atli
vín í Valhǫllu;
verðir sátu úti
at varða þeim Gunnari,
ef þeir hér vitja kvæmi,

með geiri giallanda
at vekja gram hildi.

16. Systir fann þeira snemst,
at þeir í sal kvámu
brœðr hennar báðir,
bióri var hón lítt drukkin:
„ráðinn ertu nú, Gunnarr!
hvat muntu, ríkr, vinna

14.15 *vgl.* **V**: nú siá þeir konungsbœinn; þangat heyra þeir mikinn gný ok vápnabrak ok siá þar mannfiǫlda ok viðrbúnað er þeir hǫfðu, ok ǫll borgarhlið vóru full af mǫnnum. **14** *nach BtGg eine str., die wesentlich gleichlautend (nur mit* Gotna *statt* Atla*) auch zwischen Hǫm.* 16.17 *gehört, nur hat der schreiber das allein dort passende* Bikka *statt* Buðla *auch hier angebracht.* 1 Hǫll *mit* V *(s. v.* hliǫsk.*) wegen des sinnes (vgl. auch* konungsbœinn *der* V*) u. reimes, der nirgends sonst in den alten liedern abfall des* h *vor* l *bezeugt;* Land R *und ausgg.* — sa þeir R, sáu E. 2 ok *f.* E. — hliǫsk. *mit* V, liǫsk. *ausgg.,* liþscialafar R. — dívpa R *u. ausgg. (nach* K *indecl. adj.!); oder ist* hliǫskiálf diúpa *zu lesen?* 3 Buðla *mit BtGg,* Bicca R K R M E. — stóðu E, *auch* L *entweder so oder* greppa (apl.). 5 komma danach KE. 6 ses meiþð R. 8 *danach ohne punkt und init.* dafa daʀaþ' *in* R, *demgemäss* dafa darraðar K M B' *noch zu str.* 14·*mit komma vorher und semikol. danach,* R *mit* Dafa darraþir *(kolon vorher u. komma danach) und* E *mit* Dafa darraðar *(semik. vorher und punkt danach) beginnen neue str. Mit BtGg meine ich, dass der vers durch einen schreiber, der an die rüstungsstücke in str. 4 dachte, fälschlich hierher u. mit 15,1 in reimverhältnis gebracht ist.* **15** *noch zu vor. str.* R K M B', *s. vor. anm.* 1.2 *dazwischen* Gg ógnvaldr Húna, Bt með dróttmǫgum; *dabei fiele aber die strophenmitte mit einem ganz unbedeutenden satzabschnitte zusammen, wie es wenigstens neben dem ganz verschiedenen sätzen angehörenden* 2. *verspaare sonst unerhört ist. Wegen des reimes im* 1. *verspaare s. Zze.* 109 *anm.* 1. 3 úti: Gg" *(er bezieht also* at varða *auf* Atli *u.* verðir). 5 þeir *f.* E. — h* R, hans BeGg". 6 *die lücke f. in* R *u. ausgg., hier aber ist sie am natürlichsten zu denken, oder vor 5?* **16,** 1 *dafür* Snemst fann systir E. 1.2 þeirra | snemst K. 2 þeir.*f.* E. 4 bióri vara dr. E. 5 nú *f.* E. 6 ríkr *nicht als anrede, sondern* 'als ein mächtiger, trotzdem du m. bist' KRM.

Atlakviða.

við Húna harmbrǫgðum?
hǫll gakk þú or snemma!

17. Betr hefðir þú, bróðir,
at þú í brynju fœrir,
sem hiálmum aringreypum
at siá heim Atla;
sætir þú í sǫðlum
sólheiða daga

18. Nái nauðfǫlva létir
nornir gráta,
Húna skialdmeyjar

hervi kanna,
en Atla siálfan
létir þú í ormgarð koma;
nú er sá ormgarðr
ykkr um fólginn."

19. Þá kvað þat Gunnarr
gumna dróttinn:
„seinat er nú, systir,
at samna Niflungum:
langt er at leita
lýða sinnis til,
of rosmufiǫll Rínar
rekka óneissa."

17, 1.2.5 þú *f. E.* 3 *s. str.* 1,7. 7.8 *lücke mit BtGg' angenommen, f.* R*KRMEB', Bt ergänzt* brygðir blám hiǫrvi | ok blóð vekðir, *Gg* víg at vekja, | vǫll at rióða. **18** *RKE rechnen noch 1—2, MB' das ganze zu vor. str.* 1 nár *ohne punkt voraus* R, Nái *mit KR MEB'Gg'V,* Nár *EgBtGg". —* naþ fǫlva R*EgBtGg". —* létir *zu vers 2 die ausgg.* 2 nǫnnur *E.* 3 Hvna *und punkt vorher* R, *neue str.* KRE. 4 hiǫrvi *E,* hervíg *?B'*. 4,5 *dazwischen ein verspaar verloren nach E.* 5.6 siálfan | létir *BGg.* 6 létir þú *f. E. —* þú *wol unecht.* 7 sá *f. E.* **19,** 1.2 *mit EGgBt, f. in* R*RKM.* 6 sinis. til R. 7 rósmuf. *K.* 8 óneisa *E.* **20** *u.* **21** *in* R *in der folge 21, 1—4.* 20. 21, *5—8; ebenso die paraphrase der* V: nú er sótt at Gunnari konungi ok fyrir sakir ofreflis var hann hǫndum tekinn ok í fiǫtra settr. Síðan barðisk Hǫgni ., hann hratt mǫrgum í þann eld er þar var gerr í hǫllunni; allir urðu á eitt sættir, at varla sæi slíkan mann, en þó varð hann at lyktum ofrliði borinn ok hǫndum tekinn. Nú eru þeir báðir í fiǫtra settir Gunnarr ok Hǫgni. Þá mælti Atli til Gunnars konungs, at hann skyldi segja til gullsins, ef hann vill lífit þiggja. R *hat innerhalb des textes keine strophische abteilung; KRMBt ordnen in 3 strr.* 21, *1—4.* 20, *1—6.* 20, *7.8 verbunden mit 21, 5—8 (Bt mit lücke zwischen 20, 8 u. 21,5), eine lücke vor der 1. str. nimmt B an, die 2. schloss B'* sem H. varði | h. sínar *u. die erste halbst. der 3. mit* Gunnars, *worauf noch 21, 5—8 folgte; E ordnet 20—22 so: 1. str.* 21, *1—4.* 20, *1—4; zweite* 20, *7—8.* 22, *5—6. verlust eines verspaares.* 20, *5—6; dritte* 21, *5—8.* 22, *1—4. Hier mit Gg, s. auch zu str. 21, 3.*

20. Siau hió Hǫgni
sverði hvǫssu,
en inum átta hratt hann
í eld heitan;
svá skal frœkn
fiándum verjask,
sem Hǫgni varði
hendr Gunnars.

21. Fengu þeir Gunnar
ok í fiǫtur settu
vinir Borgunda
ok bundu fastla;
frágu frœknan,
ef fiǫr vildi,
Gotna þióðan,
gulli kaupa.

Gunnarr:

22. Hiarta skal mér Hǫgna
í hendi liggja
blóðukt, or briósti
skorit baldriða

saxi slíðrbeitu
syni þióðans."
Skáru þeir hiarta
Hialla or briósti,
blóðugt ok á bióð lǫgðu
ok báru þat fyr Gunnar.

23. Þá kvað þat Gunnarr
gumna dróttinn:
„hér hefi ek hiarta
Hialla ins blauða,
ólíkt hiarta
Hǫgna ins frœkna,
er miǫk bifask
er á bióði liggr,
bifðisk hálfu meirr
er í briósti lá."

24. Hló þá Hǫgni,
er til hiarta skáru
kvikvan kumblasmið,
klekkva hann sízt hugði;

20, 1 Siau] VII. *in* R *mit punkt vorher.* 3 hann *tilgt* E *vielleicht richtig.* 3.4 átta | hr. *KRMB'Gg'.* 6 *punkt nach* veriaz R. 7 sem *mit* BGg, f. RKRME. — Haǵni *gross* R. 8 henðr gvnars R. **21,** 1 þeir f. E. 3 Burg. vinir E. — vínˢ R, vin *mit komma vorher* BGg; *s. dagegen* Zze. *132, unter* Borg. *können Gunnar und Hogni aber nur verstanden werden, wenn str.* 20 *vorausgieng.* 6 *nach* villdi *punkt* R. 7 *als subject nicht in kommata* KRLEGg. — gotna K. — þióðann Gg. **22** *vgl.* V hann svarar: fyrr skal ek siá hiarta Hǫgna bróður míns blóðugt. Ok nú þrifu þeir þrælinn í annat sinn ok skáru or honum hiartat ok báru fyrir konunginn G. — Gg *beginnt die str. mit* 25, 1.2. 3 *komma vor, nicht nach* bl. ME. 4 balðr. sk. E. — ballr. M. 5.6 *wol spätere erweiterung.* 7—10 *selbständige str.* KRMEBGg (E *vermutet verjust von* 2, Bt *von* 1 *verspaare in der mitte,* Gg *ergänzt eine erste halbstr.:* Vildu þeir vísa | vélum beita, | er þræl œpanda | þrifu óvaran). 7 þeir f. E. 9 ok f. E, þat R. 10 ok f. E. — þat f. RE. **23,** 1.2 *streichen* GgBt. 5.6 f. E. **24,** 4 hann f. E. 4.5 *wol richtig*

Atlakviða.

blóðugt þat á bióð lǫgðu
ok báru fyr Gunnar.

25. Mærr kvað þat Gunnarr
Geirniflungr:
„hér hefi ek hiarta
Hǫgna ins frœkna,
ólíkt hiarta
Hialla ins blauða,
er lítt bifask
er á bióði liggr,
bifðisk svági miǫk
er í briósti lá.

26. Svá skaltu, Atli,
augum fiarri,
* sem munt *
menjum verða.

27. Er und einum mér
ǫll um fólgin
hodd Niflunga,
lifira nú Hǫgni;
ey var mér týja,
meðan vit tveir lifðum,
nú er mér engi,
er ek einn lifik.

28. Rín skal ráða
rógmálmi skatna,
svinn, áskunna
arfi Niflunga;
í veltanda vatni
lýsask valbaugar,
heldr en á hǫndum gull
skíni Húna bǫrnum."

29. „Ýkvið ér hvelvǫgnum,
haptr er nú í bǫndum."

---

von EGg verlust eines verspaares angenommen, E ergänzt: hiarta þeir
námu | Húna megir, *Gg:* hart hugakarn | hilmis tóku. 5 þat *f. E.*
6 ok *f. E.* **25,** *1.2 setzt Gg vor str. 22.* 2 geirnifl. *RGg".*
5.6 *tilgt E.* **26** *vgl.* V ok svá mantu, Atli, láta þítt líf, sem nú
látum vér. 2 *a*rgō R, ǫndu *B',* ǫngu *BtGg".* 3 sem mvnt *RMGg",*
sem þú m. *KR,* s. þú meiðmum m. *E,* s. æ m. *B'Gg',* s. m. órum *Bt:
davon sind nach den reimgesetzen überhaupt nur möglich die conjectt.
von EBt; ich vermute nach* sem *oder* munt *ist durch überspringen eines
schreibers etwas verloren, s. m. der rest von v. 3—7; auch BtGg neh-
men die str. als bruchstück, Gg ergänzt als 2. halbstr.:* auð inum mikla,
| þóttu oss myrðir, | munattu, vesall! | valda aldrigi. **27,** 1—4
noch zu vor., 5—8 *zu folg. str. KRMEB' nach* R. 1 vnt *RRM. —
vor* mer *unterpunktiertes e* R. 5 Ey *u. punkt vorher* R. **28,** 5—8
mit 29, *1.2 eine str. KRE. —* Iveltanda *mit punkt vorher* R. 7.8 gull
skíni *will E entweder tilgen (so auch Gg") oder als anfang und rest
eines verlornen folgenden verspaars betrachten.* **29** *vgl.* V Atli
kon. mælti: 'farið á brott með bandingjann!' ok svá var gert. — *mit
GgBt glaube ich, dass die einführung Atlis als redenden ein erstes
verspaar bildete:* Kallaði nú A. | kon. Húna *Gg.* 1.2 *als worte Gunnars,
u. s. zu* 28, 5 *KR.* 1 Ykv. *KRMEEgV. —* ér *f. E.* 2 nú *f. E.*

Atlakviða.

Ok meirr þaðan
menvǫrð bituls
dolgrǫgni dró
til dauðs skókr.

30. Atli inn ríki
reið Glaumi
rǫndum sleginn
ok rógþornum;
sifjungr þeira
Guðrún sigtífa
varnaði við tárum
vaðin í þyshǫllu.

Guðrún:
31. Svá gangi þér, Atli!
sem þú við Gunnar áttir

eiða opt um svarða
ok ár of nefnda,
at sól inni suðrhǫllu
ok at Sigtýs bergi,
hǫlkvi hvílbeðjar,
ok at hringi Ullar."

32. Lifanda gram
lagði í garð
þann er skriðinn var,
skatna mengi,
innan ormum,
einn Gunnar;
en heiptmóðr hǫrpu
hendi knίði,
glumdu strengir;

3—6 hierher mit *BGg*; in R nach str. 31, wo es *KRM* als vers 9—12 anfügen (Munch noch als worte der Guðr.!), *E* die 2. hälfte einer besondern str. daraus bildet, deren erste verloren sei. 6 *daþ* | *scokr* R. — *skokr* RKE. **30** vgl. V Guðrún kveðr nú með sér menn ok hittir Atla (ok mælti *sicher mit einem stückchen pergamente verloren), ohne dass in R eine lücke bezeichnet ist.* 1—6 *in R mehrfach corrumpiert, KRME nehmen nur verlust eines verses an:* A. *inn r.* | *r. glaummǫnum,* | *sleg. rógþ.,* | *sif. þeirra;* | *[gættisk harma, so K zuerst]* | *Guðrún sigt.,* | *varnaði etc., auch B¹ so, nur mit Eg in vers 2* reið Glaum mǫnum; *wie oben BtGg*. 1 *zum reime s. Zze.* 116. 2 *auch in der Kálfsvísa* (SE I, 484) *heisst es* (reið) Atli Glaumi. 2.3 Gl. | rǫndum] gla͞m | ma͞no R. 4 ok f. R. 8 i R, or E. **31**, 5 Sól E. — sólinni s. KR. 6 ok *übergeschrieben* R. — *asigtys* R, sigtýs K. 7 hvlqvi R *(wol verschrieben für* ha͞lqvi), KRMEB¹. 8 *darauf folgt in* R 29, 3—6, s. dort. **32** s. dazu Zze. 618. Bt hat gewiss recht in 2—6 *eine traditionelle erweiterung aus* lǫgðu í ormgarð *zu sehen, Gg gibt das zu, nur soll die ursprüngliche eine str. zu zwei regelrechten erweitert sein:* 5ff. innan ormum | eitrs of fullum, | þeims geðhǫrðum til hiarta grófu. *neue str.:* Heiptm. h. | h. kn. | enn einn Gunnarr, | gl. str.; | svá sk. gúlli | í garði fianda | fr. *etc.* 2.3 þann | er KRMBGg. 3.4 *umgestellt* Gg". 6 eN ein gv. *abgek.* R, en einn Gunnarr *mit stärkerer interpunktion voraus, als subject zu* kníði KRMEB¹, *von Gg nach* 8 *versetzt.* 7 en f. R u. ausgg. 8 hencli *las u. schrieb* K, *danach* E. — knýði E. 9ff. *besondere str.* KR, *tilgt* E *als ausmalenden zusatz.*

svá skal gulli
frœkn hringdrifi
við fíra halda.

33. Atli lét
lands síns á vit
ió eyrskán
aptr frá morði;
dynr var í garði,
drǫslum of þrungit,
vápnsǫngr virða,
váru af heiði komnir.

34. Út gekk þá Guðrún
Atla í gøgn
með gyltum kalki
at reifa giǫld rǫgnis:
„þiggja knáttu, þengill!
í þínni hǫllu
glaðr at Guðrúnu
gnadda niflfarna."

35. Umdu ǫlskálir
Atla vínhǫfgar,
þá er í hǫll saman
Húnar tǫlðusk;
gumar gransíðir
gengu inn hvatir,
er frá morði þeira Gunn-
ars
komnir váru or Myrkheimi.

36. Skævaði þá in skírleita
veigar þeim at bera;
afkár dís iǫfrum
ok ǫlkrásir valði
nauðug, neffǫlum
en níð sagði Atla:

37. „Sona hefir þínna,
sverða deilir,

— Glṽþo *gross u. punkt vorher* R. 10.11 frœkn | hr. K. 12 halða R. **33,** 1 atli, *doch punkt vorher* R. 2 lanz R. 5 Dynr *und punkt vorher* R. — komma *f.* KE. 6 þrungnum E. 8 af velli E. **34,** 1 þá *tilgt* E. 2 igógn R. 4 statt reifa *vermutete* K reiþa *(vgl. zu Fm. 24, 6).* — giolld rɷgnis R *u. danach* KRMEEgB', grundrǫgni Gg, geð rǫgnis ?Gg. 8 *ändert* Gg *zu* gnaddat niflfarnir *mit komma vorher.* **35,** 1 Ymdu KE. 4.5 *dazwischen setzt* E 7.8 *verändert zu:* er frá morði kvámu | or Myrkheimi. 5.6 *zieht* R *zur folg. str.* 6 hvatir *mit* RMLBGg, hvárir RKEMbEg. 7.8 *hierher mit* GgBt, *in* RKRMB' *nach* 43,2 *(wo natürlich* ok *statt* er *steht); die fassung des verspaars aber gewiss unurspr., s. zu 4,5.* **36,** 1 *erweitert* E *zu einem verspaare:* Sk. um skytar | þá in skírl. *u. ergänzt als vers* 3 gulli varið. 2.3 *lücke mit* GgBt, *f. bei* KRM, *(KLB' vermuteten* skálir *statt* veigar*), in* R *sind vor* veigar 2 *buchstaben, wovon der erste* b *ausradiert;* Gg *ergänzt* drós skiǫldunga | vær í valhǫllu *(der erste vers gegen die reimgesetze s. Zze. 130).* 5 dís, iǫfrum KMB. 6 ok *tilgt* E. 7 komma *nach* nicht *vor* neff. REGg.

hiǫrtu hrædreyrug
við hunang of tuggin;
melta knáttu, móðugr,
manna valbráðir,
eta at ǫlkrásum
ok í ǫndugi at senda.

38. Kallara þú síðan
til kniá þínna
Erp né Eitil
ǫlreifa tvá;
séra þú síðan
í sæti miðju
gulls miðlendr
geira skepta,
manar meita,
né mara keyra."

39. Ymr varð á bekkjum,
afkárr sǫngr virða,
gnýr und guðvefjum;
grétu bǫrn Húna,

nema ein Guðrún,
er hón æva grét
brœðr sína berharða
ok buri svása,
unga, ófróða,
þá er hón við Atla gat.

40. Gulli søri
in gaglbiarta,
hringum rauðum
reifði hón húskarla;
skǫp lét hón vaxa,
en skíran málm vaða,
æva flióð ekki
gáði fiarghúsa.

41. Óvarr Atli
— óðan hafði hann sik
drukkit,
vápn hafði hann ekki —,
varnaðit hann við Guðrúnu;
opt var sá leikr betri,

37, 3 *zwischen* hiǫrto *u.* hrǫðreyrog *(so!) ist* hefi ec þeira *als unrichtig unterpunctiert* R. 4 tvain R. 5 melta R, mælta *mit komma danach* E. 6 valbrvðir R. — *komma fehlt* E. 8 at *tilgt* E. **38,** 1.5 síðr R. 4 ǫ/lreifa *aus* ǫ/lrifia *corrig.* R. 6 seti RGg'. 9.10 *gewiss mit* E *für* unurspr. *zu halten,* Gg *schwankt dies oder bruchstück einer verlornen str. darin zu sehen, deren erste hälfte er vervollständigt:* Séra þú síðan | sonu heila | mana meita | né mara keyra; *als 2. vermuteter* Guðr. II, 17, 9—12. **39,** 2 virða *tilgt* E *vielleicht mit recht, es kann reminiscenz an* 33, 7 *sein.* 6 hon *f.* E, *doch vgl.* Zze. 80 *anm.* 2. — gret R. 7 sína *f.* E. 9.10 *betrachten* EBGg *mit recht als* unurspr., *s. zu* Ghv. 12, 2. 10 gat R. **40,** 1 G. særi Guðrún E. — sęri R. 4.5 hon *f.* E. 6 en *f.* E. 7 ekki *f.* E. **41,** 1 Ovar R, Ǫlr var REGg" *mit einer pphs.* 2 móðan | hafði K. 2.3 *nicht als zwischensätze die ausgg.* 2 *dafür* hafði óvart drukkit E. — móþan KR *mit* R. — hǫfþi R. — hann *f.* Gg". 3 hann *f.* E. 4 hann *f.* EGg". 5 opt *vielleicht mit* E *zu tilgen,* B *hält es oder v.* 7 optar *für verderbt.*

þá er þau lint skyldu
optar um faðmask
fyr øðlingum.

42. Hón beð broddi
gaf blóð at drekka,
hendi helfússi
ok hvelpa leysti;
hratt fyr hallar dyrr
— ok húskarla vakði —
brandi brúðr heitum,
þau lét hón brœðra giǫld.

43. Eldi gaf hón þá alla,
er inni váru,
forn timbr fellu,
fiarghús ruku,
bœr Buðlunga,
brunnu ok skialdmeyjar
inni aldrstamar,
hnigu í eld heitan.

44. Fullrœtt er um þetta,
ferr engi svá síðan
brúðr í brynju
brœðra at hefna;
hón hefir þriggja
þióðkonunga
banorð borit
biǫrt, áðr sylti.
Enn segir gleggra í Atlamálum inum grœnlenzkum.

---

7 *dafür ástum faðmask* Gg". — umfaðm. KREgE. *komma nach*
faðm. f. KRMEB'. 8 fyrr Gg". **42,** 5 f̌yr R. — dyr RE.
6 *nicht als zwischensatz, ohne* ok *und komma* E. 8 þau giǫld br. lét
E. — g. br. *alle ausgg. mit* R, *doch gegen die Reimgesetze s.* Zze. *134.*
43, 1 hón þá f. E. 2.3 *dazwischen 35.* 7.8 *in* RKRMB',
nur mit ok *statt* er *eingeleitet.* 3 forntimbr E. 5 buðl. KRMB'.
6 ok f. E. 6.7 *als zwischensatz u.* 8 hné *statt* hnigu *(auf* bœr *bezogen)* BtGg, *ansprechend doch nicht nötig.* 7 aldrscamar ?V.
44, 2 síðr R, f. E. 5 h. h.] hafði E. *Prosa: f. E.* —
glǫggra Gg.

ATLAMÁL

IN GRŒNLENZKU.

1. Frétt hefir ǫld ófu,
   þá er endr um gørðu
   seggir samkundu,
   sú var nýtt festum:
   œxtu einmæli,
   uggr var þeim síðan,
   ok it sama sonum Giúka
   er váru sannráðnir.

2. Skǫp œxtu skioldunga,
   — skylduat feigir —
   ílla rézk Atla,
   átti hann þó hyggju;
   feldi stoð stóra,
   stríddi sér harðla,
   af bragði boð sendi,
   at kvæmi brátt mágar.

3. Horsk var húsfreyja,
   hugði at mannviti,
   lag heyrði hón orða,
   hvat þeir á laun mæltu;
   þá var vant vitri,
   vildi hón þeim hialpa,
   skyldu um sæ sigla,
   en siálf né komskat.

4. Rúnar nam at rísta,
   rengði þær Vingi
   — fárs var hann flýtandi —
   áðr hann fram seldi;
   fóru þá síðan
   sendimenn Atla
   um fiǫrð Lima,
   þar er frœknir bioggu.

Atlamál in grœnlenzku: *in* R *41a, 10—44a, 13; in* V *nur benutzt, doch ist bei freier u. summarischer wiedergabe oft nicht zu erkennen, ob Am. o. Akv. vorlag.* — Überschr.: B *konnte nur noch* nlenzco *in roter schrift lesen, das vorhergehende ganz verblichen, doch nach dem schlusse der Akv. ist kein zweifel, dass* atlamál en grǫnlenzcu *stand; danach* KRMbBGg, *während* ML *nur* Atlamál.

1 ofu KRMGg'Eg, ǫfu V (5b, *auch* K *vermutete dies*). 1.2 ofu (ófu) þá, | er KRMB'Eg, *s. zur stelle Zze. 82 anm. 3. nach 4 komma, nach 5 semicol.* MBGg'. 6 yɔr *scheint in* R *aus* yɔc *geändert nach* B, *ob nicht eher aus* yɔt? *jedenfalls ist dieser letzte urspr. buchstabe jetzt undeutlich, u.* t, c *sind in* R *sehr ähnlich, ich denke* yggt *sollte zu* vggr *geändert werden, aber* y *blieb für* v *wie öfter in* R; yggt KEgBt Gg", yggr RMB'Gg'. — siþ' R, liþr R. **2**, 1 oxto R. 2 *nicht in parenth.* KRM. — scyldoat REg, sk. at KRM. — fegir KR. 8 brat R. **3**, 2 manviti R. 8 né R. **4**, 3 flytiandi KEg. 4 frammseldí R. 5 siþr R. 7 lima KML.

5. Qlværir urðu
ok elda kyndu,
hugðu vætr véla
er þeir váru komnir;
tóku þeir fórnir
er þeim fríðr sendi,
hengðu á súlu,
hugðut þat varða.

6. Kom þá Kostbera,
kvæn var hón Hǫgna,
kona kapps gálig,
ok kvaddi þá báða;
glǫð var ok Glaumvǫr
er Gunnarr átti,
fellskat saðr sviðri,
sýsti um þǫrf gesta.

7. Buðu þeir heim Hǫgna,
ef hann þá heldr fœri,

sýn var svipvísi,
ef þeir sín gæði;
hét þá Gunnarr
ef Hǫgni vildi,
Hǫgni því níttit
er hinn um réði.

8. Báru miǫð mærar,
margs var alls beini,
fór þar fiǫlð horna,
unz þótti fulldrukkit;

hiú gørðu hvílu
sem þeim hœgst þótti.

9. Kend var Kostbera,
kunni hón skil rúna,
innti orðstafi
at eldi liósum,
gæta varð hón tungu

5, 3 ugðu *Gg nach vermutg von Bt.* 6 friðr *(freundschaft)* *FMagn.* **6** *stellt Gg nach str.* 7 *(Bt billigt das) und nimmt nach str. 5 verlust einer str. an.* **V** *beruht auf der strophenfolge von* **R,** *lässt aber vermuten, dass zwischen 6.8 mehr als die eine str. 7 stand, ferner dass einladung u. zusage während des gelages stattfand (vgl. auch Akv. 2 ff.).* 1 cost beRa *R.* 3 caps *R.* 4 báða *versteht Bt von Gunnar u. Hogni.* **7** *vgl.* **V** heitr nú (Gunnarr) ferðinni ok segir Hǫgna bróður sínum; hann svarar: 'yðart atkvæði mun standa hlióta, ok fylgja mun ek þér, en ófúss em ek þessarrar ferðar. 4 geði *RR,* géði *K.* 7 nítti *KRMB',* játti *GgBt.* 8 reþi *R,* rœddi *MEgB'V.* **8** *vgl.* **V** ok er menn hǫfðu drukkit sem líkaði, þá fóru þeir at sofa. 1 merar *R.* 2 *R wollte* margr var kons b. *oder* margr var kyns b., *in die ausgabe nahm Afzelius* margs var kauns b. 4 vīz *R.* 5.6 *in* R*KRMB' keine lücke, BtGg füllen sie:* risu at þat rekkar, | réðusk þeir at sofna. 7.8 *in* **R** (Hiv *mit punkt vorher!*) *KRM zur folg. str.* 7 Hión *R.* **9,** 1 Kunn ?*Gg''.* 3 inti *R. (über* f *in* stafi *ein wol bedeutungsloser roter strich in* R). 5 *ff. vgl.* **V** ok sá at annat var áristit en undir var, ok villtar varu rúnarnar; hón fekk þó skilit af vizku sinni.

í góma báða,
váru svá viltar,
at var vant at ráða.

10. Sæing fóru síðan
sína þau Hǫgni,
dreymði dróttláta,
dulði þess vætki,
sagði horsk hilmi,
þegars hón réð vakna:
„heiman gørisk þú, Hǫgni,
hyggðu at ráðum!
— fár er fullrýninn —
far þú í sinn annat!

11. Réð ek þær rúnar,
er reist þín systir,
biǫrt hefir þér eigi
boðit í sinn þetta;
eitt ek mest undrumk,
mákat ek enn hyggja,

hvat þá varð vitri,
er skyldi villt rísta.

12. Þvíat svá var ávísat,
sem undir væri
bani ykkarr beggja,
ef it brálla kvæmið;
vant er stafs vífi,
eða valda aðrir."

Hǫgni:
13. „Allar 'ru íllúðgar,
ákka ek þess kynni,
vilka ek læs leita
nema launa eigim;
okkr mun gramr gulli
reifa glóðrauðu,
óumk ek aldrigi,
þótt vér ógn fregnim."

Kostbera:
14. Stopalt munuð ganga,
ef it stundið þangat;

10, 1 síðr *R.* 2.3 *dazwischen glaubt Gg verloren* seint um sofnaði | svinn húsfreyja. 3 drotlata *R.* 5.6 *halte ich für unurspr., obwol sie schon für* V *vorlagen.* 6 þegar⁸ *R.* 7 *neue str. in allen ausgg., auch* R *Heiman.* 8 hygðv *RKRM.* **11,** 1—4 *mit* 10, 7—10 *éine str. KBGg.* 1 Reþ *mit punkt vorher* R. 5 ęitt *ohne punkt vorher* R. 8 vilt *RM.* **12** *vgl.* V en svá er undir sem bani yðarr liggi á, en þar var annathvárt, at henni varð vant stafs, eða elligar hafa aðrir villt. — *keine neue str. KMBGg, auch* R *hat* þviat *ohne punkt vorher.* 1.2 *hält Gg für später und v.* 3 *in der form* bana ykkarn beggja *oder* bana ykkr báðum *von 11, 8 abhängig.* — aui sat *R,* K *las am* sat, *nahm auf* ansat, *vermutete* ávísat. 4 brádla *Gg.* 4.5 *dazwischen scheint ein verspaar zu fehlen.* 5 Vant *mit punkt vorher* R. **13** *statt der überschr. steht in RKRM nach v.* 1 qvað hǫgni. 2 áka *Gg',* ákat *Gg".* 3 vilka *Gg',* vilkat *Gg".* — læs *mit BtGg,* þess *RKRM.* **14.** *Gg nimmt an, dass hier u. an den beiden folgenden stellen zwischen den reden Kostberas u. Hognis eine halbstr. verloren sei:* Gáði þess lítt gǫfugr, | gørðisk at sofna, | þeygi víf móðugt | vildi mál

ykkr mun ástkynni
eigi í sinn þetta;
dreymði mik, Hǫgni,
dyljumk þat eigi,
ganga mun ykkr andæris,
eða ella hræðumk.

15. Blæju hugða ek þína
brenna í eldi,
hryti hár logi
hús mín í gøgnum.
Hǫgni:
Liggja hér línklæði,
þau er lítt rækið,
þau munu brátt brenna,
þar er þú blæju sátt.
Kostbera:
16. Biǫrn hugða ek hér inn
kominn,
bryti upp stokka,
hristi svá hramma,
at vit hrædd yrðim;
munn oss mǫrg hefði,
svá at vér mættim ekki,
þar var ok þrǫmmun
þeygi svá lítil.
Hǫgni:
17. Veðr mun þar vaxa,
verða ótt snemma,
hvítabiǫrn hugðir,
þar mun hregg austan.
Kostbera:
18. Ǫrn hugða ek hér inn
fliúga
at endlǫngu húsi,
þat mun oss driúgt deilask;
dreifði hann oss ǫll blóði,
hugða ek af heitum,
at væri hamr Atla.
Hǫgni:
19. Slátrum sýsliga,
siám þá róðru,

---

fella. *abgesehn davon, dass* V *dazu keinen anhalt gibt, ist auch die ungleichheit der strophenstelle (das 1. mal zu anfang, sonst als 2. teil der str.) in Gg's annahme bedenklich. — überschr. f. hier und in den ff. strr. bis 29* R. 5—8 *durch nichts in* V *angedeutet.* 5 Dr. *mit punkt vorher* R, *neue str. Gg.* **15,** 4 gognō R. 5 *keine überschr., und ligia mit punkt vorher* R, *neue str.* RMBGg. 6 e' R, ér M. 7 brát R. 8 sát R, hugðir BtGg *nach* V *er (d. i.* klæði) þú hugðir blæjuna *u. 17, 3; allerdings ist in den Am. versschluss durch eine unbetonte silbe die regel, doch ist die ausmerzung der ausnahmen zu gewagt.* **16,** 2 vp R. 5 i munn ?Bt. — os R. 8 þeigi R. **17** *schwer zu bestimmen, ob u. wo eine lücke, da* V *nur das in* R *gegebene umschreibt; ist 16 aus einer halbstr. erweitert?* **18** *vgl.* V ǫrn þótti mér hér inn koma ok eptir hǫllunni, ok dreifði mik blóði ok oss ǫll, ok mun þat íllt vita, þvíat mér þótti sem þat væri hamr Atla konungs: *also ohne sichere hindeutung auf eine lücke, doch fehlt wol ein verspaar zwischen 2.3, Gg ergänzt da:* svǫrtum vængjum, | sveita var hann miǫk stokkinn. 3 deila: R, deilask; M. 7 heitō R, heiptum ?B', heitun Gg" *nach verm. von Bt.*

Hildebrand, Eddalieder.

Atlamál.

opt er þat fyr øxnum,
er ǫrnu dreymir;
heill er hugr Atla,
hvatki er þik dreymir."
Lokit því létu,
líðr hver rœða.

20. Vǫknuðu velborin,
var þar sams dœmi,
gættisk þess Glaumvǫr,
at væri grand svefna;

við Gunnarr
at fá tvær leiðir.

Glaumvǫr:
21. Gørvan hugða ek þér galga,
gengir þú at hanga,
æti þik ormar,
yrða ek þik kvikvan,
gørðisk rǫk ragna:
ráð þú hvat þat væri.

Gunnarr:
22. * * *

23. Blóðgan hugða ek mæki
borinn or serk þínum,
— íllt er svefn slíkan
at segja nauðmanni —,
geir hugða ek standa
í gøgnum þik miðjan,
emjuðu úlfar
á endum báðum.

Gunnarr:
24. Rakkar þar renna,
ráðask miǫk geyja,
opt verðr glaumr hunda
fyr geira flaugum.

19, 7 Lokit *mit punkt vorher* R. **20** *vgl.* V nú er at segja frá Gunnari, at þar er sams dœmi, er þau vakna, at Glaumvǫr kona Gunnars segir drauma sína marga þá er henni þótti líkligir til svíka; en Gunnarr réð alla því á móti. 3 gettiz RR. 5.6 *keine andeutung einer lücke in* RKRMB', *Gg füllt aus:* liós réð miǫk letja, | léta þó hinn segjask, |. 7 *es f. in* R *ohne zeichen einer lücke ein reimwort mit* f *oder* t *anlautend,* KRM *ergänzen durch* frábægt, Gg *durch* treystisk, *nachdem* B *das verlorne im allgem. als* 3. *prät. sing. bestimmt hatte; fehlt das wort nach* Gun. ?Bt. — gvnar R, Gunnar KRM.
21 *in* V *nichts von diesem traume Glaumvors u. der deutg Gunnars (str. 22).* 2.3 *dazwischen nach* Gg *lücke, die er ergänzt:* værir þú í ǫngan ormgarð lagiðr. 4.5 *hier die lücke?* **22** *die antwort Gunnars f.* R, *in* V *s. zu str.* 21, *auch* KRM *nehmen keine lücke an;* Gg *ergänzt:* Gnæfir gunnfani, | þar er þú gálga hugðir, | auðr mun œrinn, | þar er orma dreymir, *u. als 2. halbstr. wiederholt er seine wiederherstellung von* 20, 5—8. **23,** 5 stanða R. **24** *vgl.* V konungrinn svarar: smáir hundar vilja oss þar bíta, ok er opt hunda knǫll fyrir vápnum með blóði lituðum. 4 *nach* B' *scheint der verf. von* V *gelesen zu haben* fyr geirum blóðgum, *nach* Bt, f. geira laugun. — fla/gon RK, flugom R. — *als 2. halbstr. fügt* Gg *wieder* 20, 5—8 *an.*

Atlamál.

Glaumvǫr:

25. Á hugða ek hér inn renna
at endlǫngu húsi,
þyti af þiósti,
þeystisk of bekki,
bryti fœtr ykkra
brœðra hér tveggja,
gerðit vatn vægja,
vera mun þat fyr nekkvi.

Gunnarr:

26. * * *

27. Konur hugðak dauðar
koma í nótt hingat,
værit vart búnar,
vildi þik kiósa,
byði þér brálliga
til bekkja sínna;
ek kveð aflima
orðnar þér dísir.

Gunnarr:

28. Seinat er at segja,
svá er nú ráðit,
forðumka fǫr þó,
alls þó er fara ætlat;
mart er miǫk glíkligt,
at munim skammæir."

29. Lítlu er lýsti,
létusk þeir fúsir
allir upp rísa,
ǫnnur þau lǫttu;
fóru fimm saman,
fleiri til váru

25, 2 endi lǫngo R. 4 vf RKR. 5 ycra R. 8 neqvo R, nökkvi MGg. **26,** in RKRM keine lücke bezeichnet, V umschreibt das verlorne: þar munu renna akrar, er þú hugðir ána, ok er vér gǫngum akrinn, nema opt stórar agnir fœtr vára; danach vermutet B: Akrar munu renna, | þar er þú á hugðir, | opt nema fœtr agnir | er vér akr gǫngum, u. dies nimmt Gg mit wiederholung von 20, 5—8 als 2. halbstr. in den text auf. **27,** 3 vgl. V ok váru daprligar. 5 bráðliga Gg. 7 af lima R, afsynja R, afundnar ?R. **28** vgl. V hann svarar: „vant gerisk nú at ráða, ok má ekki forðask sítt aldrlag, en eigi úlíkt er, at vér verðum skammæir. 3 þá mit [R, þó RKM, þessa GgBt (s. zu 15; 8). 4.5 dazwischen sucht Gg wol richtig eine lücke, er füllt aus dugira meirr dylja, | dapr mun fyrir bera. 5 margt R. — glicliet R. 6 skam-æir R. **29** (u. 30) vgl. V ok um morgininn spretta þeir upp ok vilja fara, en aðrir lǫttu. — Eptir var meiri hlutr liðs þeirra. Sólarr ok Gnævarr synir Hǫgna fóru, ok einn kappi mikill, er Orkningr hét, hann var bróðir Beru. Folkit fylgði þeim til skipa, ok lǫttu allir þá fararinnar, en ekki tióaði. 1 Lito RKRMV (s. v. litr), Lítt Gg' nach verm. von Bt, Lítt ok (vgl. 37, 1) ?Bt, Litlu Gg''; sollte Lítu unorgan. neubildg von nom. neutr. lítt sein? 2 fúsir, RM MbBGg. 3 vpsa R, upp rísa als 3. pl. präs. RMMbBGg. 6 könnte fleiri 'die andern, übrigen (ausser den selbstverständl. Gun. u. H.)' bedeuten, so würde ich 7.8 als unurspr. u. 30, 1.2 als schluss vorliegender

Atlamál.

    hálfu húskarlar,
    — hugat var því ílla —.

30. Snævarr ok Sólarr,
    synir váru þeir Hǫgna,
    Orkning þann hétu,
    er þeim enn fylgði,
    blíðr var bǫrr skialdar
    bróðir hans kvánar.
    Fóru fagrbúnar,
    unz þau fiǫrðr skilði;
    lǫttu ávalt liósar,
    létuat heldr segjask.

31. Glaumvǫr kvað at orði,
    er Gunnarr átti,
    mælti hón við Vinga
    sem henni vert þótti:
    „veitkat ek, hvárt verð-
          launið
    at vilja ossum,

    glœpr er gests kváma,
    ef í gørisk nakkvat."

32. Sór þá Vingi,
    sér réð hann lítt eira:
    „eigi hann iǫtnar,
    ef hann at yðr lygi,
    galgi gǫrvallan,
    ef hann á grið hygði."

33. Bera kvað at orði
    blíð í hug sínum:
    „siglið ér sælir
    ok sigr árnið!
    fari sem ek fyrir mælik!
    fæst eigi því níta!"

34. Hǫgni svaraði,
    hugði gótt nánum:
    „huggizk it, horskar!
    hvegi er þat gørvisk;
    mæla þat margir,

---

str., abhängig von 6, erklären; KGg nimmt 6—8 als parenth.   8 því R, þat R.   **30** *neue str. mit* RRK; *1—6 noch zu vor. str.* MB; *nach Gg str. für sich, deren 1. verspaar:* Gunnarr ok Hǫgni | Giúka arfar báðir *verloren sei, also dem sinne nach an 29,5 angeschlossen. 3—6 aus éinem verspaar erweitert? doch s. zu 29, 6. 7—10 besondere str.* RKRMB, *nach Gg eine 2. halbstr., wozu er die erste dichtet:* Váru þeim í sinni ¦ sendimenn Atla, | leiddu þá ór garði | lofða dísir báðar. 10 leto at R, létut at *Gg nach B's verm.*   **31,** 5 vetkað R (kað *fast ausradiert)*, veitka KR, vetkat BtGg, veitkat MB'. — verþ lǫmiþ R, 8 í-göriz R. — nacqvad R.   **32** *vgl.* V hann svarar: „þess sver ek, at ek lýg eigi, ok mik taki hár galgi ok allir gramir ef ek lýg nakkvat orð." Ok lítt eirði hann sér í slíkum orðum. *Gg vermutet wol richtig zwischen 2.3 verlust eines verspaars und ergänzt:* opin var þó illúð, | er hann orð mælti.   6 hygði R *u. ausgg.*   **33** *vgl.* V þá mælti Bera: ʻfarið vel ok með góðum tíma. *2.3 dazwischen ergänzt Gg* niðjum nábornum | nam hon gott mæla.   3 sigli þér RKRM.

missir þó stórum,
mǫrgum ræðr lítlu,
hve verðr leiddr heiman."

35. Sásk til síðan
áðr í sundr hyrfi,
þá hygg ek skǫp skiptu,
skilðusk vegir þeira.

36. Róa námu ríki,
rifu kiǫl hálfan,
beystu bakfǫllum,
brugðusk heldr reiðir,
hǫmlur slitnuðu,
háir brotnuðu,
gerðut far festa
áðr þeir frá hyrfi.

37. Lítlu ok lengra
— lok mun ek þess segja —
bœ sá þeir standa,
er Buðli átti;

hátt hrikðu grindr,
er Hǫgni kníði;
orð kvað þá Vingi,
þats án væri:

38. "Farið firr húsi!
— flátt er til sœkja,
brátt hefi ek ykkr brenda,
bragðs skuluð hǫggnir,
fagrt bað ek ykkr kvámu,
flátt var þó undir —
ella héðan bíðið,
meðan ek høgg yðr galga."

39. Orð kvað hitt Hǫgni,
hugði lítt vægja,
varr at vættugi,
er varð at reyna:
"hirða þú oss hræða!
hafðu þat fram sialdan!
ef þú eykr orði,
íllt mundu þér lengja."

34, 7 réð *R*. 8 vᵉþ **R**, verði *M*, varð *R*, verði *KBGg*.
35 *in* **V** *nur* þar skiljask þau með sínum forlǫgum. 1 síðr *R*.
3.4 *keine interp. dazwischen R.* 4 *Gg ergänzt eine 2. halbstr.*: Glaumvǫr grátandi | gekk til hvílbeðjar, | Bera brosandi | borða nam rekja.
36 *noch zu vor. str. K.* 1 ríkir *R*. 2 *vgl.* **V** at kiǫlrinn gekk undan skipinu miǫk svá hálfr. **37,** 1 Liðu enn lengra ?*R*. 5 *ff*. *vgl.* **V** Hǫgni braut upp hliðit, ok ríða nú í borgina. þá mælti Vingi: „þetta mættir þú vel úgert hafa. 5 *Gg stellt nach Bt um* hátt grindr hriktu *(vgl. zu str. 15, 8).* — g̊nðr **R**. 7 Orþ *und punkt vorher* **R**.
7.8 *hierher mit GgBt, zur folg. str. KRMB'*. 8 þaz **R**. — *in* **V** *ist die zeile offenbar falsch als von Vingi gesprochen aufgefasst.*
38, 2 (*u.* 6) flát **R**. 3 brat **R**. 4 scǫlvþ **RR**. 7 héþr *R*. 8 hey*gg* **RKR**. **39,** 2.3 *den worten der* **V** Hǫgni svarar: „eigi munu vér fyrir þat vægja," *meint B, liege vielleicht eine Variante zu grunde:* hyggjum lítt vægja, | varir at v. 3 vettugi *Gg*. 8 mundi *R*.

Atlamál.

40. Hrundu þeir Vinga
ok í hel drápu,
exar at lǫgðu,
meðan í ǫnd hixti.

41. Flykðusk þeir Atli
ok fóru í brynjur,
gengu svá gørvir,
at var garðr milli;
urpusk á orðum
allir senn reiðir:
„fyrr várum fullráða
at firra yðr lífi."

Hǫgni:
42. „Á sér þat ílla,
ef hǫfðuð áðr ráðit,
enn eruð óbúnir,
ok hǫfum einn feldan,
lamðan til heljar,
liðs var sá yðars."

43. Óðir þá urðu,
er þat orð heyrðu,

forðuðu fingrum
ok fengu í snœri,
skutu skarpliga
ok skjǫldum hlífðusk.

44. Inn kom þá andspilli
hvat úti drýgðu,
hátt fyr hǫllu
heyrðu þræl segja;
ǫtul var þá Guðrún,
er hón ekka heyrði,
hlaðin hálsmenjum,
hreytti hón þeim gervǫllum,
slǫngði svá silfri,
at í sundr hrutu baugar.

45. Út gekk hón síðan
—ypðit lítt hurðum,
fóra fælt þeygi —
ok fagnaði komnum;
hvarf til Hniflunga,

40, 3 exi *R*. — *eine 2. halbstr. ergänzt Gg:* Kallaði þá Hǫgni | hárri rǫddu: | Gestir 'ru í gǫrðum, | þǫrf er góðs beina *(formell ist das reimlose* þǫrf *bedenklich, s. Zze. 130).* **41** *zwischen 1—4 und der folg. str. scheint nach der V zu urteilen urspr. mehr gestanden zu haben (Atli fordert den schatz, Gunnar verweigert ihn und stellt heftigen widerstand in aussicht, A. droht ihnen leben u. schatz zu nehmen u. den tod Sigurðs zu rächen).* 7 fullráðir *R*. **42** *überschr. nach* V Hǫgni svarar. — *Gg vermutet u. setzt als verlornes erstes verspaar:* Hló þá Hǫgni, | sté of hrør Vinga: 3 ē *R,* en *KRM (ebenso in der V aufgefasst:* en eruð þó at engu búnir). **43** *in* V *nur:* nú slær í orrostu harða. — *zwischen 2.3 setzt Gg nach verm. ein:* greppar gransíðir, | hátt um grenjuðu. **44,** 1 annspilli R*KR*. — *als 2. halbstr. ergänzt Gg (worte des knechtes):* „fær nú ǫrn undorn, | skulum erfi drekka, | fara nú Niflungar | at vitja niflheima." 5—10 *in* R *u. ausgg. besondere str.* 6.7 *dazwischen ergänzt Gg:* stǫkk hon or stóli | strið í hug sínum. 7 hlaþiɴ *R*. 9 sleyngþi R*KR*. **45,** 1 hā *R*. — síþr *R.* 5 Nifl. *ausgg. mit* R, *nirgends in den liedern ist der abfall des* h *(den*

sú var hinzt kveðja,
fylgði saðr slíku,
sagði hón mun fleira:

46. „Leitaða ek í líkna,
at letja ykkr heiman;
skǫpum viðr manngi,
ok skuluð þó hér komnir."
Mælti af mannviti,
ef mundu sættask,
ekki at réðusk,
allir ní kváðu.

47. Sá þá sælborin,
at þeir sárt léku;
hugði á harðræði,
ok hrauzk or skikkju;
nøkðan tók hón mæki
ok niðja fiǫr varði,
hœg varat hialdri,
hvars hón hendr festi.

48. Dóttir lét Giúka
drengi tvá hníga,
bróður hió hón Atla,
bera varð þann síðan;
skapði hón svá skœru,
skelði fót undan;
annan réð hón hǫggva,
svá at sá upp reisat,
í helju hón þann hafði:
þeygi henni hendr skulfu.

49. Þiǫrku þar gørðu,
þeiri var við brugðit,
þat brá um allt annat,
er unnu bǫrn Giúka;
svá kváðu Hniflunga,
meðan siálfir lifðu,
skapa sókn sverðum,
slítask af brynjur,
hǫggva svá hiálma,
sem þeim hugr dygði.

50. Morgin mest vágu
unz miðjan dag líddi,
óttu alla

R *in der regel hat) durch den reim bezeugt, wol aber der anlaut* Hn. *H.H. I, 49. wie Am. 88 ist es sicher auch hier zweiter reimstab, und wahrscheinlich überall* Hn. *zu ändern.* 6 sú] sva *mit halb ausradiert. und unterpunkt. a* R. **46,** 3 mangi *KR*. 5 manviti *R*. 7 atréðuz *R*. 8 níkváðu *Eg.* **47,** 4 hrœdzc *R*. 5 ŋeycþan R*KR* 7 hég *R*, heg *KR* (= hǫg). — var at R*KR*. **48** *in* V *entspricht nichts*. 3 bróðr *KR*. 4 síðr *R*. 5 scǫro *RR*. 5.6 ʽwol später zugekommen' *Gg*. 7—10 *besondere str*. *KB*. **49,** 2 þeiri] þm̄ R 5.6 *bezeichnet Gg als unurspr.* 5 Nifl. *ausgg. mit* R, *doch neben* Hn. *(s. zu 45, 5) kann im selben liede nicht auch* N. *gelten*. 7—10 *verm*. *Gg urspr.:* skópu sókn sverðum, | slitusk af brynjur, | hiuggu svá hiálma, | sem þeim hugr dugði. **50** *vgl*. V orrostan stendr nú lengi fram, allt um miðjan dag. Gunnarr ok Hǫgni gengu í gegnum fylkingar Atla konungs, ok svá er sagt, at allr vǫllr flaut í blóði; synir Hǫgna ganga nú hart fram. 2.3 dag, | líddi ó. a. R *(aber* unz *ist nie präpos.)*

Atlamál.

ok ǫndurðan dag;
fyrr var fullvegit,
flóði vǫllr blóði;
átián áðr fellu
— efri þeir urðu —,
Beru tveir sveinar
ok bróðir hennar.

51. Rǫskr tók at rœða,
þótt hann reiðr væri:
„íllt er um lítask,
yðr er þat kenna;
várum þrír tigir,
þegnar vígligir,
eptir lifum ellifu,
or er þar brunnit.

52. Brœðr várum fimm,
er Buðla mistum,
hefir nú Hel hálfa,
en hǫggnir tveir liggja.
mægð gat ek mikla,
mákak því leyna,
kona váliga!
knáka ek þess nióta.

53. Hliótt áttum sialdan,
síz komt í hendr ossar;
firðan mik frændum,
fé opt svikinn,
senduð systur helju,
slíks ek mest kennumk."

3.4 *halte ich mit Gg für unecht.* 7—10 *nach L's vermutg, KRM interpungieren zwar nach* 7, *aber nicht nach* 8, *wodurch entsprechend der darstellg von* V *der sinn käme, dass noch keiner der Nibel. gefallen ist, doch leben im folgenden nur noch Gunnar u. Hogni; GgBt ändern:* fellu, | en efri þeir urðu | B. tveim sveinum | ok bróður hennar. **51,** 5 *ff. u. str. 52.53 vgl.* V ʻdrepið nítián kappa mína, en sex *(d. i.* VI, wol aus XI verderbt nach B) einir eru eptir.' Ok verðr hvíld á bardaganum. þá mælti Atli kon.: Fiórir várum vér brœðr, ok em ec nú einn eptir. Ek hlaut mikla mægð, ok hugða ek mér þat til frama; konu átta ek væna ok vitra, stórlynda ok harðúðga, en ekki má ek nióta hennar vizku, þvíat sialdan várum vit sátt; þér hafið nú drepit marga mína frændr *etc.* 5 .xxx. R, þriátigi *KR.* 7 lifð R, = lifumk, lifi mér? *vgl.* erð = erumk *H. H. I, 26, 6 (mehr beispiele Egilsson s. v.* umk), lifa *Gg.* **52,** 1—4 *noch zu vor. str. KM, str. für sich RB in übereinstimmung mit* R. 1 fimm várum *GgBt, vgl.* 15, 8. 3 hel *K.* 4 en *f.* R. — als 2. halbstr. bei Gg 53, 7—10. 5 *neue str.* R *u. ausgg.* 7 konu *(so schon Eg)* vegliga *(nach vorschlag in K) als abhängig von* gat ek *ändert Gg" nach* V. **53,** 1 *kein strophenanfang in* R *u. ausgg.* 2 kom *Gg" nach* V. 3—6 *setzt Gg nach* 52, 4 *ein u. bringt hier* 94, 9. 10 *an; es fehlt wol zwischen* 2.3 *ein verspaar, ähnlich Bt.* 3 firðan hafið mik *Gg.* 4 fæ R*K.* 5 Sendvþ *mit punkt vorher* R. — systr R*M.* **54** *in* R *die redende person nicht be-*

Atlamál.

Guðrún:

54. Getr þú þess, Atli!
    gerðir svá fyrri,
    móður tókt mína
    ok myrðir til hnossa;
    svinna systrungu
    sveltir þú í helli;
    hlœglikt mér þat þykkir,
    er þú þinn harm tínir,
    goðum ek þat þakka,
    er þér gengsk ílla.

Atli:

55. Eggja ek yðr, iarlar!
    auka harm stóran
    vífs ins vegliga,
    vilja ek þat líta;
    kostið svá keppa,
    at kløkkvi Guðrún,
    siá ek þat mætta,
    at hón sér né yndit.

56. Takið ér Hǫgna
    ok hyldið með knífi,
    skerið or hiarta,
    skoluð þess gørvir;
    Gunnar grimmúðgan
    á galga festið,
    bellið því bragði,
    bióðið til ormum.

Hǫgni kvað:

57. Gør sem til lystir,
    glaðr munk þess bíða,
    rǫskr mun þér reynask,
    reynt hefi ek fyrr brattara;
    hǫfðut hnekking,
    meðan heilir várum,
    nú erum svá sárir,
    at þú mátt siálfr valda."

58. Beiti þat mælti,
    bryti var hann Atla:
    „tǫku vér Hialla,

---

zeichnet, die paraphrase in V eingeleitet durch Hǫgni segir, doch vor der str. 55 müssen worte von Guðr. gehen (so LMb Simr. BGg). 1 Hví getr etc.?, vgl. V Hví getr þú slíks. 2.3 dazwischen vermutet Gg ein verspaar verloren, er ergänzt: muntu lítt minnask | mínna viðfara. 3—6 ob aus einem verspaare erweitert ?, vgl. V nur tókt mína frændkonu ok sveltir í hel ok myrðir. 5 systur unga ?Gg (mit verweisung auf Gullrǫnd Guðr. I, 24). 7 ff. nimmt Gg als 2. hälfte einer folgenden str., deren erste er ergänzt: Stríð vár sterklig | stœra þú en vildir, | brœðrum mínum báðum | bióða til helfara; 8 þinn f. K. 9 ek] er K.
55 überschr. f. R. 3 válíga Gg". 4 villia RKR. 6 kleycqvi RKR. 7 mettac R (wiewol B am c einen rasurversuch zu sehen meint), mætta MB. **56** FMagn u. Gg' bezeichnen vorher eine grössere lücke, weil die V eine kampfschilderung gibt, diese beruht aber (so B) auf Akv. u. andern liedern. 5 grimvþgan R. **57** auch hier lücke vorher nach Gg'. — als überschr. H. q. in der zeile R. 1 Gor R. 3 þer R, þá R. 4 bjartara R. 5 hófþvt R, hǫfðuð ér BtGg". **58**, 3 tǫkum R.

en Họgna forðum!
họgum vér hálft yrkjum!
hann er skapdauði,
lifir svá lengi,
lọskr mun hann æ heitinn."

59. Hræddr var hvergætir,
helta in lengr rúmi,
kunni klekkr verða,
kleif í rá hverja;
vesall lézk, vígs þeira
er skyldi vás gialda,
ok sínn dag dapran
at deyja frá svínum,
allri ørkostu,
er hann áðr hafði.

60. Tóku þeir bras Buðla
ok brugðu til knífi,
œpði illþræli,
áðr odds kendi;
tóm lézk at eiga
teðja vel garða,
vinna it vergasta,

ef hann við rétti;
feginn lézk þó Hialli,
at hann fiọr þægi.

61. Gættisk þess Họgni,
— gerva svá færi —
at árna ánauðgum,
at undan gengi:
„fyrir kveð ek mér minna
at fremja leik þenna;
hví mynim hér vilja
heyra á þá skræktun?"

62. Þrifu þeir þióðgóðan,
þá var kostr engi
rekkum rakklátum
ráð enn lengr dvelja;
hló þá Họgni,
heyrðu dagmegir,
keppa hann svá kunni,
kvọl hann vel þolði.

63. Họrpu tók Gunnarr,
hrœrði ilkvistum,

---

5 hálfyrkjum *KEg*. 7.8 *vgl.* V hann lifir eigi svá lengi, at hann sé eigi dáligr. 7 lifira *mit radiertem* a R, lifir *KRM*. **59,** 1 hvergetir R. 2 héltat *Gg"*. 3 klökkr *Gg*. 5.6 *in* V: kvezt íllt hlióta af úfriði þeirra ok váss at gialda. 5 *komma erst nach* þeira *KRMB'Gg'V (s. v.* vesall). 6 váss *EgB'Gg'*, vas R. 9.10 *wol nicht urspr. (so auch Gg), doch schon von* V *benutzt*: er hann skal deyja frá sínum góðum kostum ok svínageymslu. 9 orcostu *RM*. **60,** 1 brás *Mch Mb*. 3 ill þrẹ *RKR,* = illþræll *EgL*. 4 odz R. 5 *ff. in* V *nicht angedeutet*. 9.10 *unecht nach Gg*. **61,** 1 Gettiz *RKREg*. 2 færri *K*. **62** *nach Gg zwischen* 62 *u.* 63 *mindestens éine str. verloren, worin erzählt wird, was mit Gunnar geschah; die* V *hat zwischen der paraphr. von str.* 61.64 *einen bericht nach Akv.* 20—28 *u. den Tod Gunnars ähnlich wie Oddr.* 29—32; *s. übrigens zu str.* 64. **63,** 2 hrorþi R.

slá hann svá kunni,
at snótir grétu;
klukku þeir karlar,
er kunnu gǫrst heyra;
ríkri ráð sagði;
raptar sundr brustu.

64. Dó þá dýrir,
dags var heldr snemma,
létu þeir á lesti
lifa íþrótta.

65. Stórr þóttisk Atli,
sté hann um þá báða,
horskri harm sagði
ok réð heldr at bregða:
„morginn er nú, Guðrún,
mist hefir þú þér hollra,
sums ertu siálfskapa,
at hafi svá gengit."

Guðrún:

66. Feginn ertu, Atli,
ferr þú víg lýsa,
á munu þér iðrar,
ef þú allt reynir;
sú mun erfð eptir,

ek kann þér segja:
ills gengsk þér aldri,
nema ek ok deyja.

Atli:

67. Kann ek slíks synja,
sé ek til ráð annat
hálfu hógligra
— hǫfnum opt góðu —:
mani mun ek þik hugga,
mætum ágætum,
silfri snæhvítu,
sem þú siálf vilir.

Guðrún:

68. Ón er þess engi,
á ek vil því níta;
sleit ek þá sáttir,
er váru sakar minni;
afkár ek áðr þótta,
á mun nú gœða,
hræfða ek um hotvetna,
meðan Hǫgni lifði.

69. Alin vit upp várum
í einu húsi,
lékum leik margan
ok í lundi óxum,

---

64. *sollte dies mit 63, 5—8 zu verbinden u. vor 63, 1—4 eine erste halbstr. verloren sein?* 1 þar *KR.* 3 hält *V (s. v.* litr) *für verderbt aus* litu er lýsti *u. danach nimmt er lücke an.* — lezti *Gg". — Gg ergänzt eine 2. halbstr.:* fáir munu frœknari | á fold koma | né menn mætri | fyrir mold ofan. **65,** 3 hoscri *RKMEg.* 5 Morg. *mit punkt vorher R.* **66—68** *keine überschr. in R.* **67,** 1 *nach* Can 2 *buchstaben ausradiert (*ca *nach B,* at *nach K).* 3 *R verbindet dies mit* 4 *u. interpungiert nach* 2. 5 maNi *R.* **68,** 1.2 engia ec *R,* engia, | ek *K,* engin, | ek *R,* engi á, | ek *M* engi, ek *B;* á = æ *s. Eg s. v.* 5 þottac *mit ausrad. c. R.* 7 hovetna *REg,* hvevetna *R.* **69** *in V nur:* muntu ok aldri bœta brœðr mína svá, at mér hugni. 1 vp *R.*

gœddi okkr Grímhildr
gulli ok hálsmenjum;
bana mundu mér brœðra
bœta aldrigi,
né vinna þess ekki,
at mér vel þykki.

70. Kostum drepr kvenna
karla ofríki,
í kné gengr hnefi,
ef kvistir þverra,
tré tekr at hníga,
ef hǫggr tág undan;
nú máttu einn, Atli,
ǫllu hér ráða."

71. Gnótt var grunnyðgi,
er gramr því trúði,
sýn var sveipvísi,
ef hann sín gæði;
krǫpp var þá Guðrún,
kunni um hug mæla,

létt hón sér gerði,
lék hón tveim skjǫldum.

72. Œxti hón ǫldrykkjur
at erfa brœðr sína,
samr lézk ok Atli
at sína gǫrva.

73. Lokit því létu,
lagat var drykkju,
sú var samkunda
við svǫrfun ofmikla;
strǫng var stórhuguð,
stríddi hón ætt Buðla,
vildi hón ver sínum
vinna ofrhefndir.

74. Lokkaði hón lítla
ok lék við stokki,
glúpnuðu grimmir
ok grétu þeygi,
fóru í faðm móður,
fréttu, hvat þá skyldi.

5.6 *halte ich mit Gg für unurspr.* 5 geddi ocr Grimilldr R, *vgl. zu Guðr. II, 22, 1.* **70,** 1.2 *gibt* V *opt verðu vér konurnar ríki bornar af yðru valdi.* 3 gengr *aus* gendr *geändert* R. 6 heyggr RKR. **71** *vor der paraphr. dieser str. hat* V *noch:* mun ek nú þenna kost upp taka, ok látum gera mikla veizlu, ok vil ek nú erfa brœðr mína ok svá þú þína frændr. *Ist in R etwa eine halbstr. verloren, die zu 71, 1--4 gehörte, sodass 71, 5—8 mit 72 zu verbinden?* 3 svn R. **72** *der* V *lag nicht mehr vor; s. zu vor. str.*
73 Gg *verbindet 1—4 mit voriger, 5—8 mit folg. str.* 4 of m. KR. 7.8 *unurspr. nach* Gg *(wenn nicht 74, 3.4 oder 5.6).* 8 vinna f. R.
74 *vgl.* V ok um kveldit tók hón sonu þeirra Atla konungs, er þeir léku við stokki; sveinarnir glúpnuðu ok spurðu hvat þeir skyldu. 2 léku *mit* BGg *nach* V *u. verm. in K (wo auch* er statt ok *vorgeschlagen ist),* lagði KRM *mit* R. *Ob etwa der Schreiber nach* lagþi *eine zeile seiner vorlage übersprang u.* við stokki *schon schluss eines 2. verspaares ist?* 3.4 *verlangen einen grund, der nicht angegeben ist.*

Atlamál.

Guðrún:
75. Spyrit lítt eptir!
spilla ætla ek báðum,
lyst várumk þess lengi
at lyfja ykkr elli.
sveinarnir:
Blótt sem vilt bǫrnum,
bannar þat manngi,
skǫmm mun ró reiði,
ef þú reynir gerva."

76. Brá þá barnœsku
brœðra in kappsvinna,
skiptit skapliga,
skar hón á háls báða.
Enn frétti Atli,
hvert farnir væri
sveinar hans leika,
er hann sá þá hvergi.

Guðrún:
77. Yfir ráðumk ganga
Atla til segja,
dylja munk þik eigi
dóttir Grímhildar;
glaða mun þik minnst, Atli
ef þú gerva reynir,
vakðir vá mikla,
er þú vátt brœðr mína.

78. Svaf ek miǫk sialdan,
síðans þeir fellu;
hét ek þér hǫrðu,
hefi ek þik nú mintan;
morgin mér sagðir,
man ek enn þann gerva;
nú er ok aptann,
áttu slíkt at frétta.

79. Maga hefir þú þínna
mist

sem þú sízt skyldir;
hausa veizt þú þeira

---

75 *keine überschr.* R. 1—4 *noch zu vor. str.* K, *besondere str.* RM. 1 Spyrit R. 5—8 *mit* 76, 1—4 *éine str.* KRM. 5 Blótt *mit punkt vorher* R. 6 mangi K. 7.8 *gibt* V *misverständlich en* þér ·er skǫmm í at gera þetta. 7 skǫm R. **76**, 1 Brápá *mit punkt vorher* R, bráða *ohne interp. vorher* KRM. — *bei* KR *v. 1.2, bei* MchL *v. 1 noch abhäng. von* 75, 8. 2 broþ *mit einer verzerrten abbrev. nach* þ R, brœðor K, Brúðr M. — in R, inn KR. — cap sv. R. 3 sciptiz RKRM, skiptit GgB, skipaðisk ?L. 5—8 *besond. str.* KRM. 5 En *mit punkt vorher* R, En M. **77** *weder hier noch vor einer der folgenden reden eine überschr. in* R. 4 Grimilldar R, *vgl. zu* Guðr. II, 22, 1. 8 vát RR. **78**, 2 síþan R. 6 enn f. R. 7 aptan R. 8 átþv *durch zeilenschluss getrennt aber mit bindestrich* R, átt þú KM.

79, 2—4 *oder* mist *am schlusse von vers 3?; keine lücke in* R, *ebenso die ausgg. als éinen vers* mist, sem *etc., wozu sich aber kein seitenstück findet.* 2 *nach* mist *ein wie es scheint auf* st *auslautendes wort ausradiert* R. 5.6 *bezeichnet* Gg *als unpassend aus einem liede der* Völundssage entnommen, Bt hält für möglich, dass dies durch den dichter der Am. selbst geschah. 5 veitz þu RKR.

Atlamál.

hafða at ǫlskálum,
drýgða ek þér svá drykkju,
dreyra blett ek þeira.

80. Tók ek þeira hiǫrtu
ok á teini steiktak,
selda ek þér síðan,
sagðak, at kálfs væri;
einn þú því ollir;
ekki réttu leifa,
tǫggtu tíðliga,
trúðir vel iǫxluṃ.

81. Barna veiztu þínna,
biðr sér fár verra,
hlut veld ek mínum,
hœlumk þó ekki.

Atli:

82. Grimm vartu, Guðrún,
er þú gera svá máttir,
barna þínna blóði
at blanda mér drykkju;
snýtt hefir þú sifjungum,
sem þú sízt skyldir,
mér lætr þú ok siálfum
millum ílls lítit.

Guðrún:

83. Vili mér enn væri
at vega þik siálfan,
fátt er fullílla
farit við gram slíkan;
drýgt þú fyrr hafðir
þat er menn dœmi vissut til,
heimsku harðræðis,
í heimi þessum:
nú hefir þú enn aukit
þat er áðan frágum,
greipt glœp stóran;
gert hefir þú þítt erfi.

Atli:

84. Brend mundu á báli
ok barið grióti áðr,
þá hefir þú árnat
þaztu æ beiðisk.

Guðrún:

Seg þér slíkar
sorgir ár morgin,

---

80 *Gg verbindet 1—4 mit str. 79 und 5—8 mit 81.* 4 sagdag
RKM. 7 tǫgtv R. **81,** 1.2 *ob dazwischen das zur vollen str.
nötige fehlt? B ist unsicher, ob nicht nach 2 lücke anzunehmen.* 2 biðr
KRLMbEg. **82,** 7.8 *in* V ok skamt lætr þú ílls í milli.
83 *Bt meint vor 1—4 sei eine halbstr. verloren, Gg ergänzt danach:*
Heimskr vartu, Atli! | er þú horskri vel trúðir, | ætt þínni allri | hefik
æ hatat; *doch auch für* V *lag nicht mehr vor.* 1 mér] minn KR
5—12 *legt der verf. der* V *dem Atli in den mund. — selbständige str.*
Gg. 5 drygt *ohne punkt vorher* R. — hafþ. *aus* hefþir *corr.* R. 6 þá
R. — til *getilgt von* GgBt. 6.7 vissut | til heimsku h. KRM. 9—12
besond. str. R, *doch* R *hat* nv *ohne punkt vorher.* 10 er nú áðan K
RM *mit* R, nú *mit* BGg *getilgt, oder ist es verschrieben statt* ver (vᵉ).
84, 2 áðr grióti GgBt. 5—8 *vgl.* V hon svarar: þú spár þat
þér siálfum, en ek man hlióta annan dauða. — *besond. str.* KRMchMb
(*in* Ŕ Seg *ohne punkt vorher).* 6 s. á m. KR.

fríðra vil ek dauða
fara í liós annat."

85. Sátu samtýnis,
sendusk fárhugi,
hendusk heiptyrði,
hvártki sér unði.
Heipt óx Hniflungi,
hugði á stórræði,
gat fyr Guðrúnu,
at hann væri grimmr Atla.

86. Kómu í hug henni
Hǫgna viðfarar,
talði happ hánum,
ef hann hefnt ynni.
Veginn var þá Atli,
var þess skamt bíða,
sonr vá Hǫgna
ok siálf Guðrun.

87. Rǫskr tók at rœða,
rakðisk or svefni,
kendi brátt benja,
bands kvað hann þǫrf ønga:
„segið it sannasta,
hverr vá son Buðla?
emka ek lítt leikinn,
lífs tel ek vón ønga."

Guðrún:
88. Dylja munk þik eigi
dóttir Grímhildar,
látumk því valda,
er líðr þína æfi,
en sumu sonr Hǫgna,
er þik sár mœða.

Atli:
89. Vaðit hefir þú at vígi,
þótt værit skaplikt,
illt er vin véla,
þanns þér vel trúir,

90. Beiddr fór ek heiman
at biðja þín, Guðrún,
leyfð vartu ekkja,
létu stórráða;

---

85 *bei KM 1—4 u. 5—8 zwei selbständige strr., weil* 5 Heipt *mit punkt vorher* R. 8 grimr R. **87,** 3 brát R. 4—8 *vgl.* V eigi man hér þurfa um at binda eða umbúð at veita, eða hverr veitir mér þetta áverka? 5 Segit *mit punkt vorher* R. 6 hver R. 7 emca ec *erst auch in* R *geschrieben, doch* ca ec *unrichtig ausradiert,* em ek KMV *(s. v.* lítt), emk R, emka E, emkat ek Gg". **88,** 1.2 *vgl.* 77, 3.4. 1 *nach* mvn *in* R *ein buchstabe ausradiert, nach* 77,3 *ist* munk *zu erwarten (so mit* BGg*),* mun KRM. 6 *danach glaubt* Gg *ein versspaar ergänzen zu müssen:* hefndi hann svá fǫður | ok frænda sinna allra. **89** *vor 1—4 ergänzt* Gg: Ræsir rammhugaðr | reis upp við bólstri, | keppa hann vel kunni, | krepti mund at undu: | ; *ob vielleicht* 88 *in kürzerer fassung u.* 89 *urspr. éine str.?* 2 ;veriþ R. 3 vin R, um R. **90** *zu dieser str. mit* GgBt, *während* KRM *entsprechend der schreibung in* R *die vor. schliessen (ebenso* 91, 1.2). 1 beidr (d. i. beiddr) R, beiðr KRMEgV. 3 Leyfð *mit punkt vorher* R.

Atlamál.

var þá ván lygi,
er vér um reyndum,
fórtu heim hingat,
fylgði oss herr manna.

91. Allt var ítarlikt
um órar ferðir,
margs var alls sómi
manna tiginna;
naut váru œrin,
nutum af stórum,
þar var fiǫlð fiár,
fengu til margir.

92. Mund galt ek mærri,
meiðma fiǫlð þiggja,
þræla þriá tigu,
þýjar siau góðar
— sœmð var at slíku —:
silfr var þó meira.

93. Léztu þér allt þykkja,
sem ekki væri,

meðan lǫnd þau lágu,
er mér leifði Buðli;
gróftu svá undir,
gerðit hlut þiggja,
sværu léztu þína
sitja opt grátna;
fann ek í hug heilum
hióna vætr síðan.

Guðrún:

94. Lýgr þú nú, Atli,
þótt ek þat lítt rœkja,
heldr var ek hœg sialdan,
hóstu þó stórum,
bǫrðuzk ér brœðr ungir,
báruzk róg milli;
hálft gekk til heljar
or húsi þínu,
hroldi hotvetna,
þat er til hags skyldi.

95. Þriú várum systkin,
þóttum óvægin,
fórum af landi,

---

5 vanlygi *KRM*. 8 fylgdo *R*. **91,** 1.2 *s. zu str. 90, 1.2.*
3 Margs *mit punkt vorher* R. 5 oro *R*. 7 fiár R, féar *GgBt*.
92, 3 xxx. R, þriá tigi *K*, þriátýgi *R*. 4.5 *dazwischen ergänzt Gg*
mara melgreypa, | marga hvelvagna *(doch s. auch zu folg. str.)* 5 *nur
in kommata eingeschl. KRMB¹.* **93** *Gg schwankt, ob er 1.2 noch zu
vor. str. ziehen oder 5.6 für unecht halten soll. Ohne fehler ist 5.6
kaum, B erwartet* gerðirat, *Gg vermutet (falls es nicht ganz unecht) eine
andere form des verspaars u. dann als hauptsatz zu 3.4 gehörig; sichere
besserung schwer.* 7—10 *besond. str. R.* 7 Sverö *mit punkt vorher* R.
— þina R. 9 fan *u.* 2 *buchst. danach ausradiert R*. **94,** 2 lit
rekia R*KR* (rœkja *vermutet in K gloss.), vgl.* V ok ekki hirði ek þat.
3.4 *vgl.* V opt var ek úhœg í mínu skapi, en miklu iók þú á. 4 hostv
R*R*, hóstu *KEgMb*, = hós, hás þú *BtGg*, hóts þú *?Bt*, hóftu *MV*
(s. v. F). — stœrðir *BtGg*. 7—10 *dazu in* V *nichts entsprechendes.*
7 Halft *mit punkt vorher* R. 9.10 *versetzt Gg nach 53, 2, s. z. stelle.*
9 Hrolldị *mit punkt vorher* R. **95,** 1 vörom systkyn *K*.

fylgðum Sigurði;
skæva vér létum,
skipi hvert várt stýrði,
ǫrkuðum at auðnu,
unz vér austr kvámum.

96. Konung drápum fyrstan,
kurum land þaðra,
hersar oss á hǫnd gengu,
hræzlu þat vissi;
vágum or skógi
þanns vildum sýknan,
settum þann sælan
er sér né áttit.

97. Dauðr varð inn húnski,
drap þá brátt kosti,
strangt var angr ungri
ekkju nafn hlióta;
kvǫl þótti kvikri
at koma í hús Atla,
átti áðr kappi,
íllr var sá missir.

98. Komta þú af því þingi,
er vér þat frægim,

at þú sǫk sóttir,
né sløkðir aðra;
vildir ávalt vægja
en vætki halda,
kyrt um því láta,

Atli:

99. Lýgr þú nú, Guðrún!
lítt mun við bœtask
hluti hvárigra,
hǫfum ǫll skarðan;
gørðu nú, Guðrún!
af gœzku þínni
okkr til ágætis,
er mik út hefja.

Guðrún:

100. Knörr mun ek kaupa
ok kistu steinda,
vexa vel blæju
at verja þítt líki,
hyggja á þǫrf hverja,
sem vit holl værim."

101. Nár varð þá Atli,
niðjum stríð œxti;
efndi ítrborin

---

8 kómom *R*. **96,** 7 sęttom R. **97,** 2 brát R. 3.4 *vgl*.
V ok var þat lítit at bera ekkju nafn ('*ist eigi verloren oder las der
verf. von* V *mit unrecht varat*' *?B)*. 4 nafn *mit EgBGg*, nam *(und
komma nach vers 3) KRM mit* R *(wie K vermutete u*. Eg *richtig sah
aus* namn *verschr.).* **98** *vgl*. V ok aldri komtu svá or orrostu, at
eigi bærir þú enn minna hlut. 1 Komtattu *Gg*. 4 slękþir R, slækðir
(æ = œ) *KEg*, slekðir *RM*. 5 veg¦a R. 8 *in* R *leerer raum für
éinen vers, offenbar fehlt eine relative ausführung des* því: er konungi
sœmðit *M nach vorschlag in K*, er konungr skyldit *Gg*.
99, 6 gǫzsco R. 7 ocr R. **100** *als erstes verspaar ergänzt
Gg:* Unnak lítt lifnum, | liðnum skal þó sœmd vinna: 1 Knǫʀ R,
Knǫr *KRGg"Eg*. 3 blęgio *RK*.

Hildebrand, Eddalieder. 19

alt þats réð heita;
fróð vildi Guðrún
fara sér at spilla;
urðu dvǫl dœgra,
dó hón í sinn annat.

102. Sæll er hverr síðan,
er slíkt getr fœða

ióð at afreki,
sems ól Giúki:
lifa mun þat eptir
á landi hverju
þeira þrámæli,
hvargi er þióð heyrir.

GUÐRÚNARHVǪT.

Guðrún gekk þá til sævar, er hón hafði drepit Atla; gekk síðan út á sæinn ok vildi fara sér; hón mátti eigi søkkva, rak hana yfir fiǫrðinn á land Iónakrs konungs. Hann fekk hennar: þeira synir váru þeir Sǫrli ok Erpr ok Hamðir. Þar fœddisk
5 upp Svanhildr Sigurðar dóttir; hón var gipt Iǫrmunrek enum ríkja. Með hánum var Bikki; hann réð þat, at Randvér konungs son skyldi taka hana   Þat sagði Bikki konungi. Konungr lét hengja Randvé, en troða Svanhildi undir hrossa fótum. En er þat spurði Guðrún, þá kvaddi hón sonu sína.

101, 4 þ'z R.   7 dogra R.   **102,** 1 hver R. — síþr R.

Guðrúnarhvǫt: *in* R *44a, 13—44b, 9*; in* V *nur benutzt.* — *Überschr.: fra* gvǫrvno *rot vor der prosa,* gvǫrvnar hvǫt *ebenfalls rot vor str. 1;* Goðrúnarhvata R.

Prosa: concinner u. ausführlicher erzählt in V *c. 39 u. Skáldsk. c. 42* (SE I, 366 *f.*); *aus letzterer darstellung ist die prosa in* R *offenbar nur auszug, mag er vom sammler selbst oder einem der abschreiber herrühren (so* B *einleitg s.* xxx *f.).* 1 G *in* Guðrún *gross und rot* R. — 2 síðan *mit* Gg *nach vermutg* B's, hón *KRM, in* R *ist zwischen* gecc vt *über die zeile ein undeutliches verzerrtes wort — unsicher ob von selber hand — geschrieben, ein oder mehrere buchst. mit einem häkchen danach; aus* V *u.* SE *ergibt sich nichts.* 4 Hamðir *in* R *überall mit* þ. 5 Jórmunrek *immer* KR. 6.8 Randver *u.* -ve *KRM.* 7 *in* R *keine lücke, auch in* KRM *nicht bezeichnet,* Gg *ergänzt aus* SE: þetta ráð líkaði þeim vel inum ungum mǫnnum; *vgl.* V hánum fellr þat vel í skap, ok mælti til hennar með blíðu, ok hvárt til annars. 9 hón *f.* R.

Guðrúnarhvǫt.

1. Þá frá ek sennu
slíðrfengligsta,
trauðmál talið
af trega stórum,
er harðhuguð
hvatti at vígi
grimmum orðum
Guðrún sonu:

2. „Hví sitið it?
hví sofið lífi?
hví tregrat ykkr
teiti at mæla?
er Iǫrmunrekr
yðra systur
unga at aldri
ióm of traddi
hvítum ok svǫrtum
á hervegi,
grám, gangtǫmum
Gotna hrossum.

3. Urðua it glíkir
þeim Gunnari,
né in heldr hugðir
sem var Hǫgni;
hennar munduð it
hefna leita,
ef it móð ættið
mínna brœðra,
eða harðan hug
Húnkonunga."

4. Þá kvað þat Hamðir
inn hugumstóri:
„lítt mundir þú
leyfa dáð Hǫgna,
þá er Sigurð vǫkðu
svefni or;
bœkr váru þínar
inar bláhvítu
roðnar í vers dreyra,
fólgnar í valblóði.

1, 3 trauðmál *RMV*, getr. *KEgEBGg*. 5 harþ-úþug *R*. 7 grimö *R*. **2** vgl. V Hví siti þér svá kyrrir eða mæliþ gleðiorð, þar sem Iǫrmunrekr drap systur ykkra ok trað undir hestafótum með svívirðing. 1 sitið it] sitit *RMchLB*, sitit ér *KREgEMb*, sitið *Gg*; das t in 2. plur. dürfte überhaupt aus -ð it entstanden u. dann erst allgemein geworden sein. 3 ycr *R*. 6 ykkra? 9—12 wol fälschlich aus *Hmǫm. 3* hier (so auch B), getilgt von *EGg*. 10 hervegi aus helv. corrig. *R*. 12 gotna *R*. **3**, 1 Urðuat *Gg"*; Urþua in *R* ist wol nicht ursprünglich, da es voraussetzt, dass urðuð seinen auslaut schon an ein folgendes encl. it, ér abgeben konnte. 2 þeim verdächtigt *Bt*. 3.4 tilgt *E* mit unrecht. 5 mundo iþ *R*. 9.10 zweifellos unecht, so auch *GgBt*. **4**, mit *KRM* nach der überlieferung in *R*, *E* tilgt 5.6; offenbar ist das aber eine verschmelzung von bruchstücken zweier strr.; vielleicht schon in der mündlichen tradition, denn auch dem verfass. der V lag sie vor. Dass die beiden str. nur varianten zu *Hmǫm. 6.7* waren, zeigt die vergleichung des überlieferten, dass das fehlende wörtlich den entsprechenden stellen der *Hmǫm.* gleich war, ist nur möglich; *Gg* ergänzt das überlieferte daraus wirklich zu 2 strr. 2 hugum st. *KMchL*. 4 havena *R*.

5. Urðu þér ballra
bræðra hefndir
slíðrar ok sárar,
er þú sonu myrðir;
knættim allir
Iǫrmunreki
samhyggjendr
systur hefna.

6. Berið hnossir fram
Húnkonunga,
hefir þú okkr hvatta
at hjǫrþingi."

7. Hlæjandi Guðrún
hvarf til skemmu,
kumbl konunga
or kerum valði,
síðar brynjur
ok sonum fœrði:

hlóðusk móðgir
á mara bógu.

8. Þá kvað þat Hamðir
inn hugumstóri:
„svá kemsk meirr aptr
móður at vitja
geirniǫrðr hniginn
á Goðþióðu,
at þú erfi
at ǫll oss drekkir,
at Svanhildi
ok sonu þína."

9. Guðrún grátandi
Giúka dóttir
gekk hón tregliga
á tái sitja,
ok at telja
tárughlýra

---

5 *vgl.* V ok illar váru þínar brœðrahefndir, er þú drapt sonu þína, ok betr mættim vér allir saman drepa Iǫrmunrek konung. *E bildet eine erste halbstr. aus Hmǫm. 8, 1—3, woran sich hier 1—4 schliesst, 5—8 verbindet er mit str. 6.* 1 ballra *mit GgBt*, beggja *?B'*, bráðar *KRME (mit komma nach vers 2) nach pphss., f. in R ohne zeichen einer lücke.* 5 allir *f. in R ohne zeichen einer lücke, mit BGg nach V eingesetzt*, ungrar *KRME mit pphss.* 6 á Iǫrm. *KR ME.* — Iormvnrecki *RR.* **6** *vgl.* V ok eigi munu vér standast frýjuorð, svá hart sem vér erum eggjaðir. *Gg ergänzt nach verm. von Bt, dass die erste halbstr. fehle, diese:* Enn skal freista, | þótt færi sém, | þótt mynim hlióta | hlut inn minna. 2 húnkon. *B.* 3 ocr *R.* **7**, 1 gvndr. *R.* 5 *komma nach* br. *die ausgg.* **8** *vgl.* V þá mælti Hamðir: Hér munu vér skilja efsta sinni, ok spyrja muntu tíðendin, ok muntu þá erfi drekka eptir okkr ok Svanhildi. 1.2 *hält Gg" für unecht.* 3 kemsk *mit FMagn. Gg"*, komask *KRM*, kemskat ? kemrat ?*L*, komum *E*, komumk *Gg' nach vermutg von B'*, mun komask *Bt.* 5.6 *tilgt E, auch Gg' nennt sie nicht hierhergehörig.* 7.8 at þú at ǫll oss | erfi dr. *E.* 8 drekkir *mit Gg nach B's vermutg*, drykkir *KRME mit R.* **9** *vgl.* V: En Guðrún gekk til skemmu harmi aukin ok mælti. 6 tárok hlýra *RKRM*, tárokhl. *Eg*, tárog hl. *E.*

móðug spiǫll
á margan veg:

10. „Þriá vissa ek elda,
þriá vissa ek arna,
var ek þrimr verum
vegin at húsi;
einn var mér Sigurðr
ǫllum betri,
er brœðr mínir
at bana urðu.

11. Svárra sára
sákat ek né kunna,
meirr þóttusk
mér um stríða,
er mik øðlingar
Atla gáfu.

12. Húna hvassa
hét ek mér at rúnum,
máttigak bǫlva
bœtr um vinna,
áðr ek hnóf hǫfuð
af Hniflungum.

13. Gekk ek til strandar,
grǫm vark nornum,
vilda ek hrinda
hríðgrið þeira;
hófu mik, né drekðu
hávar bárur,
því ek land um sték,
at lifa skyldak.

14. Gekk ek á beð
— hugðak mér fyr betra —
þriðja sinni
þióðkonungi;
ól ek mér ióð,
erfivǫrðu,

10, 3 *bedenklich das reimlose* þrimr *vor* reimendem *verum!* s. Zze 115. 7 þeim er br. *E.* **11** *vgl.* V ok var þat mér inn mesti harmr; síðan var ek gefin Atla konungi. 1.2 Svara sara sakaþ ec ne kvnno R, Svárra sára | sakað ek ne kunna *KMEgE*, Svara sára | saknaþ ek ne kvnnom *R*, Svárra, sárra | saka bœtr né kunna? *B'*, Svára, sára | sákat ek né kunna *Bt*, Svá sára sákat ek né kunnak *Gg'*, Svárara, sárara | sákat ek né kunnak *Gg''*. 2.3 *dazwischen wol ein versp. verloren*, *E vermutet* ekkju var ungrar | angr strangastr *(mit komma vorher)*, *Bt* mann svá hvergi | moldar svikinn, *Gg'* mey á moldu | sem mik svikna, *Gg''* mann né mey | á moldu svikinn *(Bt u. Gg kein komma vorher)*. 3 en meirr *E*, mærir *R*. **12** *vgl.* V en svá var grimt mítt hiarta við hann, at ek drap sonu okkra í harmi. — *nach FMagn. soll zwischen* strr. 11.12 *etwas fehlen.* — *noch zu vor. str. K.* — *E vermutet verlust eines ersten versspaars:* Brœðra hefna | síð bana skyldak. 2.3 *dazwischen f. wol ein versspaar*, *BtGg versetzen Akv.* 39, 9.10 unga, ófróða | þá er ek við Atla gat *mit leichter änderung hierher*. 5.6 hnóf | hǫf. *RMchL BGg'*, hǫf. hnóf *E*. 6 nifl. *RR*, Nifl. *MchLBGg'*, hnifl. *Mb*.
13, 3 striúka *statt* hr. *E*. 4 stríþgríþ *RKRME*, hríðgrið *oder* hríð ?*B*, hríðgrimd *Gg*. 5*ff. u. str.* 14 *vgl. Sig.* 62.63. **14,** 2 fyrir *M*.

erfivǫrðu,
Iónakri sonu.

15. En um Svanhildi
sátu þýjar,
er ek mínna barna
bazt fullhugðak;
svá var Svanhildr
í sal mínum,
sem væri sœmleitr
sólar geisli.

16. Gœdda ek gulli
ok guðvefjum,
áðr ek gæfak
Goðþióðar til;
þat er mér harðast
harma mínna
of þann inn hvíta
hadd Svanhildar,

auri trǫddu
und ióa fótum.

17. En sá sárastr,
er þeir Sigurð mínn
sigri ræntan
í sæing vágu;
en sá grimmastr,
er þeir Gunnari
fránir ormar
til fiǫrs skriðu.

18. En sá hvassastr,
er til hiarta
konung óblauðan
kvikvan skáru.
Fiǫlð man ek bǫlva,

6.7 *erf. nur einmal* R. 8 *die überlief. in* R *wol durch die erinnerung an Sig. 63,4 corrumpiert.* — Iónakri *mit* R, Iónakrs *KMEBGg mit* R. — sonu *mit KREGg,* sonum *MB mit* R. 15, 3 *enn* ec REg, henni R, er ek *mit KMBGg*. — barna mínna? *vgl. Zze 116.* 16 *darin sieht Gg die reste von 2 strr., nach 1—4 ergänzt er als 2. halbstr.* víf it unga, | er æva skyldak, | grimmgeðjuðum | gǫmlum ver; 5—10 *vervollständigt er zur regelrechten str. durch einfügung der parenth:* — knákat ek þess bót | bíða aldrigi — *zwischen 6.7.* — 1 Gødda ec R, Gœddak hana Gg". 3.4 *tilgt* E. 5 sá er m. harðastr Gg. — harðastr E. 7 of R, er RB'Gg. 9.10 *nach Bt wol spätere zudichtung*. 17, 1—4 *tilgt* E. — 1 eɴ *ohne punkt vorher* R. 5 grimastr R. 18, 1—4 *noch zu voriger, 5 zu folg. str. KRMEB'.* 1 Eɴ *mit punkt vorher* R. 2 *nach* hiarta *noch* fló *in* R, KRM *behalten es mit* komma *danach bei,* E *ändert es zu* flóu; *ich tilge es mit BGg, dachte der schreiber an die darstellg des mordes in Sig., wo 23, 1* fló til *von der tötlichen waffe gebraucht ist?* 5 Fiolþ *mit punkt vorher* R. 6*ff. in* R *keine lücke bezeichnet, RKM lassen nur einen vers fehlen u. ergänzen nach pphs.* fiǫlð man ek harma, *danach fügt Gg noch:* hví ek fleira bǫls | of bíða skyldak, Bt *möchte lieber* hví skal ek bíða | bǫls um fleira.

19. Beittu, Sigurðr!
inn blakka mar,
hest inn hraðfœra
láttu hinnig renna;
sitr eigi hér
snǫr né dóttir,
sú er Guðrúnu
gefi hnossir.

20. Minnstu, Sigurðr!
hvat vit mæltum,
þá er vit á beð
bæði sátum,
at þú myndir mín
móðugr vitja
halr or helju,
en ek þín or heimi.

21. Hlaðið ér, iarlar,
eikikǫst!
látið þann und hilmi
hæstan verða!
megi brenna bríóst
bǫlvafult eldr,
þrungit um hiarta,
þiðni sorgir."

22. Iǫrlum ǫllum
óðal batni,
snótum ǫllum
sorg at minni,
at þetta tregróf
um talit væri.

19, 1 beittv *ohne punkt vorh.* R. — Sigvrþ R *u. als acc. mit grösserer interp.* KE. 3 hraþ fora R. 4 hinig RKMLE. 5—8 *vgl.* V hér sitr nú eigi eptir sonr né dóttir mik at hugga. 6 snór RKRE, snǫr MGg. 7 þeim er Guðrún E, *doch s.* Zze 81 *u.* 617. 8 gefi R.
20, 1 Minztu KR. 2 mæltum vit E. 5 miN R. 8 or heimi þín E.
21, 2 eikikǫstinn KRME. 3 hann KRME. — und himni R, und hildi E. 6 eldr *(mit komma vorher) ziehen* KRME *zum folg. verse, wie hier* EgBGg. 7 þrungit *mit* BGg, *f.* RKRME. — *nach* hiarta *keine interp.* B'Gg. 8 *dafür* harmar þýðni! E. — þiðni M, þyþni R. **22** *tilgt* E *als von einem schreiber herrührend.* 1.2 Bt *vermutet hier verderbnis aus* kǫrlum ollum | kvalar batni! 5 tregrof KRM. 6 veri ?V. — Gg *ergänzt ein verspaar am schlusse* gumna mengi, | Guðrúnar hvǫt!

HAMÐISMÁL.

1. Spruttu á tái
 tregnar íðir,
 græti álfa
 in glýstǫmu;
 ár um morgin
 manna bǫlva
 sútir hverjar
 sorg um kvøkva.

2. Vara þat nú
 né í gær,
 þat hefir langt
 liðit síðan;
 er fátt fornara,
 fremr var þat hálfu,
 er hvatti Guðrún
 Giúka borin
 sonu sína unga
 at hefna Svanhildar:

3. „Systir var ykkur
 Svanhildr um heitin,
 sú er Iǫrmunrekr
 ióm um traddi
 hvítum ok svǫrtum
 á hervegi,
 grám, gangtǫmum
 Gotna hrossum.

4. Eptir er ykkr þrungit
 þióðkonunga,
 lifið einir ér þátta
 ættar mínnar.

5. Einstœð em ek orðin
 sem ǫsp í holti,
 fallin at frændum
 sem fura at kvisti,
 vaðin at vilja

Hamðismál: *in* R *44b,8*—45b,23 als letztes lied, rest der seite ist leer gelassen; in* V *z. t. benutzt, auch 27, 1—4 citiert. Überschrift in* R: hamþis mal *rot, vgl. auch die pros. schlussworte, hiernach:* Hamdismál hin fornu *Gg.*

1 *H. Scheving (Forspj. 21) hält diese str. für nachbildung latein. dichtung, auch BGg für jünger, so dass das lied ursprünglich mit 2 begann.* 1 S *in* Spruttu *gross und farbig* R. 3 'alda?' *statt* álfa *Gg".* 4 ár var morgin (*od.* morgins?*) R.* 8 qveyqva R *u. ausgg.* **2,** *5.6 mit LBGg für späteren zusatz zu halten.* 7—10 *vgl. Ghv 1, 5—8.* **2.3,** *dazwischen stellt Gg" str. 5.* **3,** 3 iormunreccr *mit* cc (*auch 20,2, doch mit* c *24,3 u. 9; in 21, 1 unlesbar)* R. *4—8 auch* Ghv 2,8—12. 4 *nach* traddi *colon Gg".* **4.5** *eine str. KM. Gg ergänzt zu 4 als erste hälfte:* Sá sésk fylkir | fæst at lífi, | hyggrat henni | hefnendr lifa; (*vgl. H. Hj. 11,5—6*). **4,** 1.2 *mortuis regibus vos degenerastis.* 3.4 — einir er | þátta — *KRMBGg, doch s.* Zze 138 *u.* 134. **5,** 1 Einstœð *MGg,* ein stoð (*ohne punkt vorh.*) R, Einstǫð *KRB.* 4 'kvisti (*nicht* kvistum *wegen* frændum) *d. i.: dsg.*

sem víðir at laufi,
þá er in kvistskœða
kømr um dag varman."

* * * *
* * *

6. Hitt kvað þá Hamðir
inn hugumstóri:
lítt myndir þú þá, Guðrún!
leyfa dáð Hǫgna,
er þeir Sigurð vǫkðu
svefni or,
saztu á beð,
en banar hlógu.

7. Bœkr váru þínar
inar bláhvítu

roðnar valundum,
flutu í vers dreyra;
svalt þá Sigurðr,
saztu yfir daudum,
glýja þú né gáðir;
Gunnarr þér svá vildi.

8. Atla þóttisk þú
stríða at Erps morði
ok at Eitils aldrlagi,
þat var þér enn verra;
svá skyldi hverr ǫðrum
verja til aldrlaga
sverði sárbeitu,
at sér né stríddit."

9. Hitt kvað þá Sǫrli,
svinna hafði hann hyggju:

---

von kvisti, n.' Be 273. 6 *víðir (wegen symmetrie mit* fúra) *BGg,* viþr
RKRM. 8 kǫmr R.   **6** *Die lücke vorher nach B' (vgl. auch
L), der vermut., dass zwischen 5.6 eine str. von wesentl. gleichem in-
halte mit Ghv 3 ausgefallen und dass, da* hennar *in Ghv 3 keine be-
ziehung in Hmð 5 finde, 4 u. 5 ursprünglich vor (Hmð) 3 gestanden
habe. Gg" stellt nach B' auch Ghv 3 vor 6; vgl. zu Ghv 4. 1—6 vgl.
Ghv 4, 1—6.* 1 hitt *mit punkt vorher* R, þá kvað þat H. K. Hamdir
mit d *(so immer) Gg s. zu Ghv pros. 4.* 2 hvgom stǫri *(mit accent
über* ǫ) R, *getrennt auch KML.* 3 þá f. R.   4—6 l. d. h. e' þ. sig.'
s. or. v. R.   5.6 — Sigurð | svefni or vǫkto *KR*; — Sig. | vǫkðu svefni
or *M*; — Sig. v. | sv. or *BGg" s. Zze 110. 111. 103.* 7.8 *zur folg.
str. K.* 7 saztu ('od. sattu?' *B) RKMB,* sattu *R, ebenso 7,6.*
7, 1—4 *vgl. Ghv 4, 7—10.* 1.2 becr *(ohne punkt vorh.)* v̊ þ. i. b. h.
so R.   3 roðnar valundum ('od. r. í v.?, *vgl.* valblóði *Ghv 4,10 und*
undgenginn *Eg') B'Gg;* ofnar vǫlondom *RKRM.* 5 Svalt *mit punkt
vorh.* R.   8 *L. vermut.:* G. því (*od.* þér því) olli.   **8** *KRM
teilen fälschlich die str. in 10 zeilen, indem sie 3 als verspaar betrachten
(Eitils | aldrl.) und 5.6 abteilen:* svá sk. hverr | ǫðrum verja | til aldrl.;
dazu ändern des reimes wegen RM enn *in* siálfri, *und K* svá *in* því.
1.2 A. þ. þ. stríða | at *ausgg., s. Zze 104.* 3 morþi *(nach* Eitils) *durch
puncte getilgt* R.   4 þér v. þat *(nach B') Gg".*   5—8 *wol spätere
erweiterung.*

Hamðismál.

„vilkat ek við móður
málum skipta,
orðs þykkir enn vant
ykkru hváru;
hvers biðr þú nú, Guðrún!
er þú at gráti né færat?

10. Brœðr grát þú þína
ok buri svása,
niðja náborna
leidda nær rógi;
okkr skaltu ok, Guðrún!
gráta báða,
er hér sitjum feigir á mǫrum;
fiarri munum deyja."

11. Hitt kvað þá hróðrglǫð,
stóð of hleðum,
mæfingr mælti
við mǫg þenna:
" * * * *
* * *
þvíat þat hætta,
at hlýðigi myni:
mega tveir menn einir
tíu hundruð Gotna
binda eða berja
í borg inni há."

12. Gengu or garði
gǫrvir at eiskra,
liðu þá yfir ungir

9, 6 ycro R, yckar R. 7 þú f. KM. nú kaum ursprüngl.
10 nach K Worte des Hamðir (vgl. Ghv 8). 4 leidda MBGg,
leiþa RKR. **11** in RKRMBGg' zwisch. 22. 23; doch vgl. V: hón
(Guðrún) hafði svá búit þeira herklæði at þá bitu eigi iárn ok hón bað
þá eigi skeðja grioti né ǫðrum stórum hlutum ok kvað þeim þat at
meini mundu verða ef eigi gerði þeir svá (vgl. 11, 6: hlýði-gi).
Ok er þeir váru komnir á leið, finna þeir Erp bróður sínn (vgl. 12,1:
fundu á stræti) —, deshalb 11 als anrede der Guðrun (hróðrglǫð und mæ-
fingr) an einen ihrer söhne (við mǫg þenna) mit BtGg" zwischen 10.12.
1 Hróðrglǫð (hroþr glaþ R) KRMB; nach K: Jorm's Mutter, Eg: sein
Kebsweib, FM: 'Guthruna venefica, Saxo 414 fin.'; 'Hroptr glaðr (d. i.:
Óðinn)?' JGr in Hz. III, 154. 2 uf (vf R) KRB, of MGg. 3.4 'spätere
erweiterung' Gg". 3 mæfingr 'd. i.: mio-fingr, vgl. miofingraða Rþ 40'
B'Bt'Gg, mefingr RKR (mæringr? R) MB 'mefingr!' als anrede MLMb.
zwischen 4.5 keine Lücke R u. ausgg., doch fehlen die verse, auf welche
der bericht in V (und 'auch þvíat' B') verweist. 5.6 nam hoc (est)
periculum, si obedientia non fuerit (*hlýði, f. d. i.: hlýðni, f.); þvíat þat
heita (od. hetta?) at hlyþigi myni R, hetta KR (hélt-a? R) B, hætta
M (M fasst 5.6 als parenthet. worte des dichters); Bt stellt das vers-
paar zwischen 12,2 u. 13,1—4 zu besond. str. und liest: hví á þat hætta
| hlýri-gi myni? (hlýri, m. Bruder, bez. Erp); Gg": þvíat þat heitik, |
ef hlýðigir myni. 7—10 als frage M, auch Gg' mit der änderung:
'megut tvá menn eina — í. b. i. há ?'; hier als verheissung der Guðrun
mit Gg". 8 hundruð RBGg, hundroþom RKM. **12,** 3—6 stellt

Hamðismál.

úrig fiǫll
mǫrum húnlenzkum,
morðs at hefna.

13. Fundu á stræti
stórbrǫgðóttan:
„hvé mun iarpskǫr
okkr fultingja?"

14. Svaraði hinn sundrmœðri,
svá kvazk veita mundu
fulting frændum,
sem fótr ǫðrum.
„Hvat megi fótr
fœti veita,
né holdgróin
hǫnd annarri?"

15. Þá kvað þat Erpr
einu sinni,
mærr um lék
á mars baki:

„íllt er blauðum hal
brautir kenna;
kóðu harðan miǫk
hornung vera."

16. Drógu þeir or skíði
skíði-iárn,
mækis eggjar
at mun flagði,
þverðu þeir þrótt sínn
at þriðjungi,
létu mǫg ungan
til moldar hníga.

17. Skóku loða,
skálmir festu,
ok góðbornir smugu
í guðvefi.

18. Fram lágu brautir,
fundu vástígu

Gg" als zweite hälfte zu 17 und fügt zu 12,1.2: Sǫrli ok Hamðir | synir Guðrúnar *nebst* 13. 3.4 ungir | yfir — KR. **13.14** *zwischen* 15 *u.* 16 RKRM; *umgestellt mit* B'Gg". — 13 *vgl.* V: finna þeir Erp br. s. (*s. oben zu 11*) ok spyrja hvat hann mundi veita þeim. 3 iarpskǫr *mit* Gg"Bt, iarpscamr RKRMB, B' *vermut.*: iarpsámr. **14—16** *vgl.* V: Hann svarar: slíkt sem hǫnd hendi eða fótr fœti. þeim þótti þat ekki vera, ok drápu hann. **14,** 1.2: Svar. Erpr | inn sundrm. | svá qvaz vitur | veita mundu *nach pphss* R. 3 fróndom R. *zwischen* 4.5 *setzen* RM *aus pphss*: eða holdgróin | hǫnd annarri *und zählen* 5—8 *als besondre str.* 6 foti R. **15,** 2 einu RMLBGg, erno (R, *doch corrig. zu* eino) KMb, *nur 5.6 als Erps worte bezeichnet MB.* 7 miǫk] mik? **16,** 1 drogo (*ohne punkt vorh.*) R. 4 at munflagði ÉgMb. **17.18** *als éine str.* K; GgBt *ergänzen* 17 *durch* 12, 3—6; 17, 3 4 ok góðbornir | smugu — M. 3 ok f. R. góðb., *nicht* goðb. '*vgl.* 22,7 góð bǫrn' Bt. — *Vor* 18 *stellt* Gg *nach* Bt *eine Akv.* 14 *ähnliche str.*: Land sá þeir Gotna | ok liðskiálfar diupa, | Bikka greppar *usw.* **18,** 1 fram (*ohne punkt vorh.*) R.

ok systur son
sáran á meiði,
vargtré vindkǫld
vestan bœjar;
trýtti æ trǫnu hvǫt,
títt varat bíða.

19. Glaumr var í hǫllu,
halir ǫlreifir
ok til gota ekki
gørðut heyra,
áðr halr hugfullr
í horn um þaut.

20. Segja fóru [iarlar]
Iǫrmunreki,
at sénir váru
seggir und hiálmum:
„rœðið ér um ráð!
ríkir 'ru komnir,
fyr mátkum hafið ér mǫnnum
mey um tradda."

21. Hló þá Iǫrmunrekr,
hendi drap á kampa,
beindisk at brǫngu,
bǫðvaðisk at víni;
skók hann skǫr iarpa,
sá á skiǫld hvítan,
lét hann sér í hendi
hvarfa ker gullit.

22. „Sæll ek þá þœttumk,
ef ek siá knætta
Hamði ok Sǫrla
í hǫllu mínni;
byri munda ek þá binda
með boga strengjum,
góð bǫrn Giúka
festa á gálga."

23. Styrr varð í ranni,
stukku ǫlskálir,
í blóði bragnar lágu,
komit or briósti Gotna.

---

3 systur son 'd. i. einen der Harlunge, vgl. Rassmann II, 575—
581 und Saxo 413' Bt. 7 hvót R. 8 var at R. bíða KBGg, biðja
RRM. — Ob nicht statt 18 (reise) vielmehr 17 (vorbereitung zum
kampfe) der 19. str. ursprüngl. vorausgegangen (vgl. 18,8 und 17,1—4)?
19—24 vgl. V: Fóru nú unz þeir kómu til Jǫrmunreks kon-
ungs ok gengu fyrir hann ok veittu hánum þegar tilræði; hió Hamðir
af hánum hendr báðar, en Sǫrli fœtr báða. Zu 19,1—6 fügt Gg: þá er
tírar giarnir | í tún riðu.
20, 1 iarlar hinzugefügt von BGg. 4 und KRBGg, vndir
RM. 5 u. 7 ér 'von der anrede mit 'ihr' ist dies das einzige beispiel
in der Edda' L. 6 'ru BtGg, ero RKRM. **21,** 3 beindisk at br.
('vgl. Karlam. 556: hann strauk þá skegg sitt, en beindi kampa') BtGg",
beiddiz at RREgMb, beiddizat KMLB. at bringu? 4 bǫlvaðisk Gg".
22, 5 byri ('kaum buri') BGg, letztes Wort auf fol. 45a R von
B zuerst gesehen, f. ausgg. 5 mundak Gg". 8 á gálga festa R.
23, 1 í (corrig. aus at) R. 3 unter hinweis auf den vers in Brages
Ragnarsdrápa (SE I, 372³): rósta varð í ranni, vgl. mit Hmð 23,1,

24. Hitt kvað þá Hamðir
    inn hugumstóri:
    „æstir, Iǫrmunrekr!
    okkarrar kvámu,
    brœðra sammœðra,
    innan borgar þínnar;
    fœtr sér þú þína,
    hǫndum sér þú þínum,
    Iǫrmunrekr! orpit
    í eld heitan."
25. Þá hraut við
    inn reginkunngi
    baldr í brynju,
    sem biǫrn hryti:
    „grýtið ér á gumna,
    alls geirar né bíta
    eggjar né járn
    Iónakrs sonu."

    Sǫrli:
26. Bǫl vanntu, bróðir!
    er þú þann belg leystir;
    opt or þeim belg
    bǫll ráð koma:
    hug hefðir þú, Hamðir!

---

vermuten Bt u. Gg, dass auch ihre Verse (372 11. 12): fell í blóði blandinn | brunn ǫlskálir runna [d. i. ǫlskálir fell(u) í brunn, blandinn blóði runna] in Hmð 23,3 ihr vorbild haben; Bt hält für dessen ursprüngliche form: í blóð — ok bragnar lágu —, dagegen Gg": í blóði blandna lǫgu d. i.: í lǫgu, blandna blóði. 4 komiþ **RKMBGg**, *komno R. Bt vermutet verlust der zweiten halbstr., die Gg" durch 24,1.2 und das verspaar: orðum ónýtum | er æva skyldi ergänzt, so dass er 24,3—7 als besondre str. zählt.*   **24,** *1.2 verbindet Gg mit 23,1—4 (s. zu 23). 7 Fetr mit punkt vorh. R. þú KRMGg, f. RB; R vermutet nach þína ausfall eines wortes (hǫggna ?'B); fótum sér þú þínum B'Gg" s. Zze 117.*   **25** *vgl. SE I, 370: þá kallaði Jǫrmunrekkr at þá skal berja grioti usw. und V: þá kom at einn maðr [hár] ok elliligr með eitt auga ok mælti: Eigi eru þér vísir menn er þér kunnið eigi þessum mǫnnum bana at veita. Konungrinn svarar: Gef oss ráð til, ef þú kannt. Hann mælti: þér skuluð berja þá grioti í hel. (vgl. Saxo, 415 4: eo tumultu superveniens Othinus .. Hellesponticos .. crebro silice converberandos esse perdocuit.) 1 þá ohne punkt vorh. R, hraut reimt mit regink. s. Zze 134. 2 inn regink. beziehe ich mit B auf Jǫrmunr., Gg auf Oðinn (reginkunnigr d. i. reginkunnr: göttlich'). 5 Grytið mit punkt vorh. R.*   **25.26** *Gg ergänzt dazwischen die str.: Brœðr bráðliga | barðir váru grioti, | steinum miǫk studdir, | stóðuskat óðum; || hitt kvað þá Sǫrli | í sal miðjum, | svinnum blóð busti | ór breiðum undum.* **26** *überschr. Sǫrli nach B', f. R u. ausgg. In RKMB beginnt 26 mit dem verspaar: Hitt kvað þá Hamðir | inn hugumstóri; diese verse mit BtGg" als unecht getilgt, da 1—4 in verbindung mit 5—8, die bei RKMB (mit der überschr. Sǫrli B) eine besondre str. bilden, nur worte des Sǫrli sein können. 2—4 vgl. Háv. 133; Bt erkl.: du tatest übel, dass du den J. zu worte kommen liessest. 2 belg, corrig. aus beld R. 3 þeim] 'þurrum ?'V (57a). 4 qvomo R. 5 Hvg mit*

ef þú hefðir hyggjandi;
mikils er á mann hvern vant,
er mannvits er.

Hamðir:

27. Af væri nú hǫfuð,
ef Erpr lifði,
bróðir okkarr inn bǫðfrœkni,
er vit á braut vágum,
verr inn víðfrægi
— hvǫttumk at dísir —,
gumi inn gunnhelgi
— gørðumk at vígi.

28. Ekki hygg ek okkr vera
úlfa dœmi,
at vit mynim siálfir um
sakask,
sem grey norna,
þau er gráðug eru
í auðn um alin.

29. Vel hǫfum vit vegit,
stǫndum á val Gotna
ofan eggmóðum
sem ernir á kvisti;
góðs hǫfum tírar fengit,
þótt skylim nú eða í gær
deyja;
kveld lifir maðr ekki
eptir kvið norna."

30. Þar fell Sǫrli
at salar gafli,
en Hamðir hné
at húsbaki.
Þetta eru kǫlluð Hamðismál
in fornu.

---

punkt vorher R. 5.6 'du hattest mut, aber nicht verstand'.
27—29 *diese 3 str. nach* V *u.* SE *mit BtGg" dem Hamðir zugewiesen.* 27 *überschr.* Hamðir *f.* R *u. ausgg., vgl.* V: þá mælti Hamðir: 'Af mundi nú hǫfuðit, ef Erpr lifði bróðir okkarr, er vit vágum á leiðinni, ok sám vit þat of síð; sem kveðit er: Af væri nú hǫfuðit *usw.* (Hmðm. 27,1—4), SE I, 370: þá mælti Hamðir: 'af mundi nú hǫfuðit, ef Erpr lifði'; *in* V *u.* SE *wird erst nachher die steinigung erzählt (s. zu* 25). 1 af *ohne punkt vorh.* R, hafvþ R (hǫfuðit V SE). 5—8 *wol spätere erweiterung.* 5 verr *mit BtGg,* varr RKRMB ('var?' L). víðfrægi, *wie* B' *vermut., mit Gg;* viþ frǫkni RK vígfrœkni RMB. 5.6 verr *und* víðfr. *reimt mit* hvǫtt *s. Be 256—257.* **28** *dem gedicht wol ursprüngl. fremd, da im* lióðaháttr. B *überschr.:* Sǫrli qvaþ, *doch s. zu 27—29.* 1 hygg ('od. hvgg?' B) R, ycr R. 1.2 Gg (Nord. tidskr. f. philol. og pæd. NR. I, 187) *vermut.:* Úlfa dœmi | hykkat ek okkr vera. 5 þau (þa) RRBGg, þar KM. 6 á auþno' R. — **29,** 2 Gotna M (216) BGg, gotna RKR. 3 egg-móðum *d. i:* — máðum *(von* má: *adterere)* V. 6 í gær *(wie got. gistradagis Matth. 6,30): morgen.*
30 Gg *ergänzt die zweite halbstr. durch:* Frák miǫk sialdan | foldrioðendr | æðra bíða auðar | Jónakrs sonum.

FRAGMENTE EDDISCHER LIEDER
IN
SNORRA-EDDA UND VǪLSUNGASAGA

(vgl.: SBugges Ausg. der Sæm.-Edda s. 330—337 und XXXIII ff.)
Jessen in Zz. III, 64—68.

I. IN SNORRA-EDDA
(edit. AM. I. II.)

1. I, 36: Hár segir, at hann (Gylfi) komi eigi heill út nema hann sé fróðari ok
   stattu fram
   meðan þú fregn,
   sitja skal sá er segir.

2. I, 92: Niǫrðr á þá konu er Skaði heitir, dóttir Þiaza iǫtuns: Skaði vill hafa bústað þann er átt hafði faðir hennar, þat er á fiǫllum nǫkkurum þar sem heitir Þrymheimr, en Niǫrðr vill vera nær sæ; þau sættusk á þat at þau skyldu vera níu nætr í Þrymheimi, en þá aðrar níu at Nóatúnum. En er Niǫrðr kom aptr til Nóatúna af fiallinu, þá kvað hann þetta:
   Leið erumk fiǫll,
   varka ek lengi á,
   nætr einar níu;
   úlfa þytr
   mér þótti íllr vera
   hiá sǫngvi svana.

Þá kvað Skaði þetta:
   Sofa ek mákat
   sæfar beðjum á
   fugls iarmi fyrir;
   sá mik vekr,
   er af víþi kemr,
   morgun hverjan már.

3. I, 102: Ok enn segir hann (Heimdallr) siálfr í Heimdallar-galdri:
   níu em ek mœðra mǫgr,
   níu em ek systra sonr.

4. I, 116: Hana (Gná) sendir 5
Frigg í ýmsa heima at eyrindum sínum. Hón á þann hest, er renn lopt ok lǫg, ok heitir Hofvarpnir. Þat var eitt sinn er hón reið, at vanir nǫkkurir sá reið hennar í 10 loptinu, þá mælti einn:
   Hvat þar flýgr,
   hvat þar ferr
   eða at lopti líðr?

   Hón svaraði: 15
   Né ek flýg
   þó ek fer
   ok at lopti líð:
   á Hófvarpni
   þeim er Hamskerpir 20
   gat við Garðrofu.

5. I, 180: Því næst sendu æsir um allan heim ørindreka at biðja, at Baldr væri grátinn or helju, en allir gerðu þat: mennirnir ok kykv- 25 endin ok iǫrðin ok steinarnir ok tré ok allr málmr . . . . . . Þá er sendimenn fóru heim ok hǫfðu vel rekit sín ørindi, finna þeir í helli

nǫkkorum hvar gýgr sat, hón nefndisk Þǫkk; þeir biðja hana gráta Baldr or helju. Hón svarar:

Þǫkk mun gráta
5 þurrum tárum
Baldrs bálfarar;
kyks né dauðs
nautka ek karls sonar,
haldi Hel því er hefir!
10 En þess geta menn at þar hafi verit Loki Laufeyjar son er flest hefir illt gert með ásum.

6. I, 286: Þá fór Þórr til ár þeirar er Vimur heitir, allra á mest.
15 Þá spenti hann sik megingiǫrðum ok studdi forstreymis Gríðarvǫl, en Loki helt undir megingiarðar; ok þá er Þórr kom á miðja ána, þá óx svá miǫk áin at uppi braut
20 á ǫxl hánum. Þá kvað Þórr þetta:

Vaxattu nú, Vimur!
alls mik þik vaða tiðir
iǫtna garða í;
veiztu, ef þú vex,
25 at þá vex mér ásmegin
iafnhátt upp sem himinn.

7. I, 288: En er Þórr kom til Geirrǫðar, þá var þeim félǫgum vísat fyrst í gestahús til herbergis,
30 ok var þar einn stóll til sætis, ok sat þar Þórr. Þá varð hann þess varr at stóllinn fór undir hánum upp at ræfri; hann stakk Gríðarveli upp í raptana ok lét sígask
35 fast á stólinn; varð þá brestr mikill ok fylgði skrækr; þar hǫfðu verit undir stólinum dœtr Geirrǫðar, Giálp ok Greip, ok hafði hann brotit hrygginn í báðum. Þá kvað Þórr:

40 Einu sinni
neyttak ásmegins
iǫtna gǫrðum í:
þá er Giálp ok Greip,
dœtr Geirrǫþar
45 vildu hefja mik til himins.

8. I, 340: Í Ásgarði fyrir durum Valhallar stendr lundr sá er Glasir er kallaðr, en lauf hans alt er gull rautt. Svá sem hér er kveðit, at:

Glasir stendr
með gullnu laufi
fyrir Sigtýs sǫlum.

Sá er viðr fegrstr með goðum ok mǫnnum.

9. I, 480: Þessi eru hestaheiti í Þórgrímsþulu:

Hrafn ok Sleipnir
hestar ágætir,
Valr ok Léttfeti,
var þar Tialdari,
Gulltoppr ok Goti,
getit heyrðak Sota,
Mór ok Lungr með Mari.

Vigg ok Stúfr
var með Skævaði,
þegn knátti Blakkr bera,
Silfrintoppr ok Sinir,
svá heyrðak Fáks of getit,
Gullfaxi ok Iór með goðum.

Blóðughófi hét hestr,
er bera kváðu
ǫflgan Atriða;
Gils ok Falhófnir,
Glær ok Skeiðbrímir,
þar var ok Gyllis of getit.

10. I, 484: Þessi øxnaheiti eru í Þórgrímsþulu:

Gamalla uxna nǫfn
hefik gerla fregit,
þeira Rauðs ok Hæfis,
Rekinn ok Kýrr,
Himinhriótr ok Apli,
Arfr ok Arfuni.

11. I, 482: Þessir (hestar) 'ro enn talðir í Kálfsvísu:

Dagr reið Drǫsli,
en Dvalinn Móðni,
Hiálmþér Háfeta,

en Haki Fáki;
reið bani Belja
Blóðughófa,
en Skævaði
skati Haddingja.

Vésteinn Vali,
en Vífill Stúfi,
Meinþiófr Mói,
en Morginn Vakri,
Áli Hrafni
er til íss riðu,
en annarr austr
und Aðilsi
grár hvarfaði
geiri undaðr.

Biǫrn reið Blakki,
en Biárr Kerti,
Atli Glaumi,
en Aðils Slungni,
Hǫgni Hǫlkvi,
en Haraldr Fǫlkvi,

Gunnarr Gota,
en Grána Sigurðr.

*12. II, 431—432: Fiǫturrinn heitir Gleipnir, er hánum (Fenrisúlfi) heldr. Gǫrvir váru tveir fiǫtrar til hans fyrst þeir Drómi ok Læðingr, ok helt hvárgi; þá var Gleipnir síðan gǫrr or sex hlutum: 5

Or kattar dyn
ok or konu skeggi, 10
or fisks anda
ok or fugla miólk,
ok bergs rótum
ok or biarnar sinum,
or því var hann Gleipnir gǫrr. 15

13. II, 142: Prolepsis er uppnumning margfaldlegra hluta þeira er síðar eru einfaldlega greindir, sem hér:

Flugu hrafnar tveir
af Hnikars ǫxlum, 20
Huginn til hanga,
en á hræ Muninn.

II. IN VǪLSUNGA SAGA

(Fas. I., 115—234 vergl. mit S. Bugges ausg. 1865.)

1. I, 134: Sigmundr tekr nú blóðrefilinn ok ristu nú í milli sín helluna, ok letta eigi fyrr en lokit er at rista, sem kveðit er:
Ristu af magni
mikla hellu
Sigmundr hiǫrvi
ok Sinfiǫtli.

2. I, 185: Síðan ríðr Sigurðr ok hefir Gram í hendi ok bindr gullspora á fœtr sér. Gráni hleypr fram at eldinum, er hann kendi sporans. Nú verðr gnýr mikill, er eldrinn tók at œsask, en iǫrð tók at skiálfa,

loginn stóð við himin; þetta þorði engi at gera fyrr, ok var sem hann riði í myrkva; þá lægðisk eldrinn, en hann gekk af hestinum inn í salinn; svá er kveðit: 5

Eldr nam at œsask,
en iǫrð at skiálfa,
ok hár logi
við himni gnæfa;
fár treystisk þar 10
fylkis rekka
eld at ríða
né yfir stíga.

*S. Bugge (334b) erkennt auch in SE II, 431 ³⁻⁴: 'sœgr heitir sár | en simul stǫng, | Bil ok Hiúki bera' eddische Verse.

Sigurðr Grána
sverði keyrði,
eldr sloknaði
fyrir øðlingi,
5 logi allr lægðisk
fyrir lofgiǫrnum,
bliku reiði
er Reginn átti.

3. I, 190: Brynhildr svarar: 'Sig-
10 urðr vá at Fáfni, ok er þat meira
vert en alt ríki Gunnars konungs',
svá sem kveðit er:

Sigurðr vá at ormi,
en þat síðan man
15 engum fyrnask,
meðan ǫld lifir;
en hlýri þínn
hvárki þorði
eld at ríða
20 né yfir stíga.

4. I, 197: Sigurðr gekk í brott;
svá segir í Sigurðarkviðu:

Út gekk Sigurðr
andspialli frá,
hollvinr lofða,
ok hnipnaði,
svá at ganga nam
gunnarfúsum
sundr of síður
serkr iárnofinn.

5. I, 199: Þeir (Gunnarr ok Hǫg-
ni) tóku ormi einn ok af vargsholdi
ok létu sióða ok gáfu hánum
(Guthormi) at eta, sem skáldit
kvað (vgl.: Brot af Sig. 4):

Sumir viðfisk tóku,
sumir vitnishræ skífðu,
sumir Guthormi gáfu
gera hold
við mungáti
ok marga hluti
aðra í tyfrum

STROPHENFOLGE DER VǪLUSPÁ

*in vorlieg. ausg. (Hbr.) verglichen mit der im cod. Reg. (Bugge 12—18)
und in Hauksb. (Bugge 19—26).*

Hbr.	Reg.	Hb.	Hbr.	Reg.	Hb.
·1	= 23	= 27	21, 1— 4 =	16, 9—12 =	17, 9—12
2	= 29, 1— 8	0	5— 8 =	17(1— 4)=	18 (1—4)
3	= 30	0	22(1— 8)=	18(1— 8)=	19 (1—8)
4	= 1	= 1	23, 1— 8 =	19(1— 8)=	20 (1—8)
5	= 2	= 2	9—12 =	20(1— 4)=	21 (1—4)
6	= 3	= 3	24, 1—2	0	0
7	= 4	= 4	3— 8 =	29, 9—14	0
8, 1— 6 =	5, 1— 6 =	5, 1— 6	25(1— 8)=	28	= 24
7— 8 =	5, 9—10 =	5, 9—10	26, 1— 6 =	21	= 26, 1— 6
9—10 =	5, 7— 8 =	5, 7— 8	7—10 =	22	= 26, 7—10
9	= 6	= 6	27	= 24	= 28
10	= 7	= 7	28	= 25	= 29
11	= 8	= 8	29	= 26	= 22
12	= 9	= 9	30	= 27	= 23
13	= 10	= 10	31	= 31	0
14, 1— 4 =	11, 1— 4 =	11, 1— 4	32	= 32	0
5— 6	0	= 11, 5— 6	33	= 33	0
7— 8 =	11, 5— 6 =	12, 1— 2	34	= 34	0
9—10 =	11, 7— 8 =	12, 3— 4	35	0	= 30, 1— 4
15, 1— 2 =	12, 1— 2 =	11, 7— 8	36, 1— 4 =	35, 1— 4	0
3— 8 =	12, 3— 8 =	12, 5—10	5— 8 =	35, 5— 8 =	30, 5— 8
16, 1— 4 =	13, 1— 4 =	13, 1— 4	37	= 36, 1— 4	0
5— 6	0	= 13, 7— 8	38	= 36, 5—12	0
7— 8 =	13, 5— 6 =	13, 9—10	39	= 37	= 34
9—10 =	13, 7— 8 =	14, 1— 2	40	= 38	= 35
17(1— 8)=	14(1— 8)=	14, 3—10	41	= 39	= 25, 1— 8
18, 1— 4 =	15, 1— 4 =	15, 1— 4	42	= 40	= 25, 9—16
5— 6	0	0	43	= 41	= 32
7— 8 =	15, 5— 6 =	15, 5— 6	44	= 42	= 33
19, 1— 2 =	15, 7— 8 =	15, 7— 8	45	= 43	= 31 *und* 36
3— 4 =	15, 9—10	0	46, 1— 8 =	44, 1— 8 =	37
5— 8 =	15, 11—14 =	16, 1— 4	9—10 =	44, 9—10 =	38, 1—2
20(1— 8)=	16, 1— 8 =	17, 1— 8	11—12 =	44, 11—12 =	38, 5—6

Strophenfolge der Vǫluspá.

Hbr.	Reg.	Hb.	Hbr.	Reg.	Hb.
47	= 45, 1— 8 =	39	58	= 53	= 49
48, 1— 2 =	45, 11—12 =	40, 1— 2	59	= 54	= 50
3— 4 =	45, 9—10 =	40, 3— 4	60	= 55	= 51
5— 8	0	= 40, 5— 8	61	= 56	= 52
49	= 49	= 41	62, 1— 4 =	57, 1— 4 =	53, 1— 4
50	= 46	= 42	5— 6	0	= 53, 5— 6
51	= 47	= 43	7— 8 =	57, 5— 6 =	53, 7— 8
52	= 48	= 44	63	= 58	= 54
53	= 50	= 45	64	= 59	= 55
54	= 51	= 46	65	= 60	= 56
55	=(46)	= 47	66	= 61	= 57
56	= 52	0	67	0	= 58
57	0	= 48	68	= 62	= 59

Vituð ér enn eða hvat?
    (Hbr): 24,8 25,8 34,8 36,8 40,10 42,8 49,8 64,8 65,8
    Reg: 28,8 29,14 34,8 35,8 38,10 40,8 49,8 59,8 60,8
    Hb: 24,8 25,16 30,8 35,10 41,8 55,8 56,6

þá gengu regin ǫll .   gættusk *(halbstr.)*
    (Hbr): 9, 1—4 12, 1—4 27, 1—4 29, 1—4
    Reg: 6, 1—4 9, 1—4 24, 1—4 26, 1—4
    Hb: 6, 1—4 9, 1—4 22, 1—4 28, 1—4

Geyr Garmr miǫk . . rǫmm sigtíva *(strophe)*
    (Hbr): 45. 50. 55. 60
    Reg: 43. 46. 55
    Hb: 31. 36. 42. 47. 51

NAMEN-VERZEICHNISS.

Aða s. Auða
Aðal 119b
Aðils 305a
Ækin, á, 74b
Afi 114b
1. Agnarr, Auðu bróðir 203b
2. Agnarr, Geirrøðar sonr 70.71a 80b
3. Agnarr, Hrauðungs sonr 69. 70
1. Ái, dvergr 4b. 5b
2. Ái, maðr Eddu 112b
Aldafǫðr, Óðinn, 60b. 68b
Alfaðir, Óðinn, 157b
Álfheimr 71a
Álfhildr 140
Alfǫðr, Óðinn, 79a
1. Álfr, dvergr 5b
2. Álfr 125a
3. Álfr Hiálpreks sonr 176.
4. Álfr Hróðmars sonr 148b. 149b
5. Álfr Hundings sonr 152b. 165b
6. Álfr inn gamli, Dags sonr 124b
7. Álfr inn gamli, Hrings sonr 160b
8. Álfr inn gamli, Úlfs sonr 123b
Álfrǫðull 67b
Algrœn, ey, 47a
Áli 124a. 305a
Allvaldi (Qlvaldi), iǫtunn, 47b
Álmveig 124a
Álǫf 140. 142
1. Alsviðr (d. i: Alsvinnr), hestr 77a. 206a
2. Alsviðr, iǫtunn 108a
Alþiófr, dvergr 4b
Alvíss, dvergr 81—85
Alvitr (d. i: Hervǫr alvitr) 131. 134a

Ambátt 114b
Amma 114b. 115
Ámr 124b
Ánarr, dvergr 4b
Andhrímnir 73a
Andvarafors 186. 187
Andvaranautr, hringr 188a. 239.
Andvari, dvergr 5b. 186. 187
1. Angantýr 123a. 129b
2. Angantýr, Arngríms sonr 125b
Angeyja, iǫtunmær 128b
Angrboða, gýgr 128b
Ánn, dvergr 4b
Apli, oxi 304b
Arasteinn 165b
Arfi 119b
Arfr, oxi 304b
Arfuni, oxi 304b
Arinnefja 114b
Arngrimr 126a
Árvakr, hestr 77a. 206a
Ásaþórr 51b
Ásgarðr 28a. 304a
Askr 6a
Ásmundr 79b
Ásólfr 125a
Atla, iǫtunmær 128b
1. Atli, Hrings sonr 160b
2. Atli, Iðmundar sonr 140—145.147b
3. Atli, Buðla sonr 212a. 219b. 226b
   —229a. 232. 233a. 239. 240a.
   246a. 248b. 250. 252a. 253a.
   256—259. 262a. 263. 265—270.
   273b. 274a. 278a. 279b. 281.
   283—290. 293a. 297b. 305a

Atriði 304b
Atriðr, Óðinn, 79a
Auða (Auðu u. Qðu bróðir) 203b. 237b
Auðr diúpauðga 126b
Aurboða 127b
Aurgelmir, iǫtunn 64b
Aurvangr, dvergr 5a
Austri, dvergr 4b
Austrvegr 34. 45a

Báfurr, dvergr 4b
Baldr 8b. 9a. 16b. 18a. 19—20.39 a. 72a. 127a. 303b. 304a
Baleygr, Óðinn, 79a
Barn 119b
1. Barri, Arngríms sonr 125b
2. Barri, lundr 59
Beiti 281b
Beli (Belja bani d. i: Freyr) 14 a. 305a
Bera (d. i: Kostbera) 276b. 280a
Bergelmir, iǫtunn 64b. 65b
Bestla, gýgr 107b
Beyla 34. 43a
Biárr 305a
Biflindi, Óðinn, 79b
Bifrǫst s: Bilrǫst
Bifurr, dvergr 4b
Bikki 234a. 290
Bildr, dvergr 5a
Bileygr, Óðinn, 79a
Billingr, dvergr 5a. 100a
Bilrǫst 78b. 196a
Bilskírnir 74a
Biǫrn 305a
Bláinn, dvergr 4a
Blakkr, hestr 304b. 305a
Blindr inn bǫlvísi 163a
Blóðughófi, hestr 304b. 305a
Boddi 116a
Bǫðvildr .131. 134 b — 139
Bólm, ey 126a
Bǫlþorn 107b
Bǫlverkr, Óðinn, 79a. 102a

Bǫmburr, dvergr 4b
Bóndi 116a
Borghildr 150a. 162a. 175. 176
Borgný 252a. 253b. 254
Borgundar 264a
Bragalundr 164b
1. Bragi, áss 34—37. 78b. 206b
2. Bragi, Hǫgna sonr 167
Brálundr 150a. 151a. 162a
Brami 125b
Brandey 154a
Brattskeggr 116a
Brávǫllr 158a
Breiðablik 72a
Breiðr 116a
1. Brímir, iǫtunn 4a
2. Brímir, sverð 206a
3. Brímir, biórsalr 10a
Brísinga-men 23b. 24a
Broddr 126a
Brúðr 116b
Brunavágar 163b. 164a
Brúni, dvergr 5a
Brynhildr 181b. 183a. 184b.211 b — 214a. 219—221a. 223 b — 227 a 236. 237a. 239. 246b. 255b.256a. 306a
Buðli 181b. 212b. 213b. 219. 220 a. 223b. 226a. 232a. 235b. 237 a. 246. 250a. 262a. 277a. 280 b 282a. 284b. 287b. 288b
Buðlungar 269b
1. Búi, Arngríms sonr 125b
2. Búi, Karls sonr 116a
Bundinskeggi 116a
Búri, dvergr 5a
1. Burr 3a. 127a
2. Burr, Iarls sonr 119b
Byggvir (Beyggv., Bǫggv.) 34. 41. 43a
Býleistr (Býleiptr, Býleifr) 13b. 128b

1. Dagr 304b
2. Dagr, Dellings sonr 63b
3. Dagr (er átti Þóru) 124b

4. Dagr, Hǫgna sonr 167ª. 169ᵇ. 170ª. 171ª
1. Dáinn, dvergr 4ᵇ. 108ª. 122ᵇ
2. Dáinn, hiǫrtr 76ᵇ
Danir 238ª. 244ᵇ
Danmǫrk 176. 220ᵇ. 242ᵇ
Danpr 120ᵇ. 260ª
Danr 120ᵇ
danskr 242ᵇ
1. Dellingr, dvergr 110ᵇ
2. Dellingr, Dags faðir 63ᵇ
Digraldi 114ª
Dólgþrasir, dvergr 5ᵇ
Dori, dvergr 5ᵇ
Draupnir, dvergr 5ᵇ
Drengr 116ª
Drómi, fiǫturr 305ᵇ
Drǫsull, hestr 304ᵇ
Drǫttr 114ª
Drumba 114ᵇ
Drumbr 114ª
Dúfr, dvergr 5ᵇ
Duneyrr, hiǫrtr 76ᵇ
Duraþrór, hiǫrtr 76ᵇ
Durinn, dvergr 4
1. Dvalinn 304ᵇ
2. Dvalinn, dvergr 4ᵇ. 5ª. 83ª. 108ª. 196ª
3. Dvalinn, hiǫrtr 76ᵇ

Edda 112ª. 113ª
Eggþér (Egðir) 11ª
1. Egill, iǫtunn 28ᵇ
2. Egill, Vølundar bróðir 131. 132.
Eikinskialdi, dvergr 5
Eikintiasna 114ᵇ
Eikþyrnir 74ᵇ
Eistla, iǫtunmær 128ᵇ
Eitill 239. 268ª. 297ᵇ
Eldhrímnir, ketill 73ª
Eldir 34. 35
Elivágar 28ª. 64ᵇ
Embla 6ª
Erna 119ᵇ

1. Erpr, Atla sonr 239. 268ª
2. Erpr, Iónakrs sonr 290. 297ᵇ. 299ª. 302ª
Eyfura 126ª
Eyjólfr 152ᵇ. 165ᵇ
1. Eylimi, faðir Hiǫrdísar 126ᵇ. 176. 177ª. 178ᵇ. 190ᵇ
2. Eylimi, faðir Svávu 143ª. 147. 149ª. 190ᵇ
Eymóðr 244ᵇ
Eymundr 124ª
Eyrgiafa 128ᵇ

Faðir 116ᵇ
Fáfnir 126ª. 179. 188ᵇ—190. 192ᵇ. 193ᵇ—202. 215ª. 238ª. 239. 255ᵇ. 306ª
Fákr, hestr 304ᵇ. 305ª
Falhófnir, hestr 75ᵇ. 304ᵇ
Farmatýr, Óðinn, 79ª
Feima 116ᵇ
Fengr, Óðinn, 191ª
Fenrir 10ᵇ. 40ᵇ. 67ᵇ
Fenrisúlfr 34. 305ᵇ
Fensalir 9ª
1. Fialarr, dvergr 5ᵇ. 48ᵇ. 88ª
2. Fialarr, hani 11ᵇ
Fili, dvergr 5ª
Fimafengr 34. 35
Fimbultýr 16ᵇ
Fimbulþul 75ª
Finnakonungr 131
Finnr (Fiðr), dvergr 5ᵇ
Fiǫlnir, Óðinn, 79ª. 191ª
Fiǫlsviðr (-svinnr), Óðinn, 79ª
Fiǫlvarr 47ª
Fión (á Fiǫni od. á Fívi?) 243ᵇ
1. Fiǫrgyn 15ᵇ. 52ª
2. Fiǫrgynn (Fiǫrgyns mær) 38ᵇ
Fiǫrm, á 75ª
Fiǫrnir 261ª
Fiǫrsungar 168ᵇ
Fiósnir 114ª
Fiǫturlundr 170ª

Fitjungr 97a
Fívi (á F.) s. Fión
Flióð 116 b
Fólkvangr 72b
Fǫlkvir, hestr 305a
Forseti 72b
Fraðmarr 124b
Frægr, dvergr 5a
Frakkland 175. 176. 202
Fránangr 44
Fránmarr 140. 142
Frár, dvergr 5a
Frekar báðir 124b
Frekasteinn 149b. 158b. 160b. 166b. 167b. 169a
Freki, úlfr 73b
Freyja 21b. 22b. 23. 25. 26a. 34. 39. 72b. 121a. 122. 130. 254a
Freyr 34. 40. 41a. 53—59. 71a. 78a. 127a. 225a
Frigg 9a.14a.34.38b.39a.60.70.254a.303
Fríund 123b
Fróða-friðr 152b
1. Fróði 125a
2. Fróði, faðir Hlédísar 123b
Frosti, dvergr 5b
Fulla 70
Fúlnir 114a
Fundinn, dvergr 5a

Gagnráðr 61
Gandálfr, dvergr 4b
Gangleri, Óðinn, 78b
Garðrofa, merr 303b
Garmr, hundr 11b. 13a. 14a. 16a. 78b.
Gautr, Óðinn, 80b
Gefjon 37b. 38a
Geirmundr 257b
Geirniflungr 265a
Geirǫlul 77a
1. Geirrǫðr, Hrauðungs sonr 69—71. 79a. 80
2. Geirrǫðr, iǫtunn 304a
Geirskǫgul 8b

Geirvimul, á 75a
Geitir 177. 178a
Gerðr 55. 56. 59. 127a
Geri, úlfr 73b
Giaflaug 215b
Giallarhorn 12b
Giálp, iǫtunmær 128a. 304a
Gils, hestr 304b
Gimlé 17a
Ginnarr, dvergr 5b
Giǫll, á 75a
Gipul, á 75a
Gísl, hestr 75b
Giúki 126b. 179b. 182a. 184. 185a. 201a. 212—215b. 217a — 221. 222b. 237a. 238b. 239. 240a. 248b. 250b. 252b. 256b. 257a. 258a. 259a. 270a. 279. 290b. 292b. 296a. 300b
Giúkungar 227b. 239
Glaðr, hestr 75b.
Glaðsheimr 71b
Glær, hestr 304b
Glapsviðr, Óðinn, 79a
Glasir, lundr 141a. 304
Glaumr, hestr 266a. 305a
Glaumvǫr 239. 271a. 274a. 275a. 276a
Gleipnir, fiǫturr 305b
Gler, hestr 75b.
Glitnir 72b.
Glóinn, dvergr 5b
Gná 303b
Gnípahellir 11b. 13a. 14a. 16a
Gnípalundr 156. 157b. 160a
Gnitaheiðr 179a.190a.193a.259b.260a
Goðþióð 8b. 237b. 292b. 294a
Góinn, ormr 76b
Gǫll 77a
Gǫmul, á 75a
Gǫndlir, Óðinn, 79b
Gǫndul 8b
Gǫpul 75a
Gotar 71a. 183a. 213a. 264a. 291a. 296b. 298b. 300b. 302b

Gothormr s: Guth.
Goti, hestr 304b. 305b
gotneskr 243b
Grábakr, ormr 76b
Gráð, á 75a
Grafvitnir, ormr 76b
Grafvǫlluðr, ormr 76b
Gramr, sverð 190a. 198a. 202. 225a. 305a
Gráni, hestr 134b. 158a. 178a. 179b. 186. 202. 206b. 219a. 228a 238a. 240b. 241a. 256b. 305. 306a
Granmarr 153b. 158b. 165a. 166b. 167a. 168a. 169b
Greip, iǫtunmær 128a. 304a
Gríðarvǫlr 304a
Grímhildr 182b. 183a. 185b. 243b. 245a. 246b. 247a. 255b. 284a. 285a. 287b
Grímnir, Óðinn, 70. 79.
Grímr, Óðinn, 78b. 79a
Grímr harðskafi 125b
Grípir 177—185
grœnlenzkr 258. 269b. 270
Guðmundr 156.157b.158b.159b. 165b. 166b. 167a. 168a. 169a.
Guðrún 126b. 182b. 184b. 185b. 211b. 212. 214b—222a. 225. 231b. —234a. 238b. 239. 240a. 242a. 246a. 248b. 250. 251a. 252. 257a. 258a. 266a. 267a. 268b. 278b. 281a. 283—290. 291a. 292. 295a. 296a. 297a. 298a
Gullfaxi, hestr 304b
Gullinkambi, hani 11b
Gullnir, iǫtunn 158a
Gullrǫnd 217a. 218a. 219b
Gulltoppr, hestr 75b, 304b
Gullveig 7b
Gungnir, spiót 206b.
1. Gunnarr 126b. 164a. 182b —185a. 211a—214a. 219a. 222—224b. 226. 227a. 229a. 231b. 239. 241a. 244a. 247a. 251b. 252b. 254b.
256a. 258—267b. 271. 274—276a. 281b. 282b. 291b. 294b. 296c. 305b
2. Gunnarr bálkr 125b.
Gunnlǫð 88a. 101. 102a
Gunnr 8b
Gunnþorin, á 75a
Gunnþró, á 75a
Gustr 188a
Guthormr 126b. 185a. 212a. 224b. 225a. 241b. 306b
Gylfi 303a
Gyllir, hestr 75b. 304b
1. Gýmir (d. i: Œgir) 34
2. Gýmir, faðir Gerðar 41a. 54a. 55. 56b. 57a. 127a
Gyrðr 124b

Hábrók 78b
Haddingja land 245b
Haddingja-skati 175a. 305a
Haddingjar tveir 125b
Háfeti, hestr 304b
Hagall 162. 163a
Haki 127b. 305a
Hákon 220b. 242b
1. Hálfdan, Skiǫldungr 124a
2. Hálfdan, faðir Káru 175a
Hálfr 242b
Halr 116a
Hamall 162b. 164a
Hamðir 290. 291b. 292b. 297a. 300b —302
Hamskerpir, hestr 303b
Hámundr 175
Hanarr, dvergr 5a
1. Hár (od. Hárr), dvergr 5b
2. Hár (od. Hárr), Óðinn, 7b. 78b. 303a
1. Haraldr 305a
2. Haraldr hilditǫnn 126b.
Hárbarðr, Óðinn, 45b —52. 79b.
Hatafiǫrðr 144a
1. Hati, úlfr 77b
2. Hati, iǫtunn 144. 146a

Hátún 151b. 155a
Haugspori, dvergr 5b
Hávi, Óðinn, 101b. 102b. 111b. 303
Heðinn 140. 147—149b. 150b
Heðinsey 154b
Heiðdraupnir 206a
Heiðr, vǫlva 1a. 127b
Heiðrekr 252a. 253a
Heiðrún, geit 74b. 130a
Heimdallr 2a. 7a. 12b. 23b. 41b. 72b. 112a. 303b
Heimir 180a. 181b. 182. 183b
Hel 11b. 18b. 75b. 76a. 197a. 280b. 304a
Helblindi, Óðinn, 78b
1. Helgi 179b
2. Helgi Haddingjaskati 175a. 305a
3. Helgi Hundingsbani 150—160. 162—175
4. Helgi Hiǫrvarðs sonr 142—150. 162a
Hemingr 162
Hepti, dvergr 5a
Herborg 216a
Herfiǫtur 77a
Herfǫðr, Óðinn, 2a
Herjafǫðr, Óðinn, 11b. 60a. 73b. 74b. 121a
Herjan, Óðinn, 8b. 78b. 218b
Herkja 250. 252
Hermóðr 121b
Hersir 119a
Herteitr, Óðinn, 79a
1. Hervarðr, Arngríms sonr 125b
2. Hervarðr, Hundings sonr 152b. 165b
Hervǫr alvitr 131. 134b
Hialli 264b. 265a. 281b. 282b
Hiálmberi, Óðinn, 78b
Hiálmgunnar 203b. 204a. 237b
Hiálmþér 304b
Hiálprekr 176. 186. 190b. 192b
Hildigunnr 124b
Hildisvíni 122b

Hildólfr 46a
Hildr 8b. 77a. 237a
Himinbiǫrg 72b
Himinhriótr, oxi 304b
Himinvangar 151b
Hindarfiall 201b. 202
Hiǫrdís 126b. 176. 177
Hiǫrleifr 154b
1. Hiǫrvarðr, Arngríms sonr 125b
2. Hiǫrvarðr, faðir Helga 140—143b. 147. 149a. 150b. 162a
3. Hiǫrvarðr, Hundings sonr 152b. 165b
4. Hiǫrvarðr, iǫtunn 127b
Hlaðguðr svanhvít 131. 134b
Hlébarðr, iǫtunn 48a
Hlébiǫrg (pl.) 167b
Hlédís 123b
Hlésey 50a. 164a. 257b
Hlévangr, dvergr 5b
Hliðskiálf 53. 70
Hlín 14a
Hlǫðvarðr 145a
Hlǫðvér 131. 133b. 134b. 246a
Hlóðyn, Iǫrð, 15a
Hlǫkk 77a
Hlórriði, Þórr, 22b. 23b. 26b. 28a. 30a. 32a. 33b. 42b
Hlymdalir 237a
Hniflungr 287a
Hniflungar 159b. 278b. 279b. 293b
Hnikarr, Óðinn, 79a. 191. 305b
Hnikuðr, Óðinn, 79a
Hǫðbroddr 153b. 156b. 159b. 160a. 165b. 166a. 167a. 168b. 169a
Hoddmímir 67a
Hoddrofnir 206a
Hǫðr 9a. 16b. 19b. 20a
Hœfir, oxi 304b
Hœnir 6a. 17a. 186
Hófvarpnir, hestr 303b
1. Hǫgni, Giúka sonr 183a. 185a. 211. 212a. 223b. 224a. 229b. 230a. 239. 241. 242a. 244a. 247a.

251b. 254a. 257b. 260. 261b. 264. 265a. 271—273. 276—278a. 281 b —283b. 287. 291b. 296c. 305a

2. Hǫgni, faðir Sigrúnar 153b. 160a. 161b. 163b. 165. 166a. 167. 169b. 173a. 174a.

Hǫlðr 116a
Hǫlkvir, hestr 305a
Hǫll, á 75a
Hǫrfir 126a
Hornbori, dvergr 5a
Hǫsvir 114a
Hræsvelgr, iǫtunn 66a
Hrafn, hestr 304b. 305a
Hrani, Arngríms sonr 125b
1. Hrauðungr, faðir Geirrǫðar 69
2. Hrauðungr 126b
Hreiðgotar 61b
Hreiðmarr 186—189a
Hreimr 114a
Hríð, á 75a
Hrímfaxi, hestr 62a
Hrímgerðr, iǫtunmær 144—147
Hrímgrímnir, iǫtunn 58b
Hrímnir, iǫtunn 57b. 127b
Hrímþursar 76a
Hrings synir 160a
Hringstaðir 151b. 160b
Hringstǫð 151b
Hrist 77a
Hróðmarr 142. 143b. 148b
Hróðr 29a
(Hróðrglǫð 298b)
Hróðvitnir 77b
Hrœrekr 126b
Hrólfr inn gamli 126a
Hrollaugs synir 167b
Hrǫnn, á 75a
Hroptatýr 80b. 110b
Hroptr, Óðinn, 16b. 41b. 71b. 205b
Hrossþiófr 127b
Hrotti, sverð 202
Hrungnir, iǫtunn 30a. 43b. 44a. 47a
Hrymr, iǫtunn 13b

Huginn, hrafn 73b. 305b
Humlungr 140
Húnaland 216a. 253b
Húnar 243a. 259. 260b. 263a. 265b 267b. 268a. 291b. 292a. 293a
Hundingr 152. 160b. 162. 163b. 164b. 165b. 171b. 176. 178b. 190b. 192b
Hundland 162a
Húnkonungar 291b
húnlenzkr 299a
Húnmǫrk 261b
húnskr 221a. 222a. 224b. 234b. 246a. 289a
Hveðna, gýgr 127b
Hvergelmir, brunnr 74b
Hýmir, iǫtunn 28—34b. 39b
Hymlingr 140
Hyndla, gýgr 121a. 122. 130a

Iafnhár, Óðinn, 79b
Iálkr, Óðinn, 79b. 80b
Iari, dvergr 5a
Iarizleifr 244b
Iarizskarr 244b
Iarl 118a. 119b. 120a
Iárnsaxa, iǫtunmær 128b
Iárnviðr 10b
Iðavǫllr 16a. 36
Iðmundr 140. 141a
Iðunn 34. 37a
Ifing, á 62a
Imðr, iǫtunmær 128b. 158a
Ímr, iǫtunn 60b
Ingunar-Freyr 41a
Innsteinn 122b. 123b
Ióð 119b
Iónakr 233b. 290. 294a. 301a
Iór, hestr 304b
Iǫrð 43a
Iǫrmunrekr 126a. 234a. 290. 291a. 292a. 296b. 300. 301a
Iǫruvellir 5b
Iǫsurmarr 124b

Ísólfr 125ª
Ísungr 154ª
Ívaldi, dvergr 78ª
Ívarr (víðfaðmi) 126ᵇ

Kára (Káruljóð) 175
Kári 125ª
Karl 115ᵇ. 116ª
Kefsir 114ª
Kerlaugar tvær, ár 75ᵇ
Kertr, hestr 305ª
Ketill 124ᵇ
Kialarr, Óðinn, 79ᵇ
Kiárr 131. 134ᵇ. 260ᵇ
Kili, dvergr 5ª
Kleggi 114ª
Klúrr 114ª
Klypr 124ᵇ
Knefrǫðr 239. 259ª
Kólga 155ᵇ
Konr 119ᵇ. 120
Kǫrmt, á 75ᵇ
Kostbera 239. 271—273 (s: Bera)
Kumba 114ᵇ
Kundr 119ᵇ
Kýrr, oxi 304ᵇ

Lædingr, fiǫturr 305ᵇ
Læráðr, tré 74ᵇ
Langbarðr 244ᵇ
Laufey 24. 42ª. 304ª
Leggjaldi 114ª
Leiptr, á 75ª. 170ª
Léttfeti, hestr 75ᵇ. 304ᵇ
Líf 67ª
Lífþrasir 67ª
Limafiǫrðr 270ᵇ
Litr, dvergr 5ª
Loddfáfnir 102ᵇ—107ª. 111ª
Loðinn, iǫtunn 146ª
Lóðurr 6ª
Lofarr, dvergr 5
Lofnheiðr, iǫtunmær 189ª
Logafiǫll 152ᵇ. 153ª. 165ᵇ

Loki 9ᵇ. 13ᵇ. 21. 22ᵇ. 24. 33ᵇ—44.
128ᵇ. 186—188. 304ª
Lóni, dvergr 5ª
Loptr, Loki, 36. 129ª
Lungr, hestr 304ᵇ
Lútr 114ª
Lyngheiðr, iǫtunmær 189
Lyngvi 192ᵇ

Magni 46ᵇ. 51ᵇ. 68ª
Máni 192ª
Marr, hestr 304ᵇ
Meili 46ᵇ
Meinþiófr 305ª
Mélnir, hestr 160ª
Menja, iǫtunmær 231ª
Miðgarðr 123ᵇ. 124ª
Miðvitnir 79ᵇ
Mímir 7ª
Mímr 12ᵇ. 206ª
Miǫðvitnir, dvergr 4ᵇ
Miǫllnir, hamarr 26ᵇ. 33ᵇ. 43. 44ª. 68ª
Mist 77ª. 159ª
Móði 33ª. 68ª
Móðinn, hestr 304ᵇ
Móðir 116ᵇ. 117ᵇ. 118ª
Móðsognir, dvergr 4ª
Mǫgr 119ᵇ
Mǫgþrasir 68ª
Móinn, ormr 76ᵇ
Móinsheimar 159ª. 169ᵇ
Mór, hestr 304ᵇ. 305ª
Morginn 305ª
Mornaland 253ª
Mundilfœri 63ª
Muninn, hrafn 73ᵇ. 305ᵇ
Muspell 13ᵇ. 41ª
Mýlnir, hestr 160ª
Myrkheimr 267ᵇ
Myrkviðr 41ª. 131ª. 160ª. 259ª.
260ª. 261ᵇ

Nabbi, dvergr 122ᵇ
Naglfar, skip 13ᵇ
Náinn, dvergr 4ᵇ

Nali, dvergr 5ᵃ
Nanna, Nǫkkva dóttir 125ᵃ
Nár, dvergr 4ᵇ
Narfi (Nari), Loka sonr 44
Nástrǫnd 10ᵃ
Nauð 204ᵇ
Neri 151ᵃ
Niara-dróttinn 133ᵃ. 134ᵃ. 137ᵇ
Níðaðr (od.-uðr) 131. 133ᵃ. 134—139
Niðafiǫll 17ᵇ
Niðavellir 10ᵃ
Níðhǫggr 10ᵇ. 17ᵇ. 76
Niði, dvergr 4ᵇ
Niðjungr 119ᵇ
Niðr 119ᵇ
Niflhel 18ᵃ. 67ᵃ
Niflungar 214ᵃ. 261ᵃ. 263ᵇ 265ᵇ
Niǫrðr 25ᵃ. 34. 39ᵇ. 40ᵃ. 53. 59. 66ᵃ. 73ᵃ. 78ᵃ. 303ᵃ
Nípingr, dvergr 4ᵇ
Nóatún 25ᵃ. 73ᵃ. 303ᵃ
Nǫkkvi 125ᵃ
Nǫnn, á 75ᵃ
Noregr 147
Nǫrr (dat.: Nǫrvi) 63ᵇ. 85ᵃ
Norðri, dvergr 4ᵇ
Nori, dvergr 4ᵇ
Nornar 195ᵇ
Nǫt, á 75ᵃ
Nótt 63ᵇ
Nýi, dvergr 4ᵇ
Nýr, dvergr 5ᵃ
Nýráðr, dvergr 5ᵃ
Nyt, á 75ᵃ

Oddrún 232ᵇ. 239. 252—254. 258ᵇ.
Óðinn 1ᵇ. 6ᵃ. 7ᵃ. 8. 9ᵃ. 12ᵇ. 14ᵃ. 15ᵃ. 18. 19ᵇ. 20. 21ᵃ. 25ᵃ. 27ᵇ. 31ᵃ. 33ᵃ. 34. 36. 38ᵃ. 46ᵇ. 48ᵇ. 52ᵃ. 56ᵇ. 58ᵃ. 60—73ᵇ. 78ᵇ. 80. 100ᵃ. 102ᵃ. 107ᵃ. 108ᵃ. 129ᵇ. 152ᵇ. 169ᵇ. 171. 172ᵇ. 174ᵇ. 186. 188ᵃ. 203. 204ᵃ. 237ᵇ
Øðlingar 123ᵇ. 124ᵃ. 126ᵇ

Óðr 8ᵃ. 129ᵇ
Oðrœrir 101ᵇ. 107ᵇ
Œgir 27ᵃ. 34—37. 44ᵇ. 78ᵇ. 155ᵇ
1. Ofnir, Óðinn, 80ᵇ
2. Ofnir, ormr 76ᵇ
Óinn, dvergr 187ᵃ
Ǫkkvinkálfa 114ᵇ
Ókólnir 10ᵃ
Ǫlmóðr 125ᵃ
Ǫlrún 131. 132ᵇ. 134ᵇ
Ómi, Óðinn, 79ᵇ
Ori, dvergr 5ᵇ
Orkningr 276ᵃ
Ǫrmt, á 75ᵇ
Ǫrvasund 154ᵇ
Óski, Óðinn, 79ᵇ
Ósköpnir 196ᵃ
Otr 186. 188ᵇ
Óttarr 122ᵇ. 123—127ᵃ. 130ᵇ

Ráðbarðr 126ᵇ
Ráðgríð 77ᵃ
Ráðseyjarsund 46ᵃ
Ráðsviðr, dvergr 5ᵃ
Rævill 190ᵇ
Ráu 145ᵃ. 156ᵃ. 187
Randgríð 77ᵃ
1. Randvér, Ráðbarðs sonr 127ᵃ
2. Randvér, Iǫrmunreks sonr 290
Ratatoskr 76ᵃ
Rati, nafarr 101ᵃ
Rauðr, oxi 304ᵇ
Reginleif 77ᵃ
Reginn, dvergr (Hreiðmars sonr) 5ᵃ. 179ᵃ. 186. 188ᵇ—193ᵃ. 197ᵇ. 198. 200. 201ᵃ. 306ᵃ
Reifnir 125ᵇ
Rekinn, oxi 304ᵇ
Rennandi, á 75ᵃ
Rígr 112—120
Rín 75ᵃ. 134ᵇ. 190ᵃ. 212ᵃ. 224ᵃ. 263ᵇ. 265ᵇ
Rindr 20ᵃ
Ristill 116ᵇ. 198ᵃ

Rǫðulsfiǫll 150b
Rǫðulsvellir 142a
Rogheimr 150b
Rǫgnir 206a
Roptr (d. i.: Hroptr) 108a

Saðr, Óðinn, 79a
Sæfari 123b
Sæhrímnir, gǫltr 73a
Sækin, á 74b
Sækonungr 124b
Sæmorn 142a
Særeiðr 140
Sævarstaðr 135a
Sævarstǫð 135a. 136a
Sága 71b. 157b
Salgofnir, hani 174a
Samsey 38a
Sanngetall, Óðinn, 79a
Saxi 251b
Seggr 116a
Sevafiǫll 167a. 170a. 171a. 172b. 173a. 174a
Síð, á 74b
Síðgrani, Óðinn, 81b
Síðhǫttr, Óðinn, 79a
Síðskeggr, Óðinn, 79a
Sif 25b 27b. 30a. 33a. 34. 42b. 51a. 129a
Sigarr 149. 163b. 243b
Sigarshólmr 143a
Sigarsvǫllr 148b. Sigarsvellir 149a. 151b
Sigfaðir, Óðinn, 14b. 43a
Sigfǫðr, Óðinn, 79a
Siggeirr 157b. 243b
1. Sigmundr, Sigurðar sonr 246b
2. Sigmundr, Vǫlsungs sonr 121b. 151a. 152a. 162a. 165a. 166a. 174b—177b. 189b. 192b. 194a. 203a. 228b. 243a. 305a
Sigrdrífa 201b. 203. 204
Sigrlinn 140—142. 149a
Sigrún 155b. 161a. 163—174

Sigtryggr 124a.
Sigtýr, Óðinn, 266b. 304b
Sigurðr 126a. 176—207. 211a—215a. 217b—223a. 225a. 233b. 234a. 236a. 238b—242. 246b. 256a. 289a—295a. 297. 305. 306
Sigyn 9b. 44
Silfrintoppr 75b. 304b
Sindri, dvergr 10a
Sinfiǫtli 151b. 156a. 157a. 158. 167a. 168b. 169a. 175. 176. 305a
Sinir, hestr 75b. 304b
Sinrióð 140
Skaði 34. 42a. 44. 53. 72a. 127b. 303a
Skævaðr, hestr 304b. 305a
Skafiðr, dvergr 5b
Skatalundr 237b
Skeggǫld 77a
Skeiðbrímir, hestr 75b. 304b
Skekill 125a
Skíðblaðnir, skip 78a
Skilfingr, Óðinn, 80b
Skilfingar 123a. 124a
Skinfaxi, hestr 61b
Skiǫldungar 123a. 124a
Skirfir, dvergr 5b
Skírnir 53—59
Skǫgul 8b. 77a
Skǫll, úlfr 77b
Skrýmir, iǫtunn 44a
1. Skuld, norn 6b
2. Skuld, valkyrja 8b
Skúrhildr 125a
Slagfiðr 131. 132b
Sleipnir, hestr 18a. 78b. 128b. 206b. 304b
Slíð, á 75a
Slíðr, á 9b
Slungnir, hestr 305a
Smiðr 116a
Snæfiǫll 151b
Snævarr 239. 276a
Snor 116a

Snót 116b
Sogn 159b
Sǫkkmímir, iǫtunn 79b
Sǫkkvabekkr 71b
Sólarr 239. 276a
Sólfiǫll 151b
Sólheimar 159a
Sonr 119b
Sǫrli 290. 297b. 300b 301b. 302b
Sóti, hestr 304b
Sparinn (Sparins heiðr) 160a
Sporvitnir, hestr 160a
Sprakki 116b
Sprund 116b
Stafnsnes 154b
Starkaðr 165b. 167b
Strǫnd, á 75a
Stúfr, hestr 304b. 305a
Styrkleifar 167b
Suðri, dvergr 4b
suðrœnn 221a. 242b
Sumar 64a
Sunnmenn 251b
Surtr (u. Surti) 13a. 14a. 62b. 68a. 196a
Suttungr (und Suttungi) 58b. 101a. 102a
Svaðilfari, hestr 128b
1. Sváfa, móðir Hildigunnar 124b
2. Sváfa (Sváva), Eylima dóttir 143. 147. 149. 150. 163b
Sváfar 142
Sváfaland 142
1. Sváfnir, konungr 140. 141a. 142b
2. Sváfnir, ormr 76b
3. Sváfnir, Óðinn, 80b
Svalinn, skiǫldr 77a
Svanhildr 232a. 233b. 239. 290. 292b. 294a. 296b
Svanhvít (Hlaðguðr svanhvít) 131. 132b
Svanni 116b
Svanr enn rauði 123b
Svarangr iǫtunn 49a

Svarinshaugr 156a. 165b
Svarri 116b
Svarthǫfði 128a
Svásuðr 64a
Sváv- s: Sváf-
Sveggjuðr, hestr 159a
Sveinn 119b
Sviðrir, Óðinn, 79b
Sviðurr, Óðinn, 79b
Svipall 79a
Svipuðr, hestr 159a
Svíþióð 131
Svíurr, dvergr 5a
Svǫl, á 75a
Sylgr, á 75a

Tialdari, hestr 304b
Tindr 125b
Tǫtrughypja 114b
Trǫnubeina 114b
Trǫnueyrr 154b
Tyrfingr 125b
Týr 28a. 33a. 34. 40. 204b

Þakkráðr 139a
Þegn 116a
1. Þekkr, dvergr 5a
2. Þekkr, Óðinn, 78b
Þiálfi 50a
Þiazi (od. Þiassi), iǫtunn 42a 47b. 72a. 127b. 303a
Þióðnuma, á 75a
Þióðrekr 240a. 250. 251a
Þióðrœrir (-reyrir?), dvergr 110b
Þióðvitnir 73b
Þír 114a
Þǫkk 304a
Þǫll, á 75a
Þolley 146a
1. Þóra, drengjamóðir 124b
2. Þóra, Hákonar dóttir 220b
Þórgríms-þula 304b
Þorinn, dvergr 4b
Þórir iárnskiǫldr 125b

Þórr 8a. 22b. 23b. 24. 31a. 32a. 43. 45—52.71a.75b.81—85.122a.304a
Þórsnes 157b
Þræll 113b. 114a
Þráinn, dvergr 5a
Þrár, dvergr 5a
Þriði, Óðinn, 78b
Þrór, Óðinn, 79b
Þrúðgelmir, iǫtunn 64b
Þrúðheimr 71a
Þrúðr 77a
Þrymheimr 72a. 303a
Þrymr, iǫtunn 22a. 23a. 25. 26b
Þuðr, Óðinn, 78b
Þund, á 73b
Þundr, Óðinn, 80b. 108b
Þurs, rún 59a
Þýðverskr 214b
Þyn, á 75a

Uðr, Óðinn, 78b
Úlfdalir 131. 132b. 133a. 134a (-dalr 131)
1. Úlfr Sæfara sonr 123b
2. Úlfr gínandi 125b
Úlfrún, iǫtunmær 128b
Úlfsiár 131
Ullr 71a. 78a. 266b
Unavágar 156a
Unn (Unnar-steinn) 170b
Urðr, norn 6b. 102a

Vaðgelmir, á 187b
Vafþrúðnir, iǫtunn 60—69
Váfuðr, Óðinn, 80b
1. Vakr, Óðinn, 80b
2. Vakr, hestr 305a
Valaskiálf 71b
Valbiǫrg 247b
Valdarr 244b
Valfǫðr, Óðinn, 2a. 7a. 79a
Valgrind 74a
Valhǫll 9a. 71b. 74a. 121a. 171b. 262a. 304a
1. Vali, Loka sonr 9b. 44

2. Vali, áss 20a. 68a. 127a
Valir 123a. 234b
Valland 48b. 131. 236b
valneskr 247b
Valr, hestr 304b. 305a
valskr 256a
Valtamr 19a
Ván, á 75a
Vanaheimr 66a
Vandilsvé 171a
Vaningi 59a
Vár 26b
Varinsey 151a
Varinsfiǫrðr 155a
Varinsvík 145b
Vé 38b
Veggr, dvergr 4b
Veggsvinn, á 75a
Vegtamr, Óðinn, 19a. 20b
Véorr, Þórr, 29a. 30a. 31a
Veratýr, Óðinn, 71a
Verðandi, norn 6b
Verland 52a
Vésteinn 305a
Vestri, dvergr 4b
Vetr 64a
Víð, á 74b. 75a
Viðarr 14b. 15a. 34. 36. 68. 73a
Viði 73a
Viðólfr 127b
Viðrir, Óðinn, 38b. 152b
Viðurr, Óðinn, 79b
Víf 116b
Vífill 305a
Vígblær, hestr 171a
Vígdalir 171a
Vigg, hestr 304b
Vígríðr, vǫllr 62b
Vili, dvergr 5a. 38b
Vilmeiðr 128a
Vilmundr 252
Vimur, á 303
Vin, á 75a
Vína, á 75a

Vinbiǫrg 247b
Vindálfr, dvergr 4b
Vindsvalr 64a
Vingi 239. 270b. 276. 277b. 278a
Vingnir, Þórr, 68a
Vingskornir, hestr 201b
Vingþórr, Þórr, 21a. 81b. 82a
Virfir, dvergr 5b
Vitr, dvergr 5a
Vǫlsungr, faðir Sigmundar 126a. 175. 191a. 220a. 221a. 223a
Vǫlsungar 160b. 162a. 165b. 166b. 167a
Vølundr 131—139
Vǫnd, á 75a

Ýdalir 71a
Yggdrasill, askr 6a. 12b. 75b. 76. 78a
Yggjungr, Óðinn, 16
Yggr, Óðinn, 27a. 60b. 80a. 201b
Ylfingar 123b. 151a. 156b. 159b. 162a. 163b. 164a. 713b
Ylgr, á 75a
Ýmir, iǫtunn 2b. 63a. 64a. 77b. 128a
Ynglingar 124a
1. Yngvi, dvergr 5b
2. Yngvi, Hrings sonr 160b
3. Yngvi, afi Ynglinga 161a. 190a
Ysja 114b

NACHTRÄGE UND BERICHTIGUNGEN

I. im Texte

4b (14⁴) lies: Alþiófr
5a (16⁵) „ Brúni
*7a (25²) „ hlióð
*8b (31⁵) „ helt
9a (33²) „ sýndisk
9a (34¹) „ þó
9a (34³) „ bál
9b (35¹) „ þá
10a (38⁶) „ Ókólni
10b (41⁷) „ tiúgari
13a (50⁵) „ frœða
15a (58¹) „ mæri
16a (61¹) „ hón
17a (66³) „ þakðan
17a (66⁴) „ á Gimlé;
18b (4⁸) „ kvað:
19a (5¹u.5⁸)„ "Hvat *und* lengi"
23b (14²) „ ása
31b (24⁵) „ søkðisk
31b (25¹) „ Óteitr
31b (26⁸) „ í gegnum."
32a (27⁸) „ iǫtuns
34 (*pr*.4) „ Þórs
39a (29⁵) „ viti,
40b (40²) „ konu,
52a (56³) „ stokksins,
59b (41⁶) „ gamans.
69 (*pr*.6) „ ráð
71a (4⁵) „ Þórr
76b (34²) „ Yggdrasils
82b (10⁵) „ sonum,
*87b (11¹) „ betri
88b (18³) „ fiǫlð
94b (62²) „ kømr,
98b (86¹) „ kálfi
98b (87³) lies: hálfbrunnu
108b (144⁵) „ hiálpa
109b (149¹) „ sétta
111b (162⁷) „ þeiri
*112b (2⁸) „ at
114a (12⁹) „ Leggjaldi
115a (17⁴) „ fletja,
129b (45⁴u.⁵) „ *ohne komma*
133b (10⁴) „ veg;
134b (15⁷) „ kunn
136a (21²) „ krǫfðu
140 (*pr*. 9) „ Sigrlinnar
144a(14¹u.14⁸)„ keine "
149a (35⁸) „ á Sigarsvǫllum."
153a (17⁶) „ með
159b(50¹u.51¹²)„ *ohne* "
159b (50⁷) „ gylfa
160a (52³) „ Mýlnir
163a (3⁸) „ mǫndultré. "
168b (22⁵) „ þykkia
171b (36⁴) „ þeira,
173a (44²) „ Sevafiǫllum
175 (*pr*. 9) „ hornit
177a (*pr*. 2) „ lǫndum
178b (8²) „ spyrja,
179a (13⁴) „ fagra,
179b (16⁶) „ mæla,
182a (31⁴) „ halda;
184a (*über* 43) „ Grípir
184a (*über* 44) „ Sigurðr
185b (51⁶) „ ynði
185b (53⁴) „ ævi:
189b (*pr*. 6) „ skyldi
190b (*pr*. 2) „ fǫðurhefnda
191a (18¹u.18⁸)„ "Hnikar u.þiggja."

Nachträge und Berichtigungen 323

193b	(pr. 1)	lies:	dulði	217b	(13⁸)	lies:	stilli!"
194b	(über 3)	„	Fáfnir:	219b	(26²)	„	húnskrar
201b	(43⁷)	„	hali,	232a	(56³)	„	skœða,
202	·(pr. 3)	„	iǫrð	239	(pr. 1)	„	Ófriðr
206b	(15⁸)	„	fiǫtrum,	239	(pr. 5)	„	játti
208b	(29¹)	„	sétta	242	(10⁵)	„	Guðrún
211b	(3⁸)	„	nióta."	*250	(pr. 3)	„	Atla

II. in den Anmerkungen

lies

2 (zu 4,5): vilja ek V (706ª)
4 (zu 14,5.6): f. RED
5 (zu 16,5.6): f. RBmED
5 (zu 18,6.6): aus SE
7 (zu 24,3—8): f. H
20 (zu 10,7: '... noch ein zweites n'
32 (zu 27,4): vp
33 (zu 37,5): skir = skær V (s. v. skær)
35 (zu 3,4): KREgV (5b)
47 (zu 15,7): 'auch 18, 19 etc.'
60 (zu 5,5): 'Alv 12' (nicht 11)
78 (zu 44,9): en Brímir branda
92 (zu 44,2): 'vgl. 45,2. 118,6. Am. 89,4'
93 (zu 52,4): vgl. 138,1 (nicht 141)
94 (zu 60,3): miötuðs EgMb(nichtM)
105 (zu 130,6): óvaran? V (s.v.varr)
120 (zu 48,2): Guðr. II. 18, 9—12 und Akv. 38, 1.10
126 (zu 24,1): V (43b) vgl. Flat. III, xix
135 (zu 18,1): Svá f. R u. ausgg., 'ohne correlat. at auch Sig. 6,3. Am. 62,7' H.
141 (zu 1,7): 'oder ist mit beibehaltung von eru und mit komma nach kon. in 7 etwa statt gumnum zu lesen: gaman um? vgl. verða und þykkja als synonym in H. H. I. 2,5—8.' H.
152 (zu 14,4): KL (nicht K)
153 (zu 15,4): KEg (nicht K)
154 (zu 25,7): or Nǫrvasundum V
157 (zu 39, 7): sveipvís (nicht -vis)
158 (zu 44,6): '6. imð. L.'
159 (zu 49, 5.6) '... wird der verlust ...' vielmehr: wird erweiterung aus 2 verspaaren zu suchen sein.' H.
161 (zu 57, 7.8) ... 'für worte des sängers; vgl. schluss von Oddr. und Hávam.' H.
177 zu str. 1,6: vgl. Zze 121
182 (zu 32,1) KEg (nicht K)
195 (zu 11,2) auch V (s. v. neiss)
208 (zu 28,5): láttattu (nicht latt.)
236 (zur Überschr.) Gýgjarkviða
240 'Prosa.. an den schluss von Dráp: .. hann til lifrar
256 (zu 19,7): Guðr. II 33,5 (nicht 32,4)
262 (zu 15,8): 'gramhildi?' Bt 430b

MIX
Papier aus verantwortungsvollen Quellen
Paper from responsible sources
FSC® C105338